DANS LA MÊME COLLECTION

BIBLIOTHÈQUE NAPOLÉONIENNE TALLANDIER

dirigée par Jacques Jourquin

BIOGRAPHIES

La Reine Hortense par le Duc de Castries, de l'*Académie française*, grand prix du Souvenir Napoléonien.

Le Maréchal Suchet, duc d'Albufera par Bernard Bergerot, préface de Jean Tulard.

Pauline Borghèse, née Bonaparte par Antonio Spinosa.

Le général Leclerc et l'expédition de Saint-Domingue par Henri Mézière, préface de Jean-Marcel Champion.

ÉTUDES

Les Maréchaux de Napoléon par Louis Chardigny, nouvelle édition.

Soldats de Napoléon par J. Lucas-Dubreton, nouvelle édition.

Vie privée de Napoléon par Octave Aubry, de l'*Académie française*, nouvelle édition.

Napoléon chez lui par Frédéric Masson, de l'*Académie française*, nouvelle édition préfacée par Jean Tulard.

Le Sacre et le couronnement de Napoléon par Frédéric Masson, de l'*Académie française*, nouvelle édition préfacée par Jean Tulard.

Les Marins de Napoléon par Auguste Thomazi, de l'*Académie de Marine*, nouvelle édition.

Napoléon et la Noblesse d'Empire, suivi de la liste complète des membres de la noblesse impériale, par Jean Tulard.

Napoléon et la Cour impériale par Charles-Otto Zieseniss.

Napoléon à Sainte-Hélène par Gilbert Martineau.

La France de Napoléon par J. Lucas-Dubreton, nouvelle édition.

Histoire des modes sous l'Empire par Philippe Séguy, préface de Jean Tulard.

MÉMOIRES

Napoléon prisonnier vu par les Anglais par Joseph de Mougins-Roquefort, grand prix du Souvenir Napoléonien.

Souvenirs du commandant Parquin, première édition critique par Jacques Jourquin, couronné par l'*Académie française.*

Journal du capitaine François, introduction critique et pièces annexes par Jacques Jourquin, couronné par l'*Académie française*, 2 volumes.

Journal des campagnes du baron Percy, publié d'après les manuscrits inédits, avec une introduction, par Emile Longin.

Mémoires de Marchand, publiés par Jean Bourguignon et Henry Lachouque, nouvelle édition.

Les Indiscrétions d'un préfet de Police de Napoléon, 1798-1830, par le comte Real, première réédition de l'édition originale de 1835, préface de Jean Tulard, 2 volumes.

TEXTES

Napoléon apocryphe (1812-1832) par Louis Geoffroy, nouvelle édition.

ALBUMS

Parcs et jardins sous le Premier Empire par Marie-Blanche d'Arneville, préface de Jean Tulard, grand prix du Souvenir Napoléonien.

Les roses de l'Impératrice Joséphine, illustrations de P.J. Redouté.

DICTIONNAIRES

Dictionnaire des Maréchaux du Premier Empire, par Jacques Jourquin, grand prix du Souvenir Napoléonien.

MARIE-CAROLINE
REINE DE NAPLES

Michel Lacour-Gayet

MARIE-CAROLINE REINE DE NAPLES

(1752-1814)
Une adversaire de Napoléon

Préface de
Jean Tulard

TALLANDIER

Pour être régulièrement informé, sans aucun engagement de votre part, des parutions des livres d'histoires des éditions Tallandier, il vous suffit d'envoyer vos nom et adresse à : Éditions Tallandier (Livres d'histoire), 18, rue Neuve-des-Boulets. 75011 Paris.

Je suis née pour être toujours méconnue...
Je laisse mes justifications au temps et au Ciel...

Marie-Caroline

Préface

A l'apogée de l'Empire, Napoléon a battu ou conquis la presque totalité de l'Europe à l'exception de trois îles, l'Angleterre, la Sardaigne et la Sicile. Depuis Trafalgar, l'Angleterre est inexpugnable; la Sardaigne ne présente pas d'intérêt; seule la Sicile offre une résistance inattendue.

Le 27 décembre 1805, Napoléon vainqueur de la Troisième Coalition dans laquelle s'étaient bien imprudemment fourvoyés les Bourbons de Naples, signait à Schoenbrünn le fameux décret : « La dynastie de Naples a cessé de régner. » Le 30 mars 1806, Joseph Bonaparte qui commandait l'armée d'occupation de l'État napolitain, était proclamé, toujours par Napoléon, roi de Naples. A la mi-juillet toute la partie continentale du royaume était occupée et le roi Ferdinand IV devait se réfugier en Sicile.

Pourquoi les troupes françaises ont-elles renoncé à s'emparer de cette île? La protection de la flotte anglaise, que vint consacrer le 31 mars 1808 un accord officiel entre le Bourbon et les Anglais, dissuada Joseph de toute entreprise de ce type. En 1808, Murat le remplaçait sur le trône de Naples. Fort d'une popularité que n'avait pas connue son prédécesseur, Joachim Ier, roi de Naples et de Sicile, commença par prendre Capri que défendait Hudson Lowe. Restait le débarquement en Sicile. Murat y songeait et prit sa décision le 16 mai 1810. Mais il se heurta à l'opposition de Napoléon. Celui-ci voulait un Murat « campé » face à la Sicile de façon à retenir la flotte anglaise loin de l'Espagne, mais il ne souhaitait pas un débarquement aléatoire. Sans appui, le général Grenier ayant fait défaut, Murat ne put lancer, le 17 septembre, qu'une expédition limitée qui tourna court.

Comment expliquer ce refus de Napoléon? Réalisme ou tractations secrètes? Ici apparaît une forte personnalité à laquelle Michel Lacour-Gayet, qui porte un nom révéré de tous les historiens de Napoléon, consacre cet attachant ouvrage. Il s'agit de Marie-Caroline, épouse de Ferdinand IV, roi de Naples. Autrichienne, elle était la sœur de Marie-Antoinette et haïssait de ce fait la Révolution française : « Je ne suis pas et ne serai jamais en bons termes avec les Français. Je les regarderai toujours comme les assassins de ma sœur et de la famille royale, comme les oppresseurs de toutes les monarchies. »

Réfugiée à Palerme avec un roi surtout soucieux de chasse et de billard, c'est elle qui galvanisa les énergies. Une cour l'entourait où se retrouvaient de nombreux émigrés français, cour sur laquelle le Journal *de Marie-Amélie, l'épouse de Louis-Philippe, apporte de précieux renseignements. On parlait de faire canonner Naples par la flotte anglaise, d'assassiner Murat ou de soulever la Calabre.*

Lorsque Palerme apprit le mariage de Napoléon et de Marie-Louise ce fut l'indignation. Marie-Caroline écrivit à son représentant à Vienne : « L'Empereur ose donner sa fille en concubine adultérine à un scélérat couvert de tous les crimes et atrocités. »

Mais ce mariage fait réfléchir : il modifiait les positions en Méditerranée. Napoléon était désormais par son mariage... le petit-fils de Marie-Caroline. Murat s'en inquiéta tandis qu'à Palerme Marie-Caroline y vit un atout pour reprendre son trône, d'autant qu'elle trouvait l'alliance anglaise pesante. Des négociations par l'intermédiaire du mystérieux Amitia furent engagées.

A Londres le cabinet n'était plus sûr de la Sicile. Son ambassadeur Bentinck exigea en 1813 l'exil de la reine. Elle mourut en septembre 1814 au château d'Hetzendorff, quelques mois après la chute de Napoléon, sans avoir revu Naples toujours aux mains de Murat.

Marie-Caroline fut le symbole de la résistance à l'hégémonie napoléonienne et pourtant c'est elle qui donna comme dernier conseil à sa petite-fille Marie-Louise d'aller rejoindre l'empereur déchu à l'île d'Elbe. Les admirateurs de Napoléon ne l'ont jamais beaucoup aimée. Peut-être, après la lecture du livre de Michel Lacour-Gayet, seront-ils conduits à nuancer leur jugement.

Jean Tulard
Président de l'Institut Napoléon

Première partie

Dans l'attente de régner

Chapitre premier

Marie-Caroline et Ferdinand IV
Un couple inattendu

Marie-Caroline naît à Vienne en 1752. Son éducation. Elle est inséparable de sa sœur Marie-Antoinette. La guerre de Sept Ans. La succession de Pologne. Mort de l'empereur François de Lorraine. Avènement de Joseph II. Marie-Caroline épouse en 1768 Ferdinand IV, roi de Naples. Son contrat de mariage. Son portrait. Elle arrive à Naples. Tanucci dirige en fait le royaume; son portrait. Ferdinand IV, un être rustre, sans éducation. Joseph II visite Naples et dépeint Ferdinand.

Marie-Caroline naît à Vienne, au palais de la Hofburg, dans l'aile léopoldine, le 13 août 1752, sous le signe du Lion. Marie-Thérèse, sa mère, est alors dans sa trente-cinquième année; Marie-Charlotte – car c'est ainsi qu'on l'appelle tant qu'elle sera à Vienne – est son treizième enfant et sa dixième fille. Louis XV et Marie Leczinska sont choisis pour parrain et marraine.

Comme deux sœurs l'ont précédée en 1750 et 1751, Jeanne et Josépha, les trois enfants vont être élevées ensemble. Elles forment un petit groupe un peu séparé des autres filles plus âgées : Marie-Anne quatorze ans, Marie-Christine dix ans, Marie-Élisabeth neuf ans et Marie-Amélie qui approche de ses sept ans. Les trois jeunes archiduchesses sont confiées à une gouvernante, une *aya*, supervisée par les chambellans, et régulièrement suivies par plusieurs médecins attachés à la cour impériale. Marie-Thérèse, quoique absorbée par les affaires de l'Empire, ne néglige à aucun moment l'éducation de ses nombreux enfants, de son « poulailler », selon sa propre expression. Plusieurs des instructions qu'elle donne par écrit aux gouverneurs et aux gouvernantes ont été conservées. Elles sont d'une minutie extrême : la journée doit toujours commencer par la prière, car la stricte observance des devoirs religieux est la source même de toutes les vertus. Marie-Thérèse, bien qu'ayant une mère protestante, est elle-même une catholique pratiquante. Elle se livre à une pratique religieuse scrupuleuse et ne manque jamais de participer à de nombreux pèlerinages. Les enfants assisteront donc tous les jours à la messe. Dès qu'elles seront en âge d'apprendre, les archiduchesses suivront des cours de français et d'histoire. Dans la journée, elles feront des exercices de plein air, avec promenades et beaucoup d'équitation. Les arts d'agrément prendront une large place, aquarelle, clavecin pour toutes, chant pour celles qui y montrent des dispositions. Tous les soirs, tant qu'elles seront petites, le dîner sera fait d'un potage maigre, d'œufs et d'un dessert. On évitera les sucreries, la pâtisserie, les confitures, le chocolat et le café. Les gouvernantes veilleront à leur propreté corporelle : elles se laveront la bouche et les mains matin et soir; les pieds une fois par semaine. Elles seront soigneusement peignées. On signalera aussitôt toute tache, bouton ou grosseur anormale sur le corps. Aucune familiarité avec les domestiques ne sera tolérée. On leur inculquera la compassion pour les malheureux, l'amour de la justice et de la bonté. Toute raillerie sera bannie et même des nations ennemies on ne parlera pas avec aigreur. On évitera toute « polissonnerie », notamment les « jeux de mains ».

Aux jeux de Josépha et de Marie-Charlotte vient se joindre une nouvelle petite sœur, née le 2 novembre 1755, Marie-Antoinette [1]. Charlotte et elle vont devenir inséparables. On prétend que leur mère dut sévir après avoir remarqué que les deux complices se livraient à des « polissonneries », faisaient de mauvaises plaisanteries, disaient des choses hors de propos, et même recherchaient des « divertissements peu convenables et peu raisonnables ».

L'éducation politique, qu'il s'agisse des problèmes intérieurs ou des questions européennes, est réservée aux garçons. L'aîné, Joseph, siège d'ailleurs au Conseil d'État avant même sa vingtième année. Il convient de le préparer à succéder un jour à son père. Il faut le faire connaître au-dehors afin d'obtenir des grands électeurs d'Empire qu'il soit élu roi des Romains, ce qui l'assurera d'être plus tard empereur à son tour. Quant aux autres archiducs, il convient de les accoutumer aux grandeurs mais aussi aux servitudes du pouvoir. Les possessions des Habsbourg sont territorialement si largement étendues qu'ils auront tous un rôle à jouer; si ce n'est à Vienne, ce sera à Milan, à Florence, à Bruxelles, en Bohême ou en Hongrie. Si les archiduchesses ne sont pas concernées par les cours d'instruction politique, elles n'en sont pas pour autant ignorantes des grands événements de leur époque. On sait que le ménage impérial, lorsqu'il n'est pas en déplacement ou tenu d'assister à des réceptions officielles, aime à se retrouver en famille dans ses appartements privés. Dans les moments graves, tous les enfants en âge de comprendre sont informés.

A la mi-1756, éclate la guerre de Sept Ans. La France de Louis XV, contrairement à sa politique séculaire, se trouve l'alliée de l'Autriche. Cette guerre dégénère rapidement en un conflit européen. Elle oppose les deux nations tout fraîchement alliées, secondées par la Russie et par l'Espagne, à l'Angleterre et à la Prusse de Frédéric II. Émaillée de quelques succès éphémères, la guerre de Sept Ans se termine, tristement pour la France, par le traité de Paris (février 1763). Il consacre pour elle la perte du Canada, du Sénégal et de plusieurs possessions aux Antilles. Aux Indes, la France ne conserve que cinq comptoirs. Comme l'Espagne vient de perdre la Floride, la France lui cède en compensation toute la Louisiane, exception faite de La Nouvelle-Orléans. L'Autriche, par le traité de Hubertsbourg, qui suit de quelques jours la conclusion du traité de Paris, doit abandonner à Frédéric II toute la Silésie. Marie-Thérèse ne se remettra jamais de cette perte. Sa seule consolation sera d'avoir sauvé la Saxe, un moment conquise par la Prusse. Maigre compensation : Frédéric II donnera sa voix qui permettra à l'archiduc Joseph d'être élu, l'année suivante, roi des Romains. Frédéric sera désormais la « bête noire » de Marie-Thérèse. Marie-Caroline n'aimera jamais les Prussiens et, lors des premiers combats qui opposeront la France révolutionnaire à l'Autriche et à la Prusse, elle aura des mots sévères pour l'allié qui, selon elle, n'est battu que parce qu'il trahit.

L'autre événement d'importance qui prend place pendant l'adolescence de Marie-Caroline et qui agite la cour de Vienne est provoqué par la mort d'Auguste III, Électeur de Saxe et roi de Pologne (octobre 1763). Catherine II qui a, dit-on, fait l'année précédente étrangler le tsar Pierre III, son mari, veut placer sur le trône électif l'un de ses anciens amants, Stanislas Poniatowski. Pour influencer la Diète dans le sens qu'elle désire, elle envoie ses troupes à Varsovie. L'Autriche et la France doivent s'incliner malgré l'amitié qu'elles portent aux enfants d'Auguste III. Sa fille Marie-Josèphe n'est autre que l'épouse du dauphin Louis [2]; l'un de ses quatre fils est le prince Albert de Saxe qui bientôt épousera Marie-Christine, l'une des sœurs aînées de Marie-Caroline. A cette occasion, il sera fait comte de Teschen par Marie-Thérèse.

Malgré l'alliance avec la France, Marie-Caroline n'est pas élevée dans une atmosphère francophile. Son père l'empereur regrette sa Lorraine natale qu'il a dû céder en échange de la Toscane. On ne s'y trompe pas à Versailles. Le cardinal de Fleury va même jusqu'à dire : « Le grand-duc nous hait mortellement par raison que nous lui avons enlevé le patrimoine de ses pères. » Cependant, ses liens avec la famille de France sont étroits : sa mère, Mademoiselle de Chartres, était la fille de Philippe d'Orléans, le frère de Louis XIV.

Avant que Marie-Caroline ne parte pour Naples en 1768, le sort de plusieurs de ses frères et sœurs s'est déjà dessiné. Marie-Anne, la sœur aînée, est malheureusement physiquement contrefaite : elle sera abbesse au chapitre noble de Prague. Marie-Christine est destinée à épouser Albert de Saxe : elle gouvernera plus tard les Pays-Bas. Marie-Élisabeth est la plus jolie des sœurs. On envisage pour elle deux partis possibles. On songe à Stanislas Poniatowski, le nouveau roi de Pologne. A la réflexion, Marie-Thérèse ne donne pas suite : elle trouve qu'il n'est pas assez fortuné. Second projet tout à fait inattendu : pourquoi n'épouserait-elle pas Louis XV qui devient veuf en 1768 ? La liaison du roi avec Madame du Barry qui scandalise Marie-Thérèse la conduit à y renoncer. C'est alors que la variole frappe Marie-Élisabeth. Elle n'en meurt point, mais ses traits ravissants n'y résistent pas : elle sera abbesse au chapitre d'Innsbrück. Marie-Amélie épousera bientôt, en 1769, Ferdinand, duc de Parme, qui vient de succéder à son père don Philippe.

L'archiduc Léopold, de cinq ans plus âgé que Marie-Caroline, est fiancé en 1764 à la sœur aînée de Ferdinand IV, l'infante Marie-Louise. Ce mariage est la conséquence d'une nouvelle alliance voulue par Marie-Thérèse et Charles III d'Espagne pour leurs enfants. Le mariage a lieu au début d'août 1765 à Innsbrück en présence du ménage impérial. Quelques jours plus tard, François de Lorraine est pris d'un malaise et meurt subitement le 17 août. Ses funérailles sont célébrées à Vienne à la fin du mois. Léopold reçoit alors le grand-duché de Toscane, tandis que Joseph, roi des Romains, accède à l'Empire sous le nom de Joseph II. A compter de ce jour, Marie-Thérèse ne quittera plus ses habits de deuil.

Elle est alors loin l'époque heureuse de l'enfance de Marie-Caroline. Celle où l'une de ses sœurs a représenté, dans un charmant tableau, toute la famille impériale dans son intimité. On fête saint Nicolas : les enfants reçoivent leurs cadeaux, l'empereur en pantoufles et coiffé d'un bonnet se chauffe près de la cheminée tandis que Marie-Thérèse sert le goûter et verse le chocolat.

La souveraine vieillissante, qui a vite décelé chez Marie-Amélie et Marie-Caroline un caractère ardent et dominateur, leur donne avant leur mariage de sages conseils dans le domaine politique : « Ne vous mêlez d'aucun parti. Si vous le pouvez même, ignorez tout, ce ne serait que mieux. » Sur leur comportement privé : « Évitez d'être coquettes. Rappelez-vous que bien des choses innocentes chez une fille ne le sont pas chez une épouse. »

*

Vienne, 17 avril 1768 : Marie-Caroline épouse Ferdinand IV, roi de Naples. Elle ne l'a jamais vu. Il ne se déplace même pas pour l'occasion. C'est le jeune frère de Marie-Caroline, l'archiduc Ferdinand qui représente le marié. Dans le contrat de mariage, Marie-Thérèse fait préciser que Marie-Caroline participera à Naples au Conseil des ministres dès l'instant qu'elle aura donné un héritier au royaume. C'est un peu contredire le précepte « ne vous mêlez d'aucun parti, ignorez tout... ». Marie-Caroline n'est pas de celles qui oublient une telle disposition! De même se souviendra-t-elle aussi de l'un des derniers conseils de sa mère : « Reste Allemande au fond du cœur et dans la droiture de l'esprit. A l'inverse, il te faut paraître Napolitaine dans tout ce qui est sans importance, le mal excepté. »

Avant son départ, Raphaël Morghen fait son portrait. Marie-Caroline est alors une très séduisante jeune fille, dans toute la grâce de ses seize ans. Sa taille est ravissante, son visage éclairé par des yeux bleus au vif éclat, son front dégagé s'orne d'une chevelure abondante châtain clair avec des reflets blonds. Son nez est droit mais un peu fort, sa bouche un peu dédaigneuse et sensuelle. On décèle dans son regard une fierté certaine et une dignité un peu hautaine.

Le long voyage vers Naples commence alors. Chaque étape est l'occasion d'une fête. A Bologne, le cortège royal est rejoint par une délégation venue de Toscane, conduite par le grand-duc Léopold. De magnifiques fêtes illuminent Florence. Les deux cortèges cheminent ensuite ensemble jusqu'à Rome. Marie-Caroline visite Saint-Pierre, les principaux lieux de la Ville Éternelle et dîne à la Villa Borghèse. Mais elle ne rend pas visite au pape, car Naples et le Saint-Siège sont depuis quelque temps en mauvais termes. Cela n'empêche pas les canons du Château Saint-Ange de tirer une salve d'honneur pour saluer la nouvelle reine et ses compagnons. La frontière napolitaine est atteinte à Terracine, petite ville côtière au nord de Gaëte, le 12 mai 1768. Le cortège organisé par Ferdinand IV l'accueille, tandis que Léopold et sa suite remontent vers le nord. Enfin, un peu plus loin, Ferdinand apparaît : il conduit Marie-Caroline au palais royal de Caserta.

On prétend que le lendemain matin, Ferdinand, comme à l'accoutumée partit de bonne heure à la chasse. Ses courtisans l'interrogent : « Alors vous plaît-elle? ». Il se borne à répondre : « Elle dort comme une brute et sue comme un porc. » Ces propos ne paraîtront pas invraisemblables si l'on veut bien maintenant faire connaissance du personnage.

*

A l'âge de huit ans Ferdinand monte sur le trône de Naples [3]. Le conseil de régence auquel il est confié comprend notamment le gouverneur chargé de son éducation, le prince de San Nicandro, l'ancien Premier ministre de Charles VII [4], le marquis de Tanucci, le prince d'Yaci, capitaine général des armées, le prince de Camporeale, président du Conseil de Sicile. A en croire Giuseppe Gorani, un jacobin notoire qui, sous la Terreur, se réfugiera en France et y publiera en 1793 d'une plume particulièrement venimeuse ses *Mémoires secrets et critiques des Cours, des Gouvernements et des Mœurs des principaux États d'Italie,* San Nicandro « avait l'âme la plus impure qui ait végété dans la boue de Naples. Ignorant, livré aux vices les plus honteux [...], plongé dans la débauche la plus crapuleuse [...], tel était l'homme chargé de former un roi ». Bernardo de Tanucci est le maître incontesté du conseil de régence. Pour mieux y assurer sa prééminence, il fait en sorte que les autres membres du conseil, au fur et à mesure de leur disparition, n'y soient pas remplacés.

Tanucci, un Toscan, né près d'Arezzo en 1698, est à l'origine professeur à l'Université de Pise et un jurisconsulte réputé. Aussitôt après la conquête de Naples, don Carlos en avait fait son Premier ministre. A en juger par ses réalisations, il semble que Tanucci était davantage un érudit qu'un homme d'État. En 1767, l'année qui précède l'arrivée de Marie-Caroline, sir William Hamilton écrit à son sujet :

> « L'opinion qu'il a de son savoir le rend têtu et lui fait traiter les affaires avec cette dureté que l'on finit par posséder quand on a une trop bonne opinion de soi. Lorsque Tanucci se trouve dans l'embarras, il cherche à gagner du temps : il recourt à des palliatifs, il se contente d'expédients sans penser aux conséquences possibles, et ce comportement est souvent dommageable à la nation [...]. Il veille soigneusement à son pouvoir bien plus qu'il ne s'intéresse aux affaires [...]. Il est désireux de bien faire; mais n'ayant appris la politique qu'à travers les livres, il voit les choses avec des yeux d'avocat et manque des moyens nécessaires pour faire mieux [...]. »

Soucieux de ne céder aucune parcelle du pouvoir qu'il tient de Charles III à Madrid, Tanucci se garde bien de préparer Ferdinand à son métier de roi. Il favorise même tout ce qui peut le tenir éloigné des affaires.

On assiste aux spectacles de bonne heure. Casanova qui visite Naples pour la deuxième fois en 1761 aperçoit Ferdinand :

> « A Saint-Charles [5], le duc de Matalone me présente à plusieurs dames [...]. Le roi, fort jeune, était dans sa loge du milieu, entouré d'une cour fort riche, mais vêtue sans goût. Le parterre était plein, ainsi que les loges qui étaient toutes illuminées, à cause de je ne sais quel anniversaire [6] [...]. J'eus l'insigne honneur de baiser une petite main de neuf ans toute couverte d'engelures [...]. C'est un roi sans façons, et je tiens que c'est un défaut dans un homme destiné à commander à tous. »

Un jeune roi, en effet, sans façons qui, dès ses premières années, ne marque de goût que pour la chasse, la pêche – où il excelle d'ailleurs – et les spectacles. Il ne lit pas. Il est incapable de soutenir une conversation sérieuse. Il n'est à l'aise qu'avec des compagnons de plaisir le plus souvent peu recommandables.

« Malheureusement pour lui et pour son peuple, commente Hamilton, il n'a pas de précepteurs capables de l'instruire, ni de tuteurs qui aient cherché à lui inspirer des idées dignes de son rang. Le peuple napolitain l'aime tout bonnement parce qu'il est né à Naples; s'il aime, lui, les Napolitains, c'est peut-être parce que, en raison de la distance qu'on a toujours mise entre lui et les nobles de son âge, il s'est trouvé à rechercher la compagnie de domestiques, de laquais, de gens de la condition la plus basse [...]. Au cours de cette dernière année, le jeune roi, anxieux d'atteindre sa majorité, comptait les jours, mais s'il aspirait à l'indépendance, c'était plus pour s'abandonner à ses plaisirs personnels que pour gouverner son royaume. »

N'accablons donc pas Ferdinand s'il est ignorant, paresseux, frivole, rustre – un « gros balourd » dira plus tard Marie-Caroline : personne ne s'est préoccupé de l'instruire du jour où son père Charles III, partant pour Madrid avec tous les siens, l'a laissé seul à Naples.

L'empereur Joseph II, qui vient à Naples rendre visite à sa sœur Marie-Caroline à peine un an après son mariage, est évidemment assez surpris de l'apparence et du comportement de son nouveau beau-frère. C'est un homme grand, maigre et robuste :

« Il a les genoux cagneux et l'échine si souple qu'à chaque pas son corps balance et donne l'impression de tituber [...]. Ses mains brunes et grossières sont très sales car il ne porte jamais de gants quand il monte ou chasse. La tête est relativement petite, surmontée d'une forêt de cheveux, noir de café, jamais poudrés; le nez part du front et, se gonflant progressivement, descend en droite ligne jusqu'à la bouche qui est large avec une lèvre inférieure très proéminente. Denture irrégulière, mais plutôt bonne. Rien de particulier dans les autres traits; front bas, yeux porcins, pommettes plates, cou haut. Il est laid mais pas repoussant du tout. La peau est assez lisse et ferme, d'une couleur qui tire sur le jaune; il est propre, sauf les mains, et au moins ne sent pas mauvais. Jusqu'à présent, aucun soupçon de barbe. Il s'habille de façon très étrange, se coiffe les cheveux en arrière et les emprisonne dans une résille; il porte un grand collet blanc, des poignets de mousseline brodée, et parfois de dentelles, une veste grise faite de ces étoffes mêlées qu'à Vienne nous appelons poivre et sel; un gilet de cuir jaune garni d'un petit passe-mains doré avec des boutons de cuivre sur la poitrine, doublé de satin vert, ce même satin vert qui a servi à confectionner le pourpoint sans manches qu'il porte sur la chemise; ses larges culottes en peau de daim ont des dessins autour des boutonnières; des bas de soie grise, de lourdes chaussures de cuir à boucles de cuivre. Chez lui, il n'a jamais ni chapeau, ni épée, ni couteau de chasse, pas même lorsqu'il dîne en public ou se rend à l'église, aussi bien qu'au théâtre. Ses vêtements de chasse sont encore plus étranges : grand chapeau rabattu, ample veste de poil gris aux poches descendant jusqu'à mi-jambe, vieux gilet de cuir et culotte identique, bourse contenant les sachets de petites balles de plomb, couteau de chasse semblable à une baïonnette [...]. Sur l'épaule, un fusil espagnol long et pesant; au flanc, une corne à poudre qui se balance; et aussi un carnier vert à mailles; enfin plusieurs petits sifflets attachés aux boutonnières. C'est ainsi fagoté que, chaque matin, il s'en va à la chasse [...].

« De toute sa vie, cet homme-là n'a jamais réfléchi, ni à lui-même, ni à son existence physique ou morale, ni à sa situation, ses intérêts et son pays. Il ignore totalement le passé et le présent, il n'a jamais songé à l'avenir. En vérité, il se contente de végéter jour après jour, se souciant seulement de tuer le temps [7]. »

Voilà, en quelques traits, le portrait physique et moral de celui qui vient d'épouser une jeune femme raffinée, cultivée, intelligente et ambitieuse. Faut-il s'étonner si Marie-Caroline, dont Ferdinand est d'emblée fort amoureux, va bientôt le dominer et diriger le royaume?

Chapitre II

L'Italie et le royaume de Naples avant l'arrivée de Marie-Caroline

Gênes. Venise. La Lombardie. Le royaume de Piémont-Sardaigne. La Toscane. Parme. Les États du pape. Le royaume de Naples. Une économie essentiellement agricole. Le régime des terres. Nobles, bourgeois et paysans. La dévotion rendue à saint Janvier. Les lazzaroni. ***Naples, une capitale éclairée.***

Tous les grands conflits du début du XVIIIe siècle – guerres de succession d'Espagne, de Pologne, d'Autriche – ont d'importantes répercussions en Italie. Les grandes puissances y redistribuent duchés et principautés à de nouveaux titulaires. Un peu d'ordre se trouve ainsi remis dans la mosaïque des petits États qui composait l'Italie du début du siècle. Aucun changement notable n'interviendra plus après le traité d'Aix-la-Chapelle (1748). Jusqu'à la Révolution française, l'Italie restera à l'écart des guerres. Elle connaît enfin une longue période de paix.

Dans l'Italie du Nord, les deux Républiques de Gênes et de Venise ont perdu beaucoup de leur puissance passée. Leur gloire est ternie. Elles ne jouent plus aucun rôle sur la scène européenne. Gênes, incapable de faire face à l'insurrection menée en Corse par Pascal Paoli, doit céder l'île à la France en 1768. L'Autriche est solidement implantée au nord de l'Italie avec sa possession de la Lombardie qu'elle dirige de Vienne par l'entremise d'un gouverneur résidant à Milan. A l'ouest, s'étend le royaume de Piémont-Sardaigne. Il appartient à la puissante maison de Savoie. Celle-ci a toujours su nouer des alliances prestigieuses : Charles-Emmanuel III qui règne à Turin depuis 1730 a, par un troisième mariage, épousé en 1737 Élisabeth de Lorraine, sœur du grand-duc de Toscane qui, quelques années plus tard, sera l'empereur d'Allemagne. Ses deux sœurs, Marie-Adélaïde et Marie-Louise ont, de leur côté, épousé les deux petits-fils de Louis XIV, le duc de Bourgogne et le duc d'Anjou, Philippe V d'Espagne. Depuis le traité de Vienne de 1735 qui met fin à la guerre de succession de Pologne, la Toscane tourne dans l'orbite autrichienne. Elle appartiendra à François de Lorraine, l'époux de Marie-Thérèse, aussitôt que la maison de Médicis se sera éteinte sans postérité [8]. A sa mort, en 1765, la Toscane reviendra à son second fils l'archiduc Léopold, tandis que Joseph, le fils aîné, accèdera à l'Empire.

A Parme, la famille régnante, les Farnèse, s'est elle-même éteinte en 1731. Élisabeth Farnèse, la seconde épouse de Philippe V d'Espagne, est parvenue à y établir son fils don Philippe, le gendre de Louis XV. A son tour, Parme va nouer de grandes alliances : la fille aînée de don Philippe et de Louise-Élisabeth de France épouse en 1760 l'archiduc Joseph qui est déjà roi des Romains. Marie-Louise, une seconde fille – célèbre par sa laideur si l'on en juge par le portrait de Goya et plus encore par le scandale de son « ménage à trois » avec Godoy, le « prince de la Paix » – épousera en 1765 Charles, prince des Asturies, le fils que Charles III a pris auprès de lui à Madrid pour lui succéder un jour et qui sera Charles IV, le roi que Napoléon déposera un jour à Bayonne.

Don Philippe meurt en cette même année 1765. Il ne laisse qu'un fils, Ferdinand, âgé de treize ans seulement. On le confie à de bons esprits : le premier ministre du Tillot – un Français encyclopédiste ami de Voltaire – et le philosophe Condillac. Ferdinand n'en sera pas moins un être stupide et insignifiant. Marie-Thérèse lui fait épouser, à dix-sept ans, sa fille Marie-Amélie de six ans plus âgée. Le désir de régner sans partage que Marie-Amélie montre aussitôt arrivée à Parme va inquiéter Marie-Thérèse et inspirer à sa sœur Marie-Caroline une ambition similaire.

En son centre, l'Italie est pratiquement coupée en deux par les États du pape qui, au nord, comprennent les légations de Bologne et de Ferrare et qui, au sud, jouxtent le royaume de Naples. Alors que les monarchies se débattent toutes dans des difficultés financières, l'Église, restée à l'écart des guerres, est riche et même opulente. A l'extérieur de ses frontières, elle possède même des biens considérables qui, pour l'essentiel, échappent aux fiscalités locales. Ces privilèges de l'Église constituent l'une des rares limites – mais la moins bien supportée – du pouvoir royal qui, au XVIIIe siècle, tend partout à devenir absolu. La papauté vise à son tour à l'absolutisme. Des heurts deviennent inévitables. Alors que des réformes auraient été nécessaires pour limiter les privilèges de la noblesse, répartir l'impôt sur des bases plus équitables, donner aux paysans une accession progressive à la propriété de leurs terres, les grandes puissances – aussitôt imitées par les petits États italiens de Parme et de Naples – jugent plus facile de s'en prendre aux biens de l'Église qui, sur le plan temporel, se présente à elles comme une rivale et dont le chef – suprême insolence – se pose comme leur arbitre. Les Jésuites seront leurs premières victimes. Leur expulsion n'étant pas jugée suffisante, on finira par imposer au pape la suppression pure et simple de leur ordre. Cette lutte, commencée en 1764 et à laquelle tous les Bourbons, liés par le Pacte de Famille, négocié par Choiseul en 1761, prennent une part active, se poursuit au-delà de l'arrivée de Marie-Caroline à Naples. On en dira l'essentiel au chapitre suivant.

*

Quel est donc ce royaume où Marie-Caroline arrive dans l'été de 1768? Avec ses 5 à 6 millions d'habitants, il est l'un des États les plus peuplés d'une Italie qui n'en compte au total qu'environ 16 à 17 millions. Naples, la capitale, est l'une des plus grandes villes de l'Europe. Elle est de beaucoup la plus peuplée des villes italiennes. A la veille de la Révolution, sa population est estimée à environ 400 000 âmes [9], alors que Rome n'en a que 160 000. Même Palerme, avec ses 140 000 habitants, dépasse largement Florence et Milan.

La longueur considérable des côtes – Sicile comprise – rend difficile et coûteuse la défense du royaume. Une petite flotte de haute mer, construite dans les arsenaux royaux, de Castellamare notamment, doit constamment protéger les navires de commerce contre les attaques des Barbaresques qui pillent les cargaisons, rançonnent les équipages et le plus souvent les emmènent en captivité. Leur audace va même jusqu'à faire des incursions au rivage où les habitants surpris sont à leur tour conduits en esclavage.

Économiquement, le royaume est pauvre. A part quelques industries mineures comme celles de la soie et de la céramique dont Charles VII favorise l'expansion, l'agriculture y domine : céréales, mûriers, oliviers, vignes et agrumes. Le régime des terres et la sécheresse, qui certaines années est un véritable fléau, font que les rendements sont dans l'ensemble médiocres et surtout irréguliers. Un printemps sans pluie provoque souvent la famine et Naples, malgré ses ressources fiscales limitées, doit d'urgence et à grands frais importer du blé.

Alors que les droits féodaux n'existent pratiquement plus dans l'Italie du Nord, notamment en Lombardie, où le paysan est un petit propriétaire, et souvent petit fermier de surcroît, le régime féodal s'est maintenu dans tout le sud de l'Italie et en Sicile. Tout comme en France, on y connaît les droits seigneuriaux, les prestations en nature, les corvées. Dans tout le royaume, la grande propriété domine, le *latifundium*. Ces terres ne peuvent pas être divisées par héritage ou par vente. Elles constituent des *fideicommis* : elles ne peuvent se transmettre que dans leur intégralité et à un héritier désigné à l'avance. La noblesse, propriétaire de ces immenses domaines, attirée par les plaisirs de la ville ou par la vie brillante et gaie de la Cour, les délaisse le plus souvent. Elle en confie la gestion à des intendants issus de la bourgeoisie commerçante. Il n'y aura pas en Italie du Sud d'alliance entre paysans et bourgeois comme ce sera le cas en France. Car pour le paysan des Abruzzes, des Calabres, des Pouilles ou de Sicile, le bourgeois c'est l'intendant, le *gabelloto*, représentant haï d'un seigneur lointain, ou le commerçant du village qui s'enrichit à ses dépens. Le noble – surtout celui qui exploite lui-même – sera mieux accepté, car il est plus proche des paysans que les bourgeois : situation qu'on retrouvera en Vendée sous la Convention. Le paysan napolitain n'est donc que rarement propriétaire. De plus, son droit à mener son troupeau sur les biens communaux et sur les terres où la récolte a déjà été enlevée (droit de vaine pâture) subit de plus en plus de restrictions : les physiocrates et les économistes condamnent cet usage. Et lorsque le partage des communaux se fait, ce sont, de nouveau, nobles et bourgeois qui en recueillent la plus grande part.

Cette animosité que ressent le paysan pour le bourgeois tient à une autre cause. L'homme de la ville est souvent en contact avec le mouvement des Lumières. Il a tendance à prendre ses distances avec l'Église. Tout au contraire, le paysan reste imperméable, hostile même, aux idées nouvelles. Il demeure fidèle à son curé. Il n'admet pas qu'on ose discuter l'autorité du pape; il est pour lui sacrilège de s'emparer des biens des couvents et des monastères.

L'attachement que montre le petit peuple de Naples à tout ce qui touche à la religion s'apparente davantage à la superstition qu'à une foi véritable. Sa dévotion s'adresse tout particulièrement à saint Janvier, le patron de la ville. A la cathédrale, dans une chapelle baroque richement décorée, qui dans la journée est inondée de lumière par un vitrail jaune d'or, on conserve les reliques du martyr. Une fiole contient son sang coagulé. Chaque année, le 19 septembre, c'est le jour de la fête du saint patron. Le clergé, en grande pompe, conduit par l'archevêque, suivi d'une foule immense où nobles, bourgeois, *lazzaroni* [10] se côtoient, sollicite le miracle de la liquéfaction du sang. Si les prières sont suffisamment ardentes, si le saint veut bien faire savoir que sa sollicitude et sa protection restent acquises au royaume, alors le miracle s'accomplit. C'est l'allégresse. La statue du saint est promenée à travers la ville : la famine sera vaincue, le Vésuve s'apaisera. Lorsqu'en 1799, les Français envahiront le royaume, ils ne manqueront pas de « contraindre » le saint à renouveler son miracle, même en dehors du jour de sa fête, signe qu'il approuve la nouvelle République et que les *lazzaroni* peuvent mettre fin à leur résistance.

Si les campagnes de la péninsule et de la Sicile en sont encore à l'heure d'un certain obscurantisme, Naples, en revanche, est bien, en ce XVIIIe siècle, une capitale éclairée. Pour la noblesse européenne, elle est un lieu de séjour recherché : l'un des grands centres de la musique et du théâtre, de l'opéra-bouffe et de la *commedia dell'arte.* Les fouilles de Pompéi et d'Herculanum qu'entame Charles VII et qu'on poursuit sous Ferdinand IV, attirent également de nombreux visiteurs. Qu'ils soient savants, lettrés ou simplement dilettantes, ils trouvent en ce séjour napolitain mille occasions d'être éblouis, qu'ils aillent rêver près des temples de Paestum, gravir un Vésuve redoutable mais fascinant, admirer les collections d'art amassées par les Farnèse de Parme et que Charles VII a rassemblées à Naples, ou simplement flâner sur les pentes du Pausilippe et du Vomero qui dominent la baie sereine piquetée à l'horizon par l'île de Capri, le séjour préféré de Tibère.

C'est à l'Université de Naples que Genovesi crée, dès 1755, la première chaire d'économie politique de l'Europe. Y enseignent des hommes de valeur comme Vico et Filangieri. Bien que Tanucci cherche à freiner la diffusion des idées nouvelles qu'il juge pernicieuses, l'*Encyclopédie* de Diderot et d'Alembert, les ouvrages de Voltaire et de Rousseau sont néanmoins traduits en italien. Et, si la censure les écarte, ces livres n'en seront pas moins lus – dans leur texte original – car la classe cultivée, nobles et bourgeois, comme partout ailleurs dans l'Europe d'alors, lit et parle couramment le français.

Monté sur le trône en 1759, Ferdinand IV n'a joué aucun rôle pendant les neuf années qui ont suivi. Tanucci favorise ses dissipations et ses plaisirs. La chasse et la pêche constituent ses occupations préférées. Tout comme un *lazzarone*, il s'amuse à aller vendre lui-même le produit de sa pêche sur le petit port de Santa-Lucia. On ne lui connaît pas d'attaches féminines régulières. Pourtant les belles dames napolitaines devraient lui convenir. Selon Mme Vigée-Lebrun, « elles sont d'une ignorance surprenante, elles ne lisent rien quoiqu'elles fassent semblant de lire [...]. Plusieurs d'entre elles ne savent pas qu'il existe un autre pays que Naples, et leur unique occupation est l'amour qui, pour elles, change souvent d'objet ». Non; les intrigues amoureuses de Ferdinand se bornent à des étreintes faciles avec des paysannes. La colonie de soyeux qu'il fondera à San Leucio, près de Caserta, avec toutes ses ouvrières, lui servira de sérail.

Le marquis de Tanucci règne donc sans partage et applique sans discuter les directives qu'il reçoit de son ancien souverain Charles III d'Espagne.

Cette situation choque profondément Joseph II :

> « Le roi d'Espagne n'ignore pas à quel point il est ambitieux de dicter despotiquement les lois depuis Madrid et de s'immiscer dans les plus petits recoins d'un royaume qu'il a cédé à son fils aujourd'hui majeur. Mais son amour pour ce pays [11] et plus encore son ambition l'empêchent de relâcher son étreinte. Tanucci est le seul homme qui puisse exécuter ses volontés et, pour cette raison, il est de la plus haute importance qu'il reste à son poste. Le roi d'Espagne se rend clairement compte que s'il perdait celui-ci, le roi de Naples s'enfuirait de sa cage et agirait de manière indépendante. »

Il n'est pas dans le tempérament de Marie-Caroline de rejoindre Ferdinand dans une cage.

Chapitre III

Dans l'attente d'un héritier

Lutte contre les Jésuites. Le pape excommunie Ferdinand de Parme. La France prend en gage Avignon. Naples s'empare de Bénévent et de Ponte-Corvo. Le pape cède et supprime l'ordre des Jésuites. Élection de Pie VI. Marie-Caroline a sa première fille en 1772, Thérèse, future impératrice. Elle songe à écarter Tanucci, sa sœur Marie-Amélie de Parme s'est bien débarrassée de Du Tillot. Marie-Thérèse elle-même trouve excessive l'influence de Tanucci. Elle donne Marie-Caroline pour modèle à Marie-Antoinette. Marie-Caroline protège les milieux maçonniques. Naissance de Marie-Louise, future duchesse de Toscane, puis celle d'un fils, Carlo-Tito, ce qui permet à Marie-Caroline d'accéder au Conseil. Tanucci est écarté. Projet avorté d'une visite en Espagne. Petits jeux à la Cour, aventures galantes de Ferdinand.

La lutte contre la Compagnie de Jésus est déjà largement entamée lorsque Marie-Caroline arrive à Naples. L'essentiel des réformes menées depuis des années par Tanucci a surtout porté sur les privilèges ecclésiastiques. Dans ce domaine, il marque des points : le clergé est peu à peu exclu des tribunaux et des écoles; le mariage devient un contrat civil; les bulles du pape restent sans valeur tant qu'elles n'ont pas obtenu le visa royal; de nombreux couvents sont fermés; les évêques devront dorénavant s'instituer les uns les autres [12].

Tout cela ne peut qu'irriter le Saint-Siège. Mais ce sont les mesures prises contre les Jésuites qui tournent presque en un conflit ouvert. L'exemple vient de haut. Louis XV les a chassés dès 1764. Charles III d'Espagne a fait de même en avril 1767, prétextant que ceux-ci l'auraient injurié en propageant la rumeur qu'il serait un bâtard d'Élisabeth Farnèse et d'Alberoni. Au Portugal, Pombal, le premier ministre, les expulse à son tour. Parme et Naples ne pouvaient que suivre : leurs liens étroits avec la France et l'Espagne encore resserrés par le Pacte de Famille de 1761 les obligent à la solidarité dynastique. Le pape Clément XIII réagit brutalement contre le jeune duc de Parme : il considère que les mesures prises par Guillaume du Tillot, son ministre, sont schismatiques, contraires aux droits du Saint-Siège et aux immunités de l'Église. Il va même plus loin. Récusant les stipulations du traité d'Aix-la-Chapelle d'octobre 1748 qui avait confirmé à don Philippe – le père de Ferdinand – la possession de Parme et de Plaisance, le pape prétend que ces duchés constituent une « ancienne mouvance » du Saint-Siège et qu'il en est demeuré le souverain légitime. Par son bref du 30 janvier 1768, il excommunie Ferdinand. Comme, à Naples, Tanucci, pour le compte de Ferdinand IV et à l'instigation de Charles III, mène le même combat, Choiseul peut déclarer : « Cette insulte n'est pas particulière au duc de Parme mais vise la maison de Bourbon tout entière ». Dès lors, il ne s'agit plus seulement de chasser les Jésuites qui, d'ailleurs, se réinstallent plus loin, mais de contraindre le pape à revenir sur son bref et d'obtenir de sa part la suppression pure et simple de la Compagnie de Jésus. A cette fin, Louis XV et Ferdinand IV vont exercer sur lui des moyens de pression proches d'une déclaration de guerre. Par un arrêt du Parlement de Provence de juin 1768, Louis XV décide de s'emparer d'Avignon. De son côté, Ferdinand occupe les principautés de Bénévent et de Ponte-Corvo, enclaves de la papauté dans le royaume de Naples. C'est au beau milieu de cette crise qu'arrive Marie-Caroline. Comme elle a seize ans à peine, il est peu vraisemblable qu'elle ait joué un rôle direct dans son dénouement. On peut cependant être assuré qu'elle n'a pas plaidé pour l'apaisement : par ses sentiments, elle est proche de ceux de son frère l'empereur Joseph II. Elle a d'ailleurs, comme lui, des sympathies déjà marquées pour la franc-maçonnerie.

Clément XIII meurt le 3 février 1769. « Une mort plus opportune que fâcheuse ». On peut craindre en effet que sa ténacité à défendre ses droits territoriaux, la fortune de l'Église qu'il confond avec celle des Jésuites, n'entraîne de nouvelles représailles de la part de l'Espagne, de Naples et peut-être même de la France. Déjà Tanucci menace d'occuper près de Rome les duchés de Castro et de Ronciglione.

Le cardinal Ganganelli, élu pape sous le nom de Clément XIV, malgré toutes ses tentatives de résistance, finira par se soumettre. Dès novembre 1769, il écrit à Charles III : « Nous soumettrons aux lumières et à la sagesse de Votre Majesté un plan pour l'extinction absolue de cette Société et Votre Majesté le recevra sous peu. » Mais les négociations traîneront en longueur. Ce n'est que pendant l'été de 1773 que Clément XIV se résoudra enfin à publier son bref *Dominus ac Redemptor* qui supprime la Compagnie de Jésus. La France rend alors Avignon sans trop de difficulté. Le duc d'Aiguillon, qui a succédé à Choiseul à la fin de 1770, explique ainsi en janvier 1773 la position de Louis XV : « Le Roi ne s'est emparé d'Avignon que parce que la maison de Bourbon était mécontente des procédés du feu Pape envers l'Infant, et ne l'a gardé que parce que le Roi d'Espagne l'a prié d'en différer la restitution jusqu'à ce qu'il eût la satisfaction du Pape sur l'affaire des Jésuites. Dès qu'il l'aura obtenue, le Roi rendra Avignon. »

Naples se montre en revanche moins conciliant. Tanucci n'est-il pas allé jusqu'à écrire à Paris à l'abbé Galiani que « tant que les Bourbons ne s'uniront pas pour détrôner le Pape et partager ses États entre Venise, Modène, Parme et les Deux-Siciles, il faut garder un silence dédaigneux ». C'est sur l'insistance de Charles III que Tanucci accepte enfin, en 1774, de rendre au pape ses provinces usurpées. Il devra envoyer son épouse, la marquise de Tanucci, jusqu'au couvent du Mont-Cassin pour présenter au cardinal secrétaire d'État du pape les justifications de ce retard et ses excuses personnelles.

Clément XIV meurt quelques mois plus tard en septembre 1774. A Louis XV, disparu le 20 mai, a maintenant succédé son petit-fils Louis XVI. Il est marié depuis avril 1770 à Marie-Antoinette, la sœur de Marie-Caroline. La France et l'Espagne, représentées alors à Rome par le cardinal de Bernis et le comte de Florida Blanca, font alors comprendre au conclave qu'il convient d'élire un pape ne remettant pas en cause l'abolition des Jésuites. Dans le cas contraire Naples, par rétorsion, pourrait faire revivre ses prétentions sur Castro et Bénévent au titre des droits que le royaume tient des Farnèse. Le cardinal Braschi est élu pape le 15 février 1775. Il prend pour nom Pie VI. Marie-Thérèse, très pieuse, se garde de se mêler à cette longue querelle afin de ne pas indisposer les Bourbons. Pendant cette période, elle négocie les mariages de ses filles Amélie et Marie-Caroline. Mais elle s'abstient de chasser les Jésuites de ses États. Quant à la Grande Catherine, elle les accueille volontiers en Russie, « comme mes Frères, le Roi Catholique, Très-Chrétien, Très-Fidèle et Apostolique les ont chassés, moi Très-Hérétique, j'en ramasse tant que je peux [13] ».

Casanova, de passage à Naples, dit dans ses *Mémoires* que Ferdinand, au milieu de ces péripéties, écrivit à son père qu' « entre les choses que je ne comprends pas, il en est quatre qui m'étonnent. La première est qu'on ne trouve pas un sol aux Jésuites supprimés qu'on disait si riches; la seconde, que tous les *scrivani* de mon royaume sont riches, quoique, selon la loi, ils ne doivent recevoir aucun salaire; la troisième, que toutes les jeunes femmes qui ont un jeune mari deviennent enceintes un jour ou l'autre, et que la mienne ne le devient jamais; enfin, la quatrième est que tout le monde meurt au bout de sa carrière, excepté Tanucci, qui vivra, je crois, jusqu'à la fin des siècles ».

*

Ce n'est en effet qu'en 1772 – quatre ans après son arrivée, alors qu'elle approche de ses vingt ans – que Marie-Caroline a son premier enfant, une fille, Marie-Thérèse. Si elle avait un peu tardé, qui lui en tiendrait rigueur? Elle en aura par la suite seize autres et elle aura dépassé quarante et un ans lorsque le dernier naîtra!

Vers la même époque, lady Anne Miller, de passage à Naples, décrit ainsi Marie-Caroline :

> « Sa Majesté est une jolie femme au teint le plus fin et transparent que j'aie jamais vu. Ses cheveux sont de ce châtain clair lumineux [...] que j'admire tant. Elle a de grands yeux brillants à l'azur profond, des sourcils bien dessinés [...]. Le nez est plutôt aquilin, la bouche petite, les lèvres très rouges, mais pas grosses comme les lèvres autrichiennes. De superbes dents blanches régulièrement plantées. Quand elle sourit, ses joues dessinent deux fossettes, qui viennent compléter la douceur du visage. Sa silhouette est parfaite. La reine est assez potelée [14] pour ne pas sembler maigre; le cou n'est pas court, mais fin, et les mouvements sont déliés; l'allure majestueuse et pleine de grâce dans les attitudes et dans les positions [15]. »

Pendant les quatre années qui suivent son mariage, Marie-Caroline a beaucoup observé. Son opinion est faite. Comme elle a constaté la nullité de son mari, elle sait qu'il lui est possible de tout gouverner par elle-même à condition d'écarter Tanucci.

> « Je ferai tant de tours et de mortifications à Tanucci, écrit-elle, que je l'obligerai bien à me céder la place! [...] Que nous importe l'Espagne! [...] Je ne serai jamais reine, tant que Tanucci restera à la cour [...]. Écouter Tanucci et l'Espagne, autant écouter le diable [16]! »

Marie-Amélie, sa sœur aînée, qui en 1769 a épousé Ferdinand de Parme de six ans son cadet, arrive aux mêmes conclusions. Elle parvient, malgré les remontrances de Marie-Thérèse, à rapidement chasser Guillaume du Tillot, le principal ministre, à qui don Philippe et Élisabeth de France ont confié le gouvernement du duché pendant la minorité du jeune duc. Agissant d'abord avec adresse, Amélie le remplace par don José de Llano. Celui-ci a participé à Madrid au ministère des Affaires étrangères. Choix judicieux, car il convient à Charles III. Mais quand Llano prend son rôle au sérieux et surtout lorsqu'il incite Ferdinand au travail, Amélie craint de perdre toute l'influence qu'elle s'est acquise sur son benêt de mari. Elle renvoie donc le nouveau ministre. Cette décision brutale soulève l'irritation non seulement de Marie-Thérèse mais de Louis XV et de

Charles III [17]. Ce dernier supprime la pension qu'il versait à son neveu. Quant à Marie-Thérèse, elle fait part de ses réactions au comte de Mercy-Argenteau, son représentant à Versailles auprès de Marie-Antoinette :

> « La mission du comte de Rosenberg à Parme n'a eu aucun effet, ma fille s'étant nettement refusée à toutes ses propositions [...]. J'ai rompu toute correspondance avec ma fille et j'ai ordonné à ma famille [...] d'en agir de même et de lui renvoyer toutes les lettres qu'elle nous écrirait sans les ouvrir [18]. »

Dans une autre lettre, elle précise :

> « Je n'ai trouvé d'autre parti à prendre sur les affaires de Parme que de me conformer aux dispositions des rois de France et d'Espagne. Ce parti était d'autant plus indispensable qu'en Italie, et même ailleurs, on commençait à supposer gratuitement que l'obstination de l'Infante était fomentée par les insinuations d'ici, vu l'envie que j'avais de faire dominer mes filles dans les pays où elles sont établies. Vous sentirez combien il importe de détruire un soupçon si peu fondé sur la vérité, mais qui ne laisserait pas de faire du tort à la reine de Naples et à la Dauphine, si jamais il prenait consistance [19]. »

De Naples, Marie-Caroline suit bien sûr avec grand intérêt les démêlés de sa sœur avec ses ministres. Elle s'avise que, pour parvenir au même résultat, il lui faut agir avec plus de doigté et se trouver des alliés. Elle met d'abord dans son jeu l'empereur Joseph II, son frère, qui vient lui rendre visite à Naples dès avril 1769. Il trouve que Tanucci est un pédant. Il n'est pas loin de partager l'antipathie que lui porte Marie-Caroline, dont « le caractère fin, ardent et passionné ressent avec amertume la toute-puissance du ministre ». Par la suite, Marie-Caroline utilisera les bons offices du marquis della Sambuca, l'ambassadeur de Naples à Vienne, afin de rallier peu à peu Marie-Thérèse à l'idée qu'il est temps d'écarter Tanucci. Au départ, l'impératrice y est peu favorable, bien qu'elle soit convaincue de son rôle néfaste. Elle écrit d'ailleurs le 25 février 1772 à Mercy-Argenteau :

« N'étant pas accoutumée à traiter mes enfants avec trop d'indulgence, je trouve cependant un peu fort la gêne dans laquelle on prétend à tenir mes filles et leurs époux, dans un temps qu'ils avancent déjà en âge. Il ne saurait manquer d'en résulter beaucoup d'inconvénients. Je crois qu'il serait bon de le faire sentir à la cour d'Espagne. »

Quelques jours plus tard elle ajoute :

« Cette gêne excessive pourrait à la fin hébéter le roi et le dégoûter tout à fait du travail, ce qui pourrait l'entraîner dans des dissipations, frivolités ou quelque chose de pire; indépendamment qu'une telle sujétion ne saurait qu'affaiblir dans le public l'autorité et la réputation du souverain. J'ai donc cru qu'il conviendrait de faire sentir au roi d'Espagne qu'il vaudrait mieux relâcher en quelque façon cette subordination rigoureuse dans laquelle le ministre tient le roi, son fils [20]. »

Au début de 1772, Marie-Thérèse ne réclame donc pas le départ de Tanucci. Mais elle plaide pour que son rôle soit réduit et accru d'autant celui de son gendre. Aussi quand Sambuca fait savoir à son collègue de Madrid – et l'on ne peut s'empêcher de penser que c'est à l'instigation de Marie-Caroline – que c'est bien en définitive ce départ qu'on souhaite, Marie-Thérèse s'indigne contre la « mauvaise foi » de Sambuca, sans suspecter le rôle de sa fille car, l'année suivante, elle constate :

« J'ai tout lieu d'être contente de la conduite de ma fille, la reine de Naples. Elle dépasse même en plusieurs rencontres mon attente, mais, sans vouloir s'opposer à l'idée de lui faire prendre part aux affaires, surtout si elle venait à accoucher d'un prince, je l'aime trop, de même que la Dauphine, pour souhaiter de les voir engagées dans une carrière aussi épineuse, où elles devraient naturellement partager le mécontentement de leurs sujets sur la situation peu heureuse des affaires [...] et où elles seraient exposées aux intrigues de tant de factions [...]. Ce que je souhaiterais le plus, ce serait que le roi de Naples prît goût pour les affaires. Je n'y compte guère, après qu'on a négligé de l'y former, et après qu'il s'est trop accoutumé aux dissipations [21]. »

Malgré ses « manigances », Marie-Caroline n'a pas cessé de donner satisfaction à Vienne. L'opinion que Marie-Thérèse a d'elle n'a pas changé depuis 1770 quand l'impératrice la donnait en modèle à Marie-Antoinette qui venait d'arriver à Versailles :

> « La reine de Naples souhaite votre correspondance; je n'y trouve aucune difficulté. Elle ne vous dira rien que de raisonnable et d'utile; son exemple doit vous servir de règle et d'encouragement, sa situation ayant été en tout et étant bien plus difficile que la vôtre. Par son esprit et par sa déférence, elle a surmonté tous les inconvénients qui ont été grands, elle fait ma consolation et a l'approbation générale [22]. »

Marie-Caroline n'épargne cependant pas Tanucci de ses « tours et mortifications ». Elle le défie par ses complaisances à l'égard des francs-maçons dont elle protège les loges. Elle participe volontiers à leurs réunions. Ce n'est certes pas du goût de Charles III et Ferdinand essaie de se disculper en lui écrivant :

> « Jusqu'à présent, je préférais ne pas en parler; mais puisque Votre Majesté connaît mes déboires, je puis vous dire que c'est ma femme qui fait le diable pour les entretenir (les loges) et j'ai dû le lui permettre pour avoir la paix [...]. Quand j'ai su que cela déplaisait à Votre Majesté, j'ai demandé à la reine d'éviter [...] de vous offenser, spécialement après que Votre Majesté eût écrit que j'étais plus attentif aux conseils des autres qu'à ses propres opinions. La reine m'a trouvé pleurant. Je lui ai montré la lettre et elle a répliqué : " C'est pour cela que tu es secoué? Que t'importe! Ton père est une vieille mule entêtée qui ne veut pas entendre raison et qui a une araignée dans le plafond [...]. " Comme je lui ai répondu que ce n'était pas là façon de parler, connaissant le respect dû à un père, elle a riposté : " Divague, désespère-toi, éclate ou meurs, toi et aussi ton père, je n'en fais aucun cas " [23]. »

Sur l'insistance de Charles III, Tanucci et Ferdinand prennent un édit proscrivant toutes les activités franc-maçonniques, mais Marie-Caroline, par provocation, persiste à honorer de sa présence les réunions interdites. Bien qu'un procès soit entamé, l'affaire tourne court. Marie-Caroline croit donc avoir gagné. Mais, sans qu'elle puisse s'en douter, elle favorise les milieux où se recruteront bien des futurs Jacobins : ceux-là même qui un jour seront ses adversaires.

Quand elle est enceinte, elle remarque que Tanucci devient subitement plus aimable, plus conciliant. Un fils lui permettrait en effet d'accéder au conseil et, si elle y siégeait, chacun sait qui en pâtirait! Hélas! son second enfant, Marie-Louise, née en 1773, est encore une fille. Puis, en 1775, naît un troisième enfant qui ne survit pas. Marie-Caroline s'exaspère. Le 13 août 1775, elle fait une scène à Ferdinand : « Pendant un an, je refuse d'être enceinte et peu importe que tu en meures ou que tu exploses. » Ferdinand, qui en fait part à son père – à qui d'ailleurs il écrit chaque jour – raconte : « Elle se transforma alors en furie, elle se jeta sur moi comme un chien, et me mordit tellement à la main que j'en porte encore la cicatrice! » Quelques jours plus tard, il reconnaît qu'elle s'est apaisée : « Quant aux devoirs de mon épouse, depuis l'incident du 13 août, la situation s'est améliorée, mais elle est toujours aussi capricieuse. » Les choses en effet s'arrangent : le fils tant espéré naît en 1776. On le prénomme Carlo-Tito.

Dès lors, les choses ne traînent pas. Sous la dictée de sa femme, Ferdinand, le 26 octobre 1776, fait savoir à Tanucci que le poids des affaires est devenu trop lourd maintenant qu'il a atteint ses soixante-dix-huit ans. Il le conservera néanmoins au conseil afin de continuer à bénéficier de son expérience.

Ce départ, devant lequel Marie-Thérèse avait longuement hésité, paraît une très bonne chose aux yeux de Marie-Antoinette :

> « J'ai été enchantée pour la reine de Naples du départ de M. Tanucci. Quoiqu'elle se soit toujours bien conduite à son égard, c'est toujours un grand avantage de s'en être débarrassé. Je trouve que ma sœur et le roi se sont conduits fort adroitement dans cette affaire »,

écrit-elle à sa mère en décembre 1776.

Quant à Charles III, il en retire de l'humeur, mais il ne peut que s'incliner. Il écrit à Tanucci :

> « Crois bien que personne ne compatit à ton malheur autant que moi. Aidons-nous tous les deux à supporter tous les dégoûts et toutes les épreuves que Dieu a voulu nous envoyer dans notre vieillesse [...]. Tu peux être sûr que je ne cesserai pas de t'écrire, à moins que Dieu ne

m'envoie quelque infirmité qui m'en empêche, car je sais comment tu m'as toujours servi et je t'estime et je t'aime [24]. »

Prévoyant que cette issue serait inévitable, Charles III avait, au cours des deux années précédentes, insisté pour que Ferdinand et Marie-Caroline viennent lui rendre visite à Madrid. Marie-Caroline, pour faire échouer ce projet, obtient l'aide de sa mère. Marie-Thérèse voit en effet des risques sérieux à ce que le jeune ménage s'éloigne de sa famille et de ses États. Elle craint même que le séjour à Madrid « ne donne lieu à des intrigues et à des tracasseries, même parmi la famille [25] ». Marie-Thérèse admet que « la compagnie du Roi Catholique, le voyage, la diversité des objets, l'extérieur d'une grande cour feraient assurément du bien au roi de Naples ». Mais elle ajoute aussitôt :

« [...] que la compagnie de don Louis et de don Gabriel [26], tous les deux adonnés à la débauche, ne lui en ferait pas; que la jalousie du prince et de la princesse des Asturies, les distinctions qu'on ferait aux souverains de Naples, seraient à craindre, que la compagnie de la princesse des Asturies, qu'on dit être médisante et coquette, ne serait pas avantageuse à une jeune princesse comme ma fille; que si elle devenait enceinte en Espagne son absence et celle de son époux serait trop longue; qu'accoutumés à suivre leur volonté pour le courant de la journée, ils ne s'accommoderaient guère de la vie méthodique du roi d'Espagne, unie à la discipline paternelle. Ces motifs me font souhaiter que ce voyage en Espagne n'ait jamais lieu [27]. »

Tant de bonnes raisons l'emportèrent. On n'alla pas en Espagne.

Après avoir eu un fils et s'être débarrassée de Tanucci, Marie-Caroline ne parvient pas cependant à obtenir l'exécution immédiate de la clause de son contrat de mariage qui prévoyait son entrée au conseil : Ferdinand tente un dernier combat d'arrière-garde. Il s'en explique à Charles III :

« Quant à ma femme, ce changement (l'éloignement de Tanucci) a augmenté son courage; à présent inspirée par son pays, elle redouble d'efforts afin d'entrer au gouvernement. Je tenterai de l'en empêcher, bien qu'elle multiplie les menaces [...] disant qu'elle va me montrer qui elle est et de qui elle tient, et que la recevoir dans notre famille a été une grande faveur et une chance. Je prie Votre Majesté, dans sa réponse, de ne pas montrer qu'Elle est au courant de tout cela [...] car, si Marie-Caroline venait à le savoir, il pleuvrait des désagréments jusqu'à la fin de ma vie, puisqu'elle continue à prêcher [...] qu'elle veut voir et connaître toutes mes affaires et qu'elle lit toutes mes lettres. Mais si, moi, je souhaite lire une de ces lettres qu'elle écrit chez elle [...] alors c'est la bataille et elle me couvre d'insultes [...] [28].

Ferdinand n'est pas de taille à s'opposer longtemps à une femme aussi déterminée. Marie-Caroline va parvenir à ses fins.

*

Pendant toutes ces années qui précèdent son entrée au conseil, Marie-Caroline accompagne Ferdinand. Ne pouvant se passer de la chasse, son passe-temps favori, le roi fuit le plus souvent possible le palais royal de Naples pour retrouver ses diverses résidences de campagne à Portici, Capodimonte, Caserta. Marie-Caroline supporte, car elle ne manque pas d'humour, les compagnons de plaisir de son mari et leurs distractions d'un goût parfois douteux. Ferdinand affectionne les petits jeux de société, surtout ceux qui autorisent quelques familiarités. Joseph II les raconte :

« Cinq ou six dames de la cour, ma sœur, le roi et moi, nous nous mîmes à jouer à colin-maillard et autres divertissements [...]. Le roi distribue des coups de poing, et aux dames, sans discernement, des claques sur les fesses. Il lutte continuellement avec elles; elles y sont habituées; elles se jettent à terre, allongées [...] ce qui divertit fort le roi et le fait éclater de rire [29]. »

Un bal est donné en l'honneur de l'empereur :

« En grande cérémonie, nous nous sommes rendus dans l'antichambre où nous attendaient tous les courtisans et les hauts fonctionnaires. Nous avons progressé avec solennité et en bon ordre, le roi, la reine et moi, accompagnés chacun de deux chambellans portant candélabres. Mais [...] le roi s'est fatigué d'une telle procession et il s'est mis à hurler comme un postillon [...]. C'était là, semble-t-il, le signal du départ. Toute la cour, grands et petits, ministres et vieillards, se mirent à galoper cependant que le roi les aiguillonnait à grands cris. Au passage, Choiseul, l'ambassadeur de France, se trouva malencontreusement dans les pieds du roi et reçut un coup de poing; faible comme il l'était, cet homme s'en alla donner du nez contre le mur [...]. Je crois bien n'avoir jamais rien vu de plus ridicule [29]. »

Il y a tout lieu de penser que, jusqu'à maintenant, Marie-Caroline n'a pas été infidèle à son mari. Simplement, comme elle est jolie, enjouée, spirituelle et qu'elle ne manque pas de repartie, on la courtise volontiers. Elle sait que son mari est frivole et qu'il ressent de temps en temps le besoin de quelques étreintes ancillaires ou paysannes. Elle ferme les yeux [30] sur ce qui, après tout, tient Ferdinand un peu éloigné des affaires. Marie-Thérèse n'écrit-elle pas d'ailleurs à Mercy-Argenteau en juillet 1779, à un moment où l'on craignait que Louis XVI n'ait des aventures galantes : « Selon mes principes, la femme n'a rien d'autre à faire que supporter avec patience les écarts de son mari, point le droit de s'en formaliser. »

Cela n'empêche pas Marie-Caroline d'intervenir parfois. Casanova raconte dans ses *Mémoires* l'anecdote suivante : une certaine Irlandaise, Madame Goudar, Sara pour les intimes, tenait avec son mari une maison de jeu au Pausilippe.

« Elle avait tout pour plaire, beauté, grâces, esprit, jeunesse, talents et gaieté, et par-dessus tout, écrit Casanova, un air distingué et facile tout à la fois qui la rendait irrésistible. Cette servante de cabaret aurait dignement occupé un trône. La reine découvrit que le roi avait eu un entretien secret avec elle [...]. Elle surprit son époux riant de tout cœur à la lecture d'un billet qu'il ne voulut pas lui montrer. Marie-Caroline, tandis qu'il dormait, s'empara du billet dans la culotte de son royal époux et elle lut : *Ti aspettero nel medesimo luogo, ed alla stessa ora, coll'impazienza medesima che ha ana vacca che desidera l'auvicinamento del toro.* Cela ne se traduit pas pour des oreilles chastes. " *Che infamia!* " s'écria la reine... Sa Majesté fit savoir au mari de la vache qu'elle lui donnait trois jours pour aller lui trouver des taureaux hors de son royaume [31]. »

Chapitre IV

En lutte contre Madrid

Sambuca succède à Tanucci. Naissance de François, le prince royal, puis de deux filles, dont Marie-Christine, future reine de Sardaigne. Mort de Carlo-Tito. John Acton est appelé à Naples. Marie-Caroline en fait son favori, puis son amant. Mécontentement de Charles III, roi d'Espagne, qui voit disparaître son influence. Il réclame le renvoi d'Acton. L'infidélité de Marie-Caroline serait la fable de toute l'Europe. Ferdinand n'y croit pas. Les mariages portugais soulèvent de l'inquiétude à Naples. Mort de Charles III, avènement de Charles IV. Disgrâce de Sambuca. De 1780 à 1790, Marie-Caroline met au monde huit enfants. Mort de l'impératrice Marie-Thérèse. Voyage à Turin, Gênes, Milan et Florence.

Le marquis della Sambuca, qui représentait Naples à Vienne, succède à Tanucci comme Premier ministre. Il ne gêne en rien Marie-Caroline. Elle le supporte sans difficulté tant qu'il la sert aveuglément. Son rôle ira d'ailleurs en s'amenuisant au fur et à mesure que la reine prendra davantage d'autorité et que, à partir de 1779, elle fera d'un nouveau venu, le chevalier John Acton, d'abord un ministre, puis un favori, et, enfin un amant.

Pour l'instant, Ferdinand admire sa femme et en est très amoureux. Un second fils, François, naît en août 1777 [32]. Suivent deux filles : Marie-Henriette en 1778 (elle meurt à l'âge de cinq ans) et Marie-Christine (« Mimi ») en 1779. A vingt-sept ans, Marie-Caroline a déjà eu sept enfants, dont six sont vivants. Une épidémie de variole se déclare à Naples en 1777. Bien que l'inoculation commence à être pratiquée avec quelque succès en Europe [33], cette redoutable maladie reste encore très souvent mortelle. Pour échapper à la contagion, on quitte Naples pour Caserta. Mais faut-il faire inoculer les enfants, le roi lui-même? Marie-Caroline est angoissée :

> « Notre chère Charlotte (ainsi appelait-on Marie-Caroline dans sa jeunesse à Vienne) se trouve dans une terrible situation qui pourrait achever à la perdre de santé [...]. (Ils) doivent fuir Naples pour sauver le roi qui n'a pas eu cette cruelle maladie [...]. Elle veut faire inoculer ses trois aînés, j'avoue que le moment présent ne me paraît pas le plus convenable; je crains infiniment pour le roi, s'il la prend, il est mort, ayant le sang très échauffé, et cette cruelle maladie n'est que trop dangereuse dans la maison de Bourbon [34]. »

Les enfants et Ferdinand seront inoculés, mais la variole fera cependant des victimes au sein même de la famille royale. En septembre 1777, Philippe, le frère aîné de Ferdinand, dont la santé mentale ne s'est jamais remise, en meurt à l'âge de trente ans. Perte dramatique pour Marie-Caroline : son fils aîné Carlo-Tito y succombera à son tour deux ans plus tard.

Quand l'épidémie s'éloigne, d'autres dangers viennent troubler la vie de Naples. Au début d'août 1779, le Vésuve entre en éruption. Les villages sont recouverts de cendre, les maisons sont détruites et la panique s'empare de la population. Il y a des victimes. On recourt à saint Janvier dont la statue est promenée par les rues. A sa façon, Marie-Thérèse en rend compte à Marie-Antoinette :

> « La populace qui est là horrible et fanatique était bien plus à craindre que toute l'éruption [...]. C'est affreux d'avoir un peuple pareil [35] ! »

*

Joseph II, lors de son séjour en 1769 auprès de sa sœur et de son beau-frère, s'était étonné qu'un royaume aussi tourné vers la mer n'ait pas davantage développé sa marine afin de mieux protéger son commerce maritime et de lutter plus efficacement contre les incursions des Barbaresques de Tunis et d'Alger. Ferdinand retint cette remarque et Marie-Caroline s'adressa à Léopold, le grand-duc de Toscane, son frère. Depuis quelque temps celui-ci avait à son service un marin dont la réputation était flatteuse : John Acton. Né en 1736, à Besançon, où son père [36], un Anglais, exerçait la médecine, John appartient à une vieille et illustre famille dont on trouve la trace dès le XIVe siècle. Ayant servi tout d'abord dans la marine royale française, il a ensuite rejoint l'un de ses oncles qui commandait en chef la flotte du duché de Toscane. Lorsque Charles III, excédé des rapines barbaresques, entreprit en 1775 une expédition punitive contre Alger, Acton, commandant l'escadre toscane, était venu en appui des Espagnols. C'est grâce à ses manœuvres et à son intelligente intervention que les troupes de Charles III purent rembarquer et limiter leurs pertes. A la demande de sa sœur, Léopold accepte de détacher Acton à Naples afin d'y réorganiser la marine et de la développer.

Arrivé au début de 1779, Acton a quarante-trois ans. Il est célibataire. Beau de sa personne, grand et élancé, d'un abord un peu froid, distant, ou plutôt réservé, honnête, réfléchi et travailleur, Acton est un homme dont le comportement et le caractère tranchent considérablement avec celui des Napolitains. D'emblée, il sait plaire aux souverains; Ferdinand lui confie aussitôt le ministère de la Marine. Il le fait lieutenant-général et, peu après, le charge du ministère de la Guerre. Quant à Marie-Caroline, elle est séduite. Enfin quelqu'un qui l'écoute, qui la comprend et avec qui elle peut évoquer ses mille et un projets. Elle prend alors l'habitude de consulter Acton à tout propos. Plus elle se félicite de son nouveau protégé, plus celui-ci éveille nécessairement la jalousie des courtisans et des autres ministres. Avec les hommes, Marie-Caroline est volontiers charmeuse. Ce qui la pousse vers Acton, c'est qu'il paraît ne pas s'apercevoir des coquetteries qu'a pour lui sa jeune souveraine. Dans son livre sur l'Italie, lady Morgan explique cela fort bien :

« Ce qui attirait la reine avant tout, c'était qu'il se montrait indifférent à son attrait [...]. L'aspect inexpressif d'Acton traduisait son cœur froid ; et quand la reine conversait avec lui, les seuls yeux à ne pas briller malgré l'honneur ainsi accordé étaient ceux du général. Piquée au jeu, Marie-Caroline se mit à utiliser de ces airs coquets dans lesquels elle était particulièrement habile comme ses sœurs [37]. »

A ce petit jeu, Marie-Caroline ne pouvait que gagner... ou, si l'on préfère, se perdre un peu. Il semble établi qu'Acton a succombé, non sans avoir beaucoup hésité et résisté. Cette liaison ne fut pas durable : Marie-Caroline est, en effet, presque continuellement enceinte des œuvres de Ferdinand. De plus, cette aventure n'est pour Marie-Caroline que la satisfaction d'un caprice conçu davantage par dépit que par un amour véritable. Pour les contemporains, cette liaison ne put être que supposée car nul n'en put apporter de preuves irréfutables. Marie-Caroline aura toutefois l'imprudence d'écrire plusieurs lettres intimes à son favori. Elle cherchera bien, plus tard, à les lui reprendre, mais cela se saura et entretiendra des rumeurs qui seront entendues jusqu'à Madrid. De cette aventure qui, pour un temps, fut peut-être passionnée – Marie-Caroline est dans tous les domaines l'image même de la passion – il subsistera pendant des années, entre la reine et son ministre, une affection véritable et une grande identité de vues sur les affaires du royaume. Hamilton pourra écrire (en juillet 1779) : « C'est la reine de Naples qui gouverne le pays, conseillée [...] par mon ami le général Acton. »

En tant qu'Anglais, Acton n'aime ni la France ni l'Espagne, deux pays qui viennent de se ranger aux côtés des *Insurgents* américains contre l'Angleterre. La France n'a pas de contentieux particulier avec le royaume. Rien n'empêche donc la joie de régner à Naples, à la nouvelle que Marie-Antoinette, après huit ans de mariage, a enfin son premier enfant. Certes ce n'est qu'une fille, mais l'espoir existe désormais de la voir un jour mettre au monde un dauphin. En revanche, Acton en vient vite à partager l'animosité de Marie-Caroline pour l'Espagne, d'autant plus que Charles III prend ombrage de son autorité à Naples et l'attaque personnellement. La reine peut ainsi compter sur son protégé pour qu'à l'influence espagnole se substitue celle de l'Autriche puis, plus tard, quand le moment en sera venu, celle de l'Angleterre. Dès la nomination d'Acton, Charles III a marqué son déplaisir. Pour ces postes de ministre de la Marine et de la Guerre, il avait pensé à l'un de ses sujets, don Antonio Otero. Il s'était plaint à Ferdinand d'avoir confié de telles responsabilités à un Anglais, au moment même où l'Espagne s'apprêtait à déclarer la guerre à l'Angleterre. Sous la dictée de Marie-Caroline, Ferdinand répondit à son père :

> « M. Otero était de tous les êtres le plus incapable, et M. de Tanucci, qui l'avait élevé, a déclaré cent fois qu'il en était honteux. M. Acton n'est point anglais, il est né en Franche-Comté, sa mère était française [...]. Ce ministre est en place depuis le 1er janvier 1779 et, alors, l'Espagne n'était point en guerre avec la Grande-Bretagne. »

Assuré du soutien du roi et de la reine, Acton remplit ses fonctions avec zèle. Peu versé dans les questions financières, il est par contre un bon organisateur et un bon marin. C'est ainsi qu'en quelques années il modernise les chantiers navals de Castellamare, qu'il met à flot des vaisseaux de ligne, des frégates, des canonnières, et qu'il fonde plusieurs écoles navales où il fait venir des instructeurs étrangers. Son influence à Naples devient prépondérante. Les avis et les conseils que Charles III continue à prodiguer de Madrid restent pratiquement lettre morte : ainsi le veut Marie-Caroline.

Constatant son peu de crédit, blessé dans sa dignité paternelle – « n'est-il pas naturel qu'un père donne des conseils à son fils ? » – Charles III ne voit pas d'autre solution pour rétablir son influence à Naples que de faire chasser Acton du pouvoir. Sambuca, se sentant mis à l'écart, complote alors avec M. de La Herreria, ambassadeur de Charles III auprès de Ferdinand. Il commet des indiscrétions sur la vie privée de la reine. Toute une cabale se met alors en place. Poussé par Florida Blanca, son Premier ministre, Charles III confie à M. de La Herreria le soin de remettre à Ferdinand la lettre suivante :

« Ouvre les yeux, mon fils, et reconnais ceux qui t'aveuglent [...]. Ils ont fait de toi un roi de carton; ils achèvent de te faire perdre l'honneur, le bien-être de tes enfants et de ton âme. Ne crois pas que j'exagère, car, si tu t'informes et si tu n'as pas la faiblesse de montrer cette lettre à ceux qui te perdent, tu verras ce que chantent jusqu'aux enfants, non seulement à Naples, mais dans les principales cours de l'Europe, d'où on m'écrit des choses que je ne dois pas dire. Tous sont étonnés de ce qui se passe, sans en excepter tes parents et ceux de ta femme; aussi cesse les paroles artificieuses, cesse de me peindre les choses à ta manière et à la manière de ceux qui te les dictent. Tu sais bien ce que je t'ai dit, lorsque tu as nommé Acton, quoique avec une prudence que je ne dois pas garder aujourd'hui, car je suppose que lui-même ne la garde pas. Il parle et agit, avec une telle désinvolture, en tout ce qui me concerne, qu'il n'y a pas un étranger de ceux qui vont et viennent ou résident à Naples, qui ne sache et rapporte, dans son pays, ce que tu devrais, à ton tour, savoir et corriger [...]. Si tu désires me contenter [...] tu dois abandonner Acton, aussitôt, et le faire sortir de ton royaume, et, si tu ne le fais pas, je ne croirai pas que tu es un bon fils... » [38].

A la lecture de cette lettre, Ferdinand entre dans une rage folle contre Marie-Caroline. Elle sait lui opposer une colère tout aussi violente. Elle parvient à le convaincre qu'il ne s'agit là que d'odieuses calomnies, d'une atteinte insupportable à son honneur de femme et de souveraine. Elle a une crise de nerfs, puis de larmes. Ferdinand la croit et convient qu'on ne peut plus, dès lors, maintenir à Naples un représentant de Madrid coupable d'avoir colporté de telles infamies. Sambuca reçoit l'ordre de ne plus recevoir La Herreria. Devenu *persona non grata* celui-ci est rappelé à Madrid. Le comte de Las Casas le remplace.

Déçu par l'échec de cette attaque, Florida Blanca caresse un moment l'idée d'employer les grands moyens. Il s'en ouvre curieusement à l'ambassadeur de France à Madrid, M. de Bourgoing :

« Si j'étais le maître et que nous fussions dans un autre siècle, je sais bien comment je m'y prendrais! [...] M. Acton est odieux au peuple et à presque tous les grands de Naples. Nous avons, dans cette capitale, plusieurs régiments, dont nous pourrions disposer au premier signal. Il

> n'y aurait rien de plus facile que de faire saisir ce ministre, le soir, quand il rentrerait chez lui, de lui fermer la bouche, pour l'empêcher de crier, et de le porter dans une felouque, qui serait toute prête et qui, sur-le-champ, le transporterait au port d'Espagne. Nous l'y recevrions et l'enfermerions. Nous serions ainsi, à jamais, débarrassés de lui [...] [39]. »

Florida Blanca ajoute qu'il ne peut malheureusement pas proposer à Charles III ce moyen expéditif, qu'il ne l'oserait jamais, car le roi – bien que profondément irrité – reste un prince particulièrement « loyal et scrupuleux ». Ferdinand, rassuré quant à la fidélité de sa femme et satisfait des services d'Acton, ne tint aucun compte des demandes de son père. Puis l'affaire connaît un nouveau rebondissement. Las Casas, le nouvel ambassadeur d'Espagne, est accusé d'avoir fait forcer le bureau d'Acton pour s'emparer de papiers compromettants. Ferdinand le convoque et, à l'issue de l'entretien auquel Marie-Caroline a mis brutalement fin, Ferdinand lui fait savoir son mécontentement en lui reprochant d'avoir dit :

> « " Le Roi Catholique a soixante-dix ans; il ne peut vivre que quelques années. On peut lui donner cette satisfaction pour à présent et rappeler la personne, avec tous les honneurs, dès qu'il ne sera plus. " [...] Par là, on voit clairement que votre langage n'est pas celui qui conviendrait à un bon serviteur de notre maison. Si l'homme est mauvais, il faut le chasser; mais lorsque vous dites que, cette satisfaction étant donnée pour à présent, on pourra un jour lui rendre sa place, avec tous les honneurs, on voit clairement que, dans le fond, vous trouvez que c'est un digne homme et qui est utile à mon service; et, au lieu d'apaiser cette intrigue, vous ne parlez que d'après ceux qui, n'ayant ni loi, ni honneur, ni conscience, pourvu qu'ils fassent leur affaire, tâchent de ruiner un honnête homme et inquiètent mon père et moi [40]... »

De tous ces incidents, les relations entre Naples et Madrid subissent le contrecoup. Las Casas se rend bien compte que Ferdinand est subjugué par sa femme, si bien qu'Acton reste hors d'atteinte. Ayant ainsi justement apprécié la situation, Las Casas aurait dû s'aviser qu'il risquait sa place en répandant dans sa correspondance privée des propos injurieux contre la reine qu'il traitait de vipère!

Hamilton, qui observe ces événements, rend compte de la situation au cabinet de Londres :

> « Il semble que le complot, né de la faveur dont le général Acton jouit depuis longtemps à cette cour, conduise maintenant à une crise, dont j'ai toutes raisons de penser qu'elle sera très sérieuse. Dès l'origine, ses ennemis l'ont accusé de n'agir qu'en fonction des intérêts des princes autrichiens et non de la maison de Bourbon. Ainsi sont-ils parvenus à persuader [...] (la cour d'Espagne) de demander [...] la disgrâce du ministre. Mais Leurs Majestés de Sicile ont continué sans vaciller à soutenir le seul ministre auquel Elles se fient entièrement. De là vient la froideur qui, depuis quelque temps, sépare le roi d'Espagne de Leurs Majestés de Sicile. La semaine passée, le nouvel ambassadeur d'Espagne a renouvelé l'attaque. Trouvant Sa Majesté résolue à soutenir son ministre, il a été assez imprudent pour insinuer que, selon le roi d'Espagne, l'amitié de la reine de Naples pour le général Acton n'était pas très pure.
>
> « Le roi a entendu cette calomnie avec la plus vive indignation. Il en a immédiatement informé la reine [...]. De source sûre, je sais – ce que probablement le roi de Naples ignore – que le parti adverse a en sa possession, pour se les être procurées par des moyens illicites, quatre lettres originales de l'écriture même de la reine, adressées à Acton et prouvant clairement une faiblesse dans le passé. Ce parti a communiqué à la cour de Madrid le contenu des lettres et, en conséquence, je crois qu'on ne changera pas facilement la conviction du roi d'Espagne, ce qui me fait craindre que cette affaire ne finisse mal [41]. »

Un autre motif de dissentiment survient à la même époque entre Naples et Madrid. Pour le cas où, après la mort de Charles III, le prince des Asturies, Charles, devenu roi, n'aurait pas de descendant mâle, à qui reviendrait alors le trône d'Espagne? Ferdinand et Marie-Caroline y songeaient pour eux-mêmes. On se rappelle que Charles avait épousé en 1765 l'infante Marie-Louise de Parme. En juin 1783, meurt leur fils unique Carlos-Eusebio. Des jumeaux, Charles-François de Paule et Philippe, naissent en septembre 1783 mais ils disparaissent à leur tour quinze mois plus tard. Enfin, le 14 octobre 1784, naît un quatrième fils, Ferdinand – il régnera sous le nom de Ferdinand VII, quelques jours en 1808, puis de 1814 à 1833 – mais on peut craindre pour sa vie car il est fragile. Confronté à cette incertitude, Charles III, pour consolider sa succession, a fait autoriser par le pape le mariage de son fils cadet Gabriel avec doña Mariana du Portugal. En même temps, il organise le mariage de sa petite-fille, l'infante Carlota – fille de Charles, prince des Asturies – avec don Juan, le second fils de la reine du Portugal. Ces mariages portugais inquiètent gravement Ferdinand et Marie-Caroline. Signifient-ils que si Ferdinand, le seul fils de Charles, vient à mourir, la succession d'Espagne pourrait aller plus tard à Gabriel, le frère détesté de Ferdinand IV, voire à Carlota ? Les droits du roi de Naples ne sont-ils pas contournés ? Ferdinand s'en plaint à son père qui, pour l'apaiser, lui communique les contrats de mariage de Gabriel et de Carlota. La suite des événements montre que les craintes de Naples sont vaines : Gabriel est enlevé par la variole en novembre 1788. Carlota ne met au monde que deux enfants qui ne survivent pas. Elle meurt à son tour quinze jours après Gabriel.

Ces tensions répétées avec Naples et cette succession de deuils assombrissent les derniers jours de Charles III. Il s'éteint le 14 décembre 1788. Son fils, le prince des Asturies, lui succède sous le nom de Charles IV. Marie-Louise de Parme, enfin, est reine.

Deux ans avant sa mort, Charles III a consigné par écrit ses doléances à l'égard de Ferdinand IV. Il justifie comme suit son attitude pour l'information du marquis de Llano, le nouvel ambassadeur qu'il a envoyé à Vienne :

> « Ma plainte se réduisit à insinuer doucement au roi mon fils mon sentiment paternel, sans lui conseiller [...] qu'il renvoyât Acton [...]. Il s'écoula beaucoup de temps, jusqu'au moment où des motifs secrets et fort graves, concernant l'État, me forcèrent à conseiller à mon fils qu'il se séparât de ce ministre. Dans ce dessein, je lui écrivis par l'intermédiaire du vicomte de La Herreria [...]; depuis, survinrent les mariages de mon fils et de ma petite-fille avec les Infants de Portugal et le roi mon fils accomplit ces démonstrations qui sont de notoriété publique, voulant rappeler son ambassadeur [42], en nommer un autre, sans prendre auparavant mon avis comme il est d'usage entre les deux cours.

« Je supportai, j'étouffai, avec prudence et secret, ces coups et bien d'autres encore; mais, voyant qu'il n'y avait pas d'autre ministre qu'Acton qui eût du crédit auprès du roi [...], je lui conseillai, de nouveau de l'éloigner, montrant que, sans cela, il ne nous serait plus possible de rester d'accord.

« Cela a été le commencement de toute cette cabale qui m'accuse de vouloir commander à Naples, comme si les raisons secrètes d'État qui m'inspirèrent fussent un dessein de cette nature, un exercice d'une autorité immodérée d'un père sur un fils! [...] Je supportai... que mon fils ne demandât ni ne suivît mes conseils. Cependant, je ne pus tolérer qu'il fît bravade, en public, de ne pas les prendre, qu'il comblât Acton de distinctions [...], qu'il eût soin de ne plus célébrer ma fête, qu'il persécutât mon ministre [...].

« Reste ce qui touche à l'honneur de la reine ma belle-fille, que j'ai considéré comme la prunelle de mes yeux, comme mon propre honneur et celui de mon fils! L'imagination de cette dame, exaltée par les mauvais conseils, a pu lui peindre des faits qui ne sont pas, l'irriter contre moi et mes ministres, présents à sa cour [...] [43]. »

Après tout ce qui s'était passé et le rôle qu'il y avait joué, Sambuca, convaincu de trahison, est destitué en janvier 1786. Le poste des Affaires étrangères est confié au marquis Caracciolo, âgé de soixante et onze ans, qui avait été ambassadeur à Versailles et qui, depuis 1780, était vice-roi de Sicile. Le prince de Caramanico qui avait été lui aussi ambassadeur de Naples à Versailles le remplace à Palerme. Marie-Caroline fait part de ce changement de ministère au marquis de Gallo, son ambassadeur à Vienne. Elle va désormais correspondre avec lui presque chaque jour de 1785 à 1806 :

« Le marquis della Sambuca a eu la permission et l'insinuation de demander sa démission, qui lui a été accordée sur-le-champ [...]. La frégate est partie depuis cinq jours avec l'ordre du roi de ramener ici le vice-roi Caracciolo [...]. Vous connaissez assez mon cœur; il m'en a coûté d'en venir à ces extrémités. Mais tout ce qui est arrivé a été trop fort pour ne pas en venir à des résolutions qui, vu la façon et la manière dont elles ont été prises, doivent être regardées comme douces en comparaison de ce qu'ils auraient dû craindre, la mine infâme ayant échoué [44]. »

*

Les relations avec Rome, que l'affaire des Jésuites a gravement envenimées, restent tendues. Aussi surprenant que cela puisse paraître, c'est encore la France qui, à la veille de la Révolution, est, parmi les États catholiques, dans les meilleurs termes avec la papauté. Avec les autres pays, que ce soit l'Autriche, Parme, Naples, la Toscane ou le Portugal, les relations sont souvent détestables. Pour faire part à Joseph II des inquiétudes que ses réformes religieuses suscitent, Pie VI, ce qui est tout à fait inhabituel pour l'époque, fait le voyage de Vienne en 1782 [45]. L'empereur le traite avec mépris. Même, il n'hésite pas à le menacer. L'exemple vient ainsi de haut. Ferdinand et Marie-Caroline pensent le moment venu de remettre en cause une tradition très ancienne, scrupuleusement observée depuis des siècles, mais qui, soudainement, leur apparaît comme attentatoire à leur souveraineté. Au XIIIe siècle, le pape, désireux de mettre fin à la domination des Hohenstaufen sur le royaume de Naples et de Sicile, avait choisi Charles, comte d'Anjou et comte de Provence, frère de Saint Louis, pour le conquérir. Après s'être emparé de ce royaume en 1266, Charles se reconnaît vassal du pape et s'engage à lui rendre hommage sous forme d'un don annuel de 8 000 onces d'or et d'un envoi, tous les trois ans, d'une haquenée blanche. Le Saint-Siège tient beaucoup au maintien de cet ancien usage, la *Chinea*. Sur les instructions de Ferdinand, Caracciolo décrète unilatéralement son abolition en 1788. Naples s'abstint dès lors de payer le tribut. Mais Pie VI maintient son désaccord. Des négociations sur ce sujet, relativement futile, se prolongent jusqu'en 1795.

*

De 1780 à 1790, Marie-Caroline met au monde huit nouveaux enfants. Un fils, Gennaro, au printemps de 1780, puis cinq filles : Marie-Anne en 1781, Marie-Amélie en 1782, Marie-Antoinette (« Toto ») en 1784, Marie-Clotilde en 1786,

Marie-Carmela en 1787. Deux autres garçons voient le jour : Carlo en 1788 – ainsi nommé en l'honneur de son grand-père Charles III – et Léopold, prince de Salerne, en 1790. De ces huit enfants, trois seulement parviendront à l'âge adulte : Amélie, Antoinette et Léopold. C'est une époque de bonheur. Marie-Caroline est une mère exemplaire. Elle adore ses enfants : on verra combien elle s'inquiète de leur santé, de leur éducation et de leur avenir. Période de bonheur mais aussi de chagrin : l'impératrice Marie-Thérèse meurt le 29 novembre 1780. Cette disparition est suivie de celle de plusieurs enfants : Marie-Anne, Marie-Carmela, Gennaro, Carlo, et Marie-Clotilde sont enlevés par la variole.

Au cours de l'été de 1785, profitant d'un moment où elle n'est pas gênée par une nouvelle grossesse, Marie-Caroline et le roi, accompagnés par une suite de soixante-cinq personnes, se rendent d'abord à Turin auprès d'Amédée III, duc de Savoie et roi de Piémont-Sardaigne [46], dont l'épouse Marie-Antoinette, sœur de Charles III d'Espagne, est la tante du roi de Naples. Marie-Caroline y recueille beaucoup de nouvelles de France car, plus encore qu'autrefois, le Piémont s'en est rapproché par de nouvelles alliances. Deux des filles d'Amédée ont épousé les frères de Louis XVI, Louis comte de Provence, et Charles comte d'Artois, tandis que son fils aîné Charles-Emmanuel a pour épouse Marie-Clotilde de France, sœur de Louis XVI. Avec celle-ci, Marie-Caroline a pu évoquer la vie de Marie-Antoinette à Versailles et se réjouir que sa sœur ait pu, enfin, après Madame Royale, donner un dauphin [47] à la France. Sans doute regarde-t-elle aussi avec intérêt Charles-Félix, le jeune duc de Genevois alors âgé de vingt ans, quatrième fils d'Amédée, qui vingt-deux ans plus tard épousera Marie-Christine, sa fille préférée, qu'elle appelait Mimi.

Après Turin, Marie-Caroline et Ferdinand visiteront Gênes, puis Milan, séjourneront à Florence auprès de Léopold et de Marie-Louise, pour enfin s'embarquer à Livourne le 30 août pour le retour vers Naples.

Chapitre V

Coups de vent ou tempêtes ?

Marie-Caroline gouverne. Elle correspond avec tous les ambassadeurs, notamment le marquis de Gallo qui représente Naples à Vienne. Révolutions en chaîne : Provinces-Unies, Pays-Bas autrichiens. Troubles en Toscane, en Hongrie. Joseph II en Tauride avec la Grande Catherine. Guerre de la Russie et de l'Autriche contre les Turcs. Mort de Joseph II. Avènement à l'Empire de Léopold II. Médiation de Naples dans le conflit russo-turc. Nouvelle Constitution en Pologne et deuxième partage. La Révolution française. La fuite de Varennes. L'Assemblée législative.

Depuis qu'elle participe à toutes les séances du Conseil, qu'elle le préside en l'absence du roi et qu'Acton, le ministre le plus influent, évoque avec elle tous les problèmes du royaume, Marie-Caroline est beaucoup plus au fait des affaires que Ferdinand. Elle a connaissance des dépêches des ambassadeurs qui représentent Naples dans les différentes cours d'Europe. Elle prend vite l'habitude de correspondre directement avec eux, même si, en ayant recours à des formules du genre : « Vous recevrez d'ailleurs du roi vos instructions », elle tient à sauvegarder les apparences. C'est évidemment avec le marquis de Gallo, très lié avec elle [48], qu'elle se montre le plus explicite. Elle commente avec lui les événements, fait part de ce qu'elle en pense et bien souvent lui dicte sa conduite. Son goût la porte davantage vers les affaires européennes que vers la politique intérieure du royaume qu'elle laisse aux soins des ministres. Elle prend un intérêt particulier pour tout ce qui a trait à sa patrie d'origine, l'Autriche et l'Empire, et aux divers États ou provinces où sa famille est établie ou vers lesquels se tournent leurs ambitions.

Pendant les années qui précèdent 1789, plusieurs États européens sont secoués par un vent de rébellion à l'origine duquel ne sont pas étrangères les réflexions, études et théories des écrivains et philosophes qui – exercice essentiellement littéraire pour ce qui les concerne – définissent de nouvelles règles pour le gouvernement des États, proclament la dignité de la personne humaine et définissent ses droits naturels et imprescriptibles à la liberté, à la propriété et à l'égalité. L'indépendance américaine et la Déclaration des Droits de cette nouvelle République donnent une réalité à ces concepts. Ils soulèvent l'enthousiasme. De même que les vents dominants soufflent presque toujours de l'ouest, dira-t-on que la Révolution américaine est en quelque sorte à l'origine de ces soubresauts, de ces révoltes et, de la plus grande d'entre elles : la Révolution française? Parmi ces mouvements insurrectionnels, ceux qui préoccupent surtout Marie-Caroline sont ceux qui éclatent dans les Provinces-Unies et dans les Pays-Bas autrichiens.

Dès le début des années 1780, les États de Hollande et les Régents sont en conflit presque permanent avec Guillaume V d'Orange, le stathouder. Ils lui reprochent de méconnaître leurs prérogatives et de chercher à étendre ses pouvoirs à leur détriment. A partir de 1784, le parti des « patriotes », épris d'idées libérales, se constitue et réclame des réformes. Guillaume V tenant pour illégales les résolutions prises par les États, une première émeute éclate à La Haye, gagne la Gueldre puis Utrecht. Le stathouder et son épouse Wilhelmine de Prusse doivent fuir. Celle-ci beaucoup plus entreprenante que son mari, tente de rentrer à La Haye. Elle en est « courtoisement » empêchée. Son frère Frédéric-Guillaume II, successeur de son oncle Frédéric II, mort le 17 août 1786, considère que le refus opposé à sa sœur est une insulte. Il exige que les États de Hollande lui présentent des excuses. Les États refusent. Les troupes prussiennes, commandées par le duc de Brunswick, envahissent alors les Provinces-Unies avec la bénédiction de l'Angleterre. La révolte est matée. Guillaume V rentre à La Haye. De nombreux « patriotes » sont emprisonnés ou bannis. 40 000 Hollandais fuient leur pays et émigrent aux Pays-Bas et en France. Beaucoup y reviendront dans les rangs des armées révolutionnaires. Chacun s'attend en Europe à une intervention française volant au secours des États de Hollande, mais Louis XVI s'abstient et Joseph II en conclut : « La France vient de tomber, je doute qu'elle se relève. »

Si le maintien de l'ordre établi est l'une des préoccupations de Marie-Caroline, le fait qu'en Hollande il soit dû à l'intervention de la Prusse l'irrite car, pour l'avoir héritée de sa mère, son animosité pour les Hohenzollern reste vive.

Aux Pays-Bas autrichiens, province éloignée de Vienne, le mécontentement qu'on perçoit dès les premières années qui suivent la mort de Marie-Thérèse a surtout des causes religieuses. Alors que l'impératrice-reine procèdait avec prudence dans le domaine des cultes, Joseph II agit avec brutalité. A coups d'instructions et de règlements, il cherche à instaurer dans ses États une sorte de gallicanisme à l'autrichienne. Il supprime nombre de couvents, il va jusqu'à réglementer les processions et régler, à sa façon, les cérémonies religieuses. En un mot, il conteste l'autorité du pape et tend à se considérer comme le chef de sa propre Église. Pie VI avait fait le voyage de Vienne en 1782 pour tempérer, sans succès d'ailleurs, de telles initiatives. Ces réformes sont très mal accueillies en Belgique. La population ne ressent pas plus d'attachement pour l'Autriche que Joseph II n'en a pour elle. Comment les Belges auraient-ils oublié qu'il y a peu l'empereur, pour obtenir la Bavière qu'il convoitait, avait proposé de les donner, en échange, à l'électeur Charles-Théodore?

A partir de 1787, les Belges sont en rébellion ouverte. Les premières nouvelles de Paris, du 14 juillet 1789 notamment, vont donner à leur mouvement le caractère d'une véritable révolution dirigée contre les Autrichiens. Deux partis s'opposent, les « démocrates » conduits par Vonck, et les

« conservateurs » emmenés par Van der Noot. Des milices armées, ayant à leur tête le général Van der Mersch, s'emparent de Gand. Elles parviennent en décembre 1789 à chasser de Bruxelles la garnison autrichienne. Marie-Christine de Saxe-Teschen, sœur aînée de Marie-Caroline qui gouverne les Provinces-Unies, doit fuir. L'armée autrichienne reviendra en force pour rétablir l'ordre. Parmi les « vonckistes », beaucoup trouveront refuge en France.

En Toscane, le grand-duc Léopold tente d'appliquer les réformes religieuses de son frère Joseph II. Mais la population très attachée à la papauté, contraint Léopold à reculer.

Ce sont encore les initiatives peu réfléchies de Joseph II qui provoquent des troubles en Hongrie. A chaque changement de souverain, la tradition veut que l'archiduc d'Autriche appelé à succéder se rende en grande pompe au pays des Magyars se faire couronner roi de Hongrie. L'empereur s'y refuse et, sans se rendre probablement compte du caractère provocateur de son geste, il fait apporter à Vienne la sainte couronne de saint Étienne, pour la ranger parmi ses collections! La Hongrie méprisée, de nation, devient donc une simple province de l'Empire. Les administrations reçoivent d'ailleurs l'ordre de bannir la langue nationale, le magyar, et d'y substituer l'allemand, langue de l'Empire.

On ne sait si Marie-Caroline était ou non une inconditionnelle de son frère, l'empereur. En tout cas, elle ne peut pas se désintéresser d'événements comme ceux des Provinces-Unies et des Pays-Bas qui se trouvent directement liés à ceux de France, là précisément où règne une sœur très aimée, la compagne préférée des jeux de leur enfance à Vienne : Marie-Antoinette.

Mais, avant de vivre avec inquiétude, puis fureur les étapes de la Révolution, Marie-Caroline suit avec appréhension la part de plus en plus active que Joseph II prend dans les affaires d'Orient et de Pologne. L'Empire ottoman, depuis des décennies, éveille les convoitises de la Russie. Les tsars souhaitent un accès à des mers libres et regardent avec insistance vers la mer Noire, le Bosphore et la Méditerranée. De son côté, l'Autriche, sur ses marches orientales, est au contact des Turcs qui s'opposent à ses visées sur les provinces danubiennes. Après la disparition de Marie-Thérèse, Joseph II se rapproche de Catherine II. Il connaît l'agressivité de la tsarine et prévoit un prochain conflit. Prudent, il conclut avec Pétersbourg, en mai 1781, un traité secret grâce auquel il détache la Russie de la Prusse, alliés depuis 1764, tandis qu'en contrepartie il apporte à Catherine son soutien contre la Porte.

Sans déclaration de guerre, Catherine II envoie Potemkine s'emparer de la Crimée en 1783. Celui-ci, pour faire admirer à sa maîtresse les splendeurs de sa nouvelle province, qu'on baptise la Tauride, y organise, en 1787, un voyage triomphal auquel Joseph II accepte de participer. Le sultan se doit de réagir à une telle provocation. Il déclare la guerre à la Russie en août 1787 [49]. Joseph II, lié par son traité, craint de voir la Russie maître de Constantinople – Catherine II n'a-t-elle pas déjà prénommé Constantin l'un de ses petits-fils ? Il entre en guerre à son tour en février 1788. Aucune des armées en présence n'est bien préparée pour ce conflit. Les troupes russes sont lentes. Dans l'armée autrichienne, on compte surtout des mercenaires peu motivés. Les autres puissances européennes regardent avec inquiétude cette nouvelle guerre d'Orient ; tout particulièrement les puissances maritimes, l'Angleterre et la Hollande, qui redoutent l'arrivée des Russes en Méditerranée. La Suède, en conflit avec la Russie au sujet de la Finlande, profite de ce que l'armée de Catherine II est occupée dans le sud pour l'attaquer au nord. Elle menace jusqu'à Pétersbourg. Mais, inquiet de la tournure que prennent les événements de France et de plus attaqué par les Danois, Gustave III, au soulagement de Catherine II, conclut avec elle la paix de Varela.

Dans le sud et dans les Balkans, la guerre commence par s'enliser. Cependant, à l'automne de 1789, les Autrichiens parviennent à s'emparer de Belgrade. Associés aux Russes, ils entrent à Bucarest. Ces succès sont éphémères. Un jeune sultan, Selim III, arrivé au pouvoir en avril 1789, décrète la levée en masse des musulmans. Alors commencent les revers. C'est l'époque que choisissent la Prusse et l'Angleterre pour inciter Belges et Hongrois à se soulever. Joseph II comprend qu'il s'est fourvoyé et que les troubles survenus dans l'Empire réclament sa présence. Il pense faire la paix avec les Turcs, mais il meurt le 20 février 1790. Son frère, Léopold II, conclura la paix séparée de Sistowa en août 1791.

La Russie continue sa guerre contre les Turcs pendant quelques mois encore. Lassés, les adversaires veulent en finir. Marie-Caroline y voit l'occasion d'un rôle brillant : Naples offre sa médiation; elle est acceptée. De Naples, Marie-Caroline correspond alors avec ses ambassadeurs Serra-Capriola à Pétersbourg, et Ludolff à Constantinople. Elle enjoint à Gallo de favoriser par tous les moyens cette importante affaire :

> « Nous désirerions nous donner cette considération en Europe, et durant que toutes les Puissances médiatrices se chicanent à qui fera cette paix, le tout pour recevoir quelque récompense, que le roi de Naples qui ne désire, ne veut rien [...] soit choisi à faire le rôle de pacificateur serait bien glorieux. Et quand il y a six ans encore le nom du roi de Naples était ignoré et tout au plus regardé comme un vice-roi envoyé de l'Espagne et une province dépendante, il joue le beau rôle avec gloire et honnêteté, j'avoue cela serait bien agréable [...]; mais malgré tout cela et ce que les idées ont de séduisant, mon premier but, celui qui m'y a le plus intéressée, est de rendre service à mon cher et adoré frère l'Empereur [...] Je désire que tout ceci réussisse, pouvant donner une grande considération au roi en Europe [50]. »

Cela réussira. La paix entre la Russie et la Turquie est conclue à Iassy le 9 janvier 1792.

De ces deux conflits qui sont longs, coûteux et atrocement cruels, l'Autriche et la Russie ne conservent pratiquement rien de leurs conquêtes. La Pologne va payer pour ce qu'on n'a pas su arracher à la Turquie.

État sans frontières naturelles, composé de populations hétéroclites faites d'Allemands, de Lituaniens, de Russes et... de Polonais, où se mêlent catholiques, protestants, orthodoxes et juifs et où se côtoient une noblesse terrienne immensément riche et une paysannerie proche de la misère, la Pologne souffre, de surcroît, d'une organisation étatique paralysante. Elle est une république dont le roi est élu. A la Diète, le vote hostile d'un seul député l'emporte sur les avis de tous les autres (le *liberum veto*). Déjà, en 1772, ses voisins, la Russie, l'Autriche et la Prusse en ont arraché quelques lambeaux. Marie-Thérèse, tout en gémissant qu'elle commettait là une iniquité à la prussienne, s'est emparé de la Galicie avec ses trois millions d'habitants. Frédéric II s'attribue pour sa part le territoire situé entre la Prusse et la Poméranie, moins les villes de Dantzig et de Thorn. Enfin, Catherine II avance sa frontière occidentale jusqu'à la Duna et au haut Dniepr, mettant ainsi la main sur une partie de la Lituanie.

Constatant que les armées russes et autrichiennes sont fort occupées par leur guerre contre les Turcs, les Polonais en profitent pour réagir en 1788. Deux partis s'opposent : les partisans de l'alliance prussienne [51], les Radziwill, et ceux qui souhaitent le maintien de l'influence toute-puissante de la Russie, Stanislas Poniatowski, le roi, secondé par les Czartoryski. Le parti prussien l'emporte. Une Diète constituante est rassemblée. Elle s'inspire de la législation révolutionnaire française et dote la Pologne d'une nouvelle constitution, le 3 mai 1791. Le *liberum veto* est supprimé, le trône devient héréditaire, le servage est condamné, le catholicisme est proclamé religion de l'État.

Catherine II se borne d'abord à critiquer ces réformes. Mais retrouvant sa liberté d'action après la paix conclue avec les Suédois et les Turcs, elle fait valoir à Frédéric-Guillaume II les avantages qu'il y aurait à s'agrandir une seconde fois au détriment de la Pologne. La Prusse, avide de s'emparer de Dantzig et de Thorn qu'on lui avait refusé en 1772, laisse les Russes envahir la Courlande et ce qui restait de la Lituanie. Oubliant ses engagements à l'égard des Polonais, la Prusse y pénètre à son tour en mai 1792. Pour justifier leur intervention, Russie et Prusse prétendront qu'elles ne pouvaient pas sans grave danger laisser se diffuser davantage en Pologne « l'esprit du démocratisme français, les manœuvres des émissaires jacobins » et permettre à la population sa collusion avec « cette secte atroce des clubs de France ». L'Autriche reste absente de ce deuxième partage. Il est définitif en janvier 1793. A cette date, la France révolutionnaire est, depuis le 20 avril 1792, en guerre contre « le roi de Bohême et de Hongrie ». Deux jours avant que Russes et Prussiens ne signent leur traité de partage, Louis XVI a été guillotiné.

*

La façon dont se déroulent les événements de France au cours des premiers mois qui suivent la réunion à Versailles des États généraux provoque tout d'abord à l'étranger, l'admiration et même l'enthousiasme des penseurs, écrivains et personnages « éclairés ». Ils saluent les grands desseins de l'Assemblée et la générosité qui marque ses premières décisions.

Du côté des gouvernements, on condamne ou on se réjouit. Mais pour tous, indistinctement, ce qui se passe en France, à moins que Louis XVI n'y mette rapidement bon ordre, ne laisse présager qu'un inévitable déclin. Si Edmund Burke, contemplant la carte de l'Europe, peut dire qu'il n'y voit plus désormais qu'une grande place vide : l'espace jadis occupé par la France, Mirabeau, plus perspicace, dans cette grande place vide voit déjà surgir un volcan. Léopold, le grand-duc de Toscane qui va bientôt succéder à son frère Joseph II, est l'un des rares princes à apprécier différemment les conséquences possibles de ce qui, pour les autres, n'est que la manifestation d'une anarchie paralysante. Dès le 4 juin 1789, il écrit à sa sœur Marie-Christine de Saxe-Teschen :

> « Si tout cela s'obtient stablement, la France deviendra le plus puissant État de l'Europe... Cette régénération de la France sera un exemple que, sous peu, bon gré ou mal gré, tous les souverains et gouverneurs de l'Europe seront obligés et forcés d'adopter par les peuples eux-mêmes; il en viendra un bien infini partout, la fin de bien d'injustices, guerres, désunions et troubles, et ce sera une des modes utiles que la France aura introduite en Europe [52]. »

L'opinion des uns et des autres va rapidement évoluer au fur et à mesure que les événements de France se précipiteront et que plusieurs des décisions prises à Paris vont entraîner de graves répercussions hors des frontières. C'est le cas de l'abolition des droits féodaux [53] qui lèse aussitôt les princes allemands et de Savoie. Ils ont des possessions en France et n'entendent pas perdre leurs privilèges sur une simple décision de Paris. Plus grave encore : la proclamation du droit des peuples à disposer d'eux-mêmes, un principe qui bientôt justifiera le rattachement d'Avignon à la France [54]. C'est un précédent redoutable dont d'autres provinces francophones seront tentées de se prévaloir : les Pays-Bas autrichiens déjà en rébellion, Nice et la Savoie, dépendances du royaume de Piémont-Sardaigne d'Amédée III.

Les souverains, touchés dans leurs intérêts directs, commencent à s'inquiéter. Le cardinal de Bernis, qui en 1790 représente encore la France à Rome, les met en garde : « La maladie qui travaille la France devient contagieuse et le sera de plus en plus si les souverains de l'Europe ne prennent pas le moyen d'en arrêter le progrès. »

C'est alors que le sort de la famille royale cesse d'être indifférent à l'Europe. Au mépris que la politique de temporisation de Louis XVI a d'abord suscité, succèdent la compassion, puis la colère. L'honneur des souverains peut-il tolérer que l'un des leurs, contraint de quitter Versailles, soit maintenu prisonnier du peuple révolté de Paris. Intolérable vexation : Louis XVI est empêché d'aller jusqu'à Saint-Cloud pour faire ses Pâques des mains d'un prêtre resté fidèle à son Église. On va donc l'aider à fuir : ce sera les 20 et 21 juin 1791, l'échec de Varennes... Moins de trois mois plus tard, c'est la stupeur dans les cours d'Europe, Louis XVI jure fidélité à la Constitution. C'en est fini de la royauté de droit divin. Marie-Caroline, désabusée, se borne à constater :

> « Le roi de France, ayant accepté et signé ce qu'on lui imposait, a fini de jouer son rôle. Tous les souverains devront tôt ou tard en faire autant ; telle est ma conviction [55]. »

En tout cas, peu pressé d'y être à son tour contraint, le royaume de Naples, s'il accueille des émigrés, ferme ses frontières à tous ceux susceptibles de diffuser les idées révolutionnaires. La police exige des passeports à l'entrée. Elle n'hésite pas à expulser tous les Français suspects, simples visiteurs ou installés de plus ou moins longue date. Ainsi, un certain Chalier, négociant à Palerme, qui se rendra tristement célèbre, en 1793, par le massacre des contre-révolutionnaires de la ville de Lyon, est déclaré indésirable. Une censure sévère est mise en place. Tous les écrits révolutionnaires, journaux et gazettes incendiaires de Paris, sont pourchassés.

D'emblée, Marie-Caroline craint pour sa sœur. Elle se rend compte que les bourgeois, qui à l'Assemblée – « cette hydre à douze cents têtes » – mènent la Révolution sont des adversaires résolus de la maison d'Autriche, qu'ils récusent le renversement des alliances de 1756, et ne voient plus en Marie-Antoinette que « l'Autrichienne ».

Chapitre VI

Deux filles s'en vont... une amie arrive

Acton, Premier ministre de fait. Marie-Caroline maintenant s'en méfie. Les mariages autrichiens. Les archiducs François et Ferdinand épousent les deux filles aînées de Marie-Caroline, Thérèse et Louise. François, le prince royal de Naples, épousera l'archiduchesse Clémentine. Les mariages sont célébrés à Vienne. Marie-Caroline prolonge son voyage. Elle séjourne à Venise, puis à Florence. Ses contacts avec Calonne. Madame Vigée-Lebrun à Naples. William Hamilton ambassadeur d'Angleterre. Son portrait. Charles Greville, son neveu. Emma, la maîtresse de ce dernier. Emma à Naples, Hamilton l'épouse. Marie-Caroline s'en fait une amie.

En juillet 1789 Caracciolo meurt. Le poste des Affaires étrangères est vacant. Ferdinand IV, qui apprécie vivement les mérites d'Acton, déjà ministre de la Marine et de la Guerre, lui confie ce ministère. Marie-Caroline n'y est pas favorable. Elle a pris ombrage de l'ascendant croissant que son protégé exerce sur le roi. Ayant contribué à écarter la tutelle espagnole, Acton n'entend certes pas la voir remplacée par l'influence autrichienne. La politique du nouveau ministre commence alors à susciter des critiques. L'empereur Léopold II écrit à sa sœur dans le courant de 1790 : « Vous aviez besoin d'un bon officier pour refaire votre marine; je vous ai envoyé Acton, mais vous en avez fait pratiquement un premier ministre! » Des intrigues se nouent pour desservir et si possible écarter Acton. Marie-Caroline prête quelque attention aux insinuations de l'une de ses amies, Marie-Catherine, marquise de San Marco, qui lui est proche par ses sentiments maçonniques. Celle-ci lui suggère de remplacer Acton par Louis de Medici [56], son frère, qui se montrerait beaucoup plus souple. Marie-Caroline, malgré les pressions diverses qu'on exerce sur elle, reste prudente. L'ambassadeur d'Amédée III à Naples, di Bremme, en explique la raison lorsqu'il écrit à Turin :

> « La reine se plaint considérablement de son premier ministre. Elle soutient qu'il est passé entièrement du côté du roi et capable, vis-à-vis d'elle, de la plus noire ingratitude. Elle essaierait bien de le destituer s'il n'avait pas en sa possession certains documents de la plus haute importance qui pourraient la compromettre [...] [57]. »

Condamnée à supporter Acton, Marie-Caroline, au début de 1790, donne la priorité à ses affaires de famille. Ses deux filles aînées, Marie-Thérèse et Marie-Louise [58] sont en âge d'être mariées. C'est à ses neveux, les fils de son frère Léopold le grand-duc de Toscane, qu'elle désire les unir. La mort de Joseph II ayant fait de Léopold le nouvel empereur, ces mariages seront encore plus brillants que prévu. Celui de Thérèse se présente même dans des conditions inespérées : elle pourra épouser François, le fils aîné de Léopold, devenu subitement veuf en février 1790 [59]. Elle sera ainsi appelée à être un jour impératrice à son tour.

Tous les détails du mariage sont soigneusement mis au point par Marie-Caroline. Elle pourvoit à tout : l'organisation des cérémonies et les questions financières. Elle écrit en juin 1790 :

> « Leurs épingles [60], quoique fixées à un chiffre sensiblement inférieur aux miennes, étant d'autre part égales à celle de leur auguste belle-mère [61], ne sauraient donner lieu à l'ombre d'une observation ou d'une discussion. En outre, comme elles seront à la tête d'un trousseau, si, pendant les premières années, elles ménagent un peu leurs effets, si elles règlent un peu judicieusement leur conduite et leurs dépenses, elles n'auront besoin que de se concilier les faveurs de leurs beaux-parents, et de gagner l'affection de leur époux pour ne manquer de rien. Je crois [...] que les maris prendront à leur charge l'entretien des garçons et les dépenses de maison, ce qui n'est pas le cas pour moi, puisque jusqu'au jour d'aujourd'hui, j'ai payé de mes deniers la garde-

robe de mes filles quel que fût leur âge et, quant aux garçons, le roi ne s'en charge qu'à partir du moment où ils sont remis entre les mains de leurs gouverneurs... [62] »

Profitant du passage à Naples de Mme Vigée-Lebrun, qui a émigré en octobre 1789, Marie-Caroline lui fait demander par le baron de Talleyrand, l'ambassadeur de France (et l'oncle du futur prince de Bénévent), de faire les portraits de ses deux filles aînées et de François, le prince royal. Si les portraits sont nécessairement flatteurs, Marie-Caroline, quant à elle, essaie d'être sincère et impartiale quand elle décrit ses filles à Gallo pour qu'il en informe la cour de Vienne :

« Mes petites fiancées [...] ne sont ni belles, ni aimables, mais [...] seront bonnes, je l'espère [...]. Thérèse est très raisonnable [...], elle n'est pas portée à faire des grimaces et des singeries, étant au contraire sérieuse et réservée [...]. Elle a un excellent caractère et un cœur très sensible [...]. Louise fait tout ce qu'elle peut pour se perfectionner en toutes choses. C'est une bonne jeune fille ; mais son éducation n'est pas encore achevée, et la bonté, l'amabilité et la douceur de l'archiduc Ferdinand couronneront l'œuvre. Elle sera toujours une fille de cœur, étant foncièrement bonne [...] [63]. »

La date des mariages reste pour un temps ouverte car Marie-Caroline désire auparavant mener à bien sa quinzième grossesse. Le 2 juillet, naît Léopold, prince de Salerne. La date des mariages est arrêtée pour août et septembre.

L'ambassadeur de Vienne à Naples ayant présenté les demandes officielles le 12 août, la cérémonie des mariages se déroule en deux temps. Le 15 août, ils sont d'abord célébrés dans le royaume même où François, le prince royal, représente les deux fiancés absents. Marie-Caroline, Ferdinand et leurs deux filles peuvent alors s'embarquer le 21 août à Barletta. A Vienne, Marie-Caroline retrouve avec joie sa si nombreuse famille, frères, sœurs, neveux et nièces. Les mariages sont célébrés à la cathédrale le 19 septembre : Thérèse avec l'archiduc François, Louise avec l'archiduc Ferdinand. En même temps est arrêté le principe de l'union de François, le prince royal, avec l'archiduchesse Marie-Clémentine, sœur cadette des deux mariés. Comme elle n'a que treize ans, elle restera à Vienne en attendant d'être nubile et y poursuivra son éducation. Son jeune fiancé du même âge, recevant son portrait à Naples, s'en déclare enchanté :

> « Il n'y a qu'une chose qui l'humilie, c'est la différence de taille avec elle qui a cinq doigts de plus que lui. Il espère grandir et, pour arriver à sa taille, il monte assidûment à cheval et prend un peu plus d'exercice [...] [64]. »

Le 30 septembre, Marie-Caroline et Ferdinand sont à Francfort pour assister au couronnement de Léopold II. Puis ils l'accompagnent à Presbourg où il ceint la couronne de Hongrie. L'absence des souverains de Naples va encore se prolonger car, après plusieurs mois passés à Vienne, accompagnés par Léopold II, l'archiduc Charles (le futur adversaire de Napoléon sur les champs de bataille) et le nouveau jeune ménage de Ferdinand et de Louise, ils se rendent début avril 1791 à Florence. Auparavant, Ferdinand et Marie-Caroline font un court détour par Venise. La reine y rencontre le marquis de Bombelles [65], le ministre de France, qui vient d'être destitué pour avoir refusé de prêter le serment civique imposé par la Constituante à tous les fonctionnaires. Marie-Caroline lui fait rencontrer le marquis de Gallo :

> « Je vais vous faire faire connaissance d'un homme des plus respectables [...] écrit-elle. Je veux qu'on sache que je l'estime et l'honore beaucoup plus que si je l'avais retrouvé ici comme ambassadeur. Il a tout sacrifié à son devoir. Il en sera récompensé tôt ou tard, et ce ne sera que justice [...]. »

Marie-Caroline ayant fait attribuer une pension à ses quatre enfants, payable jusqu'à ce que leur père soit rentré dans ses charges et emplois, Bombelles remercia Marie-Caroline pour tant de bontés et s'entendit répondre : « Monsieur vous avez servi la cause de tous les rois ».

Au cours du séjour de Florence, le bonheur familial serait

complet, si les nouvelles de France ne venaient pas constamment l'assombrir. C'est Calonne, l'ancien Contrôleur général renvoyé par Louis XVI en avril 1787 et aussitôt émigré, qui les apporte. Alors que Marie-Antoinette ressent une vive antipathie à son égard et n'a sans doute pas été tout à fait étrangère à sa disgrâce, Marie-Caroline a de lui une bonne opinion et même une certaine admiration. Le comte d'Artois insiste depuis plusieurs mois déjà pour rencontrer Léopold II, qu'il ne connaît pas, afin de le convaincre qu'il est temps d'intervenir en France. Il a chargé Calonne d'organiser cette entrevue. Une première tentative menée à Vienne a échoué, le comte de Cobenzl lui ayant fait tenir ce message :

> « Je suis chargé par Sa Majesté de vous dire que les raisons d'État les plus graves et de la plus grande conséquence, tant pour Elle-même que pour Leurs Majestés le roi et la reine de France, ne lui permettent absolument pas de vous voir, ni vous, Monsieur, ni beaucoup moins encore M. le comte d'Artois [66]. »

C'est grâce à l'insistance de Marie-Caroline que Léopold finit par accepter de recevoir Calonne. L'entretien a lieu à Florence à la mi-avril. Marie-Caroline de son côté lui accorde une audience. Ces rencontres, si elles plongent Calonne « dans l'enchantement », n'aboutissent à rien de concret. Léopold se méfie de l'agitation et des rodomontades des émigrés. Grâce aux lettres qu'il reçoit régulièrement de Marie-Antoinette, il sait que la fuite de la famille royale est imminente. Qui plus est, il est par principe et à cette date, déterminé à n'agir que sur la requête expresse de Louis XVI, son beau-frère. En mai, Léopold rencontrera le comte d'Artois à Mantoue. Ce ne sera que pour lui confirmer sa position.

Ferdinand IV et Marie-Caroline quittent Florence le 26 avril. Ils y laissent derrière eux leur fille Marie-Louise, désormais grande-duchesse de Toscane. Sur la route de Naples, ils s'arrêtent en chemin à Rome pour évoquer avec Pie VI l'irritant problème posé par l'hommage de la haquenée, sans qu'aucune solution acceptable ne lui soit trouvée [67].

A Rome, Marie-Caroline retrouve Élisabeth Vigée-Lebrun. Ravie des tableaux déjà peints de ses enfants, elle lui demande de retourner avec elle à Naples pour y faire maintenant le sien. Dans ses *Souvenirs* écrits vers 1835, Mme Vigée-Lebrun décrit ainsi Marie-Caroline :

> « La reine de Naples, sans être aussi jolie que sa sœur cadette, la reine de France, me la rappelait beaucoup; son visage était fatigué, mais on pouvait encore juger qu'elle avait été belle [68]; et ses mains et ses bras surtout étaient la perfection pour la forme et pour le ton de la couleur des chairs. Cette princesse [...] était d'un naturel affectueux et très simple dans son intérieur; sa générosité était vraiment royale [...] [69]. »

De retour à Naples, après une absence de huit mois, Marie-Caroline constate qu'Acton a pris ses distances. Il traite directement avec le roi. Elle en est vivement agacée. Les événements graves qui se profilent à l'horizon vont les rapprocher dans un combat commun.

*

Dans la lutte qui va bientôt s'engager avec la France révolutionnaire, Marie-Caroline va faire des Hamilton ses plus fidèles alliés et de lady Emma une tendre amie. William Hamilton avait été nommé ministre d'Angleterre à Naples dès novembre 1764. A cette date, il s'agissait alors d'un poste de peu d'importance – « une province dépendante« , comme le dira Marie-Caroline – mais qui convenait admirablement à sir William qui était épris de beaux-arts et d'Antiquité. Collectionneur assidu, il avait un flair incomparable. Un certain mystère avait entouré sa naissance en 1730. Sa mère était alors la maîtresse connue du prince de Galles. Quoi qu'il en soit, le jeune William est élevé avec le fils du prince. Celui-ci, en 1761, accède au trône d'Angleterre sous le nom de George III. A l'âge de vingt-six ans, Hamilton épouse une riche héritière, Catherine Barlow qui ne lui donnera pas d'enfant.

Grâce à la fortune de son épouse, Hamilton développe considérablement ses activités de collectionneur. Lorsque ses acquisitions de vases grecs et étrusques, de tableaux, de statues et d'objets divers viennent à excéder sa fortune ou lorsqu'il y voit l'occasion d'une opération fructueuse, il organise un convoi maritime sur Londres pour les faire vendre chez Christie's. Chacun s'accorde à le trouver intelligent, travailleur et bon vivant. Grand, élancé, très sportif, beau de sa personne et agréablement hâlé à longueur d'année, sir William participe activement à la vie napolitaine, à ses mondanités et à tous ses plaisirs. Il est un interlocuteur dont Marie-Caroline apprécie le charme. Ferdinand le recherche également, surtout pour la chasse, car il est l'un des meilleurs fusils de son temps. Le Vésuve le fascine. Il rédige ses observations sur les éruptions qu'il communique à la *Royal Society* de Londres, dont il est membre. Sa femme étant morte en 1782, Hamilton obtient un congé d'un an et se rend à Londres pour y régler sa succession. C'est pendant ce séjour que son neveu et probable héritier Charles Greville, fils cadet du comte de Warwick, lui présente sa maîtresse, celle qui sera bientôt la fameuse Emma Hamilton.

Sa vie est un roman singulier. Elle est le fruit des amours de deux adolescents, Henry Lyons et Mary Kidd. Née en 1765 dans un petit village des environs de Liverpool, elle est baptisée sous le nom de Amy Lyons. Son père meurt peu après. Elle est élevée par sa mère pour qui elle ressent une affection profonde. De treize à quinze ans, elle se place comme *nursery maid*, d'abord à la campagne, puis à Londres chez un médecin. Mise au contact des milieux du théâtre, elle est pour un temps habilleuse d'une artiste. On l'appelle alors Emily. L'un de ses cousins ayant été enrôlé de force dans la marine, elle intervient en sa faveur auprès de son *captain*. Elle le fait libérer, mais au prix de sa vertu. Elle a quinze ans; elle est grande, belle, ravissante.

Un certain docteur Graham l'engage. On ne sait si Emily sait ce qu'est au juste sa maison. Il s'y donne des spectacles légers, plutôt licencieux, auxquels elle est peu à peu poussée à participer. Sa beauté enflamme l'un des habitués, sir Henry Featherstonehaugh, qui l'emmène sur ses terres dans le sud de l'Angleterre. Il en fait sa maîtresse et commence son éducation. Apprendre à bien parler, se défaire autant que possible de l'accent de Liverpool, s'accoutumer aux bonnes manières de la *gentry*, s'initier à l'équitation et à la danse. Autant d'occupations qui, de temps à autre, alternent avec des réunions entre amis au cours desquelles Emily, à peine vêtue de quelques voiles transparents, est priée d'évoluer parmi eux pour leur plaisir. C'est là que Greville, le neveu d'Hamilton, la rencontre. Elle a cessé de plaire à sir Henry, maintenant qu'elle est enceinte [70]. Elle n'a que seize ans. Elle demande secours à Greville qui l'installe, avec sa mère, à Londres, dans une maison proche de sa résidence personnelle de Paddington Green. Greville, devenu son amant, se préoccupe de compléter l'éducation d'Emily qu'il appelle désormais Emma : cela paraît plus élégant. Se succèdent alors leçons de prononciation, de piano et de chant. Emma a une très jolie voix. Greville, que son oncle a chargé de veiller aux ventes d'objets d'art qu'il réalise de temps en temps à Londres et à l'occasion desquelles il touche sa commission, fait prendre à Emma les poses des statues antiques qui ornent sa maison. Elle le fait avec tant de grâce que les amis de Greville, Reynolds et Romney qui assistent parfois à ces séances, sont totalement séduits. Ils la prennent pour modèle. Pendant deux ans, Romney fait d'elle plus de vingt-cinq tableaux.

En septembre 1783, ayant réglé la succession de sa femme, Hamilton rejoint son poste à Naples. Il a dans ses bagages le portrait d'Emma, peinte en bacchante, qu'il a commandé à Romney. Greville craint un remariage éventuel de son oncle qui pourrait l'écarter de son héritage. Il a constaté l'évidente attirance que celui-ci a éprouvée pour Emma et se détermine alors à jeter sa maîtresse dans ses bras. Le risque de remariage se trouverait écarté car les mariages d'ambassadeurs doivent être autorisés par le roi et il est peu concevable qu'un tel accord puisse jamais être obtenu : la jeunesse d'Emma est entourée d'un halo trop scandaleux. Greville prend alors prétexte de ses supposés ennuis d'argent pour avertir Hamilton qu'il ne va plus pouvoir conserver Emma. Il va devoir la renvoyer dans son petit village. Ne serait-ce pas navrant de voir s'éloigner une jeune femme aussi charmante? Pourquoi Hamilton ne la ferait-il pas venir auprès de lui à Naples? Sir William est tenté. Mais il y a en lui un certain fond d'honnêteté :

> « Elle vous aime, écrit-il à Greville, et n'a pour moi que de l'estime. D'ailleurs, sa venue éventuelle ici soulèverait de grandes difficultés, car, bien que capitale, Naples reste une ville de province où tout ce que l'on fait se sait aussitôt [...]. Si vous deviez vous séparer d'Emma, je lui verserais volontiers une petite rente [...]. »

Greville insiste. Pour tenter davantage Hamilton, il décrit toutes ses vertus. Il va même jusqu'à évoquer la façon douce et délicieuse dont Emma se conduit dans ses moments de dernier abandon. « Je dois bientôt partir pour l'Écosse, lui dit-il, pourquoi, sans vous engager, ne feriez-vous pas un essai? Prenez Emma près de vous pour les vacances d'été. »

Hamilton va céder. Emma, accompagnée par sa mère qui ne la quitte jamais, arrive à Naples en avril 1786. Hamilton les loge chez lui au palais Sasso. Il entoure aussitôt Emma de mille attentions. Il ne la quitte guère, prend tous ses repas avec elle, lui fait visiter Capri, Ischia, Positano... Contrairement à ce qu'il craignait, la présence d'Emma à ses côtés ne provoque aucun scandale. Très vite, elle est reçue partout, participe aux dîners officiels et bientôt préside ceux de l'ambassade. Emma tente de résister. Elle écrit à Greville :

> « Je n'aimerai jamais votre oncle d'amour [...]. Vous me conseillez de devenir sa maîtresse; rien ne pourrait exprimer l'état de rage où je suis, j'en deviens folle [...]. Si j'étais près de vous, je vous tuerais et moi ensuite. Rien ne m'empêchera de retourner chez vous [...]. » [En post-scriptum, elle ajoute] : « Vous ne vous imaginez pas l'influence que j'ai acquise ici! Je ne serai jamais sa maîtresse, mais si vous me provoquez, je l'obligerai à m'épouser. »

Emma disait vrai. Lorsqu'ils séjournent dans leur petite résidence de Caserta, Hamilton et Emma, qui se fait appeler

Madame Harte, sont reçus au Palais tout proche. Marie-Caroline leur demande de l'aider à concevoir le jardin anglais que depuis longtemps elle souhaite réaliser dans le fond du parc, à droite des grandes fontaines. Elle se lie d'amitié avec Emma qui, à l'issue de dîners intimes, est priée de chanter, ce qu'elle fait maintenant à ravir.

Difficile, dans ces conditions, de maintenir longtemps cette situation équivoque. Emma, six mois après son arrivée, est la maîtresse d'Hamilton. Elle a vingt et un ans; il en a cinquante-cinq.

Chacun s'accorde à dire qu'Emma est charmante et exceptionnellement belle. Goethe, en visite à Naples en 1787, en fait une description admirative. Hamilton demande à Mme Vigée-Lebrun de faire son portrait :

> « Madame Harte était une superbe femme [...]. Je la peignis en bacchante couchée au bord de la mer et tenant une coupe à la main. Sa belle figure était fort animée [...] : elle avait une quantité énorme de cheveux châtains qui pouvaient la couvrir entièrement et, ainsi en bacchante, ses cheveux épars, elle était admirable [...]. »

Entourée des soins d'Hamilton, Emma devient une jeune femme accomplie. Grâce aux leçons qu'il lui fait donner, elle joue agréablement du piano, s'accompagne en chantant et parle couramment l'italien et le français. Après quatre ans de vie commune, Hamilton en vient à regretter de ne pas pouvoir l'épouser puisque cela impliquerait qu'il démissionne de son poste. En avril 1790, il écrit à Greville :

> « Je serais heureux de lui faire cette réparation publique, car son mérite est grand et aucune princesse ne pourrait faire les honneurs de son palais avec plus de soin et de dignité qu'elle n'en montre dans ma maison. »

A l'occasion d'un nouveau congé en 1791, Hamilton et Emma, après quelques jours tranquilles à Venise et à Vienne, partent pour Londres. George III, qui comme tout le monde est au courant de la liaison d'Hamilton, le convoque à Windsor à la fin de l'été pour lui dire qu'il autorise un mariage officiel sous la seule réserve que, malheureusement, Emma ne pourra pas être présentée à la cour car la reine Sophie de Mecklembourg-Strelitz refusera de l'accueillir. Le mariage a lieu à Londres le 6 septembre 1791. Pour leur lune de miel, les Hamilton se rendent à Paris où, le calme étant revenu – Louis XVI s'apprête à accepter la Constitution – se poursuit une agréable vie mondaine. Les Hamilton sont priés de se présenter à Marie-Antoinette qui souhaite recevoir des nouvelles directes et récentes de sa sœur, la reine de Naples. Elle se montre plus indulgente que la reine d'Angleterre. Non seulement Emma est reçue avec grâce, mais Marie-Antoinette lui confie une lettre secrète [71] pour Marie-Caroline.

Officiellement mariée, portant un nom illustre, belle et intelligente, Emma va pouvoir maintenant mener à Naples une vie brillante. Elle deviendra l'amie intime de Marie-Caroline, sera mêlée pendant près de dix ans à tous les événements du royaume et y jouera souvent un rôle important. Hélas! un jour, Nelson entrera dans sa vie.

Deuxième partie

En lutte contre la France révolutionnaire

Chapitre VII

Premiers démêlés

Entrevue de Pillnitz. Naples accueille des émigrés. Mort de Léopold II, son fils François accède à l'Empire. La Législative déclare la guerre « au roi de Bohême et de Hongrie ». La journée du 20 juin 1792, les Tuileries envahis. Le manifeste de Brunswick. La journée du 10 août 1792. Abolition de la royauté. Mackau, ambassadeur de France à Naples. Valmy. Nice et la Savoie. Une escadre française menace-t-elle Naples? Préparatifs de défense. L'escadre de Latouche-Tréville pénètre à Naples. Les Jacobins napolitains fraternisent. Mort de Bassville à Rome. Exécution de Louis XVI. La guerre contre la France s'étend.

La fuite de Louis XVI s'est piteusement terminée à Varennes. Marie-Caroline, dès juillet 1791, ne voit pas d'autre issue pour sauver la famille royale, et surtout Marie-Antoinette, que l'intervention armée. C'est d'ailleurs la tentation première de Léopold II qui lui écrit le 5 juillet : « Il n'y a plus de mesure à garder. J'ai donné ordre à mes troupes aux Pays-Bas de marcher en France si le roi le demande. » Louis XVI ne formulera jamais une telle requête, même lorsque sa vie sera menacée. Léopold, personnellement profondément hostile à toute intervention, se contentera désormais de simples manœuvres d'intimidation pour tenter de freiner les initiatives révolutionnaires de Paris et de mettre une borne à leurs effets contagieux. Réunis à Pillnitz [72], près de Dresde, vers la fin du mois d'août, l'empereur et Frédéric-Guillaume II de Prusse lancent vers Paris une proclamation solennelle de solidarité monarchique :

> « La situation du roi de France est un objet d'intérêt commun à tous les souverains [...]. (Ils espèrent que ceux-ci) ne se refuseront pas d'employer, conjointement avec eux, les moyens les plus efficaces [...] pour mettre le roi de France en état d'affermir, dans la plus parfaite liberté, les bases d'un gouvernement monarchique également convenable aux droits des souverains et au bien-être de la nation française [...]. »

Ce genre de déclaration ne satisfait guère Marie-Caroline mais elle ne peut que se ranger à l'avis de son frère. La suite des événements montrera d'ailleurs à l'évidence que Louis XVI n'appelle pas à l'aide. Il prête serment à la Constitution, met en place le premier gouvernement constitutionnel de la France, et somme ses frères de rentrer. Il va même adresser, en décembre, un ultimatum à son oncle l'électeur de Trèves [73] lui enjoignant de disperser au plus tôt les émigrés dont le rassemblement armé aux frontières constitue une menace pour la France. Pour Marie-Caroline, c'est une attitude incompréhensible.

A Naples affluent les étrangers. Parmi eux, beaucoup d'émigrés. Pour ceux qui disposent de ressources hors de France, il ne s'agit pas encore d'une cruelle épreuve : le comte d'Espinchal, se partageant entre la Scala de Milan et le carnaval de Naples, peut ainsi s'écrier : « Qu'il est doux d'émigrer ! » Mais la plupart de ceux qui arrivent sont démunis. Marie-Caroline laisse jouer sa nature généreuse : elle les aide de mille façons. Elle passe outre aux reproches d'Acton pour qui certains dons, distribués sans compter, excèdent souvent les ressources limitées du royaume. Beaucoup d'émigrés qui ont fui Paris en hâte, relatent d'horribles événements. Pour Marie-Caroline la pensée qu'il pourrait arriver malheur à Marie-Antoinette devient lancinante. Heureuse diversion qui ne dure qu'un instant : Marie-Thérèse, à Vienne, le 12 décembre 1791, met au monde son premier enfant, Marie-Louise [74]. Marie-Caroline en est ravie :

> « Elle a rempli son devoir qui consistait à donner à son mari des enfants sains et robustes [...]. La Thérèse peut se vanter d'avoir du bonheur [...]. Je voudrais la savoir parfaite, sage, sérieuse, franche, modeste mais la vivacité de son âge ne comporte pas tout cela [...]. Je

désire qu'elle soit de nouveau enceinte avant deux mois et qu'il en soit ainsi encore pendant cinq ou six ans. Elle pourra ensuite faire quelques pauses. Voilà, à mon avis, le meilleur remède moral et physique contre la légèreté de la jeunesse [...] [75]. »

Jugement marqué par l'expérience d'une encore jeune grand-mère! Au même moment, Marie-Caroline attend en effet un nouvel enfant. Cette avant-dernière grossesse s'accompagne de nombreux troubles :

« J'ai cru avoir fini de vivre par les vertiges et les convulsions [...]. Tout le sang me monte à la tête et l'on n'ose l'appeler en bas crainte de provoquer une fausse couche. J'espère bien que ce sera mon dernier enfant et que je n'en aurai plus [...] [76]. »

C'est au milieu de ces crises que Marie-Caroline apprend, dans les premiers jours de mars 1792, la mort de son frère Léopold II [77]. Son chagrin est réel : « J'ai perdu un frère, un ami, un protecteur, enfin un homme que j'estimais. » Elle ne peut s'empêcher d'attribuer ce malheur à des mains criminelles. « On parle ici de poison. Je crois ces Français d'enfer capables de tout. » Voilà, beaucoup plus tôt qu'elle ne l'escomptait, comblée l'une de ses grandes ambitions. L'archiduc François, son neveu et gendre, succède à Léopold II à la tête de l'Empire. « La Thérèse », moins de deux ans après son mariage, est impératrice : le couronnement aura lieu à Francfort en juillet prochain. Francois II n'a que vingt-quatre ans. Les élans de sa jeunesse le poussent tout aussitôt à adopter une attitude beaucoup plus agressive à l'égard de la Révolution. Bien que ce ne soit pas pour déplaire à Marie-Caroline, elle pressent cependant les difficultés à venir : « Ces jeunes gens [...] commencent une carrière épineuse! »

A Paris, elle est déjà loin l'époque où, dans l'enthousiasme, la Constituante avait déclaré la paix au monde : « La Nation française renonce à entreprendre aucune guerre dans la vue de faire des conquêtes et n'emploiera jamais ses forces contre la liberté d'aucun peuple [78]. » A la Législative, le premier gouvernement des Feuillants est en butte aux critiques de plus en plus violentes des Girondins qui, redoutant les menaces et provocations aux frontières des émigrés et des princes, appellent à la guerre. Comme, en cas de défaite militaire, la Constitution de 1791 serait probablement abolie et le régime royal rétabli dans sa plénitude, Louis XVI, comptant sur cette issue, cède devant la pression de l'opposition : il appelle les Girondins au pouvoir en mars 1792. A l'Assemblée, on ne croit guère à la solidité de l'alliance de l'Autriche et de la Prusse conclue à Pillnitz et confirmée par François II dès son avènement. A l'Est, Catherine II a, en effet, repris ses visées sur la Pologne. On peut alors penser que Frédéric-Guillaume II, plutôt que de se lancer dans une campagne militaire hasardeuse contre la France, préférera donner priorité à son désir de s'emparer de Thorn et de Dantzig.

Vienne n'a pas fait disperser les concentrations des émigrés. Conformément à l'ultimatum que Paris lui avait lancé le 5 avril, le gouvernement girondin à la séance de la Législative du 20 avril, en présence de Louis XVI, déclare la guerre « au roi de Bohême et de Hongrie ». C'est espérer une guerre limitée, dans laquelle l'Empire et la Prusse se tiendront à l'écart. Pour favoriser les neutralités qu'on espère, une offensive diplomatique se développe aussitôt : Custine et Ségur se rendent à Berlin, Talleyrand et Biron, duc de Lauzun, à Londres, le marquis de Sémonville est envoyé à Turin auprès d'Amédée III.

Le calcul de Louis XVI va se trouver rapidement déjoué. Les premières défaites des armées révolutionnaires, parties à la conquête de la Belgique, exaspèrent l'opinion. Les Girondins durcissent leurs positions et décrètent des mesures intérieures auxquelles Louis XVI oppose son veto. Pensant dénouer la crise, le roi, à la fin de mai, renvoie les Girondins. Ceux-ci ripostent, le 20 juin, par une manifestation censée célébrer l'anniversaire du Serment du Jeu de Paume et l'échec de la fuite de Varennes, mais dont l'objectif réel est de contraindre le roi à lever son veto et à les rappeler au pouvoir. La journée dégénère : les Tuileries sont envahis, Louis XVI, coiffé du bonnet phrygien, doit boire avec les manifestants à la santé de la nation. Cet affront met fin au prestige royal.

La Prusse, tout en s'associant à Catherine II pour attaquer la Pologne au printemps de 1792 et s'en partager une seconde fois les dépouilles, ne se détourne pas pour autant de son alliance autrichienne contre la France. Le vieux duc de Brunswick a pris la tête des armées combinées de l'Autriche et de la Prusse. C'est à la suite d'une initiative malheureuse, dont il va être l'apparent responsable, que la royauté va s'effondrer.

La journée du 20 juin a consterné les souverains. Ils pensent le moment venu de mettre en garde et même de faire peur. Louis XVI est favorable maintenant à une proclamation austro-prussienne mais rédigée en termes modérés. Il en a fixé les grandes lignes avec Mallet du Pan qu'il délègue auprès des souverains réunis à Francfort pour le couronnement de François II. Ce dernier ne sera pas écouté. Ce seront les émigrés, notamment le marquis de Limon, qui feront signer à Brunswick son célèbre manifeste du 25 juillet 1792 :

> « [...] La ville de Paris et tous ses habitants sans distinction seront tenus de se soumettre sur-le-champ et sans délai au roi, de mettre ce prince en pleine et entière liberté [...]. Leurs Majestés impériale et royale rendent personnellement responsables de tous les événements, sur leur tête, pour être jugés militairement, sans espoir de pardon, tous les membres de l'Assemblée nationale de Paris [...]. Si le château des Tuileries est forcé ou insulté, s'il est fait la moindre violence, le moindre outrage à Leurs Majestés, le roi, la reine et la famille royale [...], elles en tireront une vengeance exemplaire et à jamais mémorable, en livrant la ville de Paris à une exécution militaire et à une subversion totale [...]. »

C'était lourdement se méprendre. Connu début août à Paris, le manifeste provoque plus de colère que de peur. Quarante-sept sections sur quarante-huit réclament la déchéance du roi. Le 9, la Commune insurrectionnelle se met en place et, le 10, Paris soulevé envahit les Tuileries et massacre les gardes suisses. Louis XVI et sa famille se réfugient à l'Assemblée. Sous la pression de la rue, celle-ci met fin au régime monarchique et décide la convocation d'une Convention nationale. Au despotisme royal va succéder celui de la liberté.

*

Les nouvelles de Paris parviennent à Naples avec retard. En juillet 1792, on apprend qu'une escadre forte de dix-sept bâtiments, concentrée à Toulon, s'apprête à appareiller. Marie-Caroline s'en inquiète. Bien que Naples ne soit pas officiellement en guerre, elle ne cache pas sa détermination à se comporter en alliée de son gendre François II. On ne peut exclure que cette escadre puisse après tout attaquer le royaume :

> « Pour le moment, nous faisons nos dispositions pour empêcher une insulte que dix-sept bâtiments peuvent très bien nous faire [...] : on n'est jamais sûr de pareils fous [79] ! »

Dès connu l'échec de la fuite de Varennes, le baron de Talleyrand, l'ambassadeur de France, s'est de lui-même démis de ses fonctions. Son secrétaire d'ambassade, François Cacault, n'ayant pas été agréé, Paris nomme à Naples le comte Armand de Mackau qui, même s'il a autrefois servi la diplomatie de l'Ancien Régime, a maintenant épousé, par opportunité, les idées révolutionnaires. Son arrivée ne peut guère tomber à un plus mauvais moment. Il présente, en effet, ses lettres de créance le 24 août, jour où parvient à Naples la nouvelle de la journée du 10 août et la chute de la royauté. Ferdinand refuse dès lors de le reconnaître et Marie-Caroline d'écrire : « M. Mackau, arrivé depuis trois jours, déploie déjà son caractère et nous donne du tracas, c'est un meuble mauvais! » Pour Marie-Caroline, il ne fait aucun doute que les armées coalisées vont rapidement écraser les troupes révolutionnaires. Après la prise de Longwy le 23 août et la capitulation de Verdun le 2 septembre, elle écrit le 9 octobre :

> « D'après les dernières nouvelles, les armées pourront en ce moment être devant Paris. Que Dieu leur accorde des succès, et surtout qu'il sauve les malheureux souverains des excès de férocité auxquels le désespoir [80] pourrait porter les hommes pervers qui les environnent. Je tremble continuellement pour ma pauvre sœur, ce n'est qu'un miracle qui peut la sauver [...]. »

Aussi quelle déception pour elle quand elle apprend tour à tour la défaite de Brunswick à Valmy le 20 septembre et surtout celle de l'armée autrichienne conduite par le prince de Cobourg à Jemmapes le 6 novembre. Décidément, les nouvelles sont détestables et même tragiques. Non seulement, en l'espace de douze jours, elle assiste à l'agonie et à la mort de sa petite fille Marie-Clotilde, mais deux armées révolutionnaires, ayant pris l'offensive dans le sud, conduites, l'une par Montesquiou, l'autre par Anselme, ont envahi la Savoie d'Amédée III et se sont emparées de Nice :

> « Les Français menacent [...] le reste de l'Italie. Ils ne nous ont pas encore fait de déclaration; mais comme ils agissent à la turque, ils sont très capables d'agir par voies de fait, en entrant d'abord [81]. »

Entre-temps à Paris la République « une et indivisible » a été proclamée. La Convention prépare le procès de Louis XVI. Cédant aux conseils qui lui sont donnés, la cour de Naples juge plus prudent de reconnaître la position diplomatique de Mackau. Ferdinand lui accorde une audience mais il se contente de lui demander si « l'air de Naples lui convient ». Quant à Marie-Caroline, ayant appris que sa femme attendait prochainement un enfant, elle se borne à s'enquérir si les couches auront lieu dans la ville. Dès la fin de ce bref entretien « de rage, elle brisa l'éventail qu'elle tenait à la main [82] ». Mackau s'en retire ulcéré.

Le marquis de Sémonville qui avait été dépêché à Turin pour rechercher la neutralité d'Amédée III avait été récusé. Il se trouve pour l'instant à Gênes. On apprend à Naples qu'une réunion s'est tenue chez lui le 8 novembre avec la participation de Naillac, ministre de France [83] et du contre-amiral de Latouche-Tréville.

> « On y discuta deux questions, écrit le prince de Marsiconuovo, savoir si l'escadre (dont Marie-Caroline craignait la présence) n'irait pas tout droit à la conquête de la Sardaigne ou plutôt tomber à l'improviste sur les États du Pape et du roi de Naples [...]. Sémonville conseilla [...] d'adopter la deuxième question comme la plus aisée, utile et profitable pour la France [...]. Cet avis a été unanimement adopté

[...]. Le départ de l'escadre n'est pas encore tout à fait fixé, mais on croit qu'il aura lieu dans la semaine prochaine [84]. »

Mackau, tout en confirmant cette venue, cherche à rassurer sur les intentions de la France. Bien que les Français assurent venir « en frères et amis », Marie-Caroline estime urgent de prendre des précautions. Elle écrit à Vienne :

« Tâchez, s'il est possible, d'avoir le plus tôt possible le plus de boulets que vous pourrez [...] et de nous les envoyer par mer avec de la poudre [...]. Des fusils aussi seraient nécessaires [...]. »

S'avisant que la menace d'une attaque par voie terrestre n'est pas à écarter, elle conjure l'empereur de lui détacher un bon général :

« Nous en aurions besoin au plus tôt, écrit-elle. Nous n'avons ici aucun général qui ait été au feu, excepté Arezzo, qui marchera ; mais c'est un cadavre ambulant, d'un flegme de vieillard cassé [...]. Voilà cinquante ans que l'on n'a pas tiré un coup de fusil dans ce pays ; on n'a donc idée de rien sur la guerre [85]. »

La mise du royaume en état d'alerte, le renforcement des effectifs militaires sur la frontière du nord et tout au long des côtes immenses, l'achat d'armes et de munitions entraînent des dépenses exceptionnelles. Au même moment la sécheresse de l'été a dangereusement compromis les récoltes. Aussi Marie-Caroline écrit-elle à Gallo :

« Cette année-ci, la disette est générale quant au blé, aux vivres, en un mot dans tous les genres. Même l'eau est venue à manquer [...]. Je voudrais avoir huile et blé [...] la disette de ces deux denrées est suprêmement dangereuse, car cela rend le peuple accessible aux séductions [...]. Je vous prie aussi de m'envoyer douze sacs de semences de blé sarrazin pour en faire l'essai ici dans plusieurs provinces, pour l'avoir prêt dans les cas de non-réussite du blé de Turquie ou autre. Mettez-y aussi une instruction en italien, de quel temps, de quelle culture et de quel terrain ce blé a besoin, pour me régler [86]. »

La famille royale donne l'exemple d'une nécessaire austérité. Elle consent à quelques sacrifices :

> « Nous nous sommes défaits de notre argenterie. Nous n'avons même plus un chandelier [...] pas même de cafetière, tout est parti. Le Roi a réformé 392 chevaux et 300 chiens. Il a supprimé les chasses réservées pour un mille à la ronde [...]. Il a fait tuer hier les bêtes féroces à la Ménagerie [...]. Il a réalisé la plus stricte économie pour subvenir aux grands frais. Je vous écris avec des lumières de fer-blanc [87] ! »

L'escadre de Toulon est maintenant à La Spezia. Mackau est partisan d'annuler l'expédition car il vient d'être officiellement reconnu. Un incident va néanmoins décider la Convention à la maintenir. A Naples, on sait que Sémonville, ministre de France à Gênes, est un ardent révolutionnaire. Il fait traduire en italien, justement par un Napolitain ce qui est un comble, les libelles de Paris qui se propagent ainsi dangereusement dans toute la péninsule. Refusé à Turin, il vient d'être nommé à Constantinople avec la mission secrète de pousser la Porte à rouvrir les hostilités contre l'Autriche. Par l'intermédiaire de son ambassadeur à Constantinople, Monsieur de Ludolff, Naples met en garde le sultan qui, informé sur la personnalité de Sémonville, s'oppose alors à sa venue. C'est cette intervention de Naples, dont Paris a connaissance grâce à l'interception d'une lettre destinée au comte d'Artois, qui décide la Convention à ordonner la manœuvre d'intimidation. Mackau confirme l'arrivée de l'escadre.

> « Notre position est affreuse. Nous sommes exposés à voir paraître la flotte française d'un moment à l'autre..., écrit Marie-Caroline. Nous ferons-nous dicter la loi par une horde de scélérats ? Adieu la gloire, la force, la convenance pour la vie et la considération [...]. Cette maudite république, jusqu'à ce qu'elle s'organise, devra toujours tenir occupés et hors de ses États un tas de vauriens et aucun endroit n'est plus propre que l'Italie [...]. Peut-être nous reprochera-t-on l'argent donné aux émigrés, au roi de Sardaigne ? Enfin, on cherchera prétexte pour attraper l'argent [...] et voilà le grand *hoc*, faut-il payer, se laisser rançonner, vilipender, avilir [...], ou faut-il résister ? »

Et si le royaume s'incline?

« Le rançonnement s'appliquera plus souvent et l'avilissement sera infini. Le Roi le sera aux yeux de ses sujets, lesquels, passée la peur des boulets et des bombes, sentiront qu'il a cédé à la crainte, et, à la première occasion, lui feront ressentir la même crainte pour leurs différentes volontés et caprices. Ainsi, le Roi perd en cédant toute considération au dehors et l'autorité au dedans [88]. »

On arrête alors quelques dispositions pour l'arrivée des Français :

« Nous avons protesté que nous n'admettrions que cinq vaisseaux à Naples, quatre à Gaète, trois à Baia – voilà pour Naples – quatre à Messine, trois à Augusta, trois à Syracuse, ce qui monte à vingt-deux bâtiments de guerre [...]. C'est le *non plus ultra* que nous accordons pour l'amour de la paix. Nous avons encore ajouté que l'entrée d'un seul navire en sus serait considérée comme un acte d'hostilité [...]. Si toutefois les Français se présentent en nombre supérieur [...] et je m'attends à cela de leur insolence qui surpasse toute prévision, si l'on ne peut accéder à leurs propositions infernales, si l'on ne peut traiter avec eux, que ferons-nous? [...] Malgré que le peuple et le pays ne soient pas aguerris, malgré l'infériorité de nos forces, nous nous battrons, nous périrons et nous ferons ainsi notre devoir jusqu'au bout [...] [89]. »

Le 17 décembre, l'escadre se présente devant Naples. Le capitaine du port va à sa rencontre pour confirmer que les règlements en vigueur, opposables à tous, interdisent l'entrée de plus de cinq bâtiments dans la rade.

« Alors, ce Monsieur de la Touche, jadis chancelier de l'actuel Monsieur Égalité, répondit qu'il voulait entrer avec tous ses vaisseaux, ne sachant si on le recevrait en ami ou en ennemi, que cela dépendrait de la réponse à une lettre au Roi, qu'il enverrait à terre [...] [90]. »

C'est Redon de Belleville, « autre vil complaisant de la Maison d'Orléans », que Latouche-Tréville charge de porter cette lettre. Mackau l'accompagne.

« Lorsqu'ils descendirent de leur chaloupe au môle, le peuple se mit à crier : « Viva il Re ! » et plusieurs personnes allèrent les poings levés, sous le nez de ces messieurs, leur criant : « Dite ! Viva il Re ! » A en juger par leur nombre, ils estimèrent prudent d'ôter leurs chapeaux et de dire : « Viva il Re di Napoli ! » Le peuple enivré de ce premier succès les siffla et les hua jusqu'à leur carrosse [...] [91]. »

La lettre qu'Acton reçoit et porte à Ferdinand est un ultimatum :

« Je viens, au nom de la République française, demander à Votre Majesté réparation de l'insulte faite à ma nation par son ministre, le général Acton, qui, dans une note dont je joins copie, s'est permis d'outrager le citoyen Sémonville [...] son ambassadeur à la Porte ottomane [...]. Je lui demande de me faire connaître dans une heure l'aveu ou le désaveu d'un procédé qu'un peuple fier, libre et républicain ne peut supporter [...]. Si, contre toute attente, Sa Majesté refusait [...] j'ai ordre de regarder son refus comme une déclaration de guerre [...]. Je ne dois pas dissimuler à Votre Majesté que, si elle force de recourir à la voie des armes, je ne suspendrai la destruction et la mort qu'après avoir fait de Naples un monceau de ruines ! [...] »

Le ton de cette missive – inspirée, dirait-on, du manifeste de Brunswick ! – exaspère Marie-Caroline, mais l'exigence qu'elle contient la rassure. « Somme toute, leurs demandes ne sont pas flétrissantes », et après s'être consultés, avoir pesé le pour et le contre d'une résistance armée qu'Acton considère comme possible, Ferdinand et Marie-Caroline estiment prématuré de se déclarer ouvertement en guerre tant que les côtes du royaume ne seront pas protégées par la flotte anglaise. Ils accèdent aux demandes de Latouche-Tréville : Ludolff à Constantinople sera relevé de ses fonctions. Le royaume accréditera un représentant à Paris, geste qui implique sa reconnaissance de la République française. Dans ces conditions, l'escadre n'a plus qu'à repartir :

« Nous avons exigé qu'ils partissent tous et que personne ne débarquât, conditions qu'ils ont observées rigoureusement, craignant quelques coups de couteau. Le peuple était extrêmement monté contre eux. Une quantité de bateaux a tourné pour les voir partir. Eux criaient :

> « Vive la Nation! Vive la République! » Nos gens, les bafouant, criaient « Vive notre Roi! Périssent les Républiques et les pirates [92]! »

Sur l'insistance de Mackau, Ferdinand accorde une brève entrevue à Belleville avant son départ. A son retour à Paris, celui-ci se vantera d'avoir tenu un ferme langage républicain et révolutionnaire. La Convention, après l'avoir entendu, pourra déclarer :

> « Un autre Bourbon est parmi les vaincus! L'honneur de la nation a été satisfait sans effusion de sang; vous ne pouviez apporter de meilleures nouvelles [...]. L'Assemblée loue le courage de Latouche, son patriotisme, la belle conduite de ses équipages [...] [93]. »

En réalité, Belleville s'était borné à quelques platitudes :

> « A la République, je rapporterai que Votre Majesté m'a reçu avec courtoisie, et je suis sûr qu'elle en sera très flattée; sûr aussi qu'elle attribuera l'amitié de Votre Majesté à sa remarquable fortune [93]. »

L'escadre reprend la mer. Marie-Caroline, ses frayeurs apaisées, fuit l'agitation de Naples pour rejoindre, au calme, ses enfants à Caserta. Mais à peine arrivée, le cauchemar reprend. Assaillie par la tempête, l'escadre a dû faire demi-tour et n'a trouvé d'autre refuge que la rade de Naples! Voilà les Français de retour.

> « J'en attends tous les maux imaginables, écrit Marie-Caroline, et je suis convaincue que nous ne pouvons sortir de ce dilemme : ou les Français descendront à terre et, comme notre peuple est monté, il y aura des affaires, des tueries, coups de couteau, des violences de toute espèce; ou bien ils s'amalgameront avec eux, ils ouvriront l'oreille à leurs principes, et alors je vais apprendre quelque métier pour vivre et gagner du pain à mes enfants [...]. Il faut se convaincre [...] qu'ils veulent subvertir tous les royaumes et tous les gouvernements [...]. Nous avons cru éviter le feu de la guerre, des canons, cela est fait, mais nous aurons l'autre (la subversion) et nous en serons les victimes les premiers avec la classe des nobles et des ecclésiastiques [...]. Je suis bien triste et j'y vois clair : les Français ont vu que l'on n'était pas encore mûrs pour la révolution et, maintenant, ils travailleront dans ce sens sur nous quel-

ques semaines, et la mauvaise récolte, le monopole d'huile et de grains leur facilitera cet ouvrage, et une fois qu'ils se seront assurés des opinions, ni canon, ni dépêche ne pourra les rechasser. Voilà ma profession de foi ! Pour éviter la guerre, malheur détestable mais bien moins grand quand la nation est en sa faveur, nous caressons le serpent qui nous empoisonnera [94]. »

Les craintes de Marie-Caroline n'étaient pas vaines. Officiers et membres d'équipage, que l'on ne peut plus maintenant empêcher de venir à terre pour les réparations nécessaires à la flotte, se mêlent à la population. Ils exaltent les victoires de la République : la rive gauche du Rhin est envahie; Mayence est tombée. Après Jemmapes, Dumouriez, poussant ses avantages contre le prince de Cobourg, s'est emparé de la Belgique. Marie-Christine sa régente, sœur de Marie-Caroline, a dû fuir Bruxelles. La Savoie, arrachée à Amédée III a été annexée... A ces nouvelles, les Napolitains gagnés aux idées révolutionnaires – « Je crains, aux temps qui courent, les têtes chaudes, les beaux esprits, les philosophes et surtout les ambitieux » – sortent de l'ombre et fraternisent. « Les Français causent beaucoup de mal à Naples et nous obligeront à des actes de rigueur contre nos sujets qui se laissent tromper par eux, ce qui coûte à mon cœur [95] », prévient Marie-Caroline. Latouche lui-même est reçu en ville par les Jacobins les plus engagés. Le 12 janvier 1793, jour de l'anniversaire de Ferdinand, il les invite à son bord pour un grand banquet au cours duquel chacun est appelé à boire à la santé de la République.

Un incident qui survient à Rome va conduire Mackau et Latouche-Tréville à faire aux souverains de Naples une offre pour le moins inattendue. Un certain Hugo de Bassville, qui avait accompagné Mackau lors de sa nomination à Naples, est, en novembre 1792, envoyé à Rome où la France n'est plus représentée depuis que le cardinal de Bernis a démissionné et que Pie VI a refusé l'accréditation de M. de Ségur. Bassville est un personnage assez insignifiant, mais il brûle de l'envie de se faire remarquer. La Convention avait décrété que tous les consuls devaient désormais arborer l'écusson républicain et supprimer tous les emblèmes rappelant la royauté. Bassville, après instructions prises auprès de Mackau, décide de ne pas tenir compte du refus du Saint-Siège que Digne, le consul de France, avait jugé prudent de respecter jusqu'alors. L'enseigne républicaine apparaît ainsi sur la façade de la Villa Médicis le 3 janvier 1793. Bassville, par provocation, se promène par les rues en arborant fièrement sa cocarde tricolore. La foule devient houleuse, puis menaçante. Bassville, craignant pour sa vie, sort une arme : il est massacré.

A Naples, l'affaire fait grand bruit. Elle fait « vomir feu et flammes aux Français ». Pour Paris, ce meurtre appelle vengeance. La Convention charge Mackau et Latouche-Tréville d'une surprenante démarche. Naples, qui a toujours eu des différends avec le Saint-Siège, est appelé à une alliance avec la République, qui prendrait la forme d'une expédition punitive contre le pape !

> « Mackau a demandé après beaucoup de tournaillerie à me parler [...]. Prendre Rome, porter le Pape à la barre, massacrer les Romains est une partie de leurs folles idées [...]. Comme ils sont fort généreux pour offrir des compensations, croyant pouvoir disposer de l'univers entier, ils nous ont offert la Marche d'Ancône, Rome, etc. pour notre amitié [96]. »

Acton fut prié de décliner l'offre et de préciser qu'en cas de conflit avec Rome, Naples observerait une stricte neutralité impliquant qu'aucun passage à travers le royaume ne serait accordé aux troupes françaises. L'affaire en resta là. Ses bâtiments réparés, l'escadre quitta Naples le 29 janvier 1793.

Ce n'est que le 7 février 1793 qu'on apprend à Naples l'exécution de Louis XVI.

> « Nous l'avons su par la *Gazette* [...]. Je tombai sur l'article du 22 (janvier) et je lus le compte rendu de la tragédie rédigé en termes d'une indifférence telle que je dus m'y reprendre à trois fois pour comprendre, écrit Marie-Caroline. Nous avons pris le deuil pour quatre mois. Il était le chef de la famille, notre parent, cousin et beau-frère. Quel atroce exemple ! Quelle exécrable nation ! Je ne sais rien des

autres malheureuses victimes du Temple. Si la douleur ne les tue pas, on peut s'attendre à d'autres horreurs de la part de cette horde d'assassins. J'espère que les cendres de ce bon Prince, de ce trop bon Prince [...] imploreront une vengeance éclatante et visible de la justice divine, et qu'à cause de cela les puissances de l'Europe n'auront plus qu'une seule et unique volonté [...] [97]. »

Mackau, dont la mère avait été cependant sous-gouvernante des Enfants de France, refuse de prendre le deuil. Sans doute lui est-il difficile d'agir autrement. Mais, de ce jour, les relations avec lui deviennent détestables.

La mort de Louis XVI suscite la même réaction d'horreur dans toutes les capitales. L'Angleterre, qui ne peut accepter l'annexion de la Belgique et la réouverture de l'Escaut, se résout à rompre. Le cabinet anglais prie Chauvelin, l'ambassadeur de France, de bien vouloir regagner Paris. D'ailleurs, dès décembre 1792, Pitt lui avait déjà adressé ce curieux billet : « Je suis obligé de vous prier de permettre que j'évite l'honneur de vous voir. »

Les événements dès lors se précipitent. La Convention déclare la guerre à l'Angleterre et aux Provinces-Unies le 1er février 1793, puis à l'Espagne le 7 mars. Au conflit qui prend désormais une autre dimension, Marie-Caroline entend bien faire participer le royaume.

Chapitre VIII

Naples rejoint la Première Coalition

Le sort probable de Marie-Antoinette épouvante Marie-Caroline. Son exécution. La Convention subit des échecs militaires. Le Comité de Salut public. Naples adhère à la Première Coalition. Nelson arrive à Naples. Révolte royaliste à Toulon. Naples contribue à la prise de Toulon. Bonaparte participe à sa reconquête. La Terreur. Danton. Victoires militaires de la Convention. Séjour de Calonne à Naples. Marie-Caroline critique l'attitude de son gendre Ferdinand, grand-duc de Toscane. La Grande Terreur. Fleurus. Fin de Robespierre.

Aussitôt connue la mort de son frère, le comte de Provence, réfugié à Hamm en Westphalie, reconnaît en la personne du petit prisonnier du Temple le nouveau roi de France sous le nom de Louis XVII. Il se proclame régent du royaume. L'Europe accueille la nouvelle avec scepticisme : non seulement la détermination annoncée par Monsieur de rendre intégralement à la France son ancienne Constitution leur apparaît désormais comme peu réaliste, mais, selon la tradition, n'est-ce pas à Marie-Antoinette que la régence aurait dû revenir? Aussi, à Naples, est-on embarrassé : « Le roi a résolu, sur la demande et déclaration de Monsieur comme régent, d'attendre et de lui dire qu'il se réglera selon les autres. Voilà la seule chose qui nous convient [98]. »

Sans attendre, Marie-Caroline pense au sort de sa nièce Madame Royale :

« J'ai l'intention de réclamer la fille. Elle n'a aucune prétention au trône. Où ira-t-elle ? Où doit-elle aller après le massacre de ses parents ? Moi seule, je pense, je dois et je veux la garder auprès de moi, l'élever comme ma fille et, si je peux, l'établir comme telle. » Puis aussitôt elle ajoute : « Le seul inconvénient, c'est pour François[99]. »

En effet, le jeune prince approche maintenant de ses seize ans, et fiancé depuis trois ans à l'archiduchesse Marie-Clémentine, il trouve le temps long. La venue d'une jeune fille de quinze ans pourrait bien dangereusement le troubler.

Marie-Caroline est constamment en pensée auprès de Marie-Antoinette. Son inquiétude ne fera que croître au fil des mois. Le 5 mars, elle écrit :

« J'apprends d'horribles détails de cet infernal Paris ! A tous moments, à chaque bruit, à chaque cri, toutes les fois qu'on pénètre dans sa chambre, ma malheureuse sœur s'agenouille, prie et se prépare à la mort. Les gens inhumains qui l'entourent s'en amusent ; le jour ainsi que la nuit, ils poussent des hurlements exprès pour l'effrayer et pour lui faire redouter mille fois la mort. La mort, voilà ce que je demande pour elle à Dieu afin qu'elle cesse de souffrir. » [Puis le 27 juillet] : « On a ôté à ma malheureuse sœur son fils et on l'a transporté dans les appartements de feu son père avec un certain Simon, cordonnier, et sa femme. Ce coup aura été affreux pour mon infortunée sœur. Je désirerais qu'il l'achevât. Je suis réduite depuis longtemps de lui souhaiter une mort naturelle comme tout ce qui peut lui arriver de plus heureux. Mais la Providence en a destiné autrement et il faut s'y soumettre. Il est certain qu'elle reçoit tous les coups les plus sensibles à une telle distance l'un de l'autre, qu'elle puisse d'un chacun en savourer toute l'amertume. Et quand le temps, la triste habitude paraît y avoir fait un peu d'écorce, il vient un nouveau coup qui, en la frappant d'une nouvelle plaie, déchire les anciennes toujours vives. »[Enfin le 24 août] : « J'attends d'un moment à l'autre des nouvelles atroces de ma plus que malheureuse sœur [...]. Cette infortunée a bu la lie du calice [...]. Je tremble que, pour éviter la main du bourreau, elle ne se tue et mette en doute son éternité. »

Ce n'est qu'au début de novembre que Marie-Caroline apprendra l'exécution de sa sœur. « Dieu veuille avoir eu pitié d'elle dans les derniers moments ! » et, dans son bureau, sur son écritoire devant lequel chaque jour elle s'assied, elle dispose une gravure représentant le supplice de sa sœur et, de sa main, y porte cette simple phrase : « Je poursuivrai ma vengeance jusqu'au tombeau. »

*

L'entrée en guerre de l'Angleterre va permettre à Marie-Caroline de prendre enfin une attitude conforme à ses sentiments. Autour de l'Autriche et de la Prusse, déjà engagées dans la guerre, l'Angleterre rassemble dans la Première Coalition, exception faite de la Russie, presque toutes les puissances de l'Europe. Elle leur sert de banquier. Le moment semble d'ailleurs propice : aux premières victoires du début de la Révolution succèdent maintenant des revers. A l'intérieur même de la France, les premières insurrections contre-révolutionnaires se développent. Le prince de Cobourg prend sa revanche de Jemmapes et défait Dumouriez à Nerwinden le 18 mars. Il reconquiert la Belgique. Quelques jours plus tard, l'archiduc Charles fait à Bruxelles une entrée triomphale. Dumouriez, depuis longtemps en désaccord avec Paris, s'entend avec Cobourg. Il trahit et lui livre les commissaires que la Convention avait détachés auprès de lui. Le duc de Chartres [100] qui servait jusqu'alors dans l'armée républicaine l'abandonne à son tour. Custine doit céder Francfort, Worms, Spire et, en avril, seule Mayence, assiégée par les Prussiens, résiste encore. La rive gauche du Rhin est de nouveau aux mains des coalisés. Cholet s'est soulevée le 3 mars : l'insurrection gagne peu à peu la Vendée et déborde en Bretagne. La contre-révolution est victorieuse à Lyon. A la Convention, la Montagne critique de plus en plus violemment les Girondins pour avoir déclaré une guerre qu'ils se montrent incapables de gagner. Elle les met en accusation, arrête vingt-sept d'entre eux et s'empare du pouvoir au cours des journées du 31 mai et du 2 juin. Voilà Paris, déjà seul contre l'Europe, qui se trouve maintenant isolé de la province, essentiellement girondine. Au mouvement insurrectionnel de la Vendée s'ajoutent les révoltes fédéralistes de Caen, de Bordeaux, de Marseille, de Toulon...

Devant cette situation qui paraît désespérée, Danton, l'homme fort du Comité de Salut public d'avril à juillet 1793, fait des ouvertures de paix. Il propose à Amédée III d'échanger Nice et la Savoie contre la Lombardie qu'on prendrait aux Autrichiens. Il charge Mackau de vérifier si Naples ne pourrait pas favoriser une rupture de l'alliance austro-prussienne :

> « Les Français sont démoralisés... écrit Marie-Caroline. Ils proposent, recherchent, espèrent une paix séparée avec le roi de Prusse [...]. Ils en sont venus jusqu'à proposer de rendre la liberté à toute la malheureuse famille royale et de la faire conduire à la frontière. Mackau a proposé tout cela verbalement [...] [101]. »

Marie-Caroline ignore alors évidemment que cette offre de libérer Marie-Antoinette et ses enfants en échange de Bernonville et des Conventionnels livrés par Dumouriez avait été faite à l'Autriche et qu'avec l'accord de François II, son propre gendre, le chancelier Thugut l'avait rejetée [102].

Maintenant que la flotte anglaise bloque les côtes de France, empêche ses escadres de prendre la mer, Marie-Caroline ne craint plus une nouvelle « insulte » d'un quelconque Latouche-Tréville. Elle pousse fermement à la conclusion d'une alliance défensive et offensive avec l'Angleterre. Des instructions en ce sens ont été données au duc de Sicignano, secrétaire de la légation de Naples à Londres. Le marquis de Gallo l'ayant appris attire l'attention de Marie-Caroline sur les dangers auxquels le royaume va s'exposer en adhérant à la Première Coalition. Il lui fait remarquer que toutes les grandes puissances impliquées dans le conflit ont d'ores et déjà arrêté entre elles les compensations territoriales qu'elles exigeront de la France vaincue.

> « L'attribution d'une compensation représentée par des assignats ou des possessions lointaines serait de toute façon une piètre affaire, écrit Gallo en mai 1793. Les assignats n'ont pas de valeur, et quant aux possessions, il faut les occuper, les défendre, ce qui nous affaiblirait au lieu d'augmenter notre puissance [...] [103]. »

Gallo sait en effet que réunies à Anvers, le 8 avril, l'Autriche, la Prusse et l'Angleterre se sont mises d'accord pour se partager une partie de la France. Marie-Caroline, réconfortée par les bonnes nouvelles des armées coalisées, ne tient aucun compte de ces conseils. D'ailleurs, Pitt à Londres et Acton à Naples sont favorables à l'alliance projetée. Bien que Ferdinand ait marqué sa préférence pour une prudente neutralité, le traité est conclu le 12 juillet. Il est signé pour Naples par le marquis de Circello [104] et par sir William Hamilton pour l'Angleterre. Naples entre ainsi ouvertement dans la Coalition. Le royaume s'engage à ouvrir ses ports aux escadres britanniques qui, renforcées par la flotte nationale, assureront la protection de ses côtes. Il s'oblige à cesser tout commerce avec la France – « ce qui est un grand sacrifice pour nous » – mais, en contrepartie, il peut compter sur l'aide financière de son puissant allié.

A mesure que les négociations qui vont aboutir à ce traité se développent favorablement, l'attitude de Ferdinand et de Marie-Caroline à l'égard de Mackau devient de plus en plus distante. Puis, elle devient franchement désagréable. Il faut dire que Mackau s'est rendu coupable d'une inutile provocation. A la fin d'avril 1793, on apprend à Naples que l'impératrice Marie-Thérèse vient de mettre au monde son premier fils. Pour marquer la grande joie que l'on en ressent – « Toutes les classes, Cour, nobles, peuple, etc. sont transportés, car ils appellent Thérèse l'*Imperatrice Nostra,* comme née à Naples » – on décide d'interrompre le deuil observé jusqu'alors pour la mort de Louis XVI. « Je vais rester en ville, y faire trois jours de gala, illuminations, triple salve, appartement (réception à la cour), enfin les plus grandes cérémonies [105]. » Au même titre que tous les ambassadeurs, Mackau reçoit un carton d'invitation. La décence aurait dû le conduire à se faire excuser. Stupéfaits de l'apercevoir, Ferdinand et Marie-Caroline lui tournent ostensiblement le dos. Mackau se sent offensé. Il réclame des passeports pour lui et sa famille. Paris, conscient de son insolente bévue, décide de son prochain rappel en nommant à sa place Hugues Maret, futur duc de Bassano. De toute façon, des

Mackau ou des Maret, Marie-Caroline n'en veut plus. Par ses informateurs, parmi lesquels le comte d'Antraigues, il lui revient que :

> « Le scélérat Sémonville, comme l'autre Maret, voyagent ensemble et ont passé dans le Brisgau, en Tyrol et dans les États autrichiens [...]. Il aurait été bien intéressant de les arrêter et fouiller dans leurs papiers; tant pour notre Maret que pour Sémonville qui va à Constantinople [...]. Comme je n'en entends plus parler, je crains le coup manqué et en suis bien fâchée; car il aurait été facile et intéressant de voir quelles infernales intrigues ils vont alarmer dans les pays [106] ».

Marie-Caroline aura cette satisfaction. Sémonville et Maret sont arrêtés le 25 juillet dans les Grisons et internés dans la citadelle de Mantoue. Ils ne seront relâchés qu'en décembre 1795 lors de l'échange avec Madame Royale.

Il ne reste plus qu'à se débarrasser de Mackau. Par prudence, Naples attendra pour le faire que l'escadre anglaise de l'amiral Hood, entrée en Méditerranée, soit en vue de Toulon et que quelques-uns de ses bâtiments soient parvenus à Naples. Début septembre, l'échange des ratifications ayant été fait entre les deux royaumes, on peut enfin agir : « La Cour de Naples, ne pouvant plus supporter la faction qui a usurpé le pouvoir en France, a pris la détermination de faire savoir à M. de Mackau qu'il doit, dans le terme de huit jours, quitter les États de Sa Majesté Sicilienne. » En même temps que ce message, un édit contraint tous les Français à quitter le royaume.

> « Nous avons, dimanche passé, [...] chassé en huit jours de temps le représentant de cette infâme République [...], ordonné le départ de tous les Français [...]. L'édit les chasse tous, et puis on fera grâce et exceptions. Il est certain que ce sera une bien mauvaise compagnie de moins [107]. »

Marie-Caroline, toute satisfaite qu'elle soit d'avoir rompu avec Paris, avoue qu'elle reste préoccupée :

> « Nous sommes dans le moment de la plus grande confusion, renvoi de tous les Français, déclaration de guerre, moyens pour tout cela et en

même temps, soit par art diabolique ou fatalité, une confusion dans les blés, prix hauts, manque de pain qui fait crier et finira par faire émeuter. Où cela finira, voilà ce que j'ignore. On fait l'impossible pour y remédier [108]. »

Déjà, en mai précédent, Marie-Caroline signalait la situation périlleuse du pays :

« Le malheur d'une mauvaise année de récolte est incalculable de toutes façons [...] manque d'argent, numéraire qui sort, tumultes, révoltes, enfin c'est un fléau, et pour le royaume des Deux-Siciles, qui n'est qu'agricole, c'est le comble. Cela me rend profondément triste et affligée [...]. Nous attendons le blé que le cher Empereur nous a accordé comme le Messie [...]. Il y a eu déjà tapage à Naples et en campagne, où se meurent de faim les pauvres gens [...] [109]. »

*

Le 11 septembre 1793, à bord de l'*Agamemnon,* Nelson arrive à Naples. Envoyé par l'amiral Hood, il vient, en application du traité d'alliance, chercher des renforts pour Toulon. Il est hébergé chez les Hamilton pendant sa brève escale. Emma lui sert d'interprète dans ses contacts avec les souverains. « Ce fut ainsi, note Lamartine, que se forma [...] cette passion qui devait entraîner tour à tour à la gloire, à la honte, au crime, le héros tombé aux pièges de la beauté [110]. »

Le mouvement fédéraliste qui s'était développé à partir de mai va échouer à Lyon et à Marseille. Les Montagnards parviendront à y rétablir la situation. Mais à Toulon les royalistes débordent les Girondins en juillet 1793. Ils célèbrent, drapeau blanc déployé, la fête de Saint-Louis le 25 août. Hood lance alors sa première proclamation vers les habitants du sud de la France :

« Pendant quatre ans vous avez été enveloppés dans une révolution qui vous a plongés dans l'anarchie et vous a rendus la proie de quelques chefs factieux. Après avoir détruit votre gouvernement, foulé aux pieds les lois, assassiné les hommes vertueux et autorisé les crimes, ils se sont efforcés de propager dans toute l'Europe leur système destructif de tout ordre social; ils vous ont constamment présenté l'idée de liberté tandis qu'ils vous l'ont enlevée; partout, ils ont prêché le respect des personnes et des propriétés, et partout ils les ont violées. Ils vous ont amusés par l'idée de la souveraineté du peuple, qu'ils n'ont cessé d'usurper. Ils ont déclamé contre les abus de la royauté, afin d'établir leur tyrannie sur les débris d'un trône teint du sang de votre légitime souverain [...]. Je viens vous offrir les forces qui m'ont été confiées par mon souverain, afin d'épargner une plus grande effusion de sang, d'écraser plus promptement les factieux, de rétablir en France un gouvernement régulier et de maintenir la paix et la tranquillité en Europe. Décidez-vous donc... et je vole à votre secours [...] [111]. »

Hood répond quelques jours plus tard à la demande de protection des royalistes de Toulon. Dans sa seconde proclamation donnée à bord du *Victory*, son vaisseau amiral, il déclare :

« Les sections de Toulon m'ayant fait connaître [...] qu'elles s'étaient solennellement déclarées en faveur de la monarchie; qu'elles avaient proclamé Louis XVII, fils de Louis XVI, leur légitime souverain, juré de le reconnaître et de ne pas souffrir plus longtemps le despotisme des tyrans qui, en ce moment, gouvernent la France [...]. En conséquence, je répète ce que j'ai déjà déclaré au peuple du Midi de la France, que je prends possession de Toulon et la garderai en dépôt pour Louis XVII, jusqu'au rétablissement de la paix en France [...] [112]. »

« On a pris Toulon au nom de Louis XVII. Pourvu que cela ne fasse pas tuer ce malheureux enfant [113] ! » s'exclamera aussitôt Marie-Caroline.

C'est pour conserver Toulon que les renforts napolitains sont réclamés : une partie de la flotte et un corps expéditionnaire de 6 000 hommes. Les troupes du général Dugommier assiègent la ville. Seule la mer reste ouverte. Anglais et Napolitains sont durement pris à partie sous le feu de l'artillerie commandée par un jeune officier qui montre déjà beaucoup de savoir-faire : un jeune Corse du nom de Buonaparte. L'aventure tourne vite au désastre. Moins de deux mois après leur arrivée, les Napolitains se rembarquent à la hâte. Toulon est repris le 19 décembre.

« Après trois jours de bataille [...], écrit Marie-Caroline, les Français se sont rendus maîtres de Toulon [...]. Nos troupes sont attendues à

Gaète, pour épargner à la capitale le spectacle lugubre d'estropiés et de malades [...] [114]. »

Hood a repris la mer :

« Nous ignorons les projets des Anglais [...]. Ce qui est certain, c'est qu'il nous arrive le fâcheux cadeau de huit cents Toulonnais, soi-disant royalistes, dont nous ne savons que faire et auxquels il va falloir tout donner [115] ! »

Coup dur pour Marie-Caroline que ce premier échec ! Elle le ressent d'autant plus qu'elle craint de revoir un jour une escadre française venir menacer de nouveau les côtes du royaume. Tout au long du siège de Toulon, elle répète à Gallo :

« Mon désir serait que l'amiral Hood brûlât la flotte et les arsenaux et détruisît les forts [...]. S'il quitte Toulon sans le brûler, raser, gâter de fond en comble, je le haïrai autant et plus que le duc de Brunswick [116]. »

Hood ne réalisa qu'en partie le souhait de Marie-Caroline. Le royaume en guerre, l'assassinat de Marie-Antoinette, les morts de Toulon, les menées jacobines, la crise économique et alimentaire, une grossesse douloureuse pour un dernier enfant, voilà bien des tourments qui accableraient toute femme autre que Marie-Caroline ! Mais son énergie ne la quitte pas. En décembre, elle écrit : « Dieu veut nous châtier, mais jusqu'à ce que de l'huile sera dans ma lampe, je ferai mon devoir. » Et, au cours de ce second semestre de 1793, où tant de choses se produisent, elle réclame : « Donnez-moi des nouvelles, tout m'intéresse. » Les nouvelles intérieures de France d'abord. Robespierre, entré depuis juillet au Comité de Salut public, a écarté Danton, décrété la « levée en masse » devant le péril extérieur, mis la terreur à l'ordre du jour et multiplié les exécutions. De la guerre, peu de bonnes nouvelles, mise à part la capitulation de Mayence. La ville défendue par Kléber tombe vers la fin de juillet après un long siège :

« Je suis bien charmée de ce que Mayence se soit enfin rendue. C'était véritablement le siège de Troie tant par sa durée et sa confusion que le nombre de princes qui s'y sont trouvés [...]. Cela dégage les troupes du cher Empereur d'être là clouées, et les Prussiens seront obligés de témoigner de ce qu'ils veulent faire et quelles sont leurs intentions [...] [117]. »

Vraiment, ces Prussiens, Marie-Caroline ne les comprend pas : « Les Français ont tenu dix mois l'armée prussienne pour en sortir avec tous les honneurs! » Ce vieux duc de Brunswick semble avoir perdu toute raison pour rendre sa liberté à l'armée de Kléber qui, en quelques mois, va mettre en déroute l'armée Catholique et Royale de Vendée. D'ailleurs à propos de ces Prussiens : « J'avoue que j'ai dans mon sang quelque chose contre eux [118] », reconnaîtra Marie-Caroline. Quant au reste des opérations, elles tournent maintenant partout à l'avantage des troupes révolutionnaires. L'armée anglo-hollandaise, commandée par le duc d'York, qui investissait Dunkerque défendue par Hoche, est défaite à Hondschoote (6-8 septembre 1793) par Houchard. Le 17 octobre 1793, près de Maubeuge, à Wattignies, Jourdan est victorieux du prince de Cobourg. Les Espagnols, qui étaient parvenus à Bayonne et menaçaient jusqu'aux murs de Perpignan, ont maintenant repassé la frontière. Enfin Strasbourg, menacée par les Prussiens, est dégagée par Hoche par sa victoire du Geisberg, le 26 décembre. Voilà une guerre bien mal engagée. A la fin de 1793, les troupes coalisées ont dû partout se replier. La France n'est plus envahie, elle a retrouvé ses frontières.

Seul intermède pittoresque qui, pendant l'été, fait sûrement rire Marie-Caroline : l'arrivée inattendue le 24 août à Naples de M. de Calonne. Sûr du charme qu'il exerce généralement sur les femmes, Calonne caresse un instant l'idée surprenante de supplanter Acton, non seulement comme premier ministre, mais comme favori de la reine. Il lui écrit le 11 septembre :

« Est-il étonnant que mon faible individu [...] n'ait plus d'autre désir que celui de pouvoir adorer tranquillement dans sa retraite la divinité bienfaisante [...] [119]. »

Parti pour Livourne, dès le 8 septembre, puis pour Rome, Calonne continue pendant quelque temps à correspondre avec Marie-Caroline. Acton en prend ombrage. Ses nombreux adversaires se réjouissent : « Voilà la *Padrona* prise, et M. de Calonne va nous débarrasser d'Acton », observe Christin, le secrétaire de Calonne demeuré à Naples derrière son maître. Pas plus qu'Acton, Ferdinand IV n'apprécie l'ancien Contrôleur général. Charles IV, de Madrid, mettait son frère en garde : « C'est un homme dangereux qui veut absolument se mêler des affaires. » Marie-Caroline met rapidement fin à cette petite intrigue. Elle confie à Christin :

> « Il serait plus avantageux à M. de Calonne de se faire oublier [...]. Je vais vous parler franchement. On ne croit nulle part qu'il a été l'ami du roi et bien moins encore de la pauvre reine [120]. »

Jugement clairvoyant. Pertinente aussi cette remarque de Marie-Caroline lorsqu'elle apprend que la duchesse de Polignac, l'ancienne gouvernante des enfants de Marie-Antoinette, est sur le point de mourir à Vienne :

> « Je plains l'affreux mal de la Polignac, mais le lui aurais désiré dix ans plus tôt. Elle aurait eu moins de comptes à rendre et peut-être évité bien des malheurs, dont on s'est servi de son canal. Elle, isolée, je ne la crois pas méchante. »

*

Le temps des désillusions est venu. « Le génie infernal de Robespierre » va en effet au cours des premiers mois de 1794 briser l'effort de l'Europe coalisée. Son gouvernement de la Terreur « durcissait l'âme des Français, en la trempant dans le sang, observe Joseph de Maistre; il exaspérait l'esprit des soldats et doublait leurs forces par un désespoir féroce et un mépris de la vie qui tenait de la rage. L'horreur des échafauds poussant le citoyen aux frontières, alimentait la force extérieure, à mesure qu'elle anéantissait jusqu'à la moindre résistance à l'intérieur [...]. (Ce gouvernement révolutionnaire), ce monstre de puissance, était à la fois un châtiment épouvantable pour les Français et le seul moyen de sauver la France [121] ».

Au début de 1784, Marie-Caroline connaît un instant d'abattement. Elle se remet mal de ses couches de décembre : « Ma santé est mauvaise. Je m'achemine vers la fin et je le sens. Pourvu que j'aie le temps de m'occuper de mon âme! » Cela ne dure pas. A peine a-t-elle appris que les bâtiments de l'escadre française, sont en cours de réparation avec l'aide des Génois, qu'aussitôt elle réagit :

> « Je crois que cette misérable République de Gênes (Gênes s'était déclarée neutre) mal intentionnée comme elle l'est [...], mériterait pour la sûreté de tous et pour l'exemple une bonne leçon sous forme d'un bombardement exécuté par les flottes anglaise, napolitaine et, même si l'on veut, espagnole. Puis, lorsque la ville sera en flammes, on devrait y faire descendre les troupes [...], s'emparer des immenses richesses et des trésors des Génois. Il vaut mieux attendre l'ennemi sur le territoire d'autrui et lui enlever la possibilité de dévaster la riche Lombardie que de lui en permettre l'entrée et risquer de le voir attirer à lui les mauvaises têtes du pays [122]. »

L'attitude de la Toscane l'irrita bientôt encore davantage. Son gendre Ferdinand III, le grand-duc, avait dû sur l'insistance de l'Angleterre rejoindre la Coalition en octobre 1793. Mais depuis que les Français ont repris Toulon, il regrette sa décision et manifeste des intentions pacifiques, voire amicales, à l'égard de Paris.

> « Il est certain que la conduite de la Toscane depuis le commencement de la guerre a toujours été douteuse et très partielle. Je trouvais très naturel et excusable sa neutralité, vu sa nullité de moyens. Mais cela n'a point été neutralité, mais une marquée partialité. On chassait les émigrés, on fêtait les Barnhaves *(sic)* et autres scélérats pareils. Tous les vivres, les munitions se vendaient à la France. Enfin le trafic a été scandaleux [123]. »

Il est évident pour Marie-Caroline que le royaume doit poursuivre le combat. D'ailleurs, l'empereur réclame des renforts. Passant outre aux conseils de Gallo qui, début janvier 1794, confirme à la reine qu'il serait plus sage de ne plus prendre part aux opérations, Marie-Caroline informe Vienne que Naples va envoyer 17 000 hommes. Elle regrette – devant veiller à la défense de la capitale – de ne pouvoir « pour le moment, aller au-delà [...]. On fera l'impossible pour marquer combien est grand notre désir de prendre une part effective et active à la défense de la cause commune [124]. »

En quittant Toulon, l'escadre de l'amiral Hood s'est dirigée vers la Corse. Si Saint-Florent tombe fin février, Bastia et Calvi résistent. A Naples, on n'hésite pas à coopérer :

> « Un vaisseau anglais est venu demander [...] bombes, boulets, mortiers, obusiers pour faire le siège de Bastia [...]. (Les Anglais) nous ont demandé beaucoup de choses que nous leur avons toutes données [125]. »

Ce qui se passe à Paris est pour Marie-Caroline d'une importance essentielle. Les nouvelles de France sont fragmentaires et méritent souvent peu de crédit. Comme le dira la reine, c'est fâcheux « de se trouver au bout de l'Europe, réduits à tout voir avec le télescope ». Elle sait cependant, dès le début d'avril, que « le parti de Robespierre [...] a vaincu celui d'Hébert et de Danton qu'il a fait arrêter ». Sans illusion sur la suite, elle conclut : « Dans la semaine nous les apprendrons guillotinés [126]. »

A Paris, c'est alors le début de la « Grande Terreur ». En juin, plus de 2 000 exécutions y ont lieu. Le 25, l'armée de Jourdan, ayant à ses côtés Kléber, Marceau et Ney, force la Sambre à Charleroi et écrase à Fleurus le prince de Cobourg, secondé par l'archiduc Charles et le prince d'Orange. Cette nouvelle victoire qui, au-delà des frontières déjà reconquises, met de nouveau la Belgique [127] à la portée des armées de la Révolution, n'indique-t-elle pas que la Terreur n'est plus justifiée ? La Révolution, va-t-elle, enfin ! mettre un terme, selon le mot de Tocqueville, à « l'atrocité de son génie » ? Le 9 Thermidor (27 juillet), Robespierre est renversé. Le lendemain, il est guillotiné avec cent cinq de ses amis. De ces deux journées, Marie-Caroline est mal informée. Le 16 août, elle croit « le parti républicain détruit, la Constitution de 1789 sur pied ». Désabusée, elle constate quelques jours plus tard qu'il n'y a que « changement de tyrans ». Dorénavant, les troupes françaises menacent directement l'Italie. Après avoir forcé le Petit-Saint-Bernard puis le Mont-Cenis, elles ont pénétré en Piémont et s'approchent de Gênes. Sur la demande de l'empereur, Naples envoie de nouveaux renforts. Quatre régiments de cavalerie sont successivement transportés par mer jusqu'à Livourne. Marie-Caroline les voit partir avec regret : « C'est là ce que nous avons de mieux. » Elle en vient à penser que l'offensive française pourrait bien se développer vers le sud de l'Italie. Marie-Caroline ne craint guère la voie de terre : il est long le chemin qui mène jusqu'à Naples ! Mais le danger ne deviendrait-il pas très réel si, l'Angleterre cessant de garder la mer et la Toscane trahissant, les Français parvenaient à débarquer leurs troupes à Livourne ? Dans ce cas, écrit Marie-Caroline en juillet 1794 :

> « Nous sommes résolus à tenir à Gaète, Capoue, Naples, Salerne, Cosenza, Catanzaro, Reggio, Messine, Palerme, Augusta, et forcés dans ce dernier, à jeter de mes mains mes sept enfants à la mer et m'y précipiter après. Ni la proie de ces coquins, ni mendier miséricorde à personne. Voilà ma ferme idée. Je suis triste et ferai mon devoir jusqu'à la mort. Adieu [128] » !

Le vrai danger viendra plus tard. Pour la Convention thermidorienne, l'Italie n'est guère qu'un front secondaire. Elle préfère pousser ses avantages à l'est vers le Rhin, au sud vers l'Espagne et au nord vers les Provinces-Unies. En octobre, la rive gauche du Rhin est conquise. En novembre, repoussant les Espagnols au-delà des Pyrénées, Augereau s'empare de Bilbao. En fin d'année, Pichegru, parti à la conquête de la Hollande, prend La Haye le 23 janvier 1795 et, par un coup de chance exceptionnel, sa cavalerie commandée par Moreau parvient à s'emparer, au Texel, de la flotte hollandaise prisonnière des glaces.

Tant de revers découragent les coalisés. En cette fin de l'année 1794, dans toutes les chancelleries, on ne pense plus qu'à rapidement conclure la paix. Ferdinand IV et Acton, eux-mêmes, y songent maintenant sérieusement. Ce n'est pas du tout l'opinion de Marie-Caroline.

Chapitre IX

Naples lutte contre ses Jacobins tandis que la Coalition se désagrège

Deux clubs révolutionnaires à Naples. La Giunta di Stato. *Répression, exécutions. Medici démis de ses fonctions. Marie-Caroline, l'âme de la répression? La Toscane fait la paix avec la France. Troisième partage de la Pologne. Prusse, Hollande, Espagne font leur paix avec la France. Marie-Caroline fait échouer les négociations de paix secrètement menées par Ferdinand et Acton. Elle fait momentanément venir Gallo à Naples. Mort de Louis XVII. Le comte de Provence se proclame Louis XVIII. Le débarquement de Quiberon. Le 13 Vendémiaire. Le Directoire.*

Les victoires remportées par les armées françaises accroissent l'attrait que les principes révolutionnaires ont dès l'origine suscité dans de nombreux pays. Naples n'y échappe pas. A l'occasion du séjour de l'escadre de Latouche-Tréville dans la capitale, Marie-Caroline constatait déjà : « Les séductions des Français commencent à faire des prosélytes à Naples [129]. » Elle n'y voyait pas alors un véritable danger :

> « Pour l'intelligence dans le pays, je ne le crois pas. Le peuple les (les Français) abhorre; la noblesse et le haut magistrat sensé les craint. Ce n'est donc que quelque mauvaise tête pour faire l'homme d'esprit qui sait apprécier les Droits de l'Homme et a lu le Pacte social; ce sont des cavaliers jeunes gens, mauvais sujets, ou les jeunes avocats; voilà les classes dangereuses [...] [130]. »

Dans les premiers mois de 1794, son appréciation de la situation évolue rapidement. Constatant que l'opinion est « en grande partie faussée et pervertie », elle en vient à penser que si les Français débarquaient « dans toutes les côtes d'Italie, ils trouveraient des amis et compagnons. Je me flattais que dans nos deux royaumes il n'y en eût point, mais je suis bien désabusée et suis convaincue d'une subversion totale, au premier paraître du tricolore [131] ».

Effectivement, la situation s'aggrave. Deux clubs révolutionnaires se sont constitués en début d'année. L'un, relativement modéré, a pour objectif une monarchie de type constitutionnel dont on ne peut dire qu'elle serait favorable aux Bourbons. L'autre milite pour une république et l'élimination de la famille royale, au besoin par la violence. Le premier a pour devise : « La Liberté ou la Mort ! », le second : « La République ou la Mort ! »

Le régent de la *Vicaria*, Luigi de Medici, en charge de la police, a connaissance de l'existence de ces clubs mais il se garde d'intervenir. Il entretient même des relations amicales avec plusieurs de leurs animateurs. Notamment avec Andrea Vitaliani, horloger et fondateur du club le plus radical. Il doit cependant agir lorsque Ferdinand IV, inquiet de l'ampleur que risque de prendre ce mouvement d'opposition violente, le place à la tête d'une commission d'enquête. Des arrestations ont lieu. Toute l'importance du complot apparaît au moment même où Marie-Caroline envisage de se rendre à Vienne auprès de sa fille, l'impératrice, qui s'apprête à accoucher.

> « Les découvertes de la conspiration sont telles que ce serait infamie si je m'éloignais, écrit Marie-Caroline. On croirait poltronnerie, peur, que j'abandonne mari, enfant, État [...]. D'ailleurs je dis vrai : en repos, j'aurais volé chez ma chère enfant à l'assister; mais au moment d'un danger imminent, au moment où l'on retrouve une conjuration de cette nature, abandonner mon mari et mes enfants, non jamais [132] ! »

L'enquête progresse. Marie-Caroline commence à y voir plus clair :

> « Il est désormais prouvé qu'il y avait un club révolutionnaire chargé de l'opération. On n'y était admis qu'après avoir fait preuve de valeur.

Il fallait se battre et se défendre vaillamment contre plusieurs [...]. Le serment de tous les clubistes est que leur Dieu est le feu qui servira à massacrer les souverains, à détruire tout pouvoir sacerdotal et temporel et à fonder le gouvernement du peuple [...]. Nous travaillons sans trêve, ni répit, à mettre le procès en état d'être présenté à la *Giunta di Stato* qui sera appelée à décider du sort des accusés. Il faut que toutes les formes légales y soient; sans cela, on crierait à la violence [...] et à l'injustice. Les hommes de la noblesse sont une écume de polissons [...]. Je n'en reviens pas comment ce pays-ci a su fermenter et couver une chose pareille [...]. Un de ceux qu'on a arrêtés hier s'est écrié [...] que si on avait tardé seulement quatre ou six mois [...] tout aurait été organisé [...]. Ni Dieu, ni le diable, ni le Roi encore bien moins, n'auraient pu empêcher la subversion, d'autant plus que cela devait se trouver fait au moment calculé où les Français seraient maîtres de l'Italie et soutiendraient leurs patriotiques efforts [133]. »

La première exécution, le 17 mai, est celle de Tommaso Amato, « homme impie qui blasphème et vomit mille horreurs ». Le dimanche précédent, raconte Marie-Caroline, dans l'église des Carmes, au moment de l'Élévation, monté sur un banc, il s'était mis « à crier, à blasphémer le Saint-Sacrifice de la Messe, la Divinité, à pérorer le peuple, l'animer à la révolte, à mêler Dieu, les souverains, etc. On l'entraîna [...]. (Il déclara) que son chagrin était de n'avoir pu envoyer la tête du Roi à Robespierre [...] [134]. » Les arrestations se multiplient. Alors que la peur commence à gagner la population de Naples, déjà effrayée par la menace d'une invasion possible, un effroyable tremblement de terre crée le 12 juin la panique dans la ville.

« Nous avons eu le 12 au soir, entre onze heures et minuit, un tel tremblement de terre que j'ai craint de tomber de mon canapé à terre. Or pour secouer ainsi le palais de Caserta, vous pouvez juger du reste. Le dimanche 15, crève la montagne, le Vésuve, avec des mugissements qui retentissent à Caserta [...]. Un feu d'enfer [...]. Torre del Greco ruiné [...] Le soleil obscur, tant les cendres pleuvent. Le peuple fanatiquement dévôt. Processions, demandes d'argent, saint Janvier le promenant par force. Enfin, un train d'enfer. Tout le monde est dessus, dessous. Trente mille hommes réduits à la mendicité [...]. Tout Naples est en processions, pleurs et pénitences [...] [135]. »

C'est dans cette atmosphère frénétique qu'ont lieu, en octobre, les premières pendaisons.

« Aujourd'hui est la triste exécution de nos jacobins. Trois malheureux seront pendus. Un ébéniste, Vittagliano; Galliano, jeune avocat, neveu de l'archevêque de Capoue, jeune homme prouvé, confessé, serment, horreurs, etc. Un autre de Deo, jeune homme, avocat, étudiant de province; celui-là, outre les serments, cluba *(sic)*, avec un couteau en main pérora et frappa avec la fureur du fanatisme le portrait du Roi. Malgré leurs crimes, leur jeunesse, les deux derniers n'ayant pas vingt-cinq ans, leur famille désolée et nombreuse me rend malheureuse et très tourmentée, et je n'ose sortir ni approcher de la fenêtre, leur vue m'attaquant le cœur. Qu'il est malheureux d'être ainsi constituée! J'ai fait l'impossible auprès du Roi pour obtenir leur vie, mais en vain. Il m'a dit : " S'ils n'en avaient voulu qu'à ma vie et à celle de ma famille, je leur aurais facilement pardonné; mais le serment de détruire toute religion, toute constitution, l'État, je ne puis leur faire grâce [...]. Je dois à l'État et à la sûreté publique de les exécuter. " J'en souffre, mais je ne puis lui donner tort [136]. »

Marie-Caroline se donne ainsi le beau rôle. S'il est vrai qu'elle intervient parfois pour sauver quelques condamnés, il est clair que la haine qu'elle éprouve pour les « scélérats » de France s'étend maintenant à ceux qui, dans le royaume, partagent leurs idées et se livrent aux mêmes actions. Indulgence pour les amis de ses amis, mais répression impitoyable pour les autres. A Naples, non seulement dans les milieux jacobins, mais dans la majorité de la population, on ne s'y trompe pas. Marie-Caroline prétendra qu'elle est incomprise. Comment changer les opinions?

« Par des bienfaits, écrit-elle en février 1795, des sacrifices personnels en tous genres, soit pécuniaires, soit d'autorité, cela sera attribué à la faiblesse. Les hommes souffrent de devoir de la reconnaissance et ne veulent point du poids de la gratitude. Nous en avons de ceci l'exemple dans le malheureux Louis XVI [...]. Punir, châtier [...] ne suffit point. Une douzaine de têtes coupées, cela inspire de la terreur, mais fait haïr la tyrannie, le despotisme [...]. Gouverne qui veuille de cette façon : je n'en ai ni la volonté, ni la force. Si je croyais opérer le changement d'opinion, ramener les idées au modéré, au juste, je ferais encore le sacrifice qui répugne à ma nature [...]. J'aime mieux être victimée *(sic)*, moi, que d'en devoir inutilement faire [...]. Je souhaite à mes ennemis, auxquels je pardonne, pour toute vengeance, de gouverner dans les temps présents. Je remplirai mes devoirs divers en Reine, femme et mère, mais remplis ceux-ci, toutes mes idées, espoirs, souhaits me portent à une retraite commode [...]. Vivre, remplissant les devoirs de morale, les actes de vertu dont je suis capable et non [...] végéter dans une place que je remplis mal, que *j'abhorre et déteste* [137]. »

Au cours du procès qui implique maintenant plusieurs centaines de personnes, il apparaît que Medici est, avec certaines d'entre elles, sinon de connivence, du moins d'une indulgence suspecte. Acton qui a toujours vu en lui un rival, d'autant plus dangereux que la marquise de San Marco, la sœur du régent, est l'amie intime de Marie-Caroline, mène sa propre enquête. Des détenus parlent, puis accusent. Sentant le danger, Medici demande à être déchargé de ses fonctions. Un Conseil d'État, d'une longueur inusitée, se tient le 28 février :

« Il dura de huit heures du matin à onze heures du soir [...]. On lut tous les malheureux papiers [...]. Tout ce qui regarde la maudite secte jacobinique. Tout fut [...] discuté et à la suite ordonné d'envoyer au Château, provisionnellement à Gaète, le Régent de la Vicaria, don Luigi Medici [138], auquel on donna la démission de ses emplois [...] [139]. »

Une nouvelle *Giunta di Stato* devient alors nécessaire. On y appelle notamment le prince de Castelcicala [140], jusqu'alors ambassadeur à Londres, Carlo Vanni, un avocat, et le baron Guidobaldi qui, tous trois, sont connus pour leur intransigeance et leur détermination à châtier sans merci les Jacobins. Par leurs jugements et les exécutions qui suivent, Naples est bientôt ensanglanté. George III qui apprécie Castelcicala prend mal son rappel. C'est Emma Hamilton qui s'en fait l'écho. A cette date, sir William est malade et Marie-Caroline utilise de plus en plus Emma pour communiquer avec lui. Emma écrit à Greville, son ancien amant :

« J'ai vu par des lettres du roi d'Angleterre qu'il n'est pas satisfait de la cour de Naples et de sir William à cause du rappel de Castelcicala.

Envoyez-moi des nouvelles, politiques et autres, car malgré moi je suis impliquée dans la politique par suite de la position que j'occupe ici. Je souhaite avoir des nouvelles pour notre reine si aimée [...] qui est pour moi une mère, une amie, tout [...]. Si vous la connaissiez, vous l'adoreriez; elle a plus de talent que tout autre femme au monde, son cœur est bon et droit [...]. Elle aime l'Angleterre [...] et désire la poursuite de la guerre car c'est le seul moyen d'abattre ces abominables Français [141]. »

Marie-Caroline montre effectivement envers Emma beaucoup de bontés. On prétendra même qu'elle a désormais pour elle beaucoup plus qu'une simple tendresse.

A Naples, on pense que la sévérité de la répression est due en grande partie à l'influence que la reine exerce sur le roi, sur Acton et sur les juges qui siègent maintenant à la nouvelle junte. Marie-Caroline en est meurtrie et découragée. Elle écrit à Gallo :

« Je veux me faire oublier. Mon nom, ma personne est trop déchirée, lapidée, huée, détestée [...]. Je crois mon éloignement nécessaire pour vivre, pour recouvrer force et santé, pour pouvoir élever mes enfants, pour calmer les esprits et l'opinion publique, pour faire disparaître l'objet odieux que je représente. En prouvant ainsi que je n'exerce aucune influence, je pourrai m'éloigner [...] d'un gouvernement imparfait dont je porte toute l'odieuse responsabilité sans en avoir la moindre compensation ou consolation [...]. Aussi, après m'être rendu un compte exact du mal que j'endure et de l'impossibilité de faire le bien, je ne me sens plus ni la force, ni la volonté de continuer et je désire m'éloigner [...]. Et, comme à mon retour, je veux mener une toute autre vie, me tenir éloignée des affaires de l'État, je n'ai pas à me soucier de la diminution, de la perte même de mon influence ou de la confiance qu'on pouvait avoir en moi [...]. Mon départ ne fera qu'un vide et si, en fin de compte, il survenait un *esclandre*, s'il le fallait absolument, il me serait facile de revenir bien vite [142] ! »

Ce désir de s'éloigner des affaires que Marie-Caroline éprouve de temps à autre, quand elle se considère injustement calomniée, est sans doute sincère au moment où elle l'exprime. Mais ce n'est que lassitude passagère. Nul besoin de « revenir bien vite ». Loin de céder son poste, elle entend bien continuer à pleinement le remplir.

*

Au début de 1795, à la suite des revers subis sur tous les fronts, la plupart des coalisés pensent maintenant à la paix. Marie-Caroline s'en désole : « Si les chaînons de cette coalition se détachent, cela deviendra un débandage (*sic*) général, car chacun s'empressera à ne pas rester sacrifié des derniers, et les plus honnêtes en seront les victimes [143]. » Depuis plusieurs mois déjà, Ferdinand III, le grand-duc de Toscane, désireux de se dégager d'une coalition dans laquelle il n'est entré que contraint et forcé, a dépêché à Paris Carletti de Montepulciano pour négocier une paix séparée. On sait que Marie-Caroline méprise l'attitude de Ferdinand pour son peu d'empressement à servir la cause commune. Aussi, est-elle blessée lorsque le premier à conclure la paix (Traité de paix du 9 février 1795), est son neveu, un archiduc autrichien, le frère de l'empereur, le mari de l'une de ses filles.

La Prusse, depuis des mois, suit avec attention ce qui se passe en Pologne. Une insurrection de patriotes menée par Thadée Kosciusko [144] a éclaté au printemps de 1794. Ils se sont rendus maîtres de Cracovie et ont chassé de Varsovie sa garnison russe. Catherine II va réagir. Désireux de ne pas être absent d'un ultime partage de la Pologne, Frédéric-Guillaume II intervient en juin. Il prend Cracovie. Pour le même motif, les Autrichiens s'emparent de Lublin. Enfin, en octobre, Russes et Prussiens donnent l'assaut à Varsovie qui doit capituler en novembre. Kosciusko, blessé, est fait prisonnier. C'en est fini de la Pologne. Le partage officiel interviendra plus tard, en octobre 1795. La Prusse s'attribue Varsovie, l'Autriche s'installe à Cracovie, toute la Lituanie et les territoires jusqu'au Niémen et au Bug sont pris par la Russie. Stanislas Poniatowski, le roi, n'a plus qu'à abdiquer.

Pour mener à bien son intervention en Pologne, la Prusse a dû peu à peu se dégager à l'ouest. Et Marie-Caroline de railler : « Les Prussiens, qui n'avancent jamais en Allemagne, galopent en Pologne [...]. Ils ont le pied léger et marchent vite là où cela les intéresse [145]. » Lassé de sa guerre sur le Rhin où il ne rencontre que des déboires, Frédéric-Guillaume II entre en négociation avec François Barthélemy [146], le ministre de France à Bâle. Il conclut la paix le 5 avril 1795. La Prusse reconnaît à la France la possession de la Belgique et de la rive gauche du Rhin. L'un des principaux coalisés vient d'abandonner la partie. La Hollande entièrement occupée, doit négocier. Par le traité de La Haye (16 mai 1795), elle cède à la France tout le territoire au sud de la Meuse. Le stathoudérat est aboli et, à sa place, on proclame la République batave.

Devant la menace que les troupes françaises font peser sur la Catalogne – alors qu'elles occupent déjà la Navarre – l'Espagne également s'incline. Elle signe le 22 juillet le traité de Bâle. En apprenant la nouvelle, Marie-Caroline qui n'apprécie guère Charles IV son beau-frère, se borne à constater : « L'Espagne se conduit bien mal [...]. Elle tripote à la paix [...]. Elle se perd et se rend méprisable aux amis et ennemis [147] ! » Si Marie-Caroline juge ainsi sévèrement l'Espagne c'est que, depuis des mois, elle s'ingénie à faire échouer les approches de paix que, dans le plus grand secret, Ferdinand IV et Acton ont ébauchées dès octobre 1794. On a demandé au chevalier Micheroux, qui représente Naples à Venise, de s'informer confidentiellement auprès de Lallement, le ministre de France, des conditions qu'exigerait Paris pour la conclusion d'une paix séparée. Le contact est facilité par le fait que Lallement a été longtemps consul à Naples. En agissant ainsi, Ferdinand espère pouvoir contourner la reine dont la détermination à poursuivre la lutte lui est bien connue. Illusion ! Marie-Caroline est rapidement mise au courant de ces négociations par le ministre anglais à Venise et par le comte d'Antraigues, l'un de ses informateurs. Elle n'a de cesse de les faire échouer. Elle tiendra rigueur à Acton de s'être prêté à de telles démarches.

Dans ces premiers mois de 1795, Acton est découragé. Son enquête a cependant permis de démasquer Medici. Mais certains de ses amis bien en cour clament son innocence : ils trouvent des oreilles complaisantes. Outre les soucis que lui valent la responsabilité de la conduite de toutes les affaires de l'État, le procès des Jacobins, la guerre, la crise économique et financière, Acton a dû se rendre auprès du Saint-Siège. Il va essayer, une nouvelle fois, de trouver un accord sur l'irritant problème de l'hommage de la *Chinea* que Pie VI s'entête à réclamer. Sur ce chapitre, Marie-Caroline est catégorique :

> « La négociation a lieu avec *Monsignore* Carafa di Belvedere, un garçon imberbe, de vingt ans, vrai polisson mais favori du Pape. Cela fait rire de voir un pareil traité confié à de telles mains [...]. Quel temps ! [...] L'accord avec Rome serait cependant désirable. La discipline ecclésiastique et monacale est infiniment relâchée et a pour conséquence le relâchement de la religion. Mais il ne saurait y avoir ni pourparlers, ni compensation au sujet de la *Chinea*, mot qui n'existe plus dans la langue italienne. C'est un point sur lequel jamais, au grand jamais, on n'aura notre consentement. Aussi, en dépit de tous les canons de l'Église, il n'y aura jamais ni mule, ni calice, ni rien qui ressemble à un acte de vassalité [...] [148]. »

Atteint par la malaria, Acton souhaite se retirer. Marie-Caroline ne lui pardonne pas son rôle dans la négociation de Venise. Elle souhaite sa démission. Pour combler le vide, le marquis de Gallo est rappelé à Naples. Marie-Caroline a l'intention de lui confier les ministères des Affaires étrangères, de la Marine et de la Guerre. Partout où il passe, à Venise, à Florence, à Rome, Marie-Caroline lui écrit :

> « Si le roi continue à vouloir [...] vous charger des trois départements, j'ai beaucoup et sérieusement à vous parler. Mes quarante-trois années, dont dix-huit dans les affaires, me font bien connaître le pays et les sujets [...]. Je dois vous parler au long, mais très au long et vous donner matière par matière mes lumières, mes connaissances et mes *ordres*. »

Elle-même a souligné mes « ordres ». S'avisant qu'il convient peut-être d'atténuer un peu, elle ajoute « Toujours subordonnés à ceux du Roi ». Comme des rumeurs circulent au sujet de la diminution de son influence, elle croit nécessaire de rassurer Gallo : certains « disent que j'ai fini de compter et mille bourdes que je méprise. [...] Suffit [149] ! » Alors que Gallo est encore en chemin, Marie-Caroline le prévient :

« Vous saurez notre négociation à Venise, que je désire de toute mon âme qu'elle n'ait pas de suite et soit tronquée. Car l'idée d'une paix anticipée avec ces misérables m'affecte infiniment [...]. Je désire de tout mon cœur que rien ne s'arrange [150]. »

A Naples, Gallo n'a guère à s'occuper de ce délicat problème. Par un article secret, Paris exige d'importantes livraisons d'un blé indispensable au royaume. Au soulagement de Marie-Caroline, Ferdinand IV rompt les négociations dans le courant de mai.

A Vienne, on manifeste quelque humeur à l'occasion du rappel de Gallo. Grâce à sa discrétion, ses conseils raisonnables et sa parfaite connaissance des intrigues napolitaines, il y est extrêmement apprécié. Aussi l'y réclame-t-on. Arrivé à Naples le 24 avril, Gallo est très soulagé de pouvoir en repartir dès la fin de mai pour reprendre, avec plaisir, son poste à Vienne auprès de l'empereur.

Un remaniement du gouvernement s'impose. Sa colère apaisée, Marie-Caroline ne demande plus la démission d'Acton. Il est nommé grand-chancelier. Le prince de Castelcicala reçoit la charge des Affaires étrangères.

Le 8 juin 1795, Louis XVII meurt au Temple.

« La mort du jeune malheureux orphelin m'a fait grand'peine et a renouvelé des plaies qui ne se cicatrisent jamais, écrit Marie-Caroline. J'attends avec peine et inquiétude [...] car, ou le roi légitime sera reconnu, ou si ce grand événement n'aura pas entièrement lieu, je suis convaincue qu'avant deux ans nous verrons le fils du scélérat Égalité sur le trône [151], et j'avoue que c'est ce que je crains plus que tout : car ce serait la récompense de crimes [...]. Il s'est encore renouvelé dans mon cœur avec plus de désir que jamais d'avoir la malheureuse orpheline de dix-sept ans dans mes mains, la sauver, consoler et mettre en sûreté [152]. »

C'est à Vérone, que le comte de Provence apprend la mort de son jeune neveu. Il se proclame aussitôt Louis XVIII, roi légitime. Il déçoit très vite la majorité modérée de France pour qui la royauté rétablie ne peut désormais qu'être constitutionnelle. En promettant le retour à l'Ancien Régime « moins les abus » et une mort certaine à tous les Conventionnels ayant voté la mort de Louis XVI, il rend impossible, dans les circonstances présentes, le rétablissement de la monarchie.

Toutes les cours souveraines d'Europe reconnaissent Louis XVIII. A Naples, on prend le deuil de Louis XVII. Par contre, à Madrid, on hésite sur l'attitude à retenir : la paix avec la France est en pleine négociation. Elle sera signée le 22 juillet. Il ne s'agit pas de la faire échouer en irritant Paris. Il n'est pas étonnant que Marie-Caroline flétrisse le compromis auquel Charles IV et Godoy en définitive se rangent :

> « En Espagne, on n'a pas osé prendre le deuil pour l'Enfant-Roi cousin. On en a écrit à Paris au Comité de Salut public et demandé la permission de reconnaître le cousin, et on a pris le deuil pour le parent et non pour le Roi. Le Roi d'Espagne a écrit à Vérone et a donné le titre de Majesté à son malheureux cousin qu'il trahit. Expliquez-moi, je vous prie, ces inconséquences [153] ! »

Jusqu'alors les émigrés n'ont guère participé aux opérations militaires. Les coalisés n'y tiennent d'ailleurs pas. Seules les troupes du prince de Condé ont quelque valeur. Avec l'accord de Pitt, une opération d'envergure est imaginée dans le courant de l'été 1795. La flotte anglaise débarquerait une armée d'émigrés en Bretagne, tandis que l'armée de Condé, stationnée sur la rive droite du Rhin face à Strasbourg, prendrait l'offensive. En face, se trouve l'armée Rhin-et-Moselle commandée par Pichegru. On pense que celui-ci, qui vient de réprimer à Paris l'insurrection de gauche du 12 Germinal An III contre la Convention, est susceptible de trahir. Condé l'a fait approcher par des agents doubles, le comte de Montgaillard et Fauche-Borel. On lui a fait espérer, s'il se laisse battre, le bâton de maréchal, le cordon rouge de Saint-Louis, le château de Chambord, une somme importante et une rente de 120 000 livres.

Sous la direction du comte de Puisaye, une troupe hétéroclite de 2 500 émigrés débarque le 25 juin à Carnac. Elle est renforcée par près de 2 000 républicains libérés des prisons anglaises et fort peu motivés. Quinze mille Chouans les attendent. Le fort de Quiberon résiste. Émigrés et Chouans ne s'entendent pas. On perd du temps. Hoche, qui est à Vannes, parvient à rassembler 15 000 hommes. Il bloque la presqu'île. Un second débarquement ne permet pas de retourner la situation. L'expédition se solde par un échec. Sur l'ordre de Tallien, représentant en mission, sur les 10 000 prisonniers capturés, 748 sont fusillés.

A l'est, Pichegru s'est contenté de reculer un peu. La percée attendue n'a pas eu lieu.

Au total, Quiberon n'est qu'une petite affaire. Marie-Caroline en espérait un grand événement :

> « Nous sommes à l'instant de la majeure crise, le débarquement en Bretagne [...]. Dieu veuille (qu'il) réussisse et que la présence de Monsieur [154] produise un enthousiasme à faire la contre-révolution, une guerre civile courte, mais sanglante, et que pas un de la Convention n'en échappe en vie. Cette infâme Révolution m'a rendue cruelle. »

A Paris, la chute de Robespierre permet la suppression progressive de son régime de Terreur. Les Thermidoriens essaient de gouverner au centre. De nombreuses mesures d'apaisement sont prises. Les églises sont rouvertes. Prêtres réfractaires et émigrés vont être bientôt autorisés à rentrer. Les vengeances privées se donnent libre cours. Les plus agités des royalistes, les muscadins, les merveilleux, les collets noirs sèment une sorte de « Terreur blanche ». Dès juillet, la Convention a mis au point une nouvelle Constitution. Craignant une réaction royaliste et des représailles contre les régicides, elle décide que dans les nouvelles assemblées – le Conseil des Anciens et le Conseil des Cinq-Cents – deux tiers des sièges reviendront obligatoirement aux Conventionnels. Cette mesure, non seulement interdit aux royalistes de gagner les élections, mais mécontente aussi la bourgeoisie modérée et républicaine. Le 5 octobre 1795, plusieurs sections de Paris entrent en révolte. La section Lepelletier, la seule qui en août 1792 n'a pas demandé la déchéance de

Louis XVI, « se déclare en permanence, fait battre la générale et arme les patriotes de bonne volonté [...]. Barras, qui s'est fait connaître par son énergie le 9 Thermidor [...] se donne pour lieutenant un jeune général dont le nom [...] est encore presque inconnu à cette époque [...]. Bonaparte est alors sans emploi à Paris. Le 13 Vendémiaire est le premier pas de cette fortune gigantesque qui étonnera l'histoire [155]. »

L'insurrection que, par sa fusillade de Saint-Roch, Bonaparte peut facilement réprimer, ne soulève qu'un instant l'espérance de Marie-Caroline.

> « On raconte mille choses, écrit-elle : la Convention, coupée en pièces, le roi Louis XVIII proclamé, mais je n'en crois rien. Mes lettres de Bâle sont du 10. Elles annonçaient les plus belles espérances, c'est-à-dire des massacres ! Car voilà à quoi nous en sommes réduits, de calculer comme un bien des horreurs. Mais les lettres arrivées l'après-dîner annoncent la Convention triomphante et le désarmement des sections [156]. »

La Constitution de l'An III ayant été votée le 23 juillet, la Convention se sépare le 26 octobre. En novembre, le Directoire est en place.

Au cours de l'été la guerre avait repris. Les Autrichiens subissent de nouvelles défaites. Après avoir franchi le Rhin, les Français prennent Düsseldorf en septembre. Marie-Caroline se lamente :

> « (J'ai reçu d') affreuses nouvelles de l'Empire. Les armées autrichiennes, passé le Main, abandonnent à grands pas tout l'Empire, poursuivies par les Français [157]. »

Depuis longtemps déjà, on pense à Naples que l'empereur pourrait bien à son tour traiter avec Paris. Marie-Caroline s'en inquiète. Elle n'est pas sûre que ses liens de famille avec Vienne seront assez solides pour qu'en cas de négociation François II tienne compte des intérêts du royaume. Elle a donné ses directives pour qu'on travaille à la mise au point d'un traité en bonne et due forme. Le temps passe et rien n'est conclu. Aussi écrit-elle à Gallo : « Soyez bien attentif qu'en cas de paix, on nous y comprenne et que nous le sachions à temps. Car il serait dur, pour prix de notre bonne foi et de notre loyauté d'être seuls exposés [158]. » Plus que jamais, Marie-Caroline reste inébranlable : « Déclarez énergiquement que nous ne traiterons jamais de paix qu'à la dernière extrémité. »

En cette fin de 1795, malgré Ferdinand et Acton, Marie-Caroline a choisi de rester aux côtés de l'Autriche et de l'Angleterre pour poursuivre la guerre.

Chapitre X

Bonaparte contraint Naples et l'Autriche à la paix

Envahir l'Angleterre? Tentative de Hoche. L'inutile campagne de Jourdan et de Moreau en Allemagne. Bonaparte, général en chef de l'armée d'Italie. Sa première campagne. Naples sollicite un armistice. Rivoli. Traité de Paris entre Naples et le Directoire. Préliminaires de Leoben. Canclaux, nouvel ambassadeur de France à Naples. Le 18 Fructidor. Paix de Campo-Formio. Marie-Caroline reconnaît les talents de Bonaparte.

L'Angleterre ne veut nullement faire la paix. Marie-Caroline cependant est inquiète. Elle croit comprendre que des émissaires de Paris ont visité Londres. Les Français seraient las de la guerre et de ses misères. Le Directoire souhaiterait traiter. Il serait prêt « à rendre toutes ses conquêtes, à rester dans les limites d'avant la Révolution » et même à indemniser les Anglais pour les frais encourus. Aussi Marie-Caroline lance-t-elle une mise en garde. Il n'est pas question de traiter avec le nouveau gouvernement de la France. « Conseil des Cinq-Cents ou Convention, ou Directoire ou Comité de Sûreté publique, habillé de bleu ou de vert, écrit-elle, ce sont les mêmes personnes, le même système, les mêmes principes démocrates ». Si l'Angleterre accepte ces avances, l'empereur ne pourrait qu'en faire autant, « tout l'y obligeant, subsides, emprunts, etc. » Et Marie-Caroline de constater : « Les Deux-Siciles, île et presqu' île, l'escadre anglaise retirée de la Méditerranée, ne peuvent résister [...]. Nous serons perdus [...], l'idée de faire la paix avec la République me tue [159]. »

L'attitude de Victor-Amédée III l'irrite particulièrement :

> « On nous affirme, de Gênes, que Turin traite de la paix [...]. Les Anglais, qui payent la Sardaigne, devraient lui tenir un langage énergique [...]. Il faudrait les informer qu'on leur enlèvera la Sardaigne pour l'unir à la Corse [...]. On pourrait les tenir en laisse rien qu'avec cet épouvantail [160]. »

Ce n'étaient alors que rumeurs. La guerre, en 1796, va se poursuivre et même prendre un tour nouveau et décisif. Carnot qui, en 1793 sous Robespierre, a été responsable des opérations militaires et l'artisan des premières victoires, est, en 1795, l'un des directeurs. S'attaquer à l'Angleterre, l'âme de la coalition, implique qu'on y débarque. Carnot ne l'exclut pas : dès les derniers jours de 1795, il a nommé Hoche général en chef de l'armée de l'Océan, en le chargeant de rassembler cent mille hommes le long des côtes, de Caen à La Rochelle. Entreprise hasardeuse qui sera tentée à la fin de l'année seulement mais qui échouera. En attendant tout l'effort va se porter contre l'Autriche. Deux armées l'attaqueront sur le Rhin – l'armée Sambre-et-Meuse commandée par Jourdan et l'armée de la Moselle conduite par Moreau. Elles ont Vienne pour objectif. Pour contraindre l'Autriche à disperser ses forces, une troisième armée, dite de diversion, à laquelle Carnot n'attache que peu d'importance, attaquera en Italie et tentera de s'emparer du Milanais. Grâce à l'amitié de Barras, Bonaparte se voit confier ce second front. A l'annonce de sa nomination de général en chef de l'armée d'Italie, le 2 mars 1796, Bonaparte se hâte d'épouser Joséphine de Beauharnais le 9. Il quitte Paris le 11 et arrive à son quartier général de Nice le 26.

Le plan de Carnot va réussir, mais de façon inattendue. Comme prévu, Jourdan et Moreau développent leur offensive. L'un prend Francfort puis s'avance en Bohême. L'autre pousse jusqu'en Bavière et s'empare de Munich. Ne parvenant pas à se rejoindre, ils refluent devant l'archiduc Charles. Protégeant la retraite de Jourdan, Kléber défait bien les Autrichiens à Altenkirchen dans le Palatinat le 20 septembre, mais cette campagne est un échec car, dès octobre, les deux armées se retrouvent à leur point de départ.

Dès le lendemain de son arrivée à Nice, Bonaparte lance sa première et célèbre proclamation :

> « Soldats, vous êtes nus, mal nourris, le gouvernement vous doit beaucoup, il ne peut rien vous donner. Votre patience, le courage que vous montrez au milieu de ces rochers sont admirables, mais ils ne vous procurent aucune gloire; aucun éclat ne rejaillit sur vous. Je veux vous conduire dans les plus fertiles plaines du monde. De riches provinces, de grandes villes seront en votre pouvoir; vous y trouverez honneur, gloire et richesses. Soldats d'Italie, manqueriez-vous de courage ou de constance? [161] »

En prévision des hostilités prochaines, Naples se prépare. La Toscane et le Saint-Siège ont été approchés « pour le passage des troupes qui se rendant en Lombardie doivent forcément suivre cette route. La cavalerie est prête à partir [...]. L'infanterie partira au fur et à mesure des besoins [162]. » Marie-Caroline cependant n'est guère optimiste. Comment l'armée napolitaine rejoindra-t-elle le Milanais?

> « La longueur de la marche, nos gens mous, faibles, pleins de maladies, la moitié n'y arriverait point en état de faire campagne. Pour éviter la marche, il faudrait les embarquer. Et où les débarquer? Livourne, Gênes, La Spezia sont tous tributaires français. Je crains cette campagne; tant sur le Rhin qu'en Italie, on se tiendra sur la simple défensive sans agir hostilement. On recevra des échecs et on finira par une mauvaise paix dont l'idée seule me désole [...]. J'ai l'âme noire. Cette année-ci décidera de notre existence [163]. »

Et l'Espagne? Elle se conduit mal, elle « tripote », elle apporte son aide à l'armée d'Italie :

> « A l'armée de la Rivière de Gênes qui était *sans-culottes*, un vaisseau espagnol a apporté les entiers équipements et actuellement ils sont équipés et vêtus par les bienfaits espagnols. Je trouve cela plus que neutrale *(sic)* et m'en attends encore quelqu'autre taquinerie [164]. »

La campagne de Bonaparte est fulgurante. Avec 36 000 hommes seulement, encadrés par Augereau, Masséna, Laharpe, Sérurier, il va en moins de quinze jours écraser les Piémontais aux combats de Millesimo et de Mondovi. Puis, se retournant contre les Autrichiens, il les défait à Montenotte puis à Lodi. La route de Milan est ouverte : Bonaparte y fait son entrée le dimanche 15 mai. A Turin, Victor-Amédée III se hâte de mettre fin à la guerre (armistice de Cherasco, le 28 avril). Par le traité de Paris du 15 mai, il reconnaît à la France la possession de Nice et de la Savoie. Prudemment, les ducs de Parme et de Modène concluent aussitôt des armistices.

De Milan, le 20 mai, Bonaparte s'adresse de nouveau à ses soldats :

> « [...] Oui, soldats, vous avez beaucoup fait, mais ne vous reste-t-il donc plus rien à faire? Dira-t-on de nous que nous avons su vaincre, mais que nous n'avons pas su profiter de la victoire? [...] Mais je vous vois déjà courir aux armes [...] un lâche repos vous fatigue; les journées perdues pour la gloire le sont pour votre bonheur. Eh! bien, partons [...]. Vous aurez la gloire immortelle de changer la face de la plus belle partie de l'Europe. Le peuple français, libre, respecté du monde entier, donnera à l'Europe une paix glorieuse [...]. Vous rentrerez alors dans vos foyers, et vos concitoyens diront en vous montrant : " Il était de l'armée d'Italie ". »

Tant de revers mettent Marie-Caroline « dans des transes mortelles » et, une fois encore, elle aspire au repos. Que Ferdinand veuille bien lui assurer financièrement ses vieux jours et alors :

> « Je donne adieu aux affaires à jamais. J'y ai passé dix-neuf années et y ai eu une abominable, scélérate intrigue espagnole pour détruire tout mon bonheur domestique et qui m'a causé des chagrins inouïs; un tremblement de terre qui a mis à la misère deux provinces et tué près de cinquante mille personnes; deux éruptions affreuses du Vésuve [...]; deux fois la famine, les banques à la faillite [...]; une conspiration [...] non encore éteinte, ni toute connue; une attaque de mer [...]; actuellement une invasion de terre, menace qui n'est pas encore évanouie, et, avec tout cela, aucune énergie, amour de la Patrie, un révoltant égoïsme [...]. Pour ne pas dire pire, je laisse à part chagrins de famille,

perte de mes enfants, la santé ruinée [...]. Vous conviendrez [...] que j'ai éprouvé plus de maux, chagrins, qu'un siècle peut procurer. Aussi suis-je ruinée, perdue et il ne me faut plus me calculer entre les êtres vivants. Quand le soir arrive, je ne résiste plus à ma fatigue et je ne suis plus bonne à rien [...] [165]. »

Après avoir exorcisé sa rancœur, Marie-Caroline se reprend :

« Ce moment-ci est une crise telle que par devoir, obligation, j'y tiendrai, ferai ce que je pourrai ou en mourrai, mais ne m'éloignerai de rien, même du plus dangereux; mais, à paix faite, aucune considération, égards, ni puissance me retiendront. Je veux vivre, respirer un peu pour moi-même et mettre un intervalle, si Dieu veut, entre la vie et la mort [165]. »

Après la perte du Milanais, les Autrichiens se sont maintenant repliés plus au nord autour de Mantoue : toute l'Italie est à la portée de Bonaparte. Si Marie-Caroline est hésitante, Ferdinand IV est anxieux de se dégager le plus vite possible de la dangereuse position dans laquelle le royaume s'est aventuré. Ce n'est plus par l'intermédiaire de Barthélemy à Bâle qu'il convient de prendre contact avec le Directoire, mais bien avec Bonaparte lui-même, dont les victoires si rapides et prestigieuses relèguent peu à peu Paris au second plan. Il n'est pas question de s'opposer à un général qui, loin de réclamer à son gouvernement la solde de ses troupes, lui envoie maintenant régulièrement argent, tableaux, objets d'art et manuscrits. Ferdinand charge son ancien ambassadeur à Lisbonne, le prince de Belmonte-Pignatelli, de se présenter au plus tôt devant Bonaparte. Difficile de joindre un tel homme qui, chaque soir ou presque, se trouve dans une ville différente de l'Italie du Nord! C'est grâce à Miot, qui représente Paris auprès du grand-duc de Toscane et qui veut bien servir d'intermédiaire, que Belmonte parvient à se faire recevoir par Bonaparte le 1er juin à Peschiara, en territoire vénitien. Les clauses d'un armistice sont examinées. Pour le moment, Bonaparte y est favorable, à la condition que Naples retire sur-le-champ ses troupes engagées aux côtés de l'Autriche. « L'infanterie ne vaut rien; mais savez-vous, confie-t-il à Miot, qu'ils ont quatre régiments de cavalerie excellents qui m'ont donné beaucoup de mal et dont j'ai à cœur de me débarrasser le plus vite possible [166]. » C'est à Brescia, quelques jours plus tard, le 5 juin, que l'armistice est conclu. Outre le retrait de ses troupes qui seront momentanément cantonnées dans la région de Brescia [167], Naples doit s'engager à rappeler ses navires qui naviguent de concert avec la flotte anglaise. Salicetti, commissaire du Directoire auprès de l'armée d'Italie, estime ces conditions insuffisantes. Pourquoi ne pas imposer, comme à Parme et à Modène, une lourde contribution en argent et la remise d'objets d'art? « Si j'avais été consulté, j'aurais, dit-il, commencé par faire au roi des Deux-Siciles une petite saignée de quelques millions. » Bonaparte n'était pas de cet avis, pensant qu'il était de son avantage de ménager Naples pour l'instant.

Après l'armistice, il convient de songer au traité de paix. Marie-Caroline souhaiterait que les négociations soient confiées à son ami Gallo et qu'elles aient lieu à Bâle avec Barthélemy. A Bâle, accompagné de Belmonte, Gallo s'entend dire que les conférences devront se tenir à Paris et qu'étant ambassadeur auprès de l'Autriche, pays demeurant en guerre contre la France, il n'a pas qualité. Belmonte se rendra donc à Paris. Malgré la modération de ses dispositions, l'armistice déplaît à Marie-Caroline :

> « Il est tout à l'avantage de ces misérables qui ne veulent que piller et saccager l'Italie, disposent de forces relativement peu considérables et auxquels cet armistice convient d'autant mieux que seul il pouvait leur permettre de continuer leurs opérations avec plus de facilité et de sûreté. Je suis très fâchée de les voir demander à négocier à Paris [...]. Ils procèdent toujours ainsi quand ils veulent hausser le ton [168]. »

Bonaparte profite en effet du répit qu'il s'octroie à lui-même dans le nord contre les Autrichiens pour mieux assurer son contrôle vers le sud. Avec la médiation de l'Espagne, le Saint-Siège conclut l'armistice de Bologne le 24 juin. Comparé à celui obtenu par Naples, les clauses en sont particulièrement sévères : les légations de Bologne et de Ferrare ainsi que la citadelle d'Ancône seront occupées. Le pape versera une indemnité de 21 millions, livrera cent tableaux, bustes, vases ou statues ainsi que 500 manuscrits. Tous les détenus à raison de leurs opinions seront immédiatement libérés. Les ports seront ouverts aux navires français mais fermés aux ennemis de la France. Les armées de la République auront libre passage à travers les États pontificaux. A la lecture de ces exigences, Marie-Caroline dira :

> « Que dites-vous des conditions que ce cher Azara a procurées au Pape? Cela n'est guère encourageant pour ceux qui voudraient employer la médiation espagnole. Pour moi, je n'y ai jamais songé [...] [169]. »

Sans se préoccuper de la neutralité de Venise, Masséna occupe Vérone [170].

Aux frontières de Naples, l'armée est en état d'alerte. Ferdinand IV s'y rend souvent. Marie-Caroline qui va le voir à son quartier général de San Germano (aujourd'hui Cassino) constate :

> « La troupe de ligne est de très bonne intention. Il y a seize régiments d'infanterie, quatre de cavalerie, etc. On a donné les ordres de redoubler les armements et recrutations [...] (mais) la nation poltronne, paresseuse, molle ne veut pas s'y accoutumer... Personne n'ose (procéder à la) recrutation *(sic)* forcée, craignant émeute, émigration, fuite. C'est pour cela qu'on a fait volontaires... (mais) ils viennent peu, désertent, volent... et ils n'ont point encore éprouvé les boulets! C'est alors que je tremble [171]. »

De San Germano, Marie-Caroline va jusqu'à Monte-Cassino. Quitter Naples, ne serait-ce qu'un instant, la détend. Mais aussitôt de retour, elle écrit : « Me voilà derechef à la galère. Car telle est la vie que je mène ici [172]. »

Relativement tranquille sur ses arrières [173], Bonaparte , sans tenir compte des ordres du Directoire, entame, en juillet, la deuxième étape de sa lutte contre l'Autriche. C'est autour de Mantoue, dont la possession permet le contrôle des cols alpins, que tout va se jouer. Le 18 juillet, il assiège la ville. Pour la dégager, les Autrichiens lui opposeront successivement quatre armées qui, toutes, seront vaincues lors des combats de Castiglione (15 août), Roveredo (4 septembre), Bassano (8 septembre), La Favorite (15 septembre), Arcole (15-17 novembre) et Rivoli (14 janvier 1797). Après cette dernière victoire, à laquelle Masséna contribue glorieusement [174], Mantoue capitule au début de février.

L'Autriche oppose alors à Bonaparte l'archiduc Charles, un remarquable général, mais qui n'a plus d'armée. Franchissant le col du Semmering, Bonaparte marche sur Vienne. Le 28 mars, il est à Klagenfurt. Le 7 avril, l'archiduc Charles demande une suspension d'armes et, quelques jours plus tard, le 18 avril, sont signés à Leoben les « Préliminaires », aux termes desquels l'Autriche cesse le combat.

Le 18 juillet 1796, au moment même où Bonaparte lance son armée aux alentours de Mantoue et du lac de Garde, le prince de Belmonte-Pignatelli partait pour Paris négocier la paix de Naples avec le Directoire.

L'empereur, à Vienne, en a été prévenu, mais il n'approuve pas :

> « Nous avons reçu sa lettre du 19 juillet, écrit Marie-Caroline, il nous anime à ne point faire la paix [...]. Nous écrivons à Belmonte de ne pas se presser et de prendre le moindre prétexte pour rompre [175]. »

Rompre, c'est, au début d'août, alors qu'elle ignore encore la défaite des Autrichiens à Castiglione, le vœu de Marie-Caroline :

> « Ma sincère volonté, je vais vous la dire. Je souhaiterais qu'ils fissent quelque agression, quelque coquinerie de marque, que l'armistice dût se rompre [...]. Mon désir serait de sortir avec 30 ou 40 000 hommes, aller à Rome, y mettre petite garnison, de même à Ancône, Civitavecchia, chasser les Français de Livourne, sauver la Toscane et nous unir à l'Empereur, et, en compagnie de nos alliés, faire une paix glorieuse [175]. »

A Paris, Belmonte n'eut pas « à ne pas se presser » : ce sont Reubell et Delacroix qui ne montrent aucune hâte à le recevoir.

Ils donnent en effet priorité aux négociations en cours avec les envoyés du Saint-Siège, du duc de Wurtemberg [176] et de divers princes allemands. La question de Naples sera traitée ensuite : « Quelle impertinence ! » s'exclame Marie-Caroline. Le 15 août Belmonte communique à Naples les conditions exigées par Paris. Bien qu'elle les ait déjà toutes imaginées, Marie-Caroline en est exaspérée. Elle les commente :

> 1) Signature simultanée du traité de paix et d'un traité de commerce. « Ce n'est pas le moment. Maintenant qu'ils ont exécuté leur roi, il ne saurait être question d'accorder aux Français les mêmes avantages qu'ils avaient autrefois. »
>
> 2) Fermeture des ports aux Anglais tant que dure la guerre. « Cela signifie guerre avec ces derniers. Si Naples craint les bombes françaises, les bombes anglaises ont la même saveur et sont toutes d'aussi difficile digestion. D'ailleurs, ce serait le comble de l'ingratitude. »
>
> 3) Mise en liberté des détenus politiques. « Ce serait mettre la vraie semence de la rébellion qui ne tarderait pas d'éclater, si les coupables (étaient) délivrés par ordre de la République. »
>
> 4) Indemnité en argent et sous forme d'objets d'art, de denrées. « Voilà l'argent qui vient sans motif, car rien ne leur a été ôté. »
>
> 5) Réparation pour insultes faites en chassant Mackau. « Ridicule, Mackau partit à son entière commodité [...]. Il voulut même voir encore la fête de Piedigrotta et on le lui permit. »
>
> 6) Expulsion des émigrés. « A mon avis, c'est ce que j'aimerais le mieux à faire, mais l'honnêteté et la charité ne le permettent point. »
>
> Puis Marie-Caroline ajoute : « Il y a de plus les choses encore cachées. Je m'imagine que ce sera [...] de me remettre à ma place de femme hors du conseil mais cela même n'y suffit point, parce qu'ayant crédit et influence sur mon mari, il faut me pensionner et me renvoyer dans mon pays, (bien qu') ayant servi trente ans et fait dix-neuf enfants [177] ; pensionner et chasser Acton [...]. Je m'attends au petit coup de feu, fer ou poison qui les délivrera de moi, et je suis étonnée qu'ils n'aient point commencé par là [178]. »

Bien que la tâche de Belmonte à Paris soit rendue très difficile, il parvient à s'en tirer avec beaucoup d'élégance. Il sait habilement jouer des divergences qui apparaissent au sein du Directoire entre Reubell et Barras d'une part et Carnot d'autre part. Ce sont les opinions modérées de ce dernier, soutenues par Bonaparte, qui en définitive prévalent.

Le 12 septembre, le projet de traité communiqué à Belmonte comporte encore des clauses que Marie-Caroline énergiquement rejette : fermeture des ports aux navires des puissances en guerre contre la France; expulsion des émigrés et des prêtres déportés; amnistie pour tous les Napolitains détenus ou condamnés pour leurs opinions; indemnité de 60 millions, livraison de cent statues, tableaux et manuscrits; libre accès aux fouilles de Pompei et d'Herculanum, toute découverte devenant alors la propriété de la République, etc. Mais Belmonte parvient, le 10 octobre, à conclure le traité de Paris sur des bases très modérées : Naples s'engage à ne plus aider d'aucune façon les ennemis de la France. Le royaume observera la plus stricte neutralité vis-à-vis de tous les belligérants. Ses ports seront interdits à tous bâtiments de guerre au-delà de quatre unités. Les citoyens français, arrêtés pour délit d'opinion, seront libérés. Les personnes ayant volé, en 1793, les papiers de Mackau seront recherchées et punies. Dans les plus courts délais, un traité de commerce comportant pour la France la clause de la nation la plus favorisée sera conclu. Par une clause secrète, Naples s'engage à payer une indemnité de 8 millions sur un an, à verser, ou en argent, ou en denrées diverses. Pour lui permettre de prétendre que toute indemnité a été refusée, les livraisons en denrées pourront faire l'objet de factures fictives.

Par comparaison aux exigences de septembre, le résultat est vraiment satisfaisant. Il est dû, non seulement aux qualités de négociateur de Belmonte, mais aussi à l'intervention de Bonaparte. Le 2 octobre, de Milan, il a mis en garde le Directoire :

> « Le roi de Naples a 60 000 hommes sur pied; il ne peut être attaqué et détrôné par 18 000 hommes d'infanterie et 3 000 de cavalerie. Il serait possible que, de concert avec l'Autriche et Rome, il portât un corps sur Rome et ensuite sur Bologne et Livourne; ce corps pourrait être de 15 000 hommes et inquiéterait beaucoup l'armée française. Je crois que vous ne pouvez faire à la fois, dans la position actuelle de la République, la guerre à Naples et à l'Empereur. La paix avec Naples est de toute nécessité [179]. »
>
> « On ne peut dire que le traité est honteux ou mauvais, concède Marie-Caroline. Il est, en tout cas, mortellement douloureux pour moi [...]

mais, ici, on veut la paix à tout prix par peur, paresse, égoïsme, avarice, manque total de courage et d'énergie [...]. Chacun condamne la conduite de son voisin qui ne vaut pas mieux que lui [180]. »

Les ratifications sont échangées :

« Nous voilà en paix et amitié avec les gens les plus scélérats qui existent sur le globe [...]. Je ne sais et ne puis de ma vie être bien avec les Français. Je les regarderai toujours comme les assassins de ma sœur, de la famille royale, comme les oppresseurs de toutes les monarchies, comme les coquins qui ont séduit, mis le poignard et poison aux mains à tous les peuples [...] contre les autorités légitimes et qui, par là, ont empoisonné ma vie [181]. »

Les relations diplomatiques, rompues depuis le renvoi de Mackau, sont rétablies. Naples nomme à Paris le commandeur Alvazo Ruffo, qui précédemment représentait le royaume à Lisbonne. Dans un esprit d'apaisement, le Directoire accrédite à Naples le général comte de Canclaux que Belmonte aussitôt dépeint comme sage et modéré, tant dans sa conduite que dans ses opinions.

« Il n'a fait partie ni des Assemblées nationales, ni de la Convention, ni d'aucun comité ou tribunal révolutionnaire. Déjà avancé dans la carrière militaire sous l'Ancien Régime, il a continué à servir sous la République [...]. Durant la guerre de Vendée, il a été le seul général dont l'humanité a été louée par les habitants du pays et les émigrés. »

Il s'agit donc pour Marie-Caroline d'un choix acceptable. Par la suite, elle en vient à apprécier Canclaux. Elle intervient même à plusieurs reprises pour qu'il ne soit pas rappelé. Oubliant ses obligations de neutralité, Naples permet à Elliot, qui doit évacuer la Corse dont il est gouverneur, de faire venir la flotte anglaise à Porto-Ferraio dans l'île d'Elbe [182]. En novembre, sept de ses bâtiments de guerre mouillent dans la rade de Naples. La paix conclue avec la France n'en est pas moins célébrée, le 11 décembre, par un *Te Deum*. Pour marquer sa désapprobation, Marie-Caroline refuse d'y assister.

Conserver de bonnes relations avec Londres et avec Vienne

demeure la préoccupation majeure de Marie-Caroline. Du côté de l'Angleterre, elle s'attend à de la compréhension : en octobre, Pitt, par l'intermédiaire de lord Malmesbury fait lui-même vérifier à Paris les conditions d'un éventuel arrêt des hostilités [183] : « Donc, l'Angleterre ne peut pas se plaindre [184]. » Pour montrer à Vienne que, malgré une paix tout juste conclue, Naples entend bien reprendre bientôt les armes, Marie-Caroline, dès décembre 1796, réclame l'arrivée du général Mack : « L'Empereur ne peut être que charmé de voir nos sentiments bien marqués, en prenant, même au moment de la paix, un général de sa maison [185]. »

Belmonte, une fois la paix signée, est demeuré à Paris. On lui demande de Naples d'intervenir auprès du Directoire en faveur du Saint-Siège pour que soit reconnue l'inviolabilité de ses États. Démarche un peu tardive et d'aucun effet, maintenant que Bonaparte, sans consulter Paris, a proclamé dès octobre la République cispadane en y englobant les légations pontificales de Bologne et de Ferrare. Tandis que dans le nord Bonaparte s'empare de Mantoue, la colonne mobile qu'il a mise en place attaque dans le sud les États de l'Église. Le général Victor pénètre, le 1er février, à Imola, première ville de l'État pontifical. Lannes progresse lui aussi : il atteint Ravenne et le 8 février, il est dans Ancône. Panique à Rome et grande inquiétude à Naples :

> « Les nouvelles sont désolantes [...]. (Les Français) sont entrés dans Ancône [...]. Nous les croyons s'avançant sur Rome... Le Saint-Père et tout le Sacré-Collège parlent de venir chez nous. La tête leur a sauté [...]. Le Pape est déjà à Terracine et compte venir [...]. Quelle nouvelle! Quel embarras! Patience, les maux ne font qu'augmenter [186]. »

La décision du pape aurait certainement été de se réfugier à Naples si Bonaparte lui-même ne l'en avait pas dissuadé en lui offrant de conclure immédiatement la paix. Signée le 18 février, à Tolentino, elle est brutale : Rome renonce à Avignon et au comtat Venaissin et cède les légations de Bologne, de Ferrare et la Romagne. Outre la remise d'une grande quantité d'objets d'art, le pape devra d'ici à fin avril s'acquitter d'une indemnité de 30 millions. Le port d'Ancône sera occupé par une garnison française jusqu'à la fin de la guerre. Au soulagement de Marie-Caroline le pape ne vient donc pas. Mais la frayeur a cependant fait fuir de Rome deux vieilles dames fort encombrantes : les deux sœurs de Louis XV, Madame Adélaïde et Madame Victoire.

> « J'ai l'affreux tourment d'avoir les deux vieilles princesses de France avec quatre-vingts personnes de suite et de service et toutes les impertinences imaginables, écrit Marie-Caroline. Ce n'est pas un petit poids que l'hospitalité nous fait supporter ! [187] »

Bonaparte est maintenant le maître du jeu. Au printemps, Moreau et Hoche refranchissent le Rhin et sont victorieux des Autrichiens. Mais Bonaparte stoppe leur avance en leur annonçant sa signature des Préliminaires de Leoben. En Italie, peu soucieux des avis du Directoire, il s'empare de Venise. Il proclame le Milanais République cisalpine. Il y rattache la République cispadane et le duché de Modène. Le paysage politique de l'Italie est bouleversé. Par le traité de paix conclu avec Turin (avril 1797), Nice et la Savoie sont officiellement rattachés à la France. Gênes, en juin, est désormais la République ligurienne.

A Paris, bien des changements s'opèrent aussi. Les élections de Germinal an V (mai 1797) ont envoyé aux Conseils une majorité royaliste. Pichegru est président du Conseil des Cinq-Cents. Barthélemy, à qui l'on reproche sa modération, est l'un des directeurs. Delacroix a été remplacé, en juillet, au ministère des Relations extérieures par Talleyrand. Les « Triumvirs » – Barras, Reubell et La Révellière-Lépeaux – prennent peur. Les armées « républicaines » envoient à Paris des adresses menaçantes contre la faction royaliste. Le 18 Fructidor (4 septembre 1797), avec l'aide d'Augereau que Bonaparte a envoyé à Paris, les trois directeurs font occuper les locaux des deux Conseils : Barthélemy est arrêté, Carnot parvient à prendre la fuite. Les élections sont déclarées nulles dans 49 départements, 160 condamnations à mort sont prononcées, 65 personnalités sont déportées. Pour l'instant, Bonaparte, par Augereau interposé, a sauvé le Directoire.

Au même moment, à Naples, on surveille de plus en plus près les Jacobins et les menées françaises. Paris s'en émeut et envisage de rappeler Canclaux qui, semble-t-il, ne se montre pas suffisamment énergique. Ce n'est pas du goût de Marie-Caroline.

> « Leurs plaintes sont mal fondées. On a pour eux tous les égards [...]. Si on les surveille, c'est affaire d'ordre, de police, de salut public dont eux-mêmes nous donnent l'exemple. Si on a déjà châtié, et si on châtiera encore quelques écervelés, des mauvaises têtes [...], la République vient de nous en donner un éclatant exemple en déportant cinquante-quatre membres du Conseil, dont deux directeurs, le tout parce qu'on croyait qu'ils se préparaient à modifier la forme du gouvernement. Ils ont donc prouvé eux-mêmes qu'il y a parfois lieu de recourir à des moyens extrêmes, à la force pour défendre le gouvernement et la Constitution [188]. »

Marie-Caroline insiste pour que Canclaux demeure à Naples :

> « Je serais très fâchée de perdre Canclaux. C'est un homme sage, tranquille, qui soutient chaudement les droits de sa République, mais qui ne fait pas l'insolent, ni chef révolutionnaire [...]. Cet homme sert avec zèle et dévouement, mais sans impertinence [...] ce qui ne nuit en rien à leurs intérêts [...]. Ce qui ne serait pas le cas avec un citoyen ministre avec un grand sabre, des bottes éperonnées et de longues moustaches [...] [189]. »

Ce que Marie-Caroline appréhende avant tout lorsqu'elle évoque un « citoyen ministre », c'est la venue de Treilhard, un moment envisagée par le Directoire.

> « Qu'on ne nous envoie pas un de l'espèce de Treilhard [...]. Je ne pourrai jamais regarder le coquin qui a voté la mort du pauvre roi que comme un monstre souillé du sang de ses maîtres. Jamais je ne lui adresserai la parole. Je ne verrai, ni ne recevrai quiconque aura noué des relations avec cet assassin [190]. »

Canclaux est rappelé et momentanément remplacé par son premier secrétaire Trouvé, un personnage intelligent mais qui se distinguera rapidement par son refus de se lever au théâtre lors de l'entrée de la famille royale et de se plier à ce qu'il appellera le « baise-main d'esclave »[191].

L'empereur confie à Gallo le soin de négocier sa paix avec Bonaparte, choix flatteur pour Marie-Caroline qui a pour son ambassadeur favori estime et affection. Le Directoire et Barras en tête, font curieusement des avances au royaume de Naples. La France révolutionnaire semble décidée à en finir avec les États du pape. Ce serait une opération grandement facilitée si Naples devenait l'alliée de la République.

> « Nous cracher à la face ce terrible mot *« Alliance »* ! C'est une injure de plus aux yeux de Marie-Caroline, mais cela la fait toutefois réfléchir : « Si l'Italie pouvait revenir à son ancien statu quo, sans la constitution des nouvelles républiques [...], Naples s'estimerait très content et ne réclamerait aucune compensation [...]. Mais, si l'on doit faire des partages il (le roi) désire se voir attribuer les États du Pape limitrophes de ses propres États. Lorsqu'il se contentait de la barrière constituée par les montagnes qu'on lui donnait pour frontières [...] c'était parce que le maintien du Pape n'avait pas été mis en question. Mais, aujourd'hui, nous ne pouvons ni admettre qu'on démocratise ces États, ni tolérer qu'on les donne à une autre puissance. Il faut donc que nous en devenions les maîtres[192]. »

Propositions sans lendemain. Pour s'emparer de Rome, Paris, qui ne se soucie plus de Naples, attendra qu'un prétexte lui soit donné. En octobre, le Directoire nomme Joseph Bonaparte ambassadeur auprès du Saint-Siège.

C'est le 17 octobre 1797, dans le petit village de Campo-Formio, que Bonaparte signe avec Cobenzl et Gallo le traité de paix avec l'Autriche. L'empereur est contraint à d'énormes concessions. En Italie, il cède la Lombardie et le Milanais. Il reconnaît la République cisalpine et la République ligurienne. Il accepte le rattachement de la Belgique à la France. En compensation, Bonaparte, qui ne s'embarrasse ni du Directoire, ni du « droit des peuples à disposer d'eux-mêmes », lui cède

Venise, l'Istrie et la Dalmatie [193]. Par un article secret, la possession de la rive gauche du Rhin est reconnue à la France. Un congrès se tiendra à Rastadt pour définir les compensations à donner aux princes allemands ainsi dépossédés.

Que de changements en Europe en l'espace de moins de deux ans! La France a su contraindre à la paix tous ses adversaires continentaux. Seule l'Angleterre, dont une seconde tentative de négociation a de nouveau échoué en juillet [194], reste en lice.

C'est bien au seul Bonaparte que sont dues ces conquêtes. Marie-Caroline qui sait, même de ses adversaires, reconnaître le talent, ne peut s'empêcher, à deux reprises, de proclamer son admiration :

> « J'abhorre le parti que Buonaparte sert et a pris. Il est l'Attila, le fléau de l'Italie, mais j'ai pour lui un sentiment de véritable estime et de profonde admiration. C'est le plus grand homme que des siècles aient produit. Sa force, son énergie, son esprit de suite, son activité, son talent lui ont acquis mon admiration. Heureux le pays qui aurait un pareil souverain! Il n'aurait pas à craindre d'être vaincu ou conquis. Heureux le prince qui aurait un tel ministre ou un tel général. J'apprécie, j'estime, j'admire, je crains l'homme qu'on devrait imiter; mais pour cela il faudrait qu'on eût son talent, son caractère, sa volonté, son énergie, son génie. Je le préfère à Frédéric qui, à côté de ses talents, avait des petitesses et des ridicules. Chez celui-ci, tout est grand [...]. Je voudrais la chute de la République, mais la conservation de Buonaparte. Car c'est réellement un grand homme, et quand on ne voit autour de soi et partout que des ministres et des souverains aux vues mesquines et étroites, on n'en éprouve que plus d'étonnement et de plaisir à voir s'élever et grandir un pareil homme, tout en déplorant de voir sa grandeur attachée à une si infernale cause. Cela vous paraîtra étrange. Mais si je déteste ses opérations, je l'admire, lui. Je désire que ses projets avortent, que ses entreprises échouent et je souhaite, en même temps, bonheur et gloire à sa personne pourvu que ce ne soit pas à nos dépens. En un mot, je l'estime, je l'admire et je dis que s'il mourait, on devrait le réduire en poudre et en donner une dose à chaque souverain, deux à chacun de leurs ministres, et alors les choses iraient mieux [...]. Que Buonaparte soit un grand homme et comme il n'y en a pas un second en Europe dans tous les sens, guerrier, militaire, politique et surtout conséquent, je défie même un ennemi de le nier [195]. »

Après Campo-Formio, Marie-Caroline exprime de nouveau son admiration pour Bonaparte :

> « Malgré tout le mal qu'il nous a fait en Italie, je dois avouer que j'ai de lui une haute opinion et, comme j'aime le grand en tout et partout, même quand je le trouve contre moi, je souhaite à cet homme rare, extraordinaire, de réussir et de s'illustrer hors d'Italie. Je prévois que le monde retentira encore de son nom et que l'histoire l'immortalisera. En tout il sera grand, en guerre, diplomatie, politique, conduite, fermeté, talent, génie; ce sera le plus grand homme de notre siècle. Malgré le mal qu'il m'a fait, je ne suis pas revenue de mon enthousiasme pour lui. Tous ceux qui gouvernent et veulent continuer de gouverner devraient suivre son exemple [...]. Cultivez en lui des sentiments d'amitié pour Naples et le désir de nous point nuire [196]. »

Le destin du royaume de Naples aurait-il été différent si Bonaparte avait eu connaissance, en cette fin de l'année 1797, des sentiments de Marie-Caroline?

Chapitre XI

Problèmes de famille

Projet d'accueillir à Naples Madame Royale. Marie-Caroline organise le mariage de son fils François avec l'archiduchesse Clémentine. Portrait de François. Arrivée de Clémentine. Son portrait. Vaines recherches d'un parti pour Christine et Amélie.

L'activité débordante que déploie Marie-Caroline dans tous les domaines, ne la conduit pas à négliger ses affaires de famille. Tout ce qui concerne ses frères, ses sœurs, ses neveux et nièces retient constamment son attention et son intérêt. Dès qu'elle apprend que Madame Royale a été libérée du Temple, elle s'inquiète aussitôt en 1796 de l'accueil que Vienne lui a réservé :

> « Je m'intéresse prodigieusement pour cette nièce, qui me paraît recommandée de sa mère [...]. Dites-moi [...] comment vous la trouvez, comment elle est pour l'extérieur, mais bien plus pour l'intérieur, ce qu'elle fait et dit, comment elle vit, avec qui. Enfin, pour quatre mois, j'exige à chaque poste un paragraphe en ce qui la regarde [197]. »

Puis, un mois plus tard, les projets qu'on forme pour son établissement la préoccupent :

> « Ces fous de Français [...] croient (déjà) qu'une autre monarchie se fondera sur les ruines de l'ancienne, que la loi salique est abolie, que, par conséquent, cette fille est l'héritière de ce détestable royaume [...].

Tel est le calcul fait par l'Empereur qui veut lui faire épouser l'un de ses frères, mais elle a promis de ne prendre que le fils du ci-devant comte d'Artois. Pour moi, je crois ce mariage le plus convenable et le plus à propos pour elle [198]. »

Depuis le 15 août 1790, François, le prince royal, est fiancé à l'archiduchesse Marie-Clémentine sa cousine germaine, sœur de l'empereur François II. Comme, à l'époque, ils étaient l'un et l'autre presque des enfants, on a remis à plus tard leur union. Clémentine demeure à Vienne pour y parfaire son éducation. En 1795, le moment est venu de confirmer leur mariage. François a maintenant dix-huit ans. La reine souhaiterait saisir cette occasion pour séjourner quelques mois à Vienne, où elle retrouverait sa famille, sa fille Marie-Thérèse, l'impératrice, et ses petits-enfants. Elle aimerait connaître sa première petite-fille Marie-Louise qui, sur sa demande, est parfois déguisée « en Napolitaine, un tambourin, castagnettes et le *sonetto* en mains ». Pendant des mois, Marie-Caroline nourrit cet espoir. Sa fille aînée Marie-Christine – celle qu'elle appelle presque toujours « Mimi » – pourrait l'accompagner. Elle approche de ses dix-sept ans. On pourrait à Vienne lui trouver un parti. Réfléchissant à ce projet, Marie-Caroline se ravise. Il lui semble préférable d'emmener avec elle non pas seulement Mimi, mais également ses deux autres filles, Marie-Amélie et Marie-Antoinette.

« Si je conduisais seule la Mimi [...] peut-être pourrait-on dire que je veuille la vendre; mais, les conduisant toutes, dont une absolument enfant, on ne peut l'attribuer qu'à une faiblesse maternelle [199]. »

En juillet 1795, alors qu'elle fonde un fol espoir sur le débarquement de Quiberon, sa décision est prise :

« Le mariage de mon fils se fera au printemps de 96. L'invitation de ma fille, celle de l'Empereur me feront voler à Vienne [199]. »

Et si l'opération de Quiberon échouait?

« Dans ce cas malheureux [...] la guerre durant, il faudrait faire venir l'épouse en strict *incognito*, les marier, rester une quarantaine de jours à la campagne et, sans grandes fêtes, ni pompes, se retirer en ville [199]. »

Au désespoir de Marie-Caroline, la guerre se poursuit. Le voyage à Vienne est impossible. Début 1796, elle l'organise différemment :

« Il faudra penser ou à Florence, Rome, Lorette ou, dans le cas pire que tous, à Caserta et très privé; laisser se connaître les époux et les conduire à la vue et aux discours de Naples, connaissance bien faite et constatée entre eux. A Naples, il y aura visite publique à saint Janvier, baise-mains matin et soir, table publique, Opéra, fêtes publiques; puis, le jour après, pour toute la noblesse, bal de cour et tout en sera dit [200]. »

Puis Marie-Caroline règle de nombreux points de détail. Il faudrait que Clémentine soit accompagnée par Madame de Dombasle qui serait nommée grande-maîtresse. Par la suite, Clémentine

« aura une *kammerfrau*, veuve, pour dormir dans l'appartement, la servir, maladies, couches, etc.; deux *kammerdienerin*, Italiennes, personnes déjà mûres, éprouvées et de toute honnêteté, et deux Allemandes [...]. Pour le bas service, quatre autres, deux *kammermensch* et deux *barandiere* (huissiers) [...]. Je conseillerais de trouver une honnête fille ou veuve qui fût assez forte, fît le café au lait, les déjeuners, préparât les médecines, fît les lits et eût soin de la propreté [200]. »

Ultérieurement, lors des vacances,

« ma belle-fille se les choisira elle-même, ne me réservant que le droit d'exclusion, si je croyais que le choix fût mauvais [...] Je me flatte que je serai une belle-mère supportable. Il serait bon qu'une des deux femmes [...] sût la friser, coiffer, au moins jusqu'à ce qu'établie ici, elle choisisse un coiffeur où je me réserve toujours l'exclusion. Pour confesseur, il serait nécessaire de savoir si elle se confesse en italien ou en allemand [...] Chaque jour, par mes discours et sermons, je tâcherai de lui procurer une vie agréable, en pliant son jeune époux à la complaisance, à la franchise, au désir d'être aimé, non par devoir, mais de le mériter [200]. »

Comme Gallo est prié de parler de François à Clémentine, Marie-Caroline en trace un portrait à sa façon, tendre mais sans complaisance :

> « Le jeune homme n'est point aimable [...], aucune tournure, n'aimant ni à se gêner, ni à se bien tenir; une innocence entière et parfaite [...]. Ceci ne rend pas l'extérieur aimable, quoiqu'au fond une jolie figure [...]. Si la jeune épouse lui passera l'extérieur, elle aura lieu de le chérir et de l'estimer [...]. Il est estimable par ses principes et son caractère [...], il sent et raisonne très juste [...]. Il aime l'agriculture et les machines. Il incline à l'avarice, mais moi et ses sœurs nous le turlupinons tant sur cela que j'espère le guérir. Il est pourtant charitable, mais nullement généreux [...] [200]. »

Puis, sans doute pour l'information du seul Gallo :

> « Il est encore tout innocent, mais fougueux. C'est un jeune homme dans la vigueur de la passion et de la force. Je n'ose le laisser un instant seul avec ses sœurs. Il saute, embrasse sans malice, mais nature [200]. »

Les événements retardent le mariage. Il ne peut avoir lieu qu'au début de l'été 1797. Marie-Caroline craint qu'un mariage sans grandes cérémonies n'indispose à Vienne. De nouveau, elle prévient :

> « La jeune épouse [...] doit se contenter, ni fêtes, ni équipages, ni magnificence. Ce serait choquer la nation entière [...] mais nous les ferons aux premières couches (qui sûrement ne tarderont pas), car le jeune homme est plein de santé [...]. Le tapage, le luxe n'est pas permis dans un temps où tout le monde paye les impositions qui doivent durer quelques années, même après la guerre [201]. »

Une escadre napolitaine, forte de deux vaisseaux et de quatre frégates, part pour Trieste où Clémentine doit s'embarquer. Elle y est accueillie par le duc de Gravina, membre du conseil et grand-maître du prince royal. Le personnel de la future maison de la princesse que Marie-Caroline a choisi est là aussi : le prince de Luzzi, son grand-maître, et la duchesse de Carigliano [202], sa grande-maîtresse. « Un médecin, chirurgien et saigneur sera à bord, dont, je me flatte, on n'aura pas besoin. »

Le 18 juin 1797, Clémentine, accompagnée par le marquis de Gallo et Madame de Dombasle, retrouve à Foggia la famille royale. Le mariage est célébré à la cathédrale de Foggia, le 25 juin. La première impression de Marie-Caroline est très favorable :

> « La Princesse est grande, bien faite mais délicate, il faudra en avoir grand soin. Son caractère est excellent [...]. Elle est douce, neuve, sensée, accommodante. Je trouve en elle le cœur et les sentiments de sa mère, moins l'éducation [203]. »

Cette bonne impression ne dure guère. Pour Marie-Caroline, Clémentine devient vite une « énigme » : elle est triste et montre, en tout, un « dégoût invincible ». Avec le public,

> « Elle manque de tenue et d'obligeance et déjà il y a des *commérages*. Je veux dire, par là, qu'on a trop de familiarité avec les personnes de la suite et de service. Mais, en revanche, il n'y a *d'obligeance* en rien avec les belles-sœurs et la même gêne comme avec moi [...]. Elle jalouse les deux grandes à cause de leur attitude et de leur figure [204]. »

Son comportement avec François la surprend et l'indispose :

> « Son mari deux et trois fois dans les vingt-quatre heures est son mari, point qui l'intéresse [...]. Les caresses familières sont sans cesser et des plus signifiantes ; je ne peux les laisser librement pour ne pas éveiller certains sentiments chez deux jeunes filles de seize et dix-neuf ans pures et tranquilles. Elle n'est occupée que d'une physique jouissance qu'elle anime, provoque, recherche et qui lui tient lieu de tout. Je n'ai jamais eu l'idée de provocations aussi continuelles, d'agaceries aussi incessantes qui, lorsqu'on n'y répond pas, amènent la mauvaise humeur et la bouderie. Je n'ai jamais vu un tempérament pareil ! Actuellement, cela se fixe avec son mari, quoiqu'avec des regards et choses provocantes, décisives, avec des autres y sont [...]. Il faut demander au Ciel de calmer leurs sens surexcités en leur envoyant des enfants. Je lui souhaite pendant douze années au moins un enfant chaque année et des grossesses plutôt pénibles. Sans cet efficace remède, cette jeune personne nous donnera des inquiétudes pour son propre bonheur [205]. »

Plus grave, Clémentine semble avoir prêté à Vienne une oreille complaisante à des ragots sur ses beaux-parents, probablement colportés par l'une des sœurs de Marie-Caroline. Elle en a parlé à François son mari.

> « La seule chose qui me peine, c'est que mon fils est complètement changé. Elle lui a fait voir et remarquer les défauts, les faiblesses de son père et de sa mère qu'il avait toujours ignorés jusqu'ici. Il a pris un ton nouveau et se trahit à tout instant. La personne qui a mis ma belle-fille au fait de tous ces minutieux et inutiles détails lui a rendu un bien mauvais service et m'a mortellement blessée [...]. Mon fils est mené comme un bambin [...]. Cette petite fille est arrivée tellement instruite en tout, *en théorie et en pratique*, que cela fait vraiment frémir [205]. »

*

Les trois filles de Marie-Caroline lui donnent beaucoup plus de satisfactions. Sa préoccupation constante est de rapidement trouver un mari pour les deux aînées, Marie-Christine et Marie-Amélie. En 1794, Marie-Christine approche de ses seize ans. Sa mère songe à la marier à Charles-Théodore, électeur de Bavière, qui vient de perdre sa femme. Elle consulte Gallo :

> « Que dites-vous de ce veuf ? J'avoue que ce n'est pas un époux désirable ; mais, dans le manque de partis, en cas de positive *recherche ou demande*, on ne le pourrait rondement nier ; on devrait traiter [206]. »

Deux ans plus tard, en 1796, la reine envisage une autre possibilité : Maximilien-Joseph, duc des Deux-Ponts [207], veuf à son tour avec cinq enfants, ou pourquoi pas l'un de ses fils ? Ces deux projets n'aboutissent pas. Selon Marie-Caroline, Mimi n'est pas sans qualités :

> « Elle est grande et forte plus que moi. Elle est nubile presque depuis deux ans sans la moindre incommodité, parfaitement bien réglée, saine, belles couleurs, fraîcheur, jeunesse, mais pas belle et très attachante. Le caractère est un ange pour ses vertus et sa bienfaisance ; pleine de religion, douceur, obéissance, déférence, un caractère solide, n'aimant que la lecture, l'ouvrage, la tranquillité ; une piété profonde,

une langue respectable, jamais blessante, pas même de loin [...] enfin une vertu solide. Voilà pour le bien. Le mal, elle n'a pas d'extérieur, ni d'amabilité. Un terrible embarras et sa modestie la rendant gauche et maladroite [...]. Elle ne sait nullement faire valoir ce qu'elle est [...]. Ce sera une mère de famille, une épouse vertueuse, mais sans théâtre, ni fêtes, ni monde [...]. Un homme qui évaluera une pareille bonne, vertueuse femme pourrait être très heureux; mais un libertin, je doute qu'elle lui agrée [...]. Voilà la vérité et son portrait avec son caractère [208]. »

Marie-Caroline n'est jamais à court d'idées : l'archiduc Charles pourrait bien convenir, « mais il est épileptique ». Aucune ouverture sérieuse n'apparaît donc pour l'instant. La reine en prend aisément son parti. Elle s'entend parfaitement bien avec sa fille aînée : « La Mimi ne m'incommodera jamais [209]. » Le cas de Marie-Amélie, plus jeune, apparaît moins facile : « Elle sera jolie, aimable, pleine de grâces, mais difficile à garder [209]. » Pour Marie-Amélie, Marie-Caroline est un instant tentée par une alliance russe : elle songe à Constantin, l'un des petits-fils de Catherine II. Ce projet lui aussi tournera court. En effet, écrit Marie-Caroline en octobre 1795,

« toutes les gazettes annoncent qu'on attend la princesse de Saxe-Cobourg avec trois princesses pour que le prince Constantin s'en choisisse une femme. Voilà donc le grand mariage manqué. Je vous avoue que je n'en ai pas le moindre regret (car) sur le point de religion, je n'y céderai jamais. Et même cette demi-simagrée me déplaisait fortement. Il faut professer hautement et publiquement sa foi et point, pour un vil intérêt d'établissement, faire une demi-simagrée, qui se met à n'être ni bonne catholique, ni une vraie grecque, mais une mixte méprisable [210]. »

Alors même que Marie-Antoinette, celle qu'elle appelle « Toto », n'a encore que douze ans, Marie-Caroline échafaude déjà quelques plans. Ne conviendrait-elle pas mieux que « Mimi » au fils du duc des Deux-Ponts? Meilleure ouverture même : pourquoi ne pas rechercher du côté de Ferdinand, le prince des Asturies, qui est à peu près du même âge? Pour le moment, la réalisation d'une telle union paraît douteuse. Marie-

Caroline le reconnaît elle-même : « En Espagne, on m'y déteste [211]. »

*

Avec ses filles aînées déjà mariées, le ciel commence à s'assombrir. Depuis que sa mère a si sévèrement condamné le grand-duc pour son attitude complaisante à l'égard de la France, Marie-Louise, la grande-duchesse de Toscane, a pris ses distances. Alors qu'en 1793 elle s'apprête à accoucher, elle n'en dit rien à Marie-Caroline. Sa mère en est ulcérée :

> « Marie-Louise m'écrit, mais ne parle jamais de rien. Ils (Ferdinand et Marie-Louise) auraient beau me prier et me supplier, ils peuvent être tranquilles, jamais, au grand jamais, ils ne me verront chez eux. Mais je trouve seulement un peu fort de ne faire savoir une chose, à moi, la mère, qu'au moment où ils en informent l'impératrice de Russie[212] ! »

Avec Marie-Thérèse, l'impératrice, ses relations se dégradent peu à peu. A Vienne, on a de l'estime pour la reine, mais son intransigeance provoque des critiques voilées.

« D'une activité capable de remuer l'Europe, agitant de pensées gigantesques un État trop étroit pour son énergie », comme le dit Lamartine, Marie-Caroline commence à susciter quelque agacement.

Chapitre XII

La folle marche sur Rome

Mort de Catherine II. Avènement de Paul Ier. Le marquis de Gallo est rappelé à Naples. Bonaparte, général en chef de l'armée d'Angleterre. Mort du général Duphot à Rome. Proclamation de la République romaine. Alliance de Naples et de l'Autriche. Garat, nouvel ambassadeur du Directoire. La campagne d'Égypte de Bonaparte. Aboukir. Nelson acclamé à Naples. Il presse les Napolitains d'attaquer les Français à Rome. Mack, un général autrichien, à la tête de l'armée. Prise de Rome. Reflux et déroute.

Trois souverains nouveaux interviennent maintenant sur la scène européenne. Deux d'entre eux vont y tenir leur place : Paul Ier de Russie et Frédéric-Guillaume III de Prusse. On ne parlera plus guère du troisième, Charles-Emmanuel IV [213]. Il a succédé à son père Victor-Amédée III, prince de Piémont et roi de Sardaigne. Turin, sa capitale, est occupée par les Français en septembre 1798. Trois mois plus tard, en décembre, il devra renoncer à son Piémont et se réfugier en Sardaigne.

En Russie, après un règne sans partage de près de trente-cinq ans, Catherine II s'est brutalement éteinte en novembre 1796. Très imprégnée de culture française, séduite par les Lumières et amie des philosophes, elle s'est rapidement défaite de sa sympathie première pour la Révolution française : l'exécution de Louis XVI l'a révoltée. Elle accueille largement les émigrés mais elle impose à tous les Français résidant en Russie un serment condamnant la mort du roi, faute de quoi ils sont expulsés. Elle se garde par contre d'intervenir militairement contre la

France lors de la Première Coalition. Son fils, Paul Ier, dont on ne sait de façon certaine qui est le père, a toujours détesté sa mère. Il est névropathe, coléreux et n'a aucune continuité dans ses idées. Sinon celle de suivre en tout une politique à l'opposé de celle de sa mère. Marie-Caroline, depuis plusieurs années déjà, a recherché l'amitié de Catherine II. Elle pense que le royaume serait mieux à l'abri des « insolences françaises » si une escadre russe pouvait venir doubler en Méditerranée la protection que l'Angleterre lui assure déjà. La mort de l'impératrice – « elle était la gloire de notre classe » [214] – la désespère d'autant plus qu'elle ne fait pas grand cas du nouveau tsar.

En Prusse, Frédéric-Guillaume III a succédé, en 1797, à son père Frédéric-Guillaume II. Il semble décidé pour l'instant à maintenir vis-à-vis de la France une stricte neutralité. De toute façon, Marie-Caroline depuis toujours n'éprouve que du mépris pour la cour de Berlin. Faible espoir d'une autre politique : le grand ascendant que la jeune reine Louise de Mecklembourg-Strelitz exerce sur son mari.

Ayant participé à la conclusion de la paix de Campo-Formio, le marquis de Gallo – qui s'est fait favorablement remarquer par Bonaparte – est rappelé à Naples pour y remplacer le prince de Castelcicala aux Affaires étrangères. Il reçoit de surcroît la charge des départements de la Marine et du Commerce, avec le titre spécial de secrétaire de la reine. Le parti anglais à la cour va pour un temps avoir moins de crédit. Non seulement il perd Castelcicala mais également Acton, qui tire prétexte de son mauvais état de santé pour s'éloigner momentanément du pouvoir.

Quant à Bonaparte, après quelques apparitions au Congrès de Rastadt où il représente la France, il est de retour à Paris au début de décembre 1797. Le Directoire le reçoit avec de grands honneurs au palais du Luxembourg le 10 [215] et, le 31, il assiste pour la première fois à la séance de l'Institut où il a été élu quelques jours auparavant. C'est dans cette illustre maison que l'idée de l'expédition d'Égypte a peut-être pris naissance. Le 3 juillet 1797, Talleyrand y avait donné une lecture sur le thème des avantages à retirer des colonies. Il avait présenté en particulier l'Égypte comme un pays facile à conquérir à cause de la décadence des Mamelouks. Cette conquête présenterait en outre l'avantage de couper la route des Indes, là où l'Angleterre a justement fort à faire avec l'entrée en rébellion de Tippo-Saïb, le souverain de Mysore.

Plusieurs solutions pour s'attaquer à l'Angleterre sont envisagées par le Directoire. Les mesures d'ordre économique déjà prises – prohibition des marchandises anglaises, saisie de tout navire en ayant à bord – sont utiles mais insuffisantes. Il faut aller plus loin et se mesurer militairement avec elle. Hoche étant mort en septembre 1797, le Directoire nomme Bonaparte général en chef de l'armée d'Angleterre. Plus réaliste que son prédécesseur, Bonaparte, après une tournée d'inspection au début de 1798 qui le conduit à Boulogne, Calais, Dunkerque et Ostende, en revient convaincu que tout débarquement sur les côtes anglaises est pour l'instant impossible. Le Directoire et Bonaparte en viennent alors à considérer l'idée lancée par Talleyrand. L'aventure d'Égypte parle à l'imagination de Bonaparte. Il est séduit. Les directeurs y voient une bonne occasion de se débarrasser d'un général trop populaire qui risque de rapidement devenir encombrant. Le 19 mai 1798, Bonaparte à bord de l'*Orient* quitte Toulon. Il part vers sa conquête.

En Italie, un incident, assez banal, va entraîner de lourdes conséquences. Joseph Bonaparte est ambassadeur de France à Rome. Les instructions qu'il a reçues sont claires :

> « Vous avez deux choses à faire. Premièrement, empêcher le roi de Naples de venir à Rome ; deuxièmement, aider, bien loin de retenir, les bonnes dispositions de ceux qui penseraient qu'il est temps que le régime des papes finisse [216]. »

A l'occasion des fêtes de fin d'année, le général Duphot et sa fiancée Désirée Clary [217] résident en son hôtel. Des « patriotes » romains, manœuvrés en sous-main par le Directoire, s'agitent : ils organisent diverses manifestations que les troupes pontificales répriment. Mais l'un de ces mouvements va prendre un tour inattendu dont Marie-Caroline rend elle-même compte :

> « Le 27 décembre, à Rome, on voulut planter l'arbre de la liberté à la place d'Espagne. Le complot a été découvert et empêché. Le 28, cela recommença devant la porte de Buonaparte. Des gens payés pour faire du bruit. La troupe accourut et se conduisit bien. Mais la fatalité a voulu que le général Dufaux *(sic)* a été massacré et que Buonaparte, sans entendre raison, est parti avec sa famille. Cela empire infiniment l'affaire parce que les Français se mêleront de venger le général. Le Pape demandera notre médiation. Mais, à mon avis, la prudence doit être actuellement bien plus notre partage [218]. »

Prudence, mais les troupes napolitaines sont mises en état d'alerte et prennent position à la frontière. Le général Berthier, qui a remplacé Bonaparte à la tête de l'armée d'Italie, charge Trouvé, l'ambassadeur de France, de faire savoir à Naples que Paris interprète ces mouvements de troupes « comme un acte d'hostilité ». En même temps Berthier écrit le 5 février 1798 à Gallo : « La République française n'a aucune vue d'extension de territoire, ni pour elle, ni pour la Cisalpine; le Directoire ne désire que paix et amitié. »

La mort de Duphot est pour Paris l'occasion attendue pour mettre la main sur cette « Babylone gorgée des dépouilles de l'univers ». Le 5 février, le Directoire, rejetant les excuses du pape, donne à Berthier l'ordre de marcher sur Rome. Le 10, la ville est investie; le 15, du Capitole, Berthier proclame la République romaine; et, le 19, Pie VI quitte le Vatican pour n'y plus jamais revenir. Il se réfugie à Sienne [219].

On se souvient à Paris que Bonaparte a reconnu la valeur de la cavalerie napolitaine et le Directoire cherche à dissuader Naples d'intervenir. Il laisse même entendre que la France pourrait envisager de satisfaire certaines de ses ambitions territoriales. Une curieuse négociation s'engage entre le commandeur Ruffo, l'ambassadeur de Naples à Paris, et Talleyrand. Depuis des années, on souhaite, à Naples, se rendre maîtres de Bénévent et de Ponte-Corvo, principautés qui appartiennent au Saint-Siège mais qui sont enclavées dans le territoire napolitain.

Ayant pris contact avec Talleyrand, Ruffo mande à Gallo que l'ancien évêque d'Autun lui aurait dit :

« Nous vous permettons de les occuper amicalement, mais vous voudrez bien nous donner quelque argent. » Pour Marie-Caroline, la chose est claire : quelle

> « bassesse de Talleyrand qui cherche de l'argent pour lui ! [...] Je suis nettement opposée à lui donner de la main à la main, tant pour l'honneur de Ruffo que pour ne pas être dupes [...]. Je payerai Talleyrand puisqu'il le faut à cause de son immoralité et je lui donnerai même une somme encore plus importante si, de cette façon, je pouvais conserver le Palais Farnèse [220]. »

Les négociations vont se déplacer de Paris vers Naples, lorsque le Directoire nomme Garat [221] ambassadeur en remplacement de Trouvé. Garat a pour mission de négocier le traité de commerce promis et même de sonder le royaume sur le principe d'une alliance. Une fois encore, Marie-Caroline s'aperçoit que ces ouvertures ne laissent pas Ferdinand IV indifférent. Elle fait part de son avis à son ami Gallo :

> « Pour ce qui est de Garat, je vois bien qu'il leur convient d'être bien avec nous, de nous attirer vers eux, en nous endormant. Le traité de commerce est chose promise. Il faut donc l'accepter et le subir ; mais cela n'exclut pas la nécessité d'explications supplémentaires [...]. Un traité de commerce n'entraîne pas forcément à sa suite la conclusion d'un traité d'alliance. Et je crois qu'un État faible comme celui de Naples, mais riche par les produits du sol, pris entre deux États puissants, mais affamés, ne pourrait être que leur victime [222]. »

Et comme Paris proteste de ses dispositions pacifiques et tient pour inamicales les précautions militaires prises par le royaume, Marie-Caroline devient formelle :

> « Quant au désarmement et à la réduction des forces militaires, ce n'est pas le cas d'y songer ni maintenant, ni plus tard, tant qu'il restera en Italie des Républiques françaises ou italiques, et je crois fort que cet état de choses ait chance de durer assez longtemps [...]. Le sentiment de haine nationale, seul obstacle et unique rempart que nous puissions opposer à leurs intentions hostiles, à leurs appétits, à leurs velléités de

pillage, est trop précieux pour nous pour que nous ne l'entretenions pas soigneusement par tous les moyens possibles [...]. Voilà en deux mots mon idée : continuer d'être polis et prudents, prévenir les graves désordres, se prêter aux petites complaisances, mais se tenir toujours sur ses gardes et n'être jamais, au grand jamais, alliés avec eux [...]. (Songez) à ce qu'aurait de monstrueux une alliance avec les assassins de la famille, les démolisseurs de tous les trônes [...]. (Si, par quelque aberration, Naples s'y résolvait), on ne saurait même pas nourrir l'espoir de partager avec eux le fruit de leurs rapines et de leurs déprédations, (car) si un autre parti venait à triompher et à détruire tout ce qu'ils auront fait, il ne nous restera plus que la honte d'avoir consenti à traiter avec eux [...]. Si, après avoir pesé toutes ces considérations, le Roi et ses ministres reconnaissent l'utilité, la nécessité d'un pareil acte, je m'inclinerai devant leur décision. Mais comme je me connais, je veillerai à ce que nous ne soyons pas *littéralement liés en paroles et en faits* [222]. »

Il est difficile pour Ferdinand et ses ministres de contourner une telle femme, animée par de pareilles convictions et avançant des arguments dont l'expression brutale n'altère pas la valeur. Gallo est partagé. Son rôle est difficile. La présence des Français, maintenant installés à la frontière même, a de quoi inquiéter. Le traitement indigne imposé à Pie VI a soulevé l'indignation générale aussi bien chez les plus grands que chez les *lazzaroni*. Quel crédit attacher aux protestations de paix et d'amitié quand on voit le général Brune envahir le pays de Vaud, s'emparer de Berne et de son trésor, proclamer en avril 1798 la République helvétique et mettre fin à l'existence séculaire de la petite république indépendante de Genève en l'annexant à la France ? Quelle confiance peut-on raisonnablement accorder à des Barras, des Reubell, un Talleyrand ? D'ailleurs que deviendra ce Directoire qui semble ne pouvoir se maintenir que par une succession de coups d'États ? Le 11 mai (journée du 22 Floréal An VI) encore, devant une poussée jacobine cette fois, il a annulé les élections dans un grand nombre de départements et privé de leur mandat cent six nouveaux députés, régulièrement élus. Aussi est-ce le point de vue de la reine qui l'emporte. On ne désarmera pas et, loin de traiter avec Paris, Naples se rapproche de Vienne et conclut, le 19 mai, une nouvelle alliance défensive. Pendant que se négocie cette alliance, Garat arrive à Naples. Marie-Caroline, tout en remarquant : « Je n'ai pas une envie folle de voir ce représentant dont j'ai toujours devant les yeux l'autre ambassade [223] », le reçoit ainsi que sa femme. Cela est de peu d'effet. Garat se rend indésirable. Il intervient constamment dans ce que la reine tient pour une affaire intérieure au royaume : le sort des jacobins napolitains encore incarcérés. S'il parvient, par ses menaces, à en faire libérer quelques-uns dans le courant de l'été, notamment l'ancien régent de la Vicaria, Luigi de Medici, Garat n'en augmente que davantage l'irritation de Marie-Caroline. Paris le rappellera en juillet. Lacombe Saint-Michel, un Conventionnel régicide, lui succède. Il prendra son poste au moment même où le royaume s'apprête à rompre la paix.

Le plus grand secret doit entourer le départ de Toulon. La destination de Bonaparte ne doit pas être révélée. Mais Marie-Caroline, avant même la levée de l'ancre le 19 mai, tout en n'y croyant qu'à demi, pense à l'Égypte. Intuition féminine ou bon réseau de renseignements? Peu importe. Dès le 8 mai, elle en fait part à Gallo. Sur son chemin vers Alexandrie, Bonaparte, le 11 juin, s'empare de Malte. Marie-Caroline y voit « une violation du traité de Campo-Formio, ce qui modifie par suite la situation et l'aspect des affaires d'Italie [224] ». Elle n'a pas oublié que pour compenser la perte de Rhodes, Charles-Quint en 1530 avait remis l'île aux Chevaliers de Jérusalem à titre de fief, tout en en réservant formellement la suzeraineté au roi des Deux-Siciles. En signe d'hommage féodal, les Chevaliers envoyaient chaque année un faucon et, en cas de vacance du siège épiscopal, ils soumettaient au choix du roi une liste de trois candidats. Aussi s'emparer de Malte, y mettre le général Vaubois pour gouverneur et Régnault de Saint-Jean d'Angély pour commissaire, c'est un acte d'agression caractérisée contre le royaume. De surcroît, celui qui possède Malte peut aisément menacer la Sicile. Dès cet instant, Marie-Caroline est convaincue de la nécessité d'apporter un soutien sans réserve à l'escadre anglaise en Méditerranée que commande Nelson.

Ayant quitté Cadix le 2 mai, Nelson cherche à intercepter la flotte française. Il va jusqu'en Égypte, mais il ne la trouve pas. C'est à Naples, où il relâche le 16 juin, qu'il apprend la prise de Malte d'où les Français repartent. L'Égypte est certainement leur destination. Mais comment les poursuivre, alors que ses vaisseaux, après plus de quarante jours passés en mer, sont à court de tout ravitaillement? Sir William Hamilton ne demande qu'à aider, mais maintenant qu'Emma est l'amie intime et la confidente de Marie-Caroline, n'est-ce pas, elle, la meilleure ambassadrice pour obtenir le plus rapidement et le plus sûrement possible les secours nécessaires? Dans son testament, Nelson attribue à la démarche d'Emma auprès de la reine tout le mérite de l'accord qui est aussitôt donné pour que la flotte

> « soit ravitaillée pour tous ses besoins dans tous les ports de Sicile. Sans cette aide, poursuit Nelson, jamais cette flotte n'aurait été en mesure de retourner une seconde fois en Égypte. C'est ainsi qu'ayant pu faire relâche à Syracuse et nous y être ravitaillés, nous fûmes capables de faire voile et de détruire la flotte française [225]. »

Marie-Caroline est aisément convaincue, mais elle sait qu'aider Nelson est en contradiction formelle avec la neutralité promise aux termes du traité conclu avec le Directoire. A ses yeux, ce sont les Français qui les premiers ont rouvert les hostilités en s'emparant de Malte.

A Aboukir, le 1er août, Nelson surprend la flotte française au mouillage. Il la détruit. Bonaparte, tout maître qu'il soit déjà du delta du Nil depuis sa bataille des Pyramides (21 juillet), privé de sa flotte, devient le prisonnier de sa propre conquête. Un véritable triomphe attend Nelson à son retour à Naples, le 22 septembre. Ferdinand IV monte à son bord. Des fêtes somptueuses lui sont offertes. Emma, qui naturellement y assiste aussi, n'hésite pas à proclamer :

> « Si j'étais le roi d'Angleterre, je vous ferais duc Nelson, marquis du Nil, comte d'Alexandrie, vicomte des Pyramides, baron crocodile et prince de la Victoire! »

Grisé par l'accueil qu'on lui réserve, rapidement ensorcelé par la présence constante à ses côtés de la séduisante Emma, Nelson décide de rester à Naples.

*

L'équipée sur Rome qui va être bientôt organisée est due pour une grande part à l'insistance que va mettre Nelson à la préconiser. De plus, au cours de l'été 1798, la Deuxième Coalition contre la France s'ébauche déjà. L'Angleterre commence à ressentir l'effet néfaste pour son commerce des mesures économiques prises par la France et imposées aux pays vassalisés. L'expédition d'Égypte peut menacer ses intérêts aux Indes. Du Caire, Bonaparte correspond avec Tippo-Saïb et lui fait miroiter une prestigieuse destinée. L'Angleterre pousse la Turquie, à qui l'Égypte appartient, à déclarer la guerre à la France (septembre 1798). L'occupation de Malte met en péril la prépondérance anglaise en Méditerranée. Le tsar Paul Ier, qui y a lui-même des ambitions, se déclare officiellement protecteur de l'Ordre en septembre [226].

Malgré son caractère impulsif, Marie-Caroline ne partage pas sans appréhension l'enthousiasme de Nelson qui souhaite en découdre au plus vite avec les Français. Nelson se lamente :

> « Quel temps précieux l'on perd dans les cours de Naples et de Vienne ! Trois mois seraient assez pour libérer l'Italie ; mais cette cour est si indolente qu'elle laissera passer le moment propice [...]. L'attitude mesquine de cette cour ne calme en rien mon irritable caractère [227]. »

Attaquer les Français pour les chasser de Rome n'est pas une initiative à prendre à la légère. Le traité récemment conclu avec l'Autriche a un caractère seulement défensif. Pour obtenir au nord l'appui militaire de Vienne, il faudrait que les Français puissent être déclarés les premiers agresseurs. L'empereur mis au courant des intentions napolitaines conseille la prudence : « Vous ne devez pas compter sur notre appui ; abstenez-vous donc de tout acte de nature à rupture avec la France [228]. » Peu à peu, l'engrenage se met en place. Ferdinand IV et Gallo sont hésitants. Mais Nelson, les Hamilton et Acton poussent résolument à l'action. D'ailleurs à Naples, depuis le 9 octobre, ne dispose-t-on pas d'un général autrichien, à la réputation flatteuse – celui-là même que Marie-Caroline avait réclamé à son neveu et gendre François II – le général Mack? Le 12 octobre, au cours d'un conseil extraordinaire, auquel Nelson et Mack participent exceptionnellement, le principe d'une expédition militaire est retenu. Il semble que l'avis de Marie-Caroline n'y ait pas prévalu :

> « Je crois que pousser en avant par Bénévent serait ce que l'on pourrait faire de mieux pour avoir la tranquillité que nous désirons si fort, mais je vois tout si noir et si confus que je n'ose et ne peux en voir le développement nécessaire [...]. Nous restons livrés à nos propres forces qui sont bien petites, cela doit nous obliger à réfléchir sérieusement et à déployer une extrême prudence [229] », confie-t-elle à Gallo, en octobre 1798.

Pour passer à l'action, on attend la naissance imminente du premier enfant du couple princier. Il naît le 5 novembre : c'est une fille qu'on nomme Caroline [230].

Le plan mis au point paraît bien conçu. Les troupes napolitaines fortes de 40 000 hommes attaqueront à la frontière romaine, tandis que l'escadre de Nelson débarquera en Toscane, sur les arrières de l'ennemi pour le prendre à revers, quelques milliers de fantassins et un corps de cavalerie [231]. A son quartier général de San Germano, Ferdinand IV se sent rasséréné. Accompagné par Marie-Caroline, Nelson et les Hamilton, il passe en revue les troupes que lui présente le général Mack. Le 22 novembre, les dés en sont jetés. Ferdinand lance sa proclamation : « Je ne me décide à la guerre que pour répondre aux offenses faites à la religion et à la Papauté. » Le 24, ses troupes franchissent la frontière. « Chaque pas en avant des troupes est un coup d'épée dans mon cœur. Le sort en est jeté. Il faut prier le Ciel qu'il nous bénisse » : c'est, à cet instant, la prière de Marie-Caroline.

Au début, l'expédition ressemble à une simple promenade : aucune opposition sérieuse des Français commandés par Championnet qui reculent en bon ordre et sans vraiment livrer combat. En cinq jours de temps, Rome est atteinte. Championnet s'est retiré au nord : il ne laisse qu'une garnison au Château Saint-Ange. Ferdinand IV s'installe au Palais Farnèse, le 29 novembre, l'ancienne demeure de sa grand-mère. Il écrit au pape, alors réfugié à la Chartreuse de Florence :

> « Votre Sainteté apprendra que par la grâce de Dieu et la miraculeuse protection de saint Janvier, je suis entré en triomphateur dans Rome, la ville sainte. Les impies qui l'occupaient ont fui épouvantés devant la croix du Christ et mes armes. »

A Naples, la joie règne. Les Français en sont de nouveau expulsés. Le représentant de la France, Lacombe Saint-Michel, l'a quitté dès le 29 et Hamilton, au nom de l'Angleterre, signe avec Gallo un nouveau traité d'alliance. L'euphorie est de courte durée. Championnet ne s'était retiré que pour mieux rassembler et renforcer ses troupes. Il passe à l'attaque, bouscule l'armée napolitaine vite désorganisée. Bientôt elle est prise de panique par suite de l'incompétence de son général autrichien. Redoutant d'être pris, Ferdinand le 7 décembre s'enfuit de Rome. Il abandonne son armée. Dès le 11 il est de retour à Caserta. A Marie-Caroline, stupéfaite et désespérée, il ne peut que dire : « Je vous l'avais bien dit, Madame, nos sujets aiment mieux danser que se battre. »

Chapitre XIII

La fuite en Sicile

Championnet marche sur Naples. Inexistante résistance de Mack. Nelson et Emma Hamilton organisent le départ en cachette de la famille royale. Épouvantable voyage de mer jusqu'en Sicile. Désespoir de Marie-Caroline. Le Parlement de Sicile. Championnet accorde un armistice. Révolte et résistance des lazzaroni. *Ils succombent. Proclamation de la République. Saint Janvier l'approuve. Le Directoire désavoue Championnet et le remplace par Macdonald. Marie-Caroline critique l'Autriche. La Russie et la Turquie alliées de Marie-Caroline. Projets de reconquête.*

Dès le 15 décembre 1798, après la victoire remportée à Civita-Castellana par Macdonald, son second, Championnet est de nouveau maître de Rome. Mack ne parvient pas à rassembler les éléments éparpillés de son armée. Dans son affolement, il ne pense même pas à faire appel aux troupes commandées par Naselli que Nelson avait débarquées en Toscane sur les arrières de l'ennemi. Seul, le contingent napolitain mené par Roger de Damas [232] sauvera l'honneur du royaume en livrant quelques courageuses actions de retardement.

Dans les armées du Directoire, les décisions politiques appartiennent non pas aux généraux, mais aux commissaires civils. Faipoult, commissaire auprès de Championnet, considère que la reprise de Rome remplit les objectifs de Paris. Il entend en rester là. Championnet, en revanche, s'estimant peut-être de taille à rivaliser avec un Bonaparte, prend sur lui de poursuivre l'armée de Mack en déroute au-delà de la frontière de la République romaine et envahit le royaume de Naples.

Au lendemain de son piteux retour à Caserta, Ferdinand, le 13 décembre, est dans sa capitale. Il a l'intention sincère de poursuivre la lutte. Par son édit, il lance un solennel appel à la résistance populaire contre l'envahisseur. Le petit peuple, les *lazzaroni*, y répondent aussitôt avec enthousiasme. Par bien des côtés, ses distractions favorites – la chasse, la pêche –, son insouciance et sa nonchalance même, Ferdinand est un peu des leurs. Pour être né à Naples, alors que pendant des siècles le royaume n'avait connu que des vice-rois étrangers, il est considéré comme un vrai Napolitain.

L'intention de résister sur place ne tient guère. Les manifestations qu'organisent les *lazzaroni*, jusque sous les fenêtres du Palais royal, deviennent vite violentes. Le peuple réclame des armes, pourchasse les Français et tous ceux qu'on suspecte d'être jacobins. Pris pour un espion, un certain Ferreri, qui n'était autre qu'un des courriers officiels du roi, est massacré. Cette atmosphère d'insurrection effraie la famille royale qui n'ose plus sortir en ville. Mack confirme son incapacité à contenir l'avance de Championnet qui pourrait, selon lui, envahir rapidement la capitale. Il conseille lui-même au roi de se replier sur la Sicile avec tous les siens. La décision de partir est prise dès le 14. Pour réussir, elle doit rester secrète de crainte que la population n'y fasse obstacle. Aux yeux de Marie-Caroline, partir ainsi n'est guère glorieux. Ne serait-ce pas pire encore de tomber à la merci des Français? Échapperait-elle alors au sort de sa malheureuse sœur? Aussi est-ce le cœur déchiré qu'elle organise avec les Hamilton et Nelson le prochain départ : « Si je ne meurs pas maintenant de douleur, je ne mourrai jamais [233] ! » Nelson arrête les dispositions pratiques :

« Le danger pour la sécurité personnelle de L.M. Siciliennes augmentait journellement. La correspondance pour préparer la fuite fut échangée avec une grande prudence entre la reine et lady Hamilton [...]. Du 14 au 21 décembre, lady Hamilton reçut toutes les nuits les richesses de la famille royale, ainsi que les bagages des nombreuses

> personnes à embarquer. Quant au numéraire, je suis dépositaire de bien 2 500 000 livres sterling. Le 18, le général Mack écrivit qu'il n'y avait plus aucune espérance d'arrêter les Français [...]. Le 21, à huit heures et demie du soir, trois chaloupes commandées par moi et le capitaine Hope vinrent accoster un des débarcadères de l'arsenal; j'entrai dans le Palais et emmenant avec moi la famille royale, je la fis placer dans les trois chaloupes. A neuf heures et demie du soir, ils étaient tous sains et saufs à bord du *Vanguard* [234]. »

Chaque nuit Marie-Caroline, par l'intermédiaire d'Emma, fait parvenir au bord de Nelson les sommes restantes du trésor royal et ce qui lui reste sur sa cassette personnelle – 60 000 ducats [235] – ses bijoux, des malles de vêtements et de linge, quelques objets d'argenterie. Hamilton y fait joindre plusieurs objets d'art de ses collections et Ferdinand insiste pour qu'on y conduise ses chiens. L'embarquement est fixé au vendredi 21 à la tombée du jour. Afin de ne pas éveiller l'attention, sir William et Emma se rendent ostensiblement à une réception donnée par l'ambassadeur de Turquie d'où ils s'éclipsent par une porte dérobée pour rejoindre l'embarcadère. Pour Marie-Caroline, ce vendredi ne paraît jamais devoir finir : « Ce que je souffris dans tout le reste de la journée, les précautions à garder pour se cacher, ne se laissent pas exprimer [236]. »

Ferdinand, le même jour, transmet tous ses pouvoirs civils au prince Francesco Pignatelli. Il le nomme son vicaire général avec mission d'organiser la résistance contre les Français, de leur interdire l'accès de Naples et, en cas d'échec, de se replier avec Mack sur Salerne pour tenir en Calabre. Comme une grande partie de la flotte ancrée dans la rade ne pourra pas cingler vers la Sicile à cause de la désertion de presque tous les équipages, Ferdinand confie au comte de Nizza, un amiral portugais, le soin de détruire tous les vaisseaux qui ne pourront pas prendre la mer afin qu'ils ne tombent pas au pouvoir de l'ennemi [237].

Le soir venu, par quelques mauvaises marches conduisant à un souterrain qui débouche sur le port, la famille royale et sa suite parviennent au quai où Nelson les attend.

> « Je descendis ce malheureux escalier. Je tremblais comme une feuille et, sans ma vertueuse Mimi, je serais tombée mille fois. J'embarquai dans l'horreur de l'obscurité, avec six enfants, ma belle-fille et un enfant à la mamelle. »

Dans la première embarcation prennent place le roi, la reine, François le prince héréditaire, Clémentine son épouse, leur fille Caroline, les trois princesses Christine, Amélie et Antoinette, le prince Albert, Acton, Castelcicala, Belmonte, Gravina et le comte Thurn, un ami autrichien. Marie-Caroline est accueillie à bord par Emma qui l'installe avec ses filles et Clémentine dans la cabine de Nelson. C'est sur le *Vanguard*, où Marie-Caroline est parvenue « transie de froid et de douleur », que s'écoule la première nuit « sans lumière, feu, ni souper, ni lit ».

> « Nous fûmes forcés de rester en rade toute la journée du samedi et du dimanche sans pouvoir profiter d'un temps superbe et d'un vent on ne peut plus favorable, parce que tout le monde n'était pas encore embarqué et parce qu'il fallait faire comprendre à Nizza qu'il ne devait pas faire brûler toute la flotte comme il voulait le faire afin de partir immédiatement avec nous, mais qu'il fallait essayer de sauver quelques-uns de nos pauvres navires. »

Les *lazzaroni* s'aperçoivent avec stupeur que le roi s'apprête à fuir. A bord de petites embarcations, ils rament jusqu'au flanc du *Vanguard*. Ils supplient Ferdinand de revenir parmi eux, de ne pas les abandonner. Mais c'est en vain. Ferdinand refuse même de les recevoir. Zurlo, le cardinal-archevêque, tente une ultime démarche. Par déférence, Ferdinand lui accorde une audience, mais il reste inébranlable dans sa décision de s'en aller. Le dimanche matin, Mack vint à bord « demi-mort, pleurant, expliquant que tout était perdu, que la trahison, lâcheté, était à son comble », et que les Français étaient déjà à Terracine. Ferdinand n'attendait que la confirmation de la totale défaite de ses troupes pour donner l'ordre du départ. C'est le dimanche 23, vers huit heures du soir, « après l'Angélus » que le convoi s'ébranle. Quelques navires anglais, plusieurs bâtiments de commerce transportant ce qui a pu être embarqué à la hâte, et deux vaisseaux napolitains – l'*Archimède* et le *Sannita* – commandés par l'amiral Caracciolo, naviguent de conserve et accompagnent le *Vanguard*. Comme une partie des équipages de ces deux unités napolitaines a déserté et qu'on a dû au dernier moment les remplacer par des marins anglais et portugais, la famille royale a jugé préférable de prendre place sur le navire de Nelson. Il n'en reste pas moins que Caracciolo, qui s'attendait à avoir l'honneur de l'accueillir à son propre bord, reste ulcéré par ce qu'il ressent alors comme un impardonnable affront [238].

La traversée jusqu'à Palerme va prendre l'allure d'un véritable cauchemar. Marie-Caroline la raconte à Thérèse, sa fille :

> « C'est la plus malheureuse des reines, mères et femmes qui vous écrit. La plus malheureuse car je crois que je ne survivrai pas à ce que j'ai vécu au cours de ces derniers jours. A minuit, le mauvais temps commença et ne ralentit que le lundi 24. Nous fûmes toute la journée couchés à terre [...]. Deux matelots nous portèrent du vinaigre et bassins à vomir. A une heure de l'après-midi, il vint une telle tempête, ouragan, que les voiles furent toutes en lambeaux, de notre vaisseau et celui de Caracciolo. Nous commencions à nous perdre, les mâts pliés, les haches en mains pour les couper. Antoinette en chemise, à genoux; Amélie demandant un confesseur et l'absolution; Léopold de même. Moi, je me sentais si malheureuse [...] que je voyais la mort sans peine, espérant en l'infinie miséricorde divine et contente de finir avec mes enfants. Vers deux heures le danger cessa et Nelson dit qu'en trente années qu'il naviguait, il n'avait jamais vu un pareil coup de vent et tempête. La nuit, le roulis de la mer fut tel qu'il fallut tout lier et nous toujours couchées.
>
> « Mardi, jour de Noël, cela diminua un peu, mais à neuf heures, mon fils Albert, de six ans et demi, qui n'avait jamais souffert de convulsions, quoique très délicat, en prit une si forte sans jamais vomir, malgré tous les remèdes, qu'à sept heures du soir il expira au milieu de nous [...]. Qui est mère peut sentir mon état. Ce petit cher cadavre resta avec nous jusqu'à cinq heures du matin, qu'étant arrivée, je me hâtais de descendre [...]. Oh! tempête bénie, pourquoi ne nous as-tu pas tous engloutis [239]? »

Marie-Caroline, épuisée de fatigue et de chagrin, alors qu'il ne fait pas encore jour, débarque aussitôt avec ses enfants et la dépouille de son petit garçon. Ferdinand attend pour descendre à terre que la nouvelle de son arrivée se soit suffisamment répandue pour qu'un accueil officiel des notables puisse lui être réservé.

Bien des désillusions, dans les premiers jours, attendent Marie-Caroline à Palerme. Le palais où elle se rend, inhabité depuis longtemps, est « incommode, froid, manquant de tout, ni chaises, ni canapés, ni rien; aucun mur n'est couvert, rien que des murs blancs, des chaises de paille et, sans cheminée, un froid à mourir [240]. » Tous les enfants sont malades; Clémentine souffre gravement de la poitrine car « elle crache le sang et est minée par la fièvre ». Comble de malchance : le temps lui-même est épouvantable.

> « Il ne fait que neiger au point que toutes les rues et les toits sont blancs, ce qui pour Palerme est très extraordinaire. De ma vie, je n'ai eu si froid, aucune fenêtre, ni porte se fermant; aucun tapis dans les appartements [241]... »

Bien qu'elle ne se fasse plus guère d'illusions sur son mari, le comportement de Ferdinand la surprend :

> « Le Roi est charmé d'être en sûreté, sort, va au théâtre, à la campagne et est le moins affecté [...]. Il n'est nullement affligé et se fâche de me voir toujours en larmes [...]. Il doit sentir d'avoir perdu la meilleure partie de sa couronne, de ses rentes, mais il ne sent que les nouveautés qui l'amusent, sans penser que nous sommes au quart de nos revenus, déshonorés, malheureux et en entraînant d'autres dans le même malheur [...]. Nous sommes ici sans armée, sans artillerie [...] une île sans défense, sans troupes, sans marine, des fortifications pourries [...]. Qu'est-ce que cela laisse espérer? La mort ou être traduite à Paris? Je préfère le premier et laisse, à ceux qui ont envie de choisir, le second [242]. »

Par chance, l'accueil de la population, pour l'instant, ne déçoit pas trop. « Les gens ont montré plaisir à nous voir, mais non enthousiasme. » Quant à la noblesse locale – les « barons », ainsi qu'ils se nomment eux-mêmes qu'ils soient princes, ducs ou comtes – elle marque d'emblée son hostilité à l'égard d'un gouvernement essentiellement composé de Napolitains. La Sicile, toute rattachée à Naples qu'elle soit, a su maintenir son antique parlement dont l'institution remonte à la conquête du Royaume des Deux-Siciles par les Normands (XIIe et XIIIe siècles). Il se réunit en principe tous les quatre ans sur convocation du roi. A la fin du XVIIIe siècle, trois chambres le composent : la chambre militaire, ou noble, où siègent cinquante-sept barons féodaux, la chambre ecclésiastique avec environ soixante-dix évêques et abbés, enfin la chambre domaniale ou des *Comuni*, censée représenter les villes et les villages dont les quarante représentants sont nommés par le roi. Le vote par tête n'a guère de signification car, à la chambre des nobles, chaque baron dispose d'autant de voix qu'il détient de fiefs. Les barons disposent ainsi, à eux seuls, de deux cent soixante-quinze voix, le prince de Butera en a lui-même plus de quarante ! C'est dire que pour le vote des impôts et des subsides à la royauté les barons sont tout-puissants. Dans l'immédiat, ils font leur cour à Ferdinand. Mais Marie-Caroline note déjà :

> « La noblesse est à l'affût et ne désempare pas de la chambre. Elle voudrait tout obtenir, avoir, endormir [...]. Ses acclamations sont celles à un roi chancelant [243]... »

*

En nommant Pignatelli son vicaire général, Ferdinand fait un aussi mauvais choix que celui de Marie-Caroline lorsqu'elle avait réclamé à Vienne le général Mack. Devant l'avance des troupes françaises, ils se montrent l'un et l'autre incapables de rétablir l'ordre et d'organiser la résistance. Les forteresses, les places fortes se rendent tour à tour. Championnet est à Gaète, puis à Caserta. Naples est tout proche. Seule, Capoue résiste encore. Pignatelli tient la partie pour perdue, avant même d'avoir tenté de la jouer. Dans l'espoir de pouvoir sauver encore l'essentiel, il conclut avec Championnet, le 11 janvier 1799, un armistice de deux mois [244] : à l'exception de Naples même et du sud du royaume, tout le territoire – de la Méditerranée à l'Adriatique – situé au nord des fleuves Volturno et Ofanto, sera occupé par l'armée française. C'est dire que toute liaison avec le nord de l'Italie est désormais coupée ; Capoue se rendra sans résistance. Les Anglais devront immédiatement évacuer tous les ports napolitains. Enfin Naples est taxée d'une contribution de guerre de dix millions de francs. A la nouvelle de cet armistice et surtout de l'inexplicable reddition de Capoue sans combat, la population de Naples entre en révolte. Elle confirme l'opinion qu'en a Marie-Caroline :

> « Le peuple est encore fidèle. Il veut s'armer, se défendre, et les prêtres, qui craignent la destruction de la religion, l'y animent. Mais la noblesse, craignant le pillage, ralentit, anéantit la fureur et la fidélité du peuple. Ah ! que n'y suis-je ! Je sauverais sûrement Naples ou j'y périrais [245] ».

Après s'être emparé des armes entreposées sur le navire qui ramenait à Naples les troupes que Nelson avait inutilement débarquées en Toscane, les *lazzaroni* se rendent successivement maîtres des trois forteresses de la ville, le Castel Nuovo, le Castello dell'Ovo et le fort Sant'Elmo. Comme la contribution de guerre n'est pas rassemblée dans le temps prescrit et que les Anglais n'évacuent pas les ports, Championnet en vient à considérer que l'armistice est rompu. Sa décision de marcher sur Naples se trouve renforcée par la demande expresse qu'en fait un groupe de républicains, de nobles libéraux et de bourgeois jacobins qui, dans l'anarchie qui s'installe, craignent maintenant pour leur vie. L'assaut risque d'être très meurtrier : le fort Sant'Elmo, tenu par les *lazzaroni*, surplombe toute la ville ; aussi les républicains sont-ils priés de préalablement le neutraliser. Ils y parviennent grâce à la trahison du prince de Moliterno, que les *lazzaroni* se sont donné pour chef. Championnet, le 21 janvier, partant de Capodimonte, peut alors lancer ses colonnes sur la ville. L'opération est sanglante. De Palerme, Marie-Caroline raconte :

> « Bien que l'infâme Moliterno tirât sur eux du haut de Sant'Elmo, ils (les *lazzaroni*) se défendirent avec tant de vigueur et de résolution

sur tous les points qu'à quatre heures du soir les Français demandèrent un armistice. Le combat continua dans les mêmes conditions et avec le même succès, et ce fut alors que ce scélérat de Moliterno fit venir une colonne française, lui céda le château Sant'Elmo et, les faisant descendre par la *Madonna dei Sette Dolori*, il tint le peuple entre deux feux. A ce moment, tous les Jacobins au nombre de quarante-deux mille levèrent le masque aux cris de « *Vive la liberté* » [...] Le peuple, pris entre deux feux, perdit courage et effrayé par les menaces de mort, se laissa désarmer. [246] »

Le combat de rues se prolonge sur trois jours. On compte trois mille morts dans le petit peuple pour un millier de tués dans les rangs français.

Abandonnant son commandement et ayant revêtu son uniforme autrichien, Mack vient trouver Championnet; il lui remet son épée : « Gardez-la, général, s'entendit-il répondre, mon gouvernement m'interdit d'accepter les cadeaux fabriqués en Angleterre [247] ». Quant à Pignatelli, il estime qu'il n'a plus rien à faire sur place. Il s'embarque pour la Sicile où, dès son arrivée, Ferdinand le jette en prison.

Alors qu'elle a pendant quelques semaines cherché à trouver des excuses au comportement de Mack, son compatriote, Marie-Caroline peut, en mars, le condamner sans appel :

« Il est le dernier des lâches et des misérables. Une armée de 50 à 60 000 hommes détruite en quinze jours sans même avoir livré une bataille! C'est lui qui a écrit au Roi pour le pousser à entrer à Rome. C'est lui, ses lettres en font foi, qui lui conseilla de s'enfuir d'abord de Rome, puis de Naples. C'est lui qui, après avoir juré de vive voix et par écrit, qu'il irait combattre dans les montagnes des Calabres, conseillait et imposait l'armistice; lui enfin qui, après avoir ramassé et empoché tout l'argent que le Roi pouvait lui donner, est parti avec tous ses bagages, est allé chez Championnet, y a soupé et couché, est parti par terre avec la gloire d'avoir en quinze jours ruiné le plus beau pays du monde [...]. C'est trop énorme pour qu'on puisse croire à la bêtise ou à l'ignorance. Le temps nous dévoilera ce mystère. Il répugne à mon cœur d'attribuer d'autres motifs à sa conduite [...]. La façon dont on le recevra à Vienne nous prouvera comment tous ces inexplicables malheurs ont pu arriver [...]. Que cela vienne d'une politique infâme ou d'une infatuation derrière laquelle se cachait l'incapacité, peu importe, puisque, hélas! le mal n'en est pas moins fait. S'il osait, après cela, dénigrer et attaquer l'armée et la nation qu'il vient de ruiner, il n'échappera pas au châtiment qu'il mérite et que nous n'avons pas réclamé par égard pour celui qui nous l'a envoyé [248]. »

Bien qu'à Naples, « le parti français soit faible et que le peuple soit pour le Roi, saint Janvier, contre les Français et l'idée de république », comme s'en persuade Marie-Caroline, un groupe de vingt-cinq républicains déterminés, parmi lesquels on compte surtout des bourgeois mais aussi quelques nobles, proclame la République napolitaine [249]. Championnet la reconnaît le 23 janvier. Il devient « l'idole des Jacobins, celui qui fait flotter le drapeau tricolore du front du Capitole au cratère du Vésuve ». Conduite imprudente : Championnet n'a reçu aucune instruction en ce sens du Directoire. Faipoult en est scandalisé. Il réclame aussitôt à Paris la destitution de son général. En quelques jours, les « patriotes » rédigent une Constitution largement inspirée de celle de l'an III qui a créé le Directoire : cinq directeurs, les archontes, un sénat, un conseil. Elle présente pourtant un trait fort original : l'institution d'un conseil de trente personnes, les éphores, chargé de veiller à la constitutionnalité des lois. Sur la personnalité des cinq directeurs, l'opinion de Marie-Caroline ne tarde pas : Mario Pagano « est l'homme dangereux »; le père Caputo, tout comme Fasulo, un avocat, « ne sont que des prête-noms derrière qui se cachent Luigi de Medici et le prince de Cassano »; Flavio Pirelli « est mis là pour faire confiance »; quant à Matteo Zarillo, il n'est qu'un « ridicule médisant [250]. »

Le 27 janvier 1799, Championnet, en grande pompe, assiste à l'installation du nouveau gouvernement. A la cathédrale, où il a placé une garde d'honneur devant la chapelle de saint Janvier, il assiste à un *Te Deum* que célèbre Zurlo, le cardinal-archevêque. Pour montrer que le Ciel lui-même se prononce en faveur des Français et du nouveau régime, le miracle du saint est sollicité, de façon d'ailleurs tout à fait exceptionnelle car son sang ne se liquéfie en principe que le jour de sa fête, le 19 septembre. Le baron Thiébault, dans ses *Mémoires*, raconte la scène :

> « Le respectable cardinal n'était pas sûr d'être exaucé, il hésitait, disait qu'il fallait des prières extraordinaires, une foi à toute épreuve; le général en chef a prié comme le diable; il a cru tout ce qu'il fallait croire et le sang de saint Janvier a coulé. Au même moment, le Vésuve a vomi des flammes [...]. Le Vésuve lui-même se faisait patriote. »

Comme le dira plus tard le duc de Richelieu, les Napolitains constituent « une masse qu'on agite en sens contraire avec une égale facilité ». Sans doute cela tient-il « aux richesses que la nature a prodiguées à ce beau ciel », d'où leur « crainte de ne pas jouir en paix de tant de bienfaits ». C'est pourquoi « ils subissent patiemment tous les jougs qu'on leur impose et se rangent, tour à tour, sous l'étendard de la révolte puis secondent de leur zèle les réactions les plus cruelles. »

Dès que le peuple eut interprété le miracle de saint Janvier comme un signe d'approbation,

> « la scène, comme par un coup de théâtre, changea complètement, et la même populace qui s'était battue jusqu'à la rage pour la cause du roi parjure, se retourna avec le même délire du côté des Français, en criant avec une ardeur sans égale : Vive la République ».

« Dans Naples, fumante de carnage et même brûlant encore », le théâtre San Carlo est rouvert le soir même. La salle est comble de monde, et « du plus beau monde ». « Les loges sont pleines de femmes des plus charmantes et des plus parées ». Après le premier acte, Championnet se retire sous les applaudissements, les vivats et les cris.

> « Tout cela avait lieu neuf à dix heures après qu'à coups de canon et de baïonnettes, nous combattions encore en barbotant dans le sang de vingt mille habitants ».

Puis les fêtes s'enchaînent. Aux chasses au sanglier, raconte encore Thiébault, succèdent :

> « Des dîners splendides, des bals somptueux. Jamais les chefs d'une armée étrangère, ennemie, ne furent l'objet de plus d'empressement, de plus de galanterie; jamais il n'y eut, sous ce rapport, une rivalité plus active entre les personnages du plus haut rang [...]. L'élite de la population se donnait à nous ou plutôt nous adoptait; c'est vraiment nous qui avions l'air d'être conquis [251]. »

Sans qu'elle en connaisse tous les détails, cet accueil révolte Marie-Caroline.

> « Les dames, à Naples, font des choses incroyables. Elles vont même quêter dans toutes les maisons en faveur des braves soldats qui doivent aller contre les nôtres [252] ! »

Les premiers plaisirs passés, vient le temps des désillusions. Au nom de la République française, Championnet prend possession des biens et des revenus de la famille royale. Il envoie vers Paris une partie des collections des musées et des antiquités de Pompéi. Pour subvenir aux frais de son occupation, il décrète une contribution de soixante millions, dont seize pour la seule ville de Naples. Faute de pouvoir y faire face, car le numéraire fait défaut, de nombreuses familles sont contraintes de s'en acquitter en faisant abandon de leurs bijoux. Le mécontentement gagne. Dans les campagnes, l'insécurité règne : si Naples semble soumise, la Pouille et les Calabres restent fidèles à leur roi. Excédé par les récriminations de Faipoult, Championnet l'expulse le 6 février 1799. Conscients de leur impopularité croissante, les directeurs eux-mêmes recherchent maintenant le soutien de Paris et, fin mars, ils y envoient une délégation. « Moliterno est parti avec une grande suite; il va comme ambassadeur à Paris pour remercier la Mère République du bonheur d'être devenue sa fille [253] », ironise Marie-Caroline. Mais le Directoire, convaincu par Faipoult de l'inconduite de Championnet, a désavoué ce dernier. Il est convoqué à Paris [254] pour venir se disculper devant un conseil de guerre. Le Directoire le remplace par le général Macdonald. A Paris, l'ambassade napolitaine perd son temps : non seulement elle n'obtient aucun appui, mais elle ne parvient même pas à se faire recevoir.

Depuis le 1er mars 1799, l'Autriche a rejoint la Deuxième Coalition aux côtés de l'Angleterre, de la Russie et de la Turquie. Elle a entamé une guerre nouvelle dont les perspectives apparaissent redoutables. La survie de la République parthénopéenne apparaît dès lors bien secondaire aux yeux du Directoire.

*

Pendant qu'à Naples la République a bien du mal à se maintenir, Marie-Caroline, de Palerme, déploie son inlassable et habituelle activité. Malgré la difficulté des liaisons, elle reste en contact avec Londres, Saint-Pétersbourg et Constantinople. Mais aucune nouvelle ne lui parvient de Vienne, ni de Gallo, ni de sa fille, ni de l'empereur. Elle ne sait à quoi attribuer ce silence. Elle s'en désole :

> « Je dois croire que l'Empereur, mon gendre, est à bout de ressources. Car il me répugne de croire qu'il veuille nous voir massacrés [...]. Ne voulant donc pas porter de jugements téméraires, j'aime supposer qu'il est dans l'impossibilité de rien faire pour nous, comme fils, neveu et allié [255]. »

A la longue, ce silence lui apparaît « scandaleux, une vraie catastrophe » car :

> « Cela fait causer et murmurer ici. Que le baron de Thugut [256] soit illuminé, soit vendu, ou que la haine lui fasse oublier que je suis la fille de sa Bienfaitrice, de celle qui l'a créé, de l'Immortelle Marie-Thérèse, soit ! Mais qu'il fasse faire si triste figure à ses Jeunes Maîtres en les empêchant d'aider des parents, des alliés qui ont lutté avec eux et qui viennent d'être sacrifiés par un général à eux ? Patience ! Cette absence de nouvelles produit le plus mauvais des effets. Tout le monde me questionne. Je n'ose répondre et je garde le silence en dévorant mon humiliation et mon chagrin. On met à ma charge toutes les fautes commises et jusqu'à l'indifférence de la cour de Vienne où je suis née et où j'ai une fille sur le trône. Enfin [257] ! »

Que de grandes choses, pourtant, l'empereur ne devrait-il pas faire!

« Parler en ton de maître, s'unir à la Russie et à la Prusse [258], faire rendre Naples; à Rome, y réinstaller le Pape ou pourquoi pas l'un de ses frères pour qui ce serait un utile établissement, l'épauler avec une fille à nous mariée qui le soutiendrait. »

A côté de ces objectifs peu réalistes auxquels Marie-Caroline se laisse aller à rêver, des résultats beaucoup plus concrets viennent la réconforter. La Russie et la Turquie [259] confirment leur alliance avec Ferdinand. Par un courrier de Constantinople arrivé fin février 1799 à Palerme :

« Le Sultan promet de nous fournir 10 000 Albanais et d'intervenir de façon à nous valoir la paix avec les Barbaresques [...]. Le traité a été conclu avant qu'on ait eu vent de nos malheurs [...]. La Porte loyale et honnête – ce ne sont pourtant que des Turcs et des Mahométans! – a déjà fait des démarches en vue de nous obtenir 12 000 Russes sous les ordres du général Hermann [...]. Hier matin, deux vaisseaux anglais avec des transports nous ont amené 1 300 hommes de belles troupes et on nous en annonce encore d'autres. Les troupes ont été immédiatement dirigées par mer sur Messine, où elles doivent défendre la citadelle [260]. »

Comme les choses iraient encore mieux si Ferdinand voulait bien – enfin! – seconder sérieusement les efforts de sa femme!

« Mon conseil est que le Roi convoque un parlement, écrit Marie-Caroline, parle en roi, en père, peigne ses besoins, la nécessité de se défendre, d'user de tous les moyens; (qu'il) accorde quelques grâces, privilèges de peu de conséquence et les enthousiasme à de grands sacrifices. Mais je n'ai pu obtenir cette unique et nécessaire mesure. On ne fait rien et nous serons bientôt dans l'embarras, car il faut tout créer, marine, artillerie, tout [261] ! »

(Vraiment) « le Roi me passe. Il a pris une maisonnette à la campagne. Il va chaque soir au théâtre, au bal masqué, est gai et content, se fâche si l'on parle, s'occupe de Naples; ne donne pas d'audience, ne visite aucun endroit public; gronde tout le monde et parle comme il ne l'a jamais fait [...]. J'ai proposé cent choses sans lesquelles, croyez-moi, Naples est perdue à jamais [...]. J'ai conjuré le Roi d'aller à Messine, de se montrer en Calabre. Non, non, Palerme, et même plus éloigné; théâtre, capitale, sottises, amusements et on ne fait rien [262]! »

Après quatre mois de séjour, Ferdinand semble s'être effectivement accoutumé à sa situation nouvelle.

« Le Roi, soit religion, résignation, vertu ou tempérament est soumis à son sort bien plus que moi [...]. Il est content [...]. Il a oublié Naples, toutes ses habitudes et je suis convaincue qu'il ne désire jamais plus la revoir [...]. Ces malheureux événements ont infiniment aigri son humeur et il est bien plus despotiquement maître qu'il ne l'a jamais été [...]. C'est lui qui fait faire toutes les économies et nous sommes tous très à l'étroit, ne pouvant ordonner un matelas de plus sans permission expresse [...]. Il devient despote en famille, ne pouvant l'être comme souverain [...]. François (le prince royal) a aussi les mêmes idées, maison de campagne, animaux, laiterie [...] [263]. »

Marie-Caroline ne peut se confier qu'au seul Gallo :

« La pensée du déshonneur, dénigration dans toute l'Europe, cela me tue plus que ma perte et mes malheurs! Ici, je suis complètement malheureuse. Le pays me déplaît... tout y est en retard de soixante ans, je ne puis y vivre [...]. J'envie le Roi qui n'est nullement affligé [...] [264]. »

La contagion jacobine n'épargne pas la Sicile. Elle s'y développe à mesure que la situation énonomique s'y dégrade, que le coût de la vie et la fiscalité y augmentent, que le ravitaillement s'y fait mal et qu'on cherche à y recruter une garde nationale. De leur côté, les « barons » supportent de plus en plus impatiemment le gouvernement des ministres napolitains. Marie-Caroline s'en rend bien compte :

« Le mouvement révolutionnaire gagne ici du terrain. Dans une quantité d'endroits, les Jacobins se servent du prétexte de la cherté des vivres pour tuer, brûler et commettre un tas d'horreurs [...]. Nous marchons sur un volcan. Pour nous concilier la nation, nous avons donné deux ministères à des Siciliens : Trabia à la Guerre et à la défense des côtes; Cassero à la Police, la Justice et les vivres [265]. »

Heureusement, le caractère de Marie-Caroline a un singulier ressort! Ce qui se profile à l'horizon lui laisse entrevoir des jours meilleurs. L'aide susceptible d'être apportée par les Russes et les Turcs se précise. Elle donne ses instructions à Gallo :

> « Insistez auprès de l'empereur russe pour qu'il pousse en avant; travaillez Ludolff [266] pour les Turcs. Une diversion en Pouille, à Bari, les Russo-Turcs s'avançant sur la capitale, Nelson se présentant par mer faciliterait le débarquement en jetant quelques bombes [...]. Se relèverait alors le moral de nos peuples fidèles, mais désolés et découragés, et nous voilà délivrés des Vésuviens et des brigands français [...]. Tout prouve qu'un corps de 12 000 hommes suffirait pour nous remettre en possession de Naples [267]. »

Les événements vont justifier l'optimisme de Marie-Caroline. Mais la reconquête va s'effectuer tout autrement qu'elle ne l'imaginait. Sans beaucoup y croire, Ferdinand et la reine ont, le 28 janvier 1799, confié au cardinal Ruffo la mission de prendre la tête d'un mouvement contre-révolutionnaire en Calabre, dont il est originaire. Ils l'ont nommé vicaire général du royaume. Cette fois-ci le choix va se révéler miraculeux : c'est entre ses mains que les républicains et les Français devront capituler à Naples le 19 juin.

Chapitre XIV

Reconquête et répression

Le cardinal Ruffo. Débarquement en Calabre. Les Sanfédistes. Atrocités. La Deuxième Coalition. Revers français. Bataille dans Naples. Macdonald abandonne la capitale. Reddition des républicains. Le 30 Prairial. Répression à Naples. Ferdinand y délègue Nelson et Emma Hamilton. Dénonciation de l'accord de capitulation. Exécution de l'amiral Caracciolo. Ferdinand au bord de Nelson. Exécutions. Fêtes à Palerme pour le retour de Nelson.

L'armée napolitaine s'est volatilisée par l'inconséquence du général Mack. Ne disposant en Sicile d'aucune troupe digne de ce nom, Marie-Caroline est persuadée que seule une intervention étrangère permettrait la reconquête de Naples. Elle compte sur les Russes et les Turcs avec qui les traités d'alliance ont été conclus. Elle pense aussi que sans la présence d'une force armée étrangère, qui imposerait l'ordre dans Naples reconquise, on ne parviendra pas à mettre à la raison tous les Jacobins qui maintenant y pullulent. Si sur le deuxième point, les événements vont lui donner raison, le cardinal Fabrizzio Ruffo qui le 7 février 1799 débarque dans le petit village de Pezzo en Calabre, non loin de son lieu natal, va démentir son premier pronostic.

Rien ne prédestine particulièrement cet homme d'église âgé d'une soixantaine d'années à se transformer en chef de guerre. Fixé un temps à Rome, puis chargé par Ferdinand de diriger la petite fabrique de soie de San Leucio, il s'est jusqu'alors davantage consacré à des tâches administratives qu'aux missions pastorales qu'appelait son état. Parti avec moins de dix compagnons, Ruffo, sitôt arrivé, demande et obtient le soutien du clergé de Calabre qui convie les paysans à le rejoindre. En l'espace de quelques semaines, des milliers d'entre eux viennent se ranger sous sa bannière. Celle-ci, d'un côté, arbore les armes royales et, de l'autre, la croix du Christ. Ruffo place ainsi son armée improvisée sous le signe et la protection de la Sainte-Foi (d'où le nom de « Sanfédistes », donné à ses troupes). Certes, parmi ceux qui le rejoignent, il s'en trouve quelques-uns pour qui le sentiment religieux explique le ralliement. Pour la majorité, l'engagement a de moins nobles causes : appât du gain ou perspective des pillages à venir. Surtout cette promesse que leur fait le cardinal de leur distribuer les terres des bourgeois et nobles qui ont choisi la cause républicaine. S'y ajoute la décision d'abroger aussitôt les impôts les plus impopulaires qui jusqu'alors les frappaient. Ruffo veut simplement pacifier. Il réprouve toute violence inutile. Mais son armée hétéroclite ignore, rejette même dans les premiers temps, toute discipline. Elle massacre sans pitié tous ceux qui dans les villes et les villages lui résistent. Les Sanfédistes savent bien d'ailleurs que, s'ils tombent aux mains de leurs adversaires, ils ne doivent pas s'attendre à davantage de pitié. Aux atrocités en répondront d'autres.

Vers la fin de février, les Sanfédistes, après s'être emparés de Catanzaro, de Crotone et de Cosenza sont pratiquement maîtres de la Calabre. Ils poursuivent leur marche vers le nord. Ils pénètrent en Basilicate. Ailleurs, dans les Abruzzes, en Molise, d'autres mouvements contre-révolutionnaires éclatent à leur tour. Des chefs de bandes s'y illustrent, notamment Michele Pezza – plus connu sous le nom de Fra Diavolo – à Soria, au nord de Cassino. L'étau se resserre sur Naples. Les liaisons avec Rome sont menacées. De Palerme, Marie-Caroline applaudit à ces succès :

> « Le cardinal, plus brave que jamais, fait des prodiges. Presque sans d'autres moyens que l'enthousiasme, il a soumis toutes les Calabres, à

l'exception de deux points où se trouve encore l'arbre maudit. Mais il vient d'en abattre une quantité dans la province de Cosenza. »[268]

Macdonald s'inquiète de cette révolte royaliste aux allures de guerre sainte. De temps à autre, il lance contre elle une expédition punitive ou incendie quelques villages. Mais la révolte renaît aussitôt en un autre lieu. L'armée républicaine fait de même, avec mises à sac, incendies, tortures et massacres. Il est clair que le clergé est l'un des moteurs de la résistance. Aussi Macdonald édicte-t-il qu'évêques, abbés et curés des villes et villages où se produiront des rébellions en seront tenus pour responsables et exécutés. Mais, en ce début de mars, Macdonald a bien d'autres préoccupations que de soutenir les Napolitains républicains. La Deuxième Coalition contre la France est maintenant formée. Comme les Russes, qui ont promis leur soutien à Ferdinand et à Marie-Caroline, ne peuvent par voie de terre pénétrer en Italie qu'en traversant les États héréditaires de l'Autriche et que l'empereur vient de les y autoriser, le Directoire lui déclare la guerre le 12 mars 1799.

Marie-Caroline est remplie d'espoir. *A priori,* non sans raison. Les forces alliées apparaissent formidables et leur plan d'action redoutable :

– une première flotte russe, celle de la mer Noire, franchissant le Bosphore et mouillant à Constantinople – ce qui ne s'est encore jamais vu – s'alliera aux Turcs, cherchera à s'emparer des îles Ioniennes et tentera un débarquement en Italie du Sud;

– une seconde flotte, russe également, partant de la Baltique, transportera, sous le commandement du général Hermann, un corps de débarquement en Hollande où le rejoindra l'armée anglaise du duc d'York. La Belgique sera leur objectif;

– l'archiduc Charles, au départ de la Bavière, marchera vers le Rhin et tentera de forcer son chemin en Alsace. Deux de ses généraux, secondés par l'armée russe de Korsakov, attaqueront les Français basés en Suisse;

– enfin, une autre armée austro-russe commandée par Kray

et Souvorov cherchera, en attaquant en Italie du Nord, à reconquérir la Lombardie et le Piémont.

Pour s'opposer aux coalisés qui rassemblent ainsi plus de 350 000 hommes, le Directoire ne peut alors aligner que des forces de moitié inférieures, dispersées en cinq armées différentes.

Les hostilités commencent aussitôt par des succès autrichiens. Jourdan a, le premier, franchi le Rhin à Kehl, mais, le 25 mars, il est battu à Stokach, au nord-ouest du lac de Constance, par l'archiduc Charles. Schérer, un général médiocre, pense pouvoir vaincre les Autrichiens de Kray avant que les Russes de Souvorov ne viennent les renforcer. Il les attaque alors qu'ils sont solidement ancrés sur les rives de l'Adige. Vaincu le 5 avril, à Magnano, Kray le poursuit et le rejette loin à l'ouest jusqu'à l'Adda. Ce serait presque une déroute, si Schérer ne passait pas son commandement à Moreau. Les Russes sont maintenant là. Battu à Cassano, malgré une courageuse résistance, Moreau doit se replier sur le Piémont. La Lombardie est reconquise. Le 28 avril, Souvorov fait son entrée dans Milan et y abolit aussitôt la République cisalpine.

Par des voies détournées, la nouvelle de ces premiers succès parvient cependant à Palerme. Bien sûr, Marie-Caroline s'en réjouit. Sa joie n'est pas sans mélange : c'est sur Naples que ses yeux restent fixés, là où depuis longtemps les Russes auraient dû débarquer. Reconquérir Naples? Il suffirait pourtant de peu de choses, s'écrie Marie-Caroline le 12 avril : « Pour notre honte éternelle, les Français n'y sont qu'une poignée; tout le reste, ce ne sont que des Jacobins! » Autre sujet d'irritation : Vienne. Depuis son arrivée en Sicile, elle n'en reçoit aucun message. Elle attribue ce silence à l'influence de cet « infâme » Thugut, ce « vieux renard », que maintenant elle déteste. Ce qu'elle ignore, c'est que l'escadre russe de l'amiral Outchakov, secondée par Cadri Bey, le commandant de la flotte ottomane et par les Albanais d'Ali, le pacha de Janina, sont alors tous occupés par la conquête des îles Ioniennes : là aussi, ils remportent des succès.

Les revers subis par les Français en Italie du Nord, la révolte qui gagne les alentours de Naples, la perte d'Ischia, de Procida et de Capri, prises par les Anglais, conduisent Macdonald à envisager sa retraite. Le 24 avril, il en annonce son intention, tout en menaçant de revenir aussitôt, « comme la foudre », sur Naples au cas où la rébellion s'y étendrait. Comme le gouvernement républicain risque de se trouver dans une situation critique, Macdonald, afin de le protéger en tablant sur l'habituelle crédulité des *lazzaroni*, décide de faire provoquer une nouvelle fois le miracle de saint Janvier. C'est de nouveau Zurlo, le cardinal-archevêque, qui est prié d'opérer. Il le fait, cette fois-ci, sans grande conviction : le miracle tarde. Chez les *lazzaroni*, l'agitation gagne. Sollicité par Macdonald, le président du gouvernement napolitain intervient alors. Il s'approche de l'officiant, lui présente ses pistolets cachés dans son gilet et lui glisse à l'oreille : « Si le miracle ne se fait pas de suite, vous êtes mort ! ». Le sang aussitôt se met à couler. Se retournant vers la foule, Zurlo peut déclarer sous les applaudissements et les cris : « Vous voyez, mes frères, saint Janvier veut la Révolution. »[269]

Comme les combattants de la Sainte-Foi progressent vers Naples, les habitants de Salerne, de Sorrente et de Castellamare escomptent leur arrivée prochaine et se soulèvent contre les républicains. Avant de quitter Naples, Macdonald décide de faire un exemple. Il réprime cette rébellion avec brutalité. Voilà qui confirme ce que continue à penser Marie-Caroline

> « qu'il n'y a rien à espérer, si des forces étrangères ne viennent soutenir la bonne volonté du peuple [...]. Celui-ci, toujours bien disposé voudrait faire la contre-révolution. Salerne l'a fait, a coupé l'arbre de la liberté, mis le pavillon du Roi. Un vaisseau anglais et une frégate du Roi y alla avec un peu de troupes, mais, avant leur venue, les maudits Jacobins étaient déjà venus avec des canons [...]. Des Français, au nombre de deux mille [...], se sont emparés de Salerne. Ils vont y commettre des cruautés et horreurs pour empêcher les autres de s'ôter de leur domination. A Castellamare, on se battait vivement. Il va couler des flots de sang par le crime des coquins [...]. Cela fait frémir. Salerne, Castellamare, Sorrente ont été pour le Roi. Quel avantage en ont-elles tiré ? Elles ont été reprises et saccagées [...]. Nous n'avons

aucune nouvelle de nos Russes bénis qui nous seraient si nécessaires et sans lesquels nous ne reprendrons point Naples [...] [270]. »

En écrivant ceci Marie-Caroline ne sait pas encore que le 5 mai l'armée de Macdonald a évacué la ville. Il n'y laisse qu'une garnison de quelques centaines d'hommes seulement au Fort Sant'Elmo sous le commandement du colonel Mejean. Aux seuls républicains incombe désormais la défense de Naples. Leurs troupes s'installent aussitôt au Castel Nuovo et au Castello dell'Ovo.

Vers la mi-mai, on apprend qu'une escadre française a échappé à la vigilance des Anglais et a pénétré en Méditerranée. Des navires espagnols seraient venus la renforcer. A Naples, les républicains espèrent des secours. A Palerme, Marie-Caroline s'inquiète. Apprenant la nouvelle, Nelson prend la mer. Il ne découvre rien, sinon quelques petites unités républicaines commandées par Caracciolo avec qui s'engage un bref combat. Nelson ne lui pardonnera pas. Dans Naples, les républicains n'en poursuivent pas moins une résistance acharnée. Aucune aide extérieure ne peut désormais les secourir. L'escadre française n'est qu'un mirage et les garnisons françaises que Macdonald a laissées dans Capoue et Gaète sont, elles aussi, assiégées. Pendant près d'un mois, la terreur va régner dans la ville. Perquisitions, arrestations, exécutions sommaires se multiplient. Cherchant à limiter le carnage, Ruffo a promis, dès la mi-avril, l'amnistie à tous ceux qui retourneraient « au bon parti, en reconnaissant leurs erreurs ». C'est en vain.

« Les Jacobins se défendent comme des diables et font un mal infini, constate amèrement Marie-Caroline. On a publié et affiché le pardon général, de transporter avec sûreté et passeport libre tous les coquins, même les chefs, en France. Rien n'a fait effet et ces infâmes rebelles se défendent à toute outrance. Après plusieurs heures de combat, le pont de la Maddalena a été passé et le Castello del Carmine [271] pris d'assaut [...]. Le Castel Nuovo et le Castello dell'Ovo font un feu continuel et des sorties sur le peuple fidèle [...]. Cela rend le peuple féroce, qui pille, tue et brûle et Naples est depuis plusieurs jours, par l'obstination des Jacobins et le manque des Russes si nécessaires, dans un état d'horreur [...] [272]. »

Même si la reconquête tarde à cause de l'absence de toute aide extérieure, Marie-Caroline, grâce aux bonnes nouvelles de la guerre en Lombardie, ne doute plus maintenant du succès final. Elle croit le moment venu de faire part à Gallo de son sentiment sur les différentes cours impliquées dans le conflit et sur les décisions qui devront être prises. Elle le fait dans un document qu'elle intitule : *Tableau de notre présente situation politique* [273]. Comme depuis des mois elle est sans nouvelles de l'empereur et de sa fille, sa remarque sur Vienne est un peu désabusée :

> « Avec cette cour où tant de liens et d'intérêts exigeraient la plus grande intimité, les sentiments, la confiance est refroidie et reprendra difficilement sincèrement, car les esprits sont très aigris. »
>
> La Russie? « Si elle nous envoie dix ou douze mille Russes, elle nous aura sauvés et il faudra fermer les yeux et coadjuver aux vues sur Malte [...] [274]. »
>
> La Turquie? « Le Turque *(sic)* se montre sincère et loyal. Je ne profiterai que de leurs escadres [...] pour nous apporter des Russes. J'augmenterai le corps des Albanais à vingt mille hommes et les jetterai au midi de la France et leur dirai : « Mes amis, pillez, mangez, dévastez, ruinez, mais faites une forte diversion qui embarrasse et empêche d'envoyer des renforts en Italie et ruine chez eux ces Vandales [...] ».
>
> Quant aux Anglais, « ils se sont montrés les plus fidèles, zélés, loyaux. Sans eux, nous serions déjà pensionnaires ou décapités, ou au château [...]. Ils montrent, tant l'amiral Nelson que le gouvernement, le plus sincère intérêt [...]. Soit intérêt, envie pour le commerce et avoir Naples et ses ports en mains amies, je ne regarde que l'effet, et il est avantageux pour nous [...]. Quel que soit le motif, le service est réel et nous ne pouvons que leur en être éternellement obligés [...]. »
>
> L'Espagne? « Nous ne sommes ni mal, ni bien. Elle est nulle, ses forces de terre réduites à rien, les maritimes paralysées, ruinée en finances, menacée d'un bouleversement qui, vu le caractère castillan, sera lent à venir, mais inébranlable une fois venu [...] ».
>
> La Prusse? « Je crois que tout oubli de griefs, tout doit être efficace pour l'attirer dans le parti du bien général. »

Abordant ce qui lui tient plus que tout à cœur, la situation du royaume, Marie-Caroline constate :

> « Il faut avouer, pour la vérité et à notre honte, que tout le royaume de Naples, toutes les provinces ont été démocratisées sans force enne-

mie, sans troupes aucunes, par la seule impulsion de la capitale et d'un abattement, lâcheté, crainte qui les a fait suivre l'exemple de la capitale [...]. Tout tient à cette mollesse de caractère, fruit du climat et de la nature des Italiens et, en premier lieu, des Napolitains. »

Passant ensuite à « ce qu'il y a à faire », Marie-Caroline ajoute :

« Je ne suis pas assez ridicule de croire d'être dans le cas d'avoir les talents et calculs pour faire des plans pour l'Europe. Je me réduis à ce qui nous appartient et ne parle des autres qu'autant que cela influe sur nous. Je crois qu'il faut leur déclarer et, de fait, faire une guerre à mort, employer tous les moyens de force, manèges, enfin, leurs crimes mêmes [...]. Ainsi, guerre générale, guerre à mort, renoncer à toute idée de conquête, indemnisation, qui met en défiance, détache un allié l'un de l'autre et rend les coalisés méfiants [...] ; n'avoir qu'un but, la destruction d'une République dévoratrice en faits et de principes, et, avec le ferme projet bien prononcé, expliqué, assuré, aller tous, avec tous les moyens, contre l'hydre dévorateur et l'anéantir ou renfermer dans ses limites. Sans ce principe, la guerre fera du mal partout, mais ne détruira pas le monstre. Les négociations partielles recommenceront ; la sombre, l'adroite politique rejouera son rôle, et nous serons tous jamais plus sûrs ni tranquilles. »

Bien qu'elle tente par ses messages de chaque jour d'inciter les uns et les autres à faire preuve d'énergie et de courage, elle ne parvient pas à secouer l'apathie du roi. Il se complaît à Palerme avec les Hamilton et Nelson dans de vains plaisirs. Tout comme à Naples, Nelson loge chez les Hamilton. On mène grande vie dans leur palais Palogonia. Des fêtes, des bals, des jeux d'argent où l'on joue gros. C'est à cette époque et dans cette atmosphère surprenante, compte tenu des dangers qui menacent, que Nelson devient l'amant d'Emma. Aveuglé par l'amour, il reste pour un temps sourd aux appels du devoir. Toutes les excuses lui sont bonnes pour se maintenir à Palerme. A lord Keith, commandant maintenant l'escadre anglaise de la Méditerranée, qui lui demande de le rejoindre à Port-Mahon, il n'hésite pas à répondre qu'il préfère rester là où il est, au risque même de faire perdre Minorque. Il ignore de même les sollicitations de Souvorov qui lui fait ironiquement dire : « Voyons, Milord, Palerme n'est pas Cythère. »

Sachant que Ruffo est parvenu jusqu'aux faubourgs mêmes de Naples, Ferdinand lui a demandé d'attendre pour livrer le dernier assaut que le prince François vienne auparavant le rejoindre avec des renforts. La crainte de se heurter en chemin à l'escadre française l'a conduit à décommander cette expédition. Pressé par l'impatience de ses troupes, Ruffo décide d'aller de l'avant. Un éclaireur envoyé en reconnaissance vient confirmer que les *lazzaroni* semblent maîtres du terrain, que les troupes républicaines ne tiennent plus que le cœur de la ville et que le gouvernement s'est réfugié dans le Castel Nuovo et au Castello dell'Ovo. A défaut du prince royal, c'est le chevalier Micheroux délégué par Ferdinand qui est maintenant aux côtés de Ruffo. Tout comme le cardinal, Micheroux est d'avis qu'une reddition négociée avec les républicains serait de beaucoup préférable au siège des forteresses. A l'issue de pourparlers, les républicains finissent par accepter de capituler le 19 juin 1799. L'accord, au nom du royaume, est signé par Ruffo et Micheroux et, au nom des alliés, par les représentants des contingents russes et turcs. Le colonel Mejean négocie pour lui-même un armistice de deux mois. Il donne son approbation à l'acte de capitulation des républicains. Le capitaine Foote, qui assure le commandement des navires anglais dans la rade, ne voit aucune raison valable pour refuser d'y apposer lui-même sa signature.

Les termes de la capitulation tiennent compte du désir de Ruffo de parvenir au plus vite au calme. Les troupes républicaines des deux forteresses libéreront tous leurs prisonniers et déposeront les armes. Elles y resteront pour l'instant consignées. Des bateaux qu'on rassemblera conduiront à Toulon tous ceux qui le souhaiteront. Ceux qui décideraient de rester pourront, sans être inquiétés, regagner leurs foyers. Le moment venu, les troupes quitteront les châteaux avec les honneurs de la guerre.

Au moment même où Naples se rend, Macdonald qui est remonté au nord, cherche à faire sa jonction avec l'armée de

Moreau. Il est rejoint par Souvorov qui le bat à La Trébie au sud de Plaisance (17-19 juin). A Paris, les Conseils imputent aux directeurs la responsabilité de cette succession de défaites. Au cours de la journée du 30 Prairial, les Cinq-Cents, insatisfaits des explications données, contraignent trois des directeurs sur cinq [275] à la démission. Dès lors, le Directoire, déconsidéré par la corruption et la débauche, ne gouverne plus qu'à la remorque des Conseils. Nombreux sont ceux qui pensent que la situation de la France serait probablement meilleure si l'on pouvait de nouveau disposer des talents militaires d'un Bonaparte. En Égypte, après les premiers succès, celui-ci connaît à son tour des échecs. Les Turcs l'ont contraint à lever en mai le siège de Saint-Jean-d'Acre : il a dû se replier sur le delta du Nil. C'est lorsque les échos du 30 Prairial et des défaites françaises lui parviendront qu'il estimera que le moment de son retour en France est maintenant venu.

*

C'est à Marie-Caroline qu'on a eu le plus souvent tendance à faire porter la principale responsabilité de la cruelle répression qui va, pendant des mois, sévir à Naples. Certes, les injures, les calomnies de tous genres dont les Jacobins l'ont abreuvée, les horreurs commises, l'ingratitude de très nombreux nobles qui avaient bénéficié de ses bontés et sa conception même du pouvoir royal, ne la prédisposent pas à la clémence.

Au fil des jours, ses sentiments varient quant au degré de sévérité qu'il convient de retenir à l'égard des rebelles. A la mi-mai, alors que l'issue des combats est encore incertaine, elle penche pour un châtiment sans complaisance :

> « Je me flatte toujours que les Autrichiens reprendront Naples. Mais alors, je vous prie, ni trêve, ni pardon, ni convention avec nos scélérats. Il faut les punir. Sans cela, il faut renoncer à jamais à la tranquillité. Mort, les chefs, déportation les autres, mais éloigner toute cette corruption [...]. Les horreurs commises à Naples ont, à tout jamais, rayé cette ville de mon cœur. Si les circonstances m'obligent d'y aller, ce sera

pour n'y voir personne. Car je les abhorre tous, hors le peuple auquel on doit faire le bien. Mais j'exècre tout le reste au point qu'un massacre général – chose qui n'est à pas à craindre, vu la trop grande lâcheté des gens – ne me ferait la moindre peine. Je ne m'occuperai pas de savoir les noms des victimes ou des survivants, parce que je trouve que tous méritent un pareil sort [...]. Avec ces sentiments bien profonds, on ne peut plus vivre à Naples. J'en suis fâchée car le pays et le sol m'y plaisent infiniment, mais je préfère un désert et ne plus voir tant d'ingrats. Ceci n'est pas le sentiment du moment, mais profond et ineffaçable [...]. Rien au monde ne me fera plus vivre à Naples. Quand on a été ainsi déchirée, honnie, dénigrée, une souveraine n'y peut plus paraître que pour sévèrement punir et se venger. »

Dans la même lettre, elle laisse cependant entrevoir qu'elle est prête à pardonner à ceux qui ne s'en sont pris qu'à sa personne :

« Je pardonne à tous ceux qui me déchirent en lambeaux, en répétant humblement les paroles de mon Dieu : *Seigneur, pardonnez-leur, ils ne savent pas ce qu'ils font* [276]. »

En juin 1799, elle apprend que la reddition des forteresses de Naples n'est plus qu'une question de jours. De nombreux républicains ont déjà pris la fuite. Marie-Caroline s'en accommode :

« Deux grands bâtiments génois sont partis. On a fermé l'œil à leur fuite, n'ayant pas de vengeance sanguinaire qu'ils méritent pleinement, mais le seul désir de nous en défaire [277]. »

La répression qui va s'abattre sur ceux qui se sont compromis au cours de la brève existence de la République napolitaine est surtout due à l'implacable désir de vengeance qui anime Ferdinand dont on a osé bafouer l'autorité et déranger le tranquille « farniente ». Avant que la nouvelle de la capitulation ne parvienne à Palerme, on tient un conseil extraordinaire le 22 juin avec la participation de Nelson. Comme la reine, il estime que le roi devrait maintenant se rendre lui-même à Naples. Ferdinand s'y refuse. A sa place, il délègue Nelson. Les Hamilton [278] et le comte Thurn l'accompagneront. Le 24 juin, à bord du

Foudroyant, Nelson est à Naples. Il apprend par Ruffo que la capitulation est chose faite. Elle a reçu l'approbation non seulement de Micheroux, des Russes et des Turcs, mais aussi de l'Angleterre puisque le capitaine Foote l'a lui-même contresignée. Nelson réprime mal sa colère. Les termes de l'accord sont en complète contradiction avec les instructions qu'il a reçues du roi, dont il s'estime être désormais le seul représentant qualifié. Toutefois, il cède devant l'insistance de Ruffo pour qui l'acte de capitulation doit, en tous points, être respecté. Il se résout à solliciter de Palerme des instructions nouvelles.

A sa satisfaction, Ferdinand rejette en bloc la capitulation. Il investit Nelson de tous les pouvoirs. Marie-Caroline est scandalisée par la générosité à laquelle le cardinal s'est laissé aller à l'égard des rebelles. Elle écrit à Emma Hamilton :

> « Les rebelles patriotes doivent mettre bas les armes, sortir à discrétion et volonté du Roi. Alors, si l'on m'en croit, il se fera un exemple des principaux chefs [...] et les autres seront déportés avec l'engagement signé d'eux-mêmes de la peine de mort s'ils remettent les pieds dans les États du Roi. La même chose se fera pour les femmes qui se sont distinguées dans la révolution et cela sans pitié. Il n'y a pas besoin d'une junte d'État. Il n'y a ni procès, ni discussion [...] c'est un fait avéré, prouvé, patent [...]. Recommandez à Milord Nelson, ma chère Milady, de traiter Naples comme si c'était une ville rebelle d'Irlande qui se fût conduite ainsi. Il ne faut pas avoir égard au nombre : les milliers de scélérats de moins rendront la France plus faible et nous nous en trouverons mieux. Ils ont mérité d'être jetés en Afrique, en Crimée : les jeter en France serait une charité. Ils mériteraient d'être marqués au fer rouge [...] [279]. »

Pour Ferdinand et Marie-Caroline, une chose est sûre : « Capituler avec des rebelles, c'est se déshonorer ». La reine confirme à Nelson :

> « Ce traité est une chose si infâme que si par un miracle de la Providence, il ne naît pas quelque événement qui le rompe ou détruise, je me considère perdue et déshonorée. »

Aussi l'amiral et les Hamilton se sentent-ils entièrement libres d'agir à leur guise : ils tiennent l'acte de capitulation pour nul et non avenu. Ulcéré, Ruffo se démet de ses fonctions. Privés de leur chef, les Sanfédistes font de nouveau régner la terreur dans la ville. Nelson laisse bien sortir les républicains des deux châteaux, mais les bateaux sur lesquels ils se rassemblent dans l'espoir de bientôt faire voile vers Toulon ne prennent pas la mer. Ils deviennent simplement leurs prisons. Quant à ceux qui ont choisi de regagner leurs foyers, nombreux sont ceux qui, dans une ville parcourue par des bandes assoiffées de vengeance, n'y parviendront jamais. Seule, la garnison française de Sant'Elmo pourra évacuer avec les honneurs de la guerre, comme prévu.

L'amiral Caracciolo a poursuivi le combat jusqu'à la dernière minute. Les républicains savent qu'il n'a aucune chance d'échapper à la vengeance royale. Ils l'ont incité à fuir. Au lieu de partir au loin, Caracciolo, déguisé en paysan, se cache dans les environs de Naples, où il se croit en sûreté. Mais reconnu, arrêté, il est conduit à bord du *Foudroyant*. Nelson n'a pas oublié l'outrecuidance de cet amiral parjure qui, un jour, a osé s'en prendre à son escadre. Il constitue aussitôt une cour martiale présidée par le comte Thurn et composée de cinq officiers napolitains. Quelques heures de délibération suffisent : reconnu coupable de haute trahison, Caracciolo est condamné à l'exil. Nelson rejette cette sentence. Il prend sur lui d'y substituer la peine de mort. Conduit sur le *Minerva*, le vaisseau même qu'il avait commandé, Caracciolo implore la clémence :

> « Je ne marchande pas contre la mort, mais après soixante-douze ans d'une vie d'honneur, il est dur de laisser l'ignoble image de la potence attachée à ma mémoire. Demandez seulement à l'amiral anglais, autrefois mon compagnon d'armes et mon ami, de changer l'infâme supplice qu'on me prépare par la corde contre la mort du soldat par le feu [280]. »

Nelson reste inflexible. D'abord pendu aux vergues de son propre navire, le corps de Caracciolo, lesté de deux boulets attachés à ses pieds, est ensuite jeté à la mer. « J'ai vu la triste et méritée fin du malheureux Caracciolo [281] », se bornera à dire Marie-Caroline.

Laissant la reine à Palerme, Ferdinand se décide enfin, le 3 juillet 1799, à se rendre à Naples. C'est sur le *Foudroyant* de Nelson qu'il réside : il y restera près d'un mois, sans jamais accepter d'en descendre. Sa colère n'a pas faibli. Du bord du vaisseau anglais, avec Nelson et les Hamilton, il va régler ses comptes avec ses sujets rebelles. Un incident macabre va, un instant, assombrir son humeur. Peu de jours après son arrivée, un corps vient flotter à proximité du navire. Celui de Caracciolo dont les boulets ont dû se détacher. « Que nous veut ce mort », s'écrie Ferdinand. – Il semblerait, lui répond l'aumônier, qu'il vient implorer une sépulture chrétienne. – Qu'on la lui donne », aurait répondu Ferdinand. Ce vieux serviteur du royaume, dont l'égarement n'avait été que passager, sera enseveli dans la petite église de Santa-Lucia.

Ferdinand supprime la junte d'État que Ruffo avait mise en place et où siégeaient des magistrats dont les jugements, à la demande du cardinal, devaient ignorer tout esprit de revanche. Il lui substitue « deux tribunaux, l'un d'État, l'autre de généraux, pour décider du sort du civil et du militaire : le premier fut un tribunal de sang, le second en fut un de justice [282]. » Justice, si l'on peut dire, car Naples est livrée « à la cruauté et la corruption. Les jugements sur les bannissements et les confiscations se vendaient ou se rachetaient à deniers comptants [282]. »

Heureusement pour les huit mille prisonniers jacobins, les tribunaux procèdent à pas lents. Avec le temps, ils font preuve d'une relative clémence. Sur ces huit mille personnes, huit cents environ sont finalement condamnées, soit au bagne, soit à la déportation ou à l'exil. Une centaine de condamnations à mort sont prononcées et frappent les chefs civils et militaires de la révolution. Le général Massa, qui avait négocié avec Micheroux la reddition des forts, Gabriello Manthonè, le général en chef des forces républicaines, Mario Pagano, l'un des directeurs, rédacteur de la Constitution parthénopéenne, Domenico Cirillo, un médecin réputé, Francesco Conforti, un jurisconsulte connu..., sont exécutés [283]. Une jeune femme célèbre, Eleonora de Fonseca-Pimentel qui, pendant le cours de la République, par ses articles dans le *Moniteur Napolitain*, a été l'âme et le chantre de la résistance est elle aussi mise à mort. Une autre femme subit le même sort dans des circonstances particulièrement cruelles. La marquise Luisa de San Felice n'est exécutée que le 26 août 1800 [284]. Au moment de sa condamnation, elle a révélé qu'elle était enceinte. Conduite à Palerme pour constater son état, on décide d'attendre sa délivrance. La naissance a lieu au moment où la princesse royale, Clémentine, met un enfant au monde; se référent à une antique tradition, elle sollicite la grâce de la condamnée. En vain, Ferdinand fait reconduire cette dernière à Naples où elle est exécutée.

Après avoir festoyé sur le *Foudroyant* le 1er août pour célébrer l'anniversaire de la victoire de Nelson à Aboukir, et mis en place dans Naples son dispositif de répression, Ferdinand IV, sans avoir mis le pied dans sa capitale, retourne à Palerme dans les premiers jours du mois d'août accompagné par Nelson et les Hamilton. Ils y reçoivent un accueil triomphal. Une fête somptueuse leur est offerte. Dans un temple de la Gloire et de la Victoire érigé pour la circonstance, les effigies en cire de Nelson, de sir William et d'Emma ont été disposées. Léopold, le jeune prince, y conduit l'amiral et, sous les vivats, le couronne ainsi que sa statue. Pour lui marquer sa reconnaissance, Ferdinand le fait duc de Bronte et lui remet l'épée [285], à la garde d'or sertie de diamants, que Louis XIV avait offerte à son petit-fils Philippe V lors de son accession au trône d'Espagne.

Pour Ferdinand, le cours paisible des choses va maintenant pouvoir reprendre. Marie-Caroline ne voit cependant dans ce qui vient de se passer qu'une simple étape. Elle aspire à ce que l'ordre, tel qu'elle le conçoit, règne de nouveau dans sa capitale. Elle souhaite qu'une armée nouvelle, rapidement rassemblée, permette au royaume de reprendre sa place aux côtés des alliés dans la lutte contre la France : il faut que Naples puisse s'asseoir autour de la table lorsque les conditions de la paix viendront en discussion.

Chapitre XV

La fin du séjour en Sicile

Poursuite de la répression à Naples. Les coalisés reconquièrent l'Italie. Marie-Caroline s'inquiète des ambitions autrichiennes. Souvorov quitte l'Italie. Marie-Caroline presse Ferdinand de retourner à Naples. Bonaparte de retour d'Égypte. Le 18 Brumaire. Bonaparte premier consul. Marie-Caroline part pour Vienne avec ses trois filles et son fils Léopold. Bonaparte et la deuxième campagne d'Italie. Marengo. Marie-Caroline bloquée à Livourne. Son voyage jusqu'à Vienne. Adieux aux Hamilton.

Faute de se faire représenter à Naples par des hommes d'autorité et de probité [286], Ferdinand va, pendant plusieurs mois, permettre aux *lazzaroni* de poursuivre, sans contrôle, leurs vengeances et leurs pillages. En novembre 1799, il nomme à Naples, en qualité de lieutenant général, le prince de Cassaro, un Sicilien, qui depuis février a été mis en charge de la Police et de la Justice. Marie-Caroline, qui a eu le temps de prendre la mesure du personnage, reste sceptique sur les succès à attendre d'un pareil choix :

> « C'est un homme ferme, honnête, qui a une excellente réputation de justice, mais un homme qui n'a nulle instruction, nulle connaissance des intérêts et même de la position de l'Europe. Jamais je ne croirai qu'il pourra réussir. [287] »

A Naples on paie chèrement l'absence d'un gouvernement fort. Les tribunaux du roi se discréditent. S'ils ménagent les inculpés qui savent jouer de leur situation sociale, de leurs relations et surtout de leur fortune, ils sévissent durement à l'égard de ceux qui n'ont aucun moyen de susciter leur clémence [288]. Marie-Caroline condamne indistinctement leur conduite :

> « On commet à Naples des horreurs en tous les genres d'immoralité, de corruption et de mal. La *Giunta* est accusée de vénalité et il faut le croire, vu ses extraordinaires jugements [...]. A Naples, on hurle contre le sang qui coule et le *Robespierrisme* [...]. Je voudrais condamner le crime et pardonner aux individus, mais comme tous les peureux et les poltrons, nous croyons que la cruauté assure, et celle que nous exerçons finit par nous aliéner le peu de cœurs qui nous sont restés attachés [...]. A Naples, il n'y a que désordres. Tout ce que disent ceux qui en viennent fait frémir et me cause une peine mortelle qui me ronge le cœur et porte au tombeau, c'est-à-dire ne pouvoir faire le bien et éviter le mal. Les plaintes et les lettres de Naples sont désespérantes, et je tâche d'y porter remède avec mon argent, quand et autant que je puis. J'ai déjà dépensé plus de 150 000 ducats [289], rien qu'en secours distribués aux Napolitains. Mais je ne peux faire davantage et alors on me vilipende et on me traîne dans la boue. J'en meurs de chagrin. Je souffre mortellement des violences, sévérités que l'on use ; mon cœur en gémit[...] [290]. »

Dans le nord de l'Italie, les Français poursuivent leur repli. Souvorov a envahi le Piémont. Le 10 juillet 1799, il est dans Turin. Cherchant à arrêter les Austro-Russes, Joubert, secondé par Moreau, les attaque le 15 août à Novi [291]. Il y est tué. Moreau, ayant fait sa jonction avec Macdonald, n'a plus d'autre ressource que de se replier sur Gênes. Mise à part cette place, toute l'Italie est aux mains des coalisés.

Le silence persistant de l'empereur, de Thérèse, de Thugut, conduit Marie-Caroline à penser que la cour de Vienne entend mener en Italie une politique d'annexions et de vassalisation. Lorsque les troupes autrichiennes, présentes dans les Présides de Toscane, pénètrent en Romagne, Marie-Caroline laisse libre cours à son inquiétude :

> « Je crains l'invasion complète des États romains, une délimitation de frontières qui rendra les Autrichiens nos voisins ; une puissance

colossale, telle que le reste de l'Italie sera à leur discrétion et à leur disposition [292]. »

Pour prévenir ce danger, Ferdinand et Marie-Caroline prennent alors les devants. Ils font lancer au départ de Naples, avec le concours des Anglais, une nouvelle expédition sur Rome. Le 27 décembre, cette troupe commandée par le général Bourcard et Rodio, un Calabrais que Ruffo avait promu colonel, fait capituler la garnison française. Le Saint-Siège est alors vacant – Pie VI s'est éteint à Valence le 29 août. Les Napolitains s'en déclarent gardiens et protecteurs [293] en attendant que le conclave, réuni à Venise, ait pu élire un nouveau pape [294]. La méfiance que l'on ressent à Palerme contre la cour de Vienne n'est pas sans justification. Marie-Caroline s'en explique à plusieurs reprises :

« Je crois que les Autrichiens ont de vastes projets pour l'Italie. Je suis inquiète, je vous l'avoue. *L'appétit vient en mangeant !* Ils ont déjà agi dans les Présides avec une énergie que je trouve de mauvais augure. Dans toutes leurs proclamations en Romagne ils ne nomment jamais le Pape [...]; leurs ministres déclarent publiquement que *" l'Italie doit prendre un autre aspect "*. Les Russes, notre seule et unique ressource, sont introuvables [...]. L'Empereur allemand avance, prend, brûle l'Italie et devenant notre voisin de tous les côtés, ne nous parle de rien comme si nous n'existions plus [295] ! »

Pour Marie-Caroline, la victoire en Italie implique nécessairement la restauration automatique de toutes les anciennes monarchies que les Français ont évincées. Elle n'exclut pas, au cas où quelques remaniements auraient lieu, de voir le royaume y prendre sa part. A Gallo, qui est alors à Saint-Pétersbourg depuis la fin juin et à qui elle a confié la mission de renforcer l'alliance russe et de rechercher sur place un parti pour l'une de ses filles, elle écrit en septembre 1799 :

« Si, dans les partages projetés de l'Italie, on pouvait pour contrebalancer la puissance de la Maison d'Autriche y former un établissement pour Léopold épaulé par la Russie, ce serait une chose excellente.

Je ne vois rien de mieux que la Toscane [...]. On devrait rendre la Romagne au Pape, donner au Grand-duc les trois Légations [296]. »

Elle précise quelques jours plus tard sa pensée : sa préférence va à un retour intégral au *« statu quo ante bellum »*, mais

« si les autres acquièrent, je le désire aussi, non par ambition, mais pour ne point être attiré et à la fin englouti par les trop forts. Il ne faut jamais oublier la proposition des ministres viennois [...] que cinq grandes puissances doivent exister, Allemagne, Russie, France, Angleterre et Prusse et tout le reste divisé par les Grands. Vous sentez bien que ces propos n'inspirent aucune confiance [297]. »

Il est vrai que l'Autriche, qui a pu grâce au concours des Russes chasser les Français d'Italie, ne montre aucune hâte à rappeler les souverains d'autrefois. Comme le redoute Marie-Caroline, l'Autriche agit comme si elle devait s'installer en maître depuis le Nord jusqu'aux frontières napolitaines. Comme telle n'est pas la politique qu'entend suivre Paul Ier, la cour de Vienne considère que la présence en Italie de l'armée de Souvorov présente désormais, pour la réalisation de ses ambitions, beaucoup plus d'inconvénients que d'avantages. Vienne fait alors au tsar une habile et, semble-t-il, honnête proposition. Souvorov remonterait d'Italie vers la Suisse pour y rejoindre son collègue Korsakov que Masséna a durement bousculé à Zurich le 4 juin 1799, tandis que les troupes autrichiennes du Nord, prenant le chemin inverse, viendraient renforcer l'armée déjà présente en Italie. L'armée russe, nécessairement rompue à la guerre dans le froid et les neiges, trouverait alors dans le Nord un terrain sûrement propice au succès de ses futures opérations. Ce chassé-croisé ayant été accepté, Souvorov, avant de s'y soumettre, détache à Naples un contingent de 3 000 hommes pour y rétablir l'ordre depuis si longtemps réclamé par Marie-Caroline [298]. Puis il prend le chemin de la Suisse. Harcelé aussitôt par les Français, il s'aperçoit vite à ses dépens que la guerre de montagne n'a rien de commun avec celle des steppes enneigées. Il franchit le Saint-Gothard, mais sa progression est lente. Masséna en profite pour attaquer Korsakov avant que les deux armées russes n'aient pu se rejoindre. Il le défait à Zurich, les 25 et 26 septembre 1799, après un dur combat. La réputation flatteuse de Souvorov n'est pas usurpée : poursuivi par Masséna, il combat sans relâche, malgré de lourdes pertes et parvient à se frayer un passage. Chacun, à sa manière, saluera cette glorieuse retraite. Le résultat n'en est pas moins là : les armées russes ont été rejetées en Bavière. La perfidie du plan autrichien éclate alors aux yeux du tsar. C'en est fini pour lui de l'alliance autrichienne. Ses rapports avec l'Angleterre s'enveniment aussi. L'armée russe d'Hermann, venant de la Baltique, a bien rejoint comme prévu à la fin de mai en Hollande les troupes anglaises du duc d'York, mais l'une et l'autre battues le 19 septembre à Bergen, près d'Amsterdam, par le général Brune, doivent capituler le 18 octobre (capitulation d'Alkmaar). S'estimant trompé par ses alliés, Paul Ier, fin 1799, retire toutes ses troupes.

Avec l'évacuation de l'Italie par les armées russes, s'envolent les dernières illusions que Marie-Caroline peut encore avoir sur le comportement de François II :

> « A peine l'Italie délivrée, écrit-elle, Souvorov a reçu l'ordre d'aller avec tous les Russes en Suisse, puisque l'Italie les seuls Autrichiens la garderont. Que Vienne, après l'Italie conquise, dise " Adieu coalition. Je fais ma paix séparée ", et alors que fera-t-on? Le roi de Naples avec un pays révolté, sans armée, sans moyens, sera trop heureux s'il sera laissé roi de Naples, tributaire, vassal des ordres du Tout-Puissant Empereur en Italie [...]. La cour de Vienne demande à être seule au sud de l'Italie, prend tout en son nom, sans nommer le Pape, ni le Grand-duc, mais nous envoie des commissaires partout. Tout cela est bien louche [299] ! »

Si Ferdinand voulait bien, au moins, reprendre le pouvoir dans Naples et cesser de tout régenter, à tort et à travers, à Palerme. Non, il n'y songe nullement. Marie-Caroline s'en plaint :

> « Le Roi est impossible à conduire. Il est ici sans aucune occupation; campagne, chasse. Cela lui a donné la rage des affaires et de faire

faire. N'ayant aucun principe, ni maxime, étant très arbitraire, fâché presque contre tout le monde, il en vient à des choses incroyables et que personne n'ose contredire. De plus, l'état où nous sommes le rend avare à l'excès. Il dirige la maison royale, les comptes. Nous sommes toutes à un étroit de manquer de tout. Le royaume de Naples réacquis, chacun demande, personne n'obtient. Il ne paye à moi, à mon fils, à ma belle-fille que la moitié de nos *spille* (épingles). Il ne paye aucun ministre, aucune pension, rien à personne. Cela fait hurler. Enfin, c'est un vrai despotisme. Il ne veut point entendre parler d'aller à Naples et dit qu'il veut mourir ici et ne pas bouger de la Sicile. Ceci est une vraie calamité.

Comment, dans de telles conditions, ne pas songer parfois à s'éloigner de Palerme et du roi?

[Voyez] ma triste position. Je ne puis faire le bien, pas même empêcher le mal. Je me meurs de chagrin et dois cacher mes souffrances et je périrai dans peu si je ne change pas de vie [300]. »

Alors qu'à Naples la recherche d'établissements convenables pour les filles de Marie-Caroline apparaissait déjà difficile, ce problème qu'il faut maintenant traiter depuis la Sicile, semble insurmontable. Il convient pourtant de s'en occuper. Marie-Caroline songe que Gallo qui, après Saint-Pétersbourg, va se rendre à Mittau (Louis XVIII y est l'hôte du tsar), en Courlande, puis à Berlin et Dresde, pourrait, grâce à tant de contacts, lui découvrir ce qu'elle recherche tant. Une nouvelle fois, elle lui décrit ses filles et le consulte sur les quelques partis qu'elle entrevoit :

« Pensez à établir mes filles! Ma fille Christine est la première et doit l'être. C'est un ange de vertu, de bonté, et sera une excellente femme pour le caractère et une parfaite jouissance étant une très belle femme de corps [...]. Le fils de Milan (frère de Marie-Caroline) pourrait l'épouser. Le Roi le nommerait son lieutenant et capitaine général en Sicile. Ce serait, me semble-t-il, une belle position pendant que le Roi serait à Naples [...]. Pour Amélie, j'apprends que la Grande-duchesse, femme du Grand-duc Constantin, (second fils de Paul Ier; son frère aîné est Alexandre, le prochain tsar) est sur le point de mourir. Si c'était vrai, il faudrait tâcher d'établir Amélie qui physiquement et moralement, conviendrait parfaitement [...]. Pour Antoinette, je

> désire toujours l'Espagne, à défaut le fils de l'Électeur de Bavière [...]. Il y a aussi le duc de Berry. Ce serait un établissement très convenable en raison des chances de restauration de cette branche. Il a trois chances : Angoulême peut mourir, peut n'avoir pas d'enfants ou seulement des filles [301]. Dans tous les cas, les espoirs sont brillants, et même comme simple fils de France, il faudra bien lui faire un apanage. L'âge de Berry (il a vingt et un ans) combinerait mieux pour la Mimi. Mais Paris n'est pas un pays où la bonté, sans aucun art, peut briller. Amélie est plus faite pour un pareil théâtre et Mimi pour le fils de Milan qui n'ayant pas encore, je crois, connu de femmes, s'en contentera mieux [302]. »

Ces projets sont prématurés. Avec tout ce qui se passe en cet automne de 1799, il y a pour l'instant d'autres choses plus importantes que de marier la douce Mimi, la séduisante Amélie et la charmante Antoinette. Le 22 août, Bonaparte a quitté l'Égypte. Il accoste à Fréjus le 9 octobre et le 16, il est dans Paris. Le Directoire est un peu décontenancé par ce retour qui ne lui paraît plus nécessaire maintenant que les victoires de Masséna à Zurich et de Brune en Hollande ont rétabli la situation militaire de la France et ont permis de sauver ses frontières naturelles. Mais la population est séduite, éblouie même, par l'aventure que Bonaparte vient de vivre en des lieux dont les noms seuls font rêver – Le Caire, les Pyramides, Nazareth, Bethléem, Saint-Jean-d'Acre. Paris lui réserve un chaleureux accueil. Peu s'avisent que, sans en avoir reçu l'ordre, Bonaparte a tout simplement abandonné son armée [303].

Il ne faut pas longtemps à Bonaparte pour constater que sa popularité est intacte, que le Directoire n'a plus le soutien du pays et que le pouvoir est à prendre. Avec l'aide de ses frères, Joseph et Lucien (il est alors président du Conseil des Cinq-Cents), de Sieyès et de Talleyrand, il décide de forcer le destin. Par son coup d'État des 18 et 19 Brumaire (9 et 10 novembre 1799), il met fin à la Constitution de l'An III. Il a vu juste. Il provoque plus de surprise que d'indignation. Les événements s'enchaînent alors avec une surprenante rapidité. A la Commission consulaire exécutive, mise en place le 11 novembre, où siègent trois consuls provisoires, Sieyès, Roger Ducos et Bonaparte en troisième position, succède dès le 24 décembre le Consulat, nouveau régime défini par la Constitution de l'An VIII dont la rédaction est due à Bonaparte lui-même. Le pouvoir exécutif est désormais assuré par trois consuls nommés pour dix ans; Bonaparte, premier consul, dispose pratiquement de tous les pouvoirs. Les deuxième et troisième consuls ne sont que des figurants. Sans attendre d'être sanctionnée par un plébisciste (février 1800; on ne comptera que 1 562 votes négatifs), la nouvelle organisation de la France entre immédiatement en vigueur. Dès Noël 1799, la réalité du pouvoir est entièrement entre les mains du premier consul.

*

Tandis qu'à la tête de la France s'installe un nouveau souverain, aussitôt beaucoup plus puissant que les derniers rois de l'Ancien Régime, Naples, sous le pâle commandement du prince de Cassaro, et malgré la présence d'une garnison russe, continue à vivre des jours difficiles et misérables. En Italie du Nord, la politique des Autrichiens entretient l'inquiétude de Marie-Caroline :

> « La Cour de Vienne ne cache plus ses visées ambitieuses et ses projets d'acquisitions. Elle est extrêmement froide envers nous. Nous ne sommes au courant d'aucune de ses combinaisons, mais nous les devinons sans peine en voyant la Toscane, le Piémont, Livourne, tout l'État du Pape, jusqu'aux portes de Rome occupés et pris au nom de l'Empereur [304].. »

Elle apprend à Palerme que les approches de paix faites par Bonaparte auprès de l'Angleterre et de l'Autriche ont été rejetées par Pitt et par Thugut. Elle pressent que la France, maintenant conduite par le premier consul, va nécessairement rallumer la guerre. Elle pense que le royaume doit s'y manifester. Vers la fin de novembre 1799, on a détaché sur Naples Roger de Damas, le chevalier de Saxe (cousin germain de Ferdinand IV) et le prince de Hesse (fils du landgrave Guillaume II) avec mission d'y reconstituer une nouvelle armée napolitaine. Mais cela nécessitera plusieurs mois de travail. En attendant, comme le dit Marie-Caroline :

> « La campagne va s'ouvrir et nous ne pourrons donner un homme, ni faire une démarche et cela nous mettra dans le cas de nous taire et de recevoir la loi. Si je parle, pousse, presse, on me dit que j'ai la tête chaude : « *Lascia fare a me.* » Acton [305] ne fait rien. Cela fait que le Roi veut tout faire. Il fait, et souvent mal, mais avec la persuasion de la perfection. Il n'écoute et ne consulte personne. Il écrit, dirige seul tout à Naples, mais point sur les meilleurs principes. Acton se pique et, ennuyé, ne fait rien. Il me paraît que tout l'édifice s'écroule [306]. »

A Paris, que de changements en l'espace de quelques mois! Quittant le palais du Luxembourg, Bonaparte s'est installé aux Tuileries, entouré de ce qui commence, mais modestement, à ressembler à une cour où l'on ne s'appelle plus « citoyenne », mais « Madame ». Le langage et les principes révolutionnaires sont peu à peu écartés. De nombreux nobles sont séduits. Ils rejoignent avec l'illusion probable que le premier consul, dans une étape ultérieure, rétablira la royauté. Bonaparte les accueille volontiers. Il dit déjà : « Il n'y a que ces gens-là qui savent servir [307]. » Ses mots d'ordre – stabilité du gouvernement, ordre, justice, modération, liberté des cultes et armée forte – entretiennent l'attachement qu'on lui porte. Mais, avant tout, Bonaparte reste un chef militaire : il prépare sa guerre. En mai, il sera prêt.

Prévoyant les dangers à venir, Marie-Caroline continue à compter sur ses alliances anglaise et russe. Les Russes ont maintenant quitté l'Italie. Ils sont brouillés avec l'Autriche et l'Angleterre. Ils restent fidèles en revanche à leur alliance avec Naples. Le 5 mars, avec les Turcs, ils se sont emparés de Corfou. Les îles Ioniennes, sous la suzeraineté nominale de Constantinople, deviennent la République Sept-Insulaire. Les Russes y maintiendront une garnison. Marie-Caroline correspond avec Paul Ier. Elle recherche son soutien. Elle doit cependant reconnaître que les réponses qu'elle reçoit ne sont guère encourageantes et elle copie à Gallo l'une d'entre elles :

« Personne ne sent mieux que moi comment Votre Majesté doit être inquiète et alarmée dans la situation actuelle, étant menacée également et par la France et par la cour de Vienne. Mais, pour le moment, il m'est impossible de l'aider. On m'a forcé de me retirer de la coalition et de rentrer chez moi où je resterai en sentinelle [...]. Je resterai toujours l'ami et l'allié fidèle de Votre Majesté, dont avec un attachement sincère, je suis, etc. etc. [308]. »

Avec l'Angleterre, les relations restent bonnes. Les escadres combinées des deux pays poursuivent leur blocus de Malte [309]. Mauvaise nouvelle : les Hamilton vont partir. Depuis longtemps, sir William songe à regagner l'Angleterre. Il a demandé son rappel. Marie-Caroline s'attriste à cette nouvelle. Elle sait qu'on ne remplace pas aisément l'amitié, l'affection et la confiance qui, depuis tant d'années passées ensemble, les unissent. Lord Paget, un général, arrivé fin février 1800 à Palerme sera le nouveau ministre d'Angleterre. Il déplaît aussitôt à la reine :

« Paget a mal débuté, conseillant sur un ton sec et cassant, exigeant presque le retour immédiat du Roi à Naples. Il est évident que Paget veut nous faire sentir tout le poids de la puissance de son pays [310]. »

Est-il dès lors raisonnable de laisser se creuser davantage la méfiance et même l'hostilité entre le royaume et Vienne? Marie-Caroline pense que le moment est venu d'être réaliste :

« Cette rupture des deux impériales cours est, à mon avis, une vraie calamité. Car, ou les Français battront les Impériaux et nous voilà de nouveau à avoir tout à craindre, ou les Impériaux restent victorieux et tranquillement maîtres jusqu'à Terracine inclusivement [...]. Les Anglais ne peuvent nous aider sur terre. Autant de raisons qui augmentent le besoin de s'entendre avec la Maison d'Autriche, pour mieux dire avec le baron de Thugut [...]. Jamais Thugut et Acton ne cesseront de se détester. Mais comme ce dernier parle de partir (ce que je ne croirai qu'après l'avoir vu), rien ne s'opposerait plus dans ce cas à une entente. Dites-moi si vous croyez que je parviendrai à regagner la confiance du *vieux renard* [...]. Plus je réfléchis et plus je reconnais la nécessité absolue de nous rapprocher de la cour de Vienne [...]. Paul Ier est un Don Quichotte; il se fâche pour un rien et ruine tout; il n'a aucune suite dans les idées et une insensibilité telle qu'il est impossible de compter sur lui[311]. »

Pour Marie-Caroline, il demeure essentiel que l'existence des États de l'Église soit sauvegardée, de sorte que le royaume ne devienne pas le voisin immédiat des Autrichiens. Bien que les Napolitains, pour l'instant, occupent et gouvernent Rome, la reine n'exclut pas une attaque éventuelle de l'empereur :

« Les Autrichiens ont sûrement des projets sur Rome qu'ils voudront mettre à exécution. J'en suis d'autant plus inquiète que, de loin, on voudra faire les matamores, bien qu'on ait *aucun moyen* de se soutenir, sans argent, sans troupes, sans armes, avec tout le royaume et toutes les classes du royaume mécontents[312]. »

Pour toutes ces raisons, Marie-Caroline a maintenant pris sa décision. Elle a convaincu Ferdinand de la nécessité de renouer des liens confiants avec Vienne. Il est entendu qu'elle s'y rendra elle-même, accompagnée de ses trois filles et du jeune Léopold. Le roi demeurera à Palerme, ainsi que François, le prince royal, avec qui désormais la reine regrette de ne plus bien s'entendre : « J'ai beaucoup perdu dans son opinion : il se tient sur ses gardes. » La faute en incombe sûrement à Clémentine qui « au commencement, pour se faire valoir, lui a dit beaucoup de mal de moi, de ma conduite personnelle, de ma vie privée [...] parlé surtout de mon ambition de tout diriger[313]. »

Décidé, en principe, de longue date, le voyage à Vienne n'a lieu qu'au début de juin 1800 : à un moment peu propice car depuis un mois les Français ont repris l'offensive. Le premier consul lui-même dirige les opérations. Il dispose de trois armées et arrête son plan d'attaque. Au nord, l'armée de Moreau passera le Rhin et attaquera les Autrichiens commandés par Kray. Masséna contiendra les troupes autrichiennes de Mélas bloquées le long de la côte ligure de façon à laisser au nord le passage dégagé. Une troisième armée, dont Bonaparte assure de fait le commandement, pénétrera en Italie, là où Mélas ne songera pas à l'attendre : par le Grand-Saint-Bernard. A la mi-mai, le col est franchi et, dès le 2 juin 1800, Bonaparte fait son entrée dans Milan. Opposé à des forces supérieures, Masséna, qui a dû se réfugier dans Gênes, y capitule le 5 juin. S'avançant au sud de Milan, Bonaparte attaque à son tour l'armée de Mélas à Marengo, le 14 juin. L'affrontement tourne d'abord tellement à l'avantage des Autrichiens que la rumeur se répandra vite que les Français sont en déroute. Alors que leur situation est en effet désespérée, Desaix, qui au loin a entendu le bruit de la bataille, arrive en renfort suffisamment à temps pour assurer à Bonaparte une totale victoire. L'armistice d'Alexandrie est conclu, dès le lendemain, pour une durée de cinq mois. Les Autrichiens qui abandonnent Gênes, le Piémont et la Lombardie, doivent se replier derrière le Mincio, au sud du lac de Garde. En Allemagne, Moreau accumule aussi les succès. Après plusieurs combats victorieux, il parvient à contraindre Kray, réfugié dans Ulm, à solliciter un armistice. Les Autrichiens, jusqu'à Munich et Ratisbonne, sont chassés de la Bavière. Battue sur les deux fronts d'Italie et d'Allemagne, la cour de Vienne est tentée de conclure la paix, mais l'Angleterre, envers qui elle se trouve engagée, s'y oppose.

Marie-Caroline prépare activement son voyage pour Vienne lorsque débarque à Palerme le duc de Berry : il pense à s'établir. Sachant qu'il y a chez les Bourbons de Naples trois jeunes personnes à marier, il est venu sur place vérifier si l'une d'entre elles ne pourrait pas lui convenir. Marie-Caroline en est charmée d'autant que Mimi semble plaire. On ébauche des projets. Hélas ! le duc de Berry « ne plut qu'à la reine, mais se heurta à Acton », ainsi qu'au roi. « Le mariage fut remis au grand regret de la princesse qui s'était avec plaisir accoutumée à l'idée de s'unir à ce prince [314]. »

Vers la même date, Gallo, de retour de son long voyage en Russie et en Allemagne, arrive aussi à Palerme. Au grand déplaisir de Marie-Caroline, il critique l'opportunité du voyage à Vienne projeté pour les prochains jours. Voilà une dernière déconvenue pour la reine qui ne supporte plus la Sicile :

« *La place ici n'est plus tenable.* Je me tue à tout combiner. J'y perds la tête et suis à bout de forces. Quelques mois de repos et de calme me sauveraient peut-être la vie! »

Enfin, c'est le 8 juin, à bord du *Foudroyant* de Nelson, avec les Hamilton, ses trois filles, Léopold et une suite d'un cinquantaine de personnes, que Marie-Caroline quitte Palerme. A Livourne, où elle débarque, elle apprend la défaite des Autrichiens à Marengo et l'armistice d'Alexandrie. Il est impossible désormais de rejoindre Vienne par la Lombardie que contrôlent les Français. Elle ne sait quel parti prendre. De Livourne, elle écrit à Gallo :

« Je suis au désespoir. Voilà un armistice qui, d'un trait de plume, fait perdre toutes les places qu'on a eu tant de peine à acquérir [...]. Mélas cède dix forteresses qui ont coûté tant de sang, qui sont les clefs et la sûreté de l'Italie! Les fuyards de l'armée autrichienne arrivent ici dans un état pitoyable. On les voit mourant dans les rues, sans vêtements, sans chemises [...]. Si toutes les troupes de l'empereur sont comme ce que je vois ici, je lui conseille de faire la paix et de ne plus jamais songer à la guerre [...]. Il y a ici le cardinal Ruffo, Belmonte, Castelcicala, Cardito, Campochiaro, San Marco, les ducs d'Aoste, un tas d'Anglais, une foule de gens qui me donneraient l'envie de me jeter à la mer [...]. Le fort d'Urbino au pouvoir des Français rend la route de Bologne peu sûre et je ne veux pas risquer de tomber dans leurs mains avec mes innocents enfants [...]. Je suis au désespoir de tout ce qui arrive. Je n'ose me risquer, je crains de braver les événements. Je crains aussi de me trouver et d'être témoin d'une paix infâme. Le dénouement sera si désagréable que je crains de me trouver présente à ce moment et, tout bien considéré, le plus sage serait de s'en retourner [315]. »

Cette surprenante défaite ne peut être due qu'à la couardise des Autrichiens et à la perfidie des Anglais :

« Mélas a 65 000 hommes sous les murs de Mantoue; tout ne devrait donc pas être perdu [...]. Keith a 8 000 hommes venus de Mahon, mais, au lieu de nous les donner, en dirige une partie sur Malte malgré nos instantes prières. Tout ce que je vois me paraît incompréhensible [...]. En Toscane, on a osé afficher un édit ordonnant de s'abstenir de toute manifestation hostile et de traiter tout le monde en ami [316]. »

Les semaines s'écoulent dans l'incertitude : « Voilà trois semaines que je vis inutilement à Livourne. » Puis Marie-Caroline se décide :

> « J'ai pris la terrible résolution de faire avec mes quatre enfants le tour d'ici par Messine et Trieste [...]. J'ai étudié toutes les routes, mais aucune n'est libre. Il est impossible de passer d'aucun côté à cause des Français. Demander un sauf-conduit me semble une bassesse qui ne me convient pas. Avec des gens de ce caractère, ce n'est même pas une sécurité [317]. »

Après avoir fait ses adieux à Nelson et aux Hamilton [318], Marie-Caroline s'embarque avec ses enfants le 9 juillet avec l'intention de rallier Trieste en contournant toute l'Italie par le sud. Tombée malade, elle doit dès le lendemain retourner à Livourne.

En définitive, c'est en traversant toute la péninsule d'ouest en est, en passant par Florence où elle manque de peu d'être arrêtée, puis par Foligno, qu'elle parvient enfin à gagner Ancône à la fin de juillet. Elle prend place sur une frégate russe et accoste à Trieste. Tout danger désormais écarté, Marie-Caroline peut alors prendre la route de Vienne. Le 10 août, elle est à Schoenbrünn après deux mois d'un voyage harassant.

Ayant dû solliciter de la France une suspension des hostilités, Vienne n'est plus alors que la capitale d'un pays virtuellement vaincu. Marie-Caroline en éprouve autant de peine que de mépris. Maintenant que les vues hégémoniques de son gendre ne sont plus de mise, cette situation ne devrait-elle pas, après tout, favoriser le rapprochement qu'auprès de l'empereur et de sa propre fille, elle est venue chercher?

Troisième partie

« La dynastie de Naples a cessé de régner »

Chapitre XVI

A Vienne – Triste séjour

Damas à la tête de l'armée napolitaine. Capitulation de Malte. Marie-Caroline et Paul Ier mécontents des Anglais. Défaite des Autrichiens en Bavière et armistice. En Toscane, Murat s'oppose à Damas. L'Autriche ne seconde pas Naples. Armistice de Foligno. Paix de Lunéville avec l'Autriche. Paix de Florence avec Naples. Assassinat de Paul Ier et avènement d'Alexandre. Paix avec la Russie. Paix d'Amiens avec l'Angleterre. La République italienne. Bonaparte, consul à vie. Gallo nommé ambassadeur à Paris. Alquier, ambassadeur de France à Naples. Retour de Ferdinand à Naples. Déboires de Marie-Caroline à Vienne. Mort de Clémentine. François, le prince royal, envisage aussitôt d'épouser une infante d'Espagne. Marie-Caroline quitte Vienne. Son retour à Naples.

A Vienne, les trois premiers mois s'écoulent dans une relative bonne ambiance. De part et d'autre, la joie des retrouvailles est sincère. Voilà déjà dix ans que Marie-Caroline, après avoir marié Thérèse, Louise et François, a quitté les siens. C'est avec plaisir qu'elle reprend contact avec tous : elle fait la connaissance de tous ses petits-enfants. L'empereur et Thérèse lui réservent bon visage. Avec la trêve des hostilités, Vienne revit des jours paisibles : la vie mondaine y est brillante. Après leur triste exil à Palerme, Christine, Amélie et Antoinette sont éblouies par le luxe que soudain elles découvrent. Elles se laissent, avec délices, entraîner dans le tourbillon des fêtes, des bals et des soirées à l'Opéra.

Il semble que les divergences qui séparaient jusqu'alors la

cour de Vienne et celle de Palerme aient tendance à s'estomper. Comme on tient maintenant Thugut pour plus ou moins responsable des récentes défaites, son départ, à la satisfaction de Marie-Caroline, a été décidé. Il est remplacé par Cobenzl. Dans la perspective d'une reprise de la guerre, les deux cours décident de coopérer : sous le commandement de Damas, un corps de 8 000 Napolitains se mettra sous les ordres de Bellegarde, qui remplace maintenant Kray à la tête de l'armée autrichienne. Le moment venu, il attaquera en Toscane.

La capitulation de Malte, le 25 septembre, à laquelle l'armée et la flotte napolitaines ont contribué, satisfait Marie-Caroline. Mais l'attitude de l'Angleterre qui, malgré ses engagements semble vouloir conserver l'île pour elle-même, suscite ses inquiétudes :

> « Voyez Malte pris, les Français en sont chassés. Cela est toujours bon, mais le Roi et nous tous avons été vivement mortifiés de ne voir dans la capitulation l'intervention d'aucune personne à nous. Le seul pavillon anglais y flotte. Cela fait beaucoup de mal de nous voir ainsi complètement dupés et cela est plus douloureux de recevoir une si grave injure de la part d'amis [319]. »

La confiscation de Malte est ressentie par le tsar comme un soufflet. La tyrannie maritime de l'Angleterre lui apparaît insupportable. Avec la Prusse et le Danemark, il crée la Ligue des Neutres dont l'objectif est d'interdire le continent au commerce britannique. C'est pour Bonaparte une aide inattendue contre l'Angleterre. Sans perdre de temps, il se rapproche de Paul Ier. Il lui rend, vêtus de neuf et réarmés, tous les soldats russes que Masséna avait fait prisonniers à Zurich. Il lui propose une alliance avec la perspective de lui donner Malte, de rendre le Piémont au roi de Sardaigne et de rétablir le pape à Rome. Cette surprenante volte-face désole Marie-Caroline. Elle l'attribue au manque de perspicacité de l'Autriche et de l'Angleterre qui n'ont pas su retenir la Russie au sein de la coalition.

A l'automne de 1800, les trêves conclues en Allemagne et en

Italie prennent fin. Les déboires militaires que les Autrichiens vont de nouveau connaître conduisent la reine, avec son intransigeance et son franc-parler habituels, à ne plus cacher son irritation et son mépris. Le séjour à Vienne va ainsi se poursuivre dans un climat d'abord tendu, puis franchement hostile.

Répondant à la demande des Autrichiens, Damas à la tête de sa petite troupe napolitaine pénètre en Toscane. Les Français qui sont déjà dans Florence le mettent en demeure de se replier et même d'évacuer Rome. Bellegarde, dont l'intention est de le rejoindre, se heurte à Brune et à Macdonald qui franchissent le Mincio, puis l'Adige, s'emparent de Vérone et le repoussent au-delà du Tagliamento. L'Autriche est chassée de l'Italie (armistice de Trévise, le 16 janvier 1801).

C'est en Allemagne que le sort de la guerre va se jouer. L'armée autrichienne, commandée par l'archiduc Jean, un jeune général inexpérimenté de dix-neuf ans, est décimée par Moreau au combat de Hohenlinden, près de Munich (2 décembre 1800). L'archiduc Charles rappelé en hâte ne peut que constater l'impossibilité de poursuivre plus longtemps la lutte. L'armistice de Steyer, conclu le 25 décembre, met l'Autriche hors de combat et l'oblige à solliciter une paix séparée malgré ses engagements envers Londres. Le petit contingent de Damas qui s'est emparé de Sienne au début de janvier n'a plus qu'à se replier. Murat vient d'arriver en Toscane avec d'importants renforts. A Damas, qui est chassé de Sienne, Murat fait savoir que l'armistice de Trévise accordé aux Autrichiens ne couvre pas le royaume de Naples. Il menace de marcher sur Rome, puis sur Naples. Que l'Autriche ne se soit pas préoccupée d'inclure Naples dans les clauses de l'armistice scandalise Marie-Caroline. Au moins conviendrait-il maintenant que son sort soit pris en compte lors de la paix qui se négocie à Lunéville. Ravalant sa rancœur, elle écrit fin janvier à Cobenzl :

> « Le danger imminent dans lequel se retrouve le royaume du Roi, mon époux, n'ayant, malgré nos fondées espérances, point été inclus à l'armistice de Trévise, m'oblige à vous recommander nos intérêts. Je

vous prie de faire les plus *fortes et efficaces* instances pour obtenir l'ordre qu'*immédiatement et au plus vite* on suspende les hostilités contre les États du Roi [...] . »

Comme à Vienne on a d'autres soucis plus importants, Cobenzl, le 2 février, répond à la reine :

« J'aurais beaucoup désiré que le projet d'article qui m'a été envoyé (Marie-Caroline l'avait elle-même rédigé) eût pu être adopté par la République française et que S.M. Sicilienne se trouvât d'après cela comprise dans le traité de S.M.I., lorsque celui-ci pourra être conclu. Mais malheureusement tous mes efforts ont été inutiles et il a été répondu que la paix avec la cour de Naples devait être traitée par un négociateur envoyé directement par le Roi. Pour me procurer la certitude que, pendant l'armistice, il ne sera rien entrepris par les troupes françaises contre les États de S.M. Sicilienne, j'ai demandé qu'il soit donné des assurances positives à cet égard. »

Une telle réponse va à l'encontre des assurances que Marie-Caroline croyait avoir obtenues de l'empereur. Dans ses *Mémoires*, Roger de Damas précise en effet que,

« dès le premier moment où il fut question d'un armistice entre les armées autrichiennes et françaises, la reine avait obtenu la promesse officielle et par écrit que le ministère ne consentirait à rien, sans que ses armées et son État y fussent compris. Cependant l'empereur signa de la même main cet engagement et l'armistice qui (ne) nous comprenait en rien dans ses conditions. Par un hasard que l'immoralité du siècle et la faiblesse de l'Autriche peuvent seules faire naître, je reçus à deux jours de distance le courrier de Bellegarde me disant que nous n'étions pas couverts et celui de la reine qui me prévenait de sa tranquillité et joignait à sa dépêche la copie de la convention de l'empereur à notre égard. »

Ayant les mains libres, Murat communique à Damas les conditions qu'il exige du royaume pour l'octroi d'un armistice. Parmi celles-ci, il réclame en particulier le renvoi immédiat d'Acton. Damas juge préférable de ne pas se mêler d'une négociation aussi délicate et transmet à Naples les demandes françaises. A cette époque, Ferdinand s'est enfin avisé que son lieutenant général le prince de Cassaro n'est pas l'homme de la situation – ainsi que Marie-Caroline l'avait pensé dès le début. Depuis le 21 janvier, il est représenté dans la capitale par François, le prince royal. Antonio Micheroux, qui est alors désigné pour négocier, parvient à conclure avec Murat l'armistice de Foligno (18 février 1801). François, au nom du roi, le ratifie aussitôt.

C'est grâce à l'intervention de la Russie, dont le premier consul tient largement compte maintenant qu'il entrevoit la possibilité d'attirer le tsar dans son alliance, que les Bourbons de Naples ne perdent pas alors leur royaume. Marie-Caroline s'était avisée que Paris ne resterait pas insensible aux demandes du tsar et l'avait d'ailleurs incité à se manifester en sa faveur :

> « Je lui ai fait sentir que si les Français marchaient sur Naples, ce serait peu d'égards pour lui qui en a si souvent déclaré être le protecteur. Je tâche de piquer son amour-propre [...], de le mettre *in impregno.* Dieu veuille que cela réussisse [320] ! »

Bien que relativement modérées, les conditions obtenues soulèvent la colère de Marie-Caroline :

> « Je vous envoie l'infâme armistice que ces héros ont signé. Pour moi, je bénis Dieu de ne m'y point trouver. Je suis malade de rage : on fait très bien de me cacher des infamies pareilles. Que pourra-t-on faire à la paix, après avoir conclu un armistice pareil ? Quant à moi, je jure de ne pas remettre les pieds à Naples de sitôt, parce que j'en mourrais de douleur. On aura beau m'envoyer des lettres de sommation, je ne partirai point. Je préfère entrer dans un monastère de Vienne, plutôt que de me voir insultée dans mes États... Je ne peux comprendre comment, sans que l'ennemi soit à Gaète, on ait commis une pareille bassesse. Nous ne méritons ni amis, ni alliés parce que nous n'avons pas de caractère [...]. Je ne puis être reine de nom et citoyenne de fait [321]. »

Entre-temps, à Lunéville le 9 février 1801, la paix a été signée entre Paris et Vienne. N'étant plus en mesure de résister à Bonaparte, l'Autriche reconnaît toutes les républiques-sœurs de la France, notamment la Cisalpine et la République ligure. Le grand-duc Ferdinand perd sa Toscane qui sera érigée en royaume d'Étrurie au profit de Louis, l'infant de Parme. En tant qu'empereur d'Allemagne, François II reconnaît à la France la possession de toute la rive gauche du Rhin. Comment, en pareil cas, le petit royaume de Naples pourrait-il obtenir de Paris des concessions améliorant les conditions de son armistice? La paix de Florence, signée le 29 mars 1801, non seulement les confirme mais les aggrave : Naples abandonne ses Présides de Toscane, la principauté de Piombino, Porto-Longone dans l'île d'Elbe. Les Anglais seront exclus de tous les ports du royaume. Les Napolitains qui, à cause de leurs opinions, ont été poursuivis, ont été condamnés ou ont été exilés bénéficieront d'une amnistie totale. Enfin, comme la France désire contrecarrer les visées anglaises en Méditerranée, ses troupes, fortes d'environ 12 000 hommes, occuperont, jusqu'à la conclusion de la paix générale, les Abruzzes et la province d'Otrante. Leur approvisionnement sera à la charge du royaume.

Pour Marie-Caroline, rien ne peut être pire qu'un tel traité. Elle a pourtant envoyé Gallo à Paris dans l'espoir qu'il pourrait y négocier directement avec Talleyrand de meilleures conditions. Ses instructions étaient claires :

> « Tâchez de faire une paix honnête, stable et glorieuse; la neutralité envers tous, remise; point de criminels d'État admis; le royaume dans toute son intégrité; point d'île d'Elbe, de Présides; rien! Plutôt argent que chose. Voilà mon opinion [322]. »

Et, fondant un espoir sur la compréhension que le premier consul pourrait lui manifester, elle a même ajouté :

> « Dites à Buonaparte qu'il est vrai que je déteste les moyens criminels, indignes, exécrables par lesquels la Révolution a été engendrée, mais que j'ai de l'estime pour sa personne et une haute opinion pour son talent. Dites-lui que je désire son avantage personnel et avec cela la tranquillité de l'Europe; que si l'on devait obtenir le diadème par le mérite et le suffrage, il mériterait de l'avoir plus que tous les souverains de l'Europe et que c'est moi qui lui accorderais le premier vote, tout en le plaignant du fardeau ingrat [323]. »

Rien de tout cela n'a eu l'effet escompté. Marie-Caroline se lamente :

« Jugez de mon désespoir en lisant dans le *Moniteur* et en apprenant les articles de notre infâme traité [...] toutes ces coquineries humiliantes, à nous cruelles, pour eux inutiles, mais qui tendent à nous rendre ennemis de l'Angleterre. Je ne veux parler de notre fatale paix avec personne. J'en rougis trop et me sens trop humiliée [...]. Le royaume de Naples est perdu, cela est indubitable. Sauvons, s'il est possible, la Sicile et ménageons-nous des alliés qui, à la paix générale, nous fassent réavoir celui de Naples [...]. Cet ami allié ne peut être que l'Angleterre. C'est elle seule qu'il faut prier, conjurer de nous sauver, aider, de ne regarder nos faiblesses que comme celles commises avec le pistolet à la gorge [...] [324]. »

Peut-on de nouveau compter sur la Russie? A la suite d'un complot, auquel l'Angleterre a mis la main, Paul Ier a été assassiné dans la nuit du 23 au 24 mars 1801. Marie-Caroline observe qu'« actuellement tout est changé, la mort de Paul change toute la politique. La Russie se rapproche de l'Angleterre [324]. » Le nouveau tsar Alexandre Ier, prenant le contre-pied de la politique suivie par son père, va progressivement renouer avec Londres. Dès son avènement, il assure Marie-Caroline de l'intérêt qu'il lui porte. Il lui écrit :

« La lettre que V.M. vient d'adresser à feu Sa Majesté Impériale, mon très honoré père et seigneur, m'a comblé du sentiment de la plus vive affliction. Rempli de principes de loyauté dont j'ai eu de si beaux exemples, l'attachement personnel que je sens pour V.M. me porte encore plus à embrasser la cause du Royaume des Deux-Siciles avec tout l'intérêt que l'exigence de sa position est faite pour inspirer [...]. »

Dans toutes les capitales, on ne peut que compatir aux malheurs qui accablent le royaume de Naples. Dans ses lettres adressées à Constantinople, à Londres, à Berlin, Marie-Caroline cherche à faire comprendre que c'est « le couteau sur la gorge » que Naples a dû s'incliner. Elle tient cependant la paix conclue pour un déshonneur personnel qu'elle n'a pas su empêcher. Désabusée, elle confie à Gallo :

> « Je suis très malheureuse, mais non coupable. J'aurai eu de mauvais moyens, mais c'était la vraie idée du bien, du juste, de l'honneur et non le caprice qui m'y liait. Mais comme les hommes sont jugés des effets dans ce bas monde et non des intentions, je serai toujours déchirée et c'est ce qui me désole. Je me compte pour perdue [...]. L'Empereur, l'Impératrice me plaignent, mais ne mettront pas le doigt pour m'aider. Le parti est pris de ne rien faire [325]. »

Qu'y aurait-il à faire en effet maintenant que sur le continent la Coalition a été vaincue? La France, reconnaissante à Bonaparte d'avoir mis fin à la guerre, attend de lui qu'il rétablisse dans toute l'Europe une paix générale.

Par étapes, le premier consul va y parvenir. Pas plus qu'il n'a rétabli la République parthénopéenne à Naples, il ne fait revivre la République romaine. Dans Rome, évacuée par les Napolitains, un pape, Pie VII, règne de nouveau. De Milan, en juin 1800, Bonaparte a déclaré : « Nulle société ne peut vivre sans morale et il n'y a pas de bonne morale sans religion. Une société sans religion est comme un vaisseau sans boussole ». Fidèle à lui-même, il conclut dès juin 1801 le Concordat qui met un terme à la guerre religieuse et garantit en France le libre exercice du culte catholique, reconnu comme la religion de la majorité des Français.

Alexandre Ier qui rencontre des difficultés avec la Ligue des Neutres, qu'avait rassemblée son père, tout en se rapprochant de l'Angleterre, met fin à son état de guerre avec Paris (traité de paix du 8 octobre 1801). En Angleterre, un changement de gouvernement est intervenu en février 1801 à la suite de la démission de Pitt. Lord Addington arrive au pouvoir à un moment où la situation est particulièrement tendue dans le Royaume-Uni. L'Angleterre connaît tout à la fois, outre les échecs militaires de ses alliés, une crise financière et de mauvaises récoltes. Le problème du statut politique à accorder aux catholiques d'Irlande se pose avec acuité tandis que George III, le roi, n'émerge que rarement de son état de démence. Confronté à cette situation, Addington se résout à faire les premiers pas. Il fait des offres de paix à Bonaparte. Quelques grandes lignes ayant été préalablement arrêtées à Londres, les

François de Habsbourg-Lorraine

(Doc. Tallandier)

Marie-Thérèse d'Autriche

(Doc. Tallandier)

Naples au début du XIXe siècle

(Doc. Tallandier)

(Doc. Tallandier)

Le Palais royal

Le Castel Nuovo

(D.R.)

(Anderson-Giraudon)

Marie-Caroline

(Giraudon)

Ferdinand IV

(Roger-Viollet)

La famille royale

(Giraudon)

Marie-Louise,
future impératrice des Français

(Roger-Viollet)

Lady Hamilton
et l'amiral Nelson

(Doc. Tallandier)

(Doc. Tallandier)

Vienne, le Palais impérial

Marie-Caroline
à la fin de sa vie

(Roger-Viollet)

vraies négociations s'ouvrent alors à Amiens. Malgré les informations qu'elle reçoit de Paris par Gallo et de Londres par Castelcicala, Marie-Caroline souhaiterait en savoir plus :

> « Ici, je ne sais rien et c'est une vraie calamité. On est à l'obscur de tout. Je vois pourtant une très grande et continuelle activité entre les cours, Londres, Pétersbourg, Paris. Les courriers vont et viennent sans fin [...]. A Amiens, je crois que Buonaparte fera en tout et partout ce qu'il voudra et décidera, et que l'Europe entière se contentera de le regarder avec stupéfaction et le laissera faire et disposer de tout à sa guise [326]. »

Les négociations aboutissent : la paix d'Amiens est signée le 27 mars 1802. Pour Bonaparte, c'est un succès total. L'Angleterre reconnaît les frontières naturelles de la France et toutes les Républiques-sœurs. Elle lui rend ses colonies et s'engage à évacuer Malte dans les trois mois qui suivront la ratification du traité. Les Chevaliers de Jérusalem reprendront possession de l'île, tandis qu'une garnison napolitaine de 2 000 hommes y sera cantonnée pendant un an. Enfin ce que Marie-Caroline n'avait cessé de réclamer est obtenu : « ces sangsues de troupes françaises [327] » évacueront le royaume de Naples et les États romains.

C'est dans l'enthousiasme que l'Europe célèbre la paix enfin retrouvée après un conflit qui, pendant dix ans, a ensanglanté tout le continent. Pour Marie-Caroline, la satisfaction n'est pas complète. Comme elle le dit, « l'Italie est son objet ». Ce qui se prépare à Lyon où Bonaparte a convoqué 454 notables italiens, sujets de la Cisalpine, suscite chez elle beaucoup d'appréhension.

*

Pour mettre fin aux désordres que connaît la Cisalpine depuis bientôt deux ans, Bonaparte a décidé de la doter d'une nouvelle Constitution, inspirée de celle de la France. Marie-Caroline ne se fait guère d'illusions : « Ici, on attend les effets du voyage de Buonaparte à Lyon. Pour moi, je suis convaincue que c'est pour en tirer un avantage personnel pour lui ou pour sa famille qu'il a réuni ces députés. » La reine ne se trompe guère. Dûment chapitrée, la Consulte de Lyon approuve, en janvier 1802, la Constitution proposée. Elle fait de Bonaparte le président de la « République italienne ». Cette appellation, qui suscite chez beaucoup d'Italiens un fol espoir d'unité, ne peut qu'irriter Marie-Caroline, d'autant plus qu'à Vienne on ne semble pas en apercevoir les dangereuses implications : « On a demandé ici la reconnaissance de la République italique. On a reconnu [328]. »

La conclusion du Concordat, la paix d'Amiens, les succès militaires et diplomatiques ont favorablement préparé l'opinion française à un changement de régime : Bonaparte, le 2 août 1802, est proclamé premier consul à vie. Marie-Caroline ne peut s'empêcher d'admirer la dextérité avec laquelle Bonaparte parvient à ses fins :

> « Je crois que tout ce que nous tous pourrons faire de mieux serait de nous faire chaque semaine instruire exactement par nos ministres comment Buonaparte gouverne ses sujets et exactement l'imiter. Car lui seul entend le difficile, ingrat et pénible métier de gouverner les hommes. Et ainsi, en vérité, il est le plus digne à être le souverain de nous tous. C'est un homme qui s'est servi des délires de la philosophie pour s'élever quand nous nous en sommes occupés pour travailler nous-mêmes à nous annuler. Si demain Buonaparte devient Empereur des Gaulois, il y aura lutte entre les souverains qui, le premier, le reconnaîtra et lui fera compliment et hommage [...]. Je me figure que la proclamation du Consulat à vie se sera faite avec toute la pompe. Si j'avais été française, j'aurais écrit : Je suis pour qu'il nous gouverne, sous la dénomination de “ *Consul Perpétuel*, ou *Roi ou Empereur des Gaules* ”, quel qu'en soit le titre, mais que Buonaparte soit notre souverain [...] Mais après l'avoir ainsi proclamé par conviction à tous les titres qu'il mérite, je voudrais le prier de mettre un frein à ses vues de conquête, à ses idées sur l'Italie qui feront notre perte et de ne s'occuper que de jouir de la grandeur si bien acquise par son énergie, fermeté et courage [329]. »

A Naples, l'évacuation des places occupées par les troupes françaises s'effectue conformément à la paix d'Amiens. Murat, lui-même, de Naples, en surveille l'exécution. Par son élégance, ses façons courtoises et déjà par le panache qui s'attache à sa personne, il séduit les Napolitains. François, Clémentine et Acton le reçoivent avec grâce et on lui réserve même un fastueux accueil à Caserta. De Palerme, Ferdinand écrit à deux reprises au premier consul pour lui exprimer la satisfaction que lui procure la fin de l'occupation militaire et le complimenter pour sa nomination de consul à vie. Dans une capitale pacifiée et libre de toute présence étrangère, Ferdinand est maintenant disposé à revenir. Depuis des mois Marie-Caroline l'y incite :

> « Je voudrais que le Roi revînt à Naples pour qu'il y ait enfin dans la capitale le souverain qui devrait déjà y être [330]. »

Les relations diplomatiques sont renouées. Gallo est nommé à Paris. C'est un choix judicieux car, depuis Campo-Formio et Lunéville, Bonaparte l'apprécie. Charles Alquier [331], le négociateur français du traité de Florence, dès fin avril 1802, est envoyé à Naples. Il n'est pas à l'abri des sarcasmes de Marie-Caroline : ancien Conventionnel, Alquier a voté la mort de Louix XVI. Il est toutefois un homme d'Ancien Régime pour avoir été, avant la Révolution, procureur du roi au Présidial de La Rochelle. La reine ne se montre guère satisfaite :

> « Alquier a déjà ses lettres de créance qu'il remettra au Prince au lieu du Roi [...]. Ils ont été très pressés de nous donner un ambassadeur. Il a bien fallu l'accepter, puisqu'on est entièrement à leur merci. La douleur que cela me cause me mènera au tombeau [332]. »

Le 27 juin 1802, après une absence de trois ans et demi, Ferdinand est enfin de retour à Naples.

> « Le Roi est arrivé au milieu des acclamations, illuminations, cris d'allégresse. J'en suis charmée. Cela lui a fait plaisir. Mais moi, je voudrais arriver à Naples tout tranquillement. Les *Hosannah* ne me touchent plus [333]. »

A Vienne, les relations de Marie-Caroline avec sa fille Thérèse, sont maintenant devenues franchement mauvaises. La duchesse Giovane, qui pendant des années à Naples avait pourtant bénéficié de nombreuses faveurs, dessert Marie-Caroline auprès de l'impératrice. Elle l'espionne même :

> « Cette très ingrate me tire par l'attachement et le sentiment les vers du nez et va, en haut, parler et écrire et montrer mes lettres ; elle me fait des abominables tracasseries chez ma fille [334]. »

Les remarques que fait Marie-Caroline pour le seul usage de ses correspondants tombent ainsi sous les yeux du ménage impérial. L'humeur de celui-ci ne peut que s'aigrir :

> « Réellement ce n'est pas jalousie, mais compassion que cette monarchie délabrée doit inspirer [335] [...]. Je vois avec douleur que cette monarchie se perd par sa faiblesse ; qu'elle court *en chantant et en dansant*, mais à pas de géant, vers sa ruine [336] [...]. »

Dès lors, on l'évite. Elle s'en plaint et s'en indigne :

> « L'Impératrice est comme une vipère [...]. Ma situation est des plus pénibles. Abandonnée par mes propres enfants, évitée et mise à l'écart par le reste de la famille qui me rend responsable de tout et me fait supporter le poids de toutes les haines que l'on encourt, je n'ai plus le courage de supporter les outrages et les avanies dont on m'accable [...]. Je ne puis pas rester en butte au mépris de mes propres enfants auxquels je suis venue rendre visite par amour maternel. La chose dépasse les bornes [...]. Ici, il paraît toujours qu'on est incommode et de trop. Cela m'humilie et me peine. Voilà presque deux mois que je ne vais à aucun théâtre [337]. »

Thérèse va même jusqu'à empêcher sa mère de voir sa petite-fille Marie-Louise. Par l'intermédiaire de Gallo, elle maintient le contact :

> « Je vous envoie une lettre pour ma petite-fille Louise et quelques cadeaux pour elle à l'occasion de sa fête. Vous me ferez le plaisir de lui faire parvenir le tout de bonne heure, puisqu'en ma qualité de pestiférée, je ne puis la voir [338]. »

C'est ainsi que Marie-Caroline est alors tentée de rentrer elle-même à Naples, malgré toute l'aversion qu'elle éprouve pour ses sujets. Ferdinand, qui est encore à Palerme, l'en dissuade :

> « Je t'en conjure par tout ce que tu as de plus cher au monde et parce que je veux mourir dans tes bras, de ne faire aucune démarche prématurée, de ne pas bouger d'où tu es sans me l'écrire et d'attendre mon consentement ou une réponse que je ne donnerai pas, tant que les choses n'auront pas changé d'aspect [339]. »

Les incidents avec sa fille et l'empereur se multiplient :

> « Ma fille affiche son désir de me voir tourner les talons, ce qui me contraindra sûrement à m'en aller. Elle nous déteste, ses sœurs aussi bien que moi, et elle dresse son mari contre nous. Je la regarde comme morte, tout est fini entre nous [340]. »

Thérèse ne saisit pas l'occasion d'une longue et douloureuse maladie – qui contraint la reine à garder la chambre pendant plus d'un mois – pour se rapprocher d'elle :

> « Je suis sérieusement malade et alitée depuis le 16 mars; la maladie commença par une fièvre bilieuse et putride accompagnée de spasmes violents qu'on attribua à des hémorroïdes [...]. Cela obligea à faire quatre incisions assez sérieuses. On finit par trouver que l'intestin était entamé et l'on fut obligé de le couper en deux par une incision de deux pouces et demi de long. J'ai souffert l'impossible pendant quelques jours [...]. La conduite que ma fille a tenu durant ma maladie est incroyable. Elle a entièrement aliéné mon cœur. Elle me paraît une princesse à moi étrangère [341]. »

Ferdinand de retour à Naples, Marie-Caroline peut alors aller le rejoindre. La décision en est prise fin mai 1802. Heureuse de s'éloigner bientôt des tensions familiales, elle regrette pourtant ce départ en pensant à ses trois filles qui se plaisent infiniment à Vienne :

> « Mes filles sont depuis cette décision journellement dans les larmes et moi qui suis à bien plus justes et fortes raisons plus affectée qu'elles, je dois les consoler et leur prêcher raison [342]. »

Elles vont devoir quitter l'Autriche sans qu'aucune perspective d'un prochain mariage n'ait été entrevue. C'est un sujet que Marie-Caroline a parfois évoqué avec l'empereur lui-même. Elle se souvient qu'un jour, alors que courait la rumeur d'un éventuel divorce de Bonaparte, son gendre lui a dit :

> « Quoi que vous en disiez, ma mère, si le premier consul me demandait ma fille en mariage, je la lui donnerais. – Quoi, vous le feriez? – Assurément oui. Si demain, il me faisait cette proposition, je l'accepterais indubitablement [343]. »

Sur un tel chapitre, la réaction de Marie-Caroline ne peut être qu'indignée. Elle le dit à Gallo, le 23 décembre 1801 :

> « On dit que Buonaparte veut divorcer afin d'avoir des héritiers, que, se sacrifiant à l'intérêt général, sa femme est disposée à y consentir et qu'il songe s'allier à une famille illustre et souveraine [...]. Il ne peut bien entendu pas s'agir de mes filles. Je les tuerais plutôt que de les avilir et m'avilir de la sorte, même s'il s'agissait de les voir monter sur le trône du roi du monde, encore moins donc quand il s'agirait de les unir à un homme d'une habileté, d'un courage, d'une énergie sans égale, grand par son talent et ses succès, mais qui n'en est pas moins un profond scélérat et un usurpateur. »

Un autre motif va pousser Marie-Caroline au départ : la mort, le 15 novembre 1801, de sa belle-fille Clémentine.

François, le prince royal, prévoyant la fin prochaine de son épouse, n'a pas attendu son dernier soupir pour prêter une oreille complaisante à San Teodoro, l'ambassadeur de Naples à Madrid et à Alquier, le ministre de France. Ils lui conseillent de se remarier aussitôt avec l'infante Marie-Isabelle, sa cousine germaine, fille de Charles IV roi d'Espagne. Une telle union aurait l'avantage de rétablir la bonne entente entre les deux royaumes. Elle serait, de surcroît, favorablement accueillie par le premier consul dont l'Espagne est l'alliée. Pourquoi même n'irait-on pas plus loin? Ferdinand, le prince des Asturies, pourrait également épouser Antoinette, ainsi que Marie-Caroline elle-même l'avait souvent envisagé. Ce développement soudain stupéfie la reine et la scandalise : Clémentine n'est pas encore morte ! Le 25 novembre, alors qu'on l'a simplement prévenue de la « perte imminente de son excellente belle-fille », elle signale à Gallo : « Ce que j'avais prévu du côté de l'Espagne s'est déjà vérifié. J'ai reçu une longue lettre de San Teodoro m'annonçant qu'il a expédié à Naples la proposition du double mariage. »

Après la mort de Clémentine, François donne immédiatement son accord au mariage proposé :

> « Mon fils désire épouser sa cousine l'infante d'Espagne. J'ai vu ce projet écrit de sa main, dix jours seulement après la mort de sa vertueuse épouse. Il dit que ce long célibat lui est une oppression ! J'ai honte à l'idée qu'il s'agit de mon fils. Mais Dieu a choisi de nous humilier, de nous tourmenter : que sa volonté soit faite [...]. Je méprise la conduite de mon fils, facilité d'oubli de sa femme. Je plains l'Infante avec un mari pareil [344]. »

Le premier moment de stupeur passé, Marie-Caroline doit reconnaître qu' « on ne peut évidemment pas se refuser à faire de sa fille une princesse des Asturies. Mais mon cœur en gémira car j'aime mes filles pour leur bien, pour leur bonheur, et non par vanité [345]. » Mais s'agissant de François, son indignation persiste d'autant qu'aux yeux de la reine, Marie-Isabelle n'est probablement qu'une petite bâtarde née des amours scandaleuses de cette « catin, la reine d'Espagne [346] », et de son amant Godoy. Et ce double mariage n'implique-t-il pas « qu'il faudra dès lors absolument s'entendre avec la France et avec l'Espagne », perspective qu'elle n'envisage « qu'avec une profonde douleur [347] ». En tout cas, il va falloir maintenant retourner à Naples :

> « Si le mariage espagnol aura lieu, je m'offre, uniquement par tendresse maternelle, de conduire Antoinette et François avec moi en Espagne, affrontant tout, établir le ménage qui a un beau titre mais alarme infiniment ma tendresse. Tâcher de faire contenter de son sort cette fille vive et spirituelle, de faire, au milieu des illusions, gober à François son petit magot, serait mon unique occupation après laquelle, remplie la barque convoyée heureusement de ma fille et son ménage, je retournerai [348] [...] »

Ce n'est que le 28 juillet 1802 que Marie-Caroline, accompagnée de ses filles, quitte Vienne pour Trieste où elle arrive le 8 août.

> « La première idée était de m'y envoyer une frégate. Comme la Méditerranée et l'Adriatique sont infestées de corsaires qui ne respectent rien, j'ai demandé quelque chose de plus. Un combat en mer et de courir, avec le malheur qui me poursuit, le danger d'aller prisonnière avec quatre enfants à Alger n'étant pas à risquer. Ainsi j'attends ce que l'on m'enverra des débris de notre anéantie marine [349]. »

C'est sur l'*Archimède*, commandé par le comte Thurn, que Marie-Caroline embarque le 10 août. Le 15, elle arrive sans encombre à Manfredonia et le 17 elle est dans Naples.

Ses dispositions d'esprit ne sont pas propres à rassurer Ferdinand.

> « Je suis très curieuse des mines que je verrai à Naples, mais je suis ferrée à glace [...]. Bien que sûre d'y trouver le poison ou le poignard, je suis décidée à renverser de fond en comble les injustes accusations dont je suis l'objet, à anéantir les diffamations dont on me comble. J'y remplirai mon devoir comme femme et reine, comme admise aux affaires, disant la vérité nette, claire, sans aucune cérémonie ou égards. Car je veux remplir mon devoir et m'estimer moi-même, tous les temps d'illusion et de faiblesse étant passés. On se fâchera de moi. Je serai importune. Eh bien! qu'on me renvoie, me donne une bonne pension, c'est tout ce que je désire [350]. »

Chapitre XVII

Naples subit le contrecoup de la rupture de la paix d'Amiens

Rien à Naples n'est de nature à satisfaire Marie-Caroline. Une reprise en main s'impose. Elle prépare les mariages espagnols, François avec l'infante Isabelle, Antoinette avec Ferdinand, prince des Asturies. Bonaparte offre des présents à l'occasion des mariages. Refus de Marie-Caroline. François et Antoinette partent pour l'Espagne. Retour de François avec Isabelle. Son portrait. Marie-Caroline plaide pour une amnistie générale. Ferdinand la promulgue. Difficultés financières. Medici aux Finances. Marie-Caroline fait part à Alquier de son admiration pour Bonaparte. Portrait de la reine par Alquier. Sujets de discorde entre la France et l'Angleterre. Rupture de la paix d'Amiens. Bonaparte envoie Gouvion Saint-Cyr occuper une partie du royaume de Naples. Protestations de Marie-Caroline. Elle écrit à Bonaparte. Réponse de ce dernier. Il se plaint de la présence toute-puissante d'Acton. Arrivée d'Elliot, nouvel ambassadeur d'Angleterre.

L'accueil que Marie-Caroline reçoit à son retour de Naples n'est en rien chaleureux : « On m'a reçue et traitée avec une vraie impertinence [351]. » Il lui semble que Ferdinand lui-même n'a guère gagné en popularité.

> « Nous avons été à la fête de Piedigrotta [...]. A peine cinq ou six cris isolés de " Vive le Roi " qui n'ont pas trouvé d'écho. Je ne parle pas de moi, ni à mon entrée, ni à ma sortie de l'église, on n'a même pas fait mine de remarquer ma présence. Je crois ce pays absolument corrompu. On marche sur un volcan, sur un sol miné que la moindre étincelle ferait sauter [352]. »

C'est sans illusion et un peu désabusée qu'elle juge la situation du royaume :

> « J'ai trouvé Naples au plus mal et suis convaincue que toutes les classes sont ulcérées [...]. La mauvaise récolte nous fait un mal infini dans le bas peuple. La noblesse est mécontente, la seconde classe a gagné un ton d'insolence incroyable. Des cagots, des rampeurs parlent haut et vous disent en face des choses les plus fortes. Ils ne craignent pas le Roi, mais le bas peuple, la *Santa Fede*, cela fait plus d'effet à les contenir que fidélité, loi et devoir. J'appelle anarchie les deux années depuis la reconquête [353]. »

L'impression que lui fait le roi n'est guère favorable :

> « J'ai retrouvé le Roi bien en santé et raison, plus ambitieux, plus despote, plus glorieux, vaniteux de lui-même, mais honnête malgré l'agitation du pour et contre qu'on lui dit et fait approuver sans cesse et qui dérouterait la tête la mieux organisée [354]. »

Et, en effet, un certain désordre règne au conseil. Même s'il a abandonné tout titre officiel dans le gouvernement, Acton n'en joue pas moins auprès de Ferdinand le rôle de Premier ministre [355]. Marie-Caroline supporte mal l'influence que son ancien protégé a su acquérir en profitant de son absence. « Acton est l'unique qui a la confiance du Roi; des autres il se sert sans confiance [354]. » François ne trouve pas non plus grâce aux yeux de sa mère : « J'ai trouvé le prince grossi à faire peur et la conception embourbée, mécontent, frondeur de tout [354]. »

Une reprise en main s'impose. Marie-Caroline va s'y employer. Elle fait face aux attaques personnelles. Elle participe au Conseil. Sans ambages elle exprime ses avis tout en laissant ensuite à Ferdinand et à Acton la responsabilité des décisions qu'elle se réserve de critiquer. Pour un temps, et sans doute est-elle sincère, elle aspire à la tranquillité :

> « Un jardin, des livres, des pinceaux, des crayons, un piano, réfléchir et m'occuper à écrire mes Mémoires qu'on publiera après ma mort, voilà tout ce que je désire. J'en ai assez du monde qui m'attriste et me dégoûte et n'aspire plus qu'au repos [...]. Mon souhait serait une mai-

son sur laquelle on écrirait en lettres majuscules : " Ici, on ne parle ni de souverains, ni d'anciens gouvernements, ni politique, ni même des nouvelles des gazettes [...]. " Comme je désire ne mécontenter personne, je suis décidée à ne me mêler de rien. Je suis mère et n'ai à cœur que le sort de mes enfants et de ma famille. Je ne désire que m'éloigner de ce monde des affaires dans lequel mon âme honnête a trop à souffrir [...]. J'aimerais mieux bêcher la terre dans mon pays tranquille que vivre ici [356]. »

Dans ces moments de dépression, Marie-Caroline va jusqu'à penser que sa « carrière politique est finie » et qu'elle n'a « ni le talent, ni la souplesse » qu'il y faut. Mais elle ne peut s'empêcher en fait d'agir tout autrement.

« Il est inconcevable tout ce que je vois, entends et comprends. Des complots, trames, propos, vilenies, horreurs, contre qui? contre leur Reine, leur bienfaitrice! Vingt-quatre heures de demeure ont déjà, presque à tous, fait changer le ton. On se jette à mes pieds, on demande excuses. On avait obstrué l'entendement de mon fils; mais celui-là est pleinement revenu et tout dévoué à moi. Le Roi sait son tort, craint de me pousser [...]. Je parle ferme à tous et de tous [...]. J'aurai de la peine à redresser bien des choses, mais décidée comme je suis, je crois d'y réussir et rester à la place qui me convient. Je vais au Conseil et y dis là, comme en tout, mon sentiment net. Je suis à la cape, j'examine, vois tout et suis prête à me défendre sur tout et à sortir certainement bien de toute attaque [357]. »

Dès son retour, Marie-Caroline peut se consacrer à la préparation du double mariage. Son intention première est d'accompagner François et Antoinette jusqu'à Barcelone malgré son appréhension devant tout trajet maritime et la perspective peu riante d'être l'hôte de sa belle-sœur Marie-Louise qu'elle déteste et méprise. Ferdinand et Acton l'y encouragent. Ils espèrent le répit que leur vaudrait cette absence. A en croire Alquier, le roi n'a montré aucun plaisir à retrouver son épouse :

« A peine était-elle de retour de Vienne, qu'il est parti seul pour Caserta. Il n'a pour objet, dans les fréquents voyages qu'il fait à Portici et dans d'autres maisons de plaisance, que de s'éloigner d'une femme dont l'humeur lui est devenue insupportable et à qui l'âge ne laisse plus aucun des attraits qui pouvaient autrefois le fixer auprès d'elle. Leur mésintelligence éclate dans la froideur et la contrainte qu'ils ne dissimulent pas. »

Comme le délabrement des finances publiques ne permet pas d'entourer le voyage de tout le faste qu'elle estime nécessaire, Marie-Caroline, d'abord hésitante, se décide finalement à ne pas accompagner ses enfants. Elle estime que le laisser-aller qu'elle constate dans le royaume nécessite sa présence.

Une escadre espagnole, arrivée à Naples dans les premiers jours de septembre, vient chercher François et Antoinette. La délégation espagnole fait sur Marie-Caroline une impression détestable :

« Quels gens ! Leur accoutrement, figure, costumes, barbes et surtout leur ton de révolutionnaire français du temps de Robespierre ! Je vais perdre une fille excellente pour toujours. Dieu la préserve des atteintes de la corruption au milieu de laquelle elle va se trouver. Je prierai pour son bonheur, mais mon cœur saigne [358]. »

A l'occasion de ces mariages qu'il voit avec faveur, Bonaparte écrit à Ferdinand pour le féliciter. Il procède à une large distribution de présents et offre à Ferdinand carabines et fusils de chasse. Pour se montrer aimable à son tour, Ferdinand fait parvenir au premier consul un ensemble d'objets d'art provenant des fouilles de Pompéi et d'Herculanum. Alquier demande à Acton ce qui pourrait bien faire plaisir à Marie-Caroline. Pour s'assurer que sa réponse sera bien exactement transmise à Bonaparte, elle écrit à Gallo le 14 septembre 1802 :

« Acton vient de me dire qu'Alquier l'a invité à me demander ce que je pourrais désirer. Le premier consul ayant envoyé des présents à la reine d'Espagne, faisant fabriquer des armes pour le Roi, voudrait aussi *m'offrir une attention.* Voici ma réponse claire et nette afin que vous la connaissiez : " Sensible à l'attention du premier consul qui montre son harmonie et bonne volonté d'être en paix et bien avec nous, je n'accepterai jamais rien ; mais si cela peut lui déplaire, comme on fabrique très bien au naturel les fleurs, une seule petite branche d'olivier pour faire bonne union dont elle est l'augure, sera acceptée et rien, absolument rien d'autre. " Je vous prie, dans le cas où passant par plusieurs bouches, Alquier ne rendrait pas bien ma réponse, de la transmettre clairement et textuellement. Je ne prendrai rien au monde de qui que ce soit, encore moins d'un usurpateur, homme de génie et grand caractère, mais usurpateur [359]. »

En réagissant de la sorte, Marie-Caroline ne facilite pas la tâche de Gallo à Paris, où il a été envoyé pour rétablir d'aussi bonnes relations que possible entre les deux pays. Comment concilier cette rebuffade avec ce qu'il y a quinze jours à peine, sa souveraine lui écrivait :

« Moi, j'estime et ai la plus haute opinion du premier consul, comme l'homme le plus digne de gouverner les hommes; et, s'il voulait, pour une année seulement, pas un jour de plus, réordonner Naples et toutes les classes qui toutes auraient besoin de son actif, sage et ferme gouvernement, ce désir vous prouve l'opinion que j'ai réellement pour lui [360]. »

Sans doute, Gallo devait-il en conclure qu'en quelque sorte l'amour et la haine cohabitaient désormais dans le cœur de la reine.

Le 23 septembre 1802, François et Antoinette quittent Naples pour Barcelone. Marie-Caroline est désespérée de perdre sa fille. Elle a le pressentiment qu'elle sera malheureuse et qu'elles ne se reverront plus. Dès son arrivée, Antoinette lui écrit des lettres désolées,

« des lettres à faire fondre en larmes. Le prince des Asturies est affreux, très laid de visage, figure grosse, cuisses et genoux ronds, fine petite voix à faire peur et un benêt entièrement. De plus, physiquement amoureux, mais après huit jours de dormir ensemble, encore non mari de sa femme. Il est désagréable, bête, et n'a aucune instruction [361]. »

François, qui ne s'est pas plu à Madrid, est de retour à Naples le 19 octobre. Bien qu'il « regarde ce mariage non comme lien d'amitié, mais comme de faire race et à cela il n'a aucune répugnance [362] », sa mère est malgré tout très surprise à la vue de sa nouvelle belle-fille de quatorze ans :

« Isabelle a un beau, frais, sain visage, nullement Bourbon, mais blanc et rouge, des yeux noirs. Elle est très grosse et forte et des jambes très courtes. Ceci est pour l'extérieur. Le reste ne peut se décrire. Elle est nulle en tout, savoir, conception, idée, curiosité. Rien, entièrement rien. Elle parle un peu d'espagnol, mais ni l'italien, ni le français. Elle s'exprime par monosyllabes, oui ou non, et cela pas à propos. Elle sourit toujours. François lui a pris des maîtres d'italien, première idée de géographie, des premières règles de l'arithmétique. Elle ne sait rien [...] enfin, un automate. Mon fils a une poupée, jeune, fraîche, mais naine et absolument stupide, un vrai bloc [...]. Elle témoigne un très grand penchant pour la très matérielle galanterie [...]. Elle est absolument d'une famille de crétins [363]. »

Tout en participant à l'indispensable éducation d'Isabelle et lui témoignant même de l'affection, Marie-Caroline va pouvoir passer à des choses plus sérieuses.

*

Elle s'imagine Bonaparte toujours parfaitement sûr de lui et de son destin. Aussi ne peut-elle s'empêcher d'être surprise lorsqu'elle le voit, pour affermir sa situation en France, s'adresser à Louis XVIII.

« Buonaparte a envoyé à Louis XVIII demander la formelle renonciation au royaume de France, écrit-elle en avril 1803. Je trouve extraordinaire avec la force et la puissance de Buonaparte qu'il veut la renonciation d'un pauvre relégué à Varsovie, qui paraît n'avoir aucun parti, ni dans le cœur, ni dans l'opinion de personne... [364] »

De nouvelles initiatives françaises alarment Marie-Caroline. Alors qu'on se trouve en pleine période de paix, Bonaparte, sans consulter personne, décrète le 11 septembre 1802 l'annexion du Piémont. A la mort de Ferdinand, le duc de Parme, survenue quelques semaines plus tard, non seulement il ne rattache pas le duché au royaume d'Étrurie mais y installe un administrateur provisoire français. Il laisse ainsi dans le vague l'avenir réservé au duché [365]. La Russie et surtout l'Angleterre réagissent mal à ces nouveaux coups de main. Avec Malte que les Anglais n'évacuent pas, avec un Bonaparte « qui polonise et désorganise toute l'Europe », Marie-Caroline en vient à penser que la guerre pourrait bientôt reprendre. Elle ne se fait guère d'illusion sur son issue probable :

> « Je fais des vœux pour le maintien de la paix [...]. Si on commence la guerre continentale, les puissances en seront plus vitement *(sic)* encore que l'autre fois les victimes. Si le pauvre Empereur fait la guerre, il est perdu avant une année [...] [366]. »

Pour la reine, une guerre limitée à l'Angleterre pourrait peut-être permettre au royaume de sauvegarder sa neutralité; mais si l'Autriche s'y trouve impliquée, « rien qu'à cause de ce qui reste encore à l'empereur en Italie (Vénétie), force nous serait de le suivre [366]. » Et d'évoquer aussitôt la probabilité d'une nouvelle occupation :

> « Tout marche tant bien que mal; mais 6 000 Français ou autres qui s'approchent et tout s'écroule. Les mécontents, et le nombre en est grand, de toutes les couleurs, hausseront aussitôt la tête. Les politiques peureux, en nombre encore plus étendu, suivront cet exemple; enfin la confusion serait complète, comme on n'a ni amour, ni attachement au gouvernement [367]. »

Comme tout irait mieux si « Buonaparte, pour qui j'ai une vraie vénération, voulait bien se reposer sur ses lauriers et ne plus penser à d'autres! [368] » Comme c'est de lui seul que dépend la sauvegarde de la paix, elle enjoint à Gallo en novembre 1802 de lui assurer « l'amitié du colosse, mais sans bassesse, ni humiliation [368] ».

Les dangers extérieurs menacent. Marie-Caroline, consciente que le rétablissement de la paix intérieure dans le royaume est une nécessité, cherche à obtenir du roi l'oubli des offenses passées :

> « J'ai proposé et travaillé, mais avec peine, à un pardon général, vrai, à un crible total, brûlure de tous les papiers, défaire la *Giunta di Stato*, et que l'année 1803, chacun, s'il se conduit bien, peut être employé à tout, même s'il a eu une mauvaise conduite; enfin que tout

le passé soit comme non avenu. On regardera comme ennemi de l'État et perturbateur de l'ordre public qui osera parler, nommer, accuser quiconque pour tout ce qui est arrivé jusqu'à la fin de 1802. Que 1803 soit une nouvelle vie, oubli entier du passé. Voilà à quoi je travaille, mais j'aurai bien du mal à l'obtenir, vu la grande irritation du Roi. S'il ne fait ainsi, on ne peut plus vivre, ni tenir dans ce pays-ci [369] »

Ferdinand finit par adopter le point de vue de la reine. Il décrète le 11 janvier 1803 une amnistie générale. Contrairement aux espoirs de Marie-Caroline, cette mesure ne ramène pas le calme. Les frais occasionnés par la récente occupation, la charge exceptionnelle entraînée par les importants achats de blé que la mauvaise récolte a rendu indispensables, déclenchent au même moment une grave crise économique et financière. Au mécontement de l'armée et des fonctionnaires – les soldes et traitements ne sont plus réglés depuis plusieurs mois – s'ajoute la colère de la population frappée par de nouveaux droits sur la pêche et une augmentation de la taxe sur le sel. Giuseppe Zurlo, le ministre des Finances, devant l'énorme déficit qu'il découvre soudain, tente un emprunt forcé mais il provoque la panique. Chacun se précipite pour retirer ses dépôts dans les banques. Le royaume est à deux doigts de la banqueroute. Ferdinand jette Zurlo en prison. Il le remplace par Luigi de Medici, l'ancien régent de la Vicaria, et l'un des bénéficiaires de l'amnistie de janvier.

Dans ces premiers mois de 1803, Marie-Caroline s'est aperçue qu'Alquier prend plaisir à s'entretenir avec elle et qu'il apprécie la vivacité de son esprit. Consciente de son charme, elle se laisse aller avec lui à des confidences calculées. Alquier s'en amuse. Il en rend compte à Talleyrand, son ministre des Relations extérieures :

« Je vois assez fréquemment la reine. C'est le matin, chez elle, et toujours tête à tête qu'ont lieu les entretiens. Je n'en sors jamais sans être émerveillé de ce que, dans le cours d'une heure, cette femme extraordinaire peut dire d'aimable et de bizarre, d'ingénieux et d'absurde, et de choses qui, toutes, étonnent par leur sagesse ou leur folie [...]. Dans l'un de ces entretiens, la reine me parla du premier consul : " Il me serait, sans doute, pardonnable – me dit-elle – de ne pas l'aimer. Eh bien! je ferais volontiers deux cents postes seulement pour le voir. Si j'osais me comparer à ce grand homme-là, je dirais que j'ai un sentiment en commun avec lui, c'est l'amour de la gloire. Mais il a poursuivi son objet en grand et dans le monde entier et il l'a obtenu; au lieu que j'ai cherché la gloire dans les buissons, et que je ne suis parvenue qu'à me piquer le bout des doigts. Lorsque vous écrivez, faites bien mes compliments au premier consul et dites-lui surtout que je ne me lasse pas d'admirer l'adresse avec laquelle il a su profiter d'un temps où Catherine et Frédéric n'existant plus, il n'y a sur tous les trônes de l'Europe que des hommes très méprisables... [370] »

Dans ce même message, Alquier trace de Marie-Caroline un assez bon portrait :

« Ses amis en disent trop de bien et ses ennemis trop de mal. Au vrai, elle n'est ni bonne, ni méchante. Née avec infiniment d'esprit et de grâces naturelles et devant à l'éducation que lui a donné l'Impératrice, plus d'instruction que n'en ont communément les femmes, elle eut la prétention assez raisonnable de gouverner, lorsqu'en arrivant à Naples, elle trouva sur le trône un homme incapable de régner. Le goût le plus vif pour le plaisir se joignit à la passion de dominer [...]. La vie de la reine n'est qu'une longue crise de vapeurs [...]. Elle a été successivement amie tendre ou ennemie implacable, exorable ou vindicative, dévote et galante [...]. Dans le même jour, elle s'occupait d'intriguer à Vienne, à Londres, à Pétersbourg, et de savoir ce qui se passait dans le ménage d'une bourgeoise de Naples. Elle eût été une femme parfaite si elle se fût bornée à être épouse et mère, mais la nature en a ordonné autrement, et les prestiges du rang suprême ont encore ajouté à l'impulsion de la nature. A l'exemple de sa mère, elle a bien élevé ses filles. Elle dédaigne son fils aîné qui, dans l'enfance, a rebuté ses soins par une nullité absolue de dispositions et qui l'humilie par des goûts ignobles et puérils. On a exalté sa générosité; en effet, elle donne beaucoup, mais sans choix comme sans mesure [...]. La reine nous hait assurément, mais peut-elle ne pas nous haïr, et la légitimité de ses ressentiments ne la justifie-t-elle pas trop bien de l'animosité qu'elle nous témoigne? Le besoin d'intriguer la tourmente encore et ne s'éteindra jamais. Elle passe les jours dans son cabinet et à son bureau, et nul ministre n'écrit autant de lettres que la reine de Naples [...]. Un autre goût qui a marqué dans sa vie, celui du plaisir, ne l'a pas abandonné et le commandeur Ruffo, que vous avez vu ambassadeur à Paris, est obligé d'y subvenir et de vivre auprès de ce débris, célèbre de tant de grâces et de galanteries. Enfin, cette femme dont on parle depuis si longtemps et si diversement en Europe, est à peu près tout ce qu'elle pouvait être : placée dans une condition privée, elle aurait offert les mêmes résultats, elle eût fait les délices de quelques hommes, mais elle aurait été le tourment de son mari et l'effroi du voisinage [370]. »

*

N'étant pas « placée dans une condition privée », mais par la force des choses « au rang suprême » du royaume, Marie-Caroline voit avec frayeur s'envenimer les relations entre la France et l'Angleterre. Des deux côtés les sujets de mécontement ne manquent pas. A Londres, on est agacé par la politique coloniale de la France, les missions de Brune et de Sébastiani à Constantinople, en Orient et en Afrique du Nord. Leur but est d'y saper l'influence anglaise. En signant la paix d'Amiens, l'Angleterre espérait un renouveau de son commerce continental. Mais Bonaparte y fait obstacle en maintenant partout des barrières douanières. En Europe, malgré la paix, le premier consul étend continuellement sa domination : sur la Suisse, dont il s'institue le médiateur [371]; sur l'Allemagne, où il bouleverse l'antique carte politique du Saint Empire romain germanique et où il favorise les États catholiques du Sud au détriment de l'influence autrichienne [372]; sur l'Italie enfin où il s'empare de l'île d'Elbe, et annexe le Piémont, comme si le roi de Sardaigne était encore un adversaire en guerre.

Du côté français, c'est le refus de l'évacuation de Malte par les Anglais, pourtant promise à Amiens, qui va entraîner la rupture. En mars 1803, lors d'une réception donnée par « Madame Bonaparte » où se trouvent près de deux cents personnes, le premier consul interpelle brutalement lord Whitworth, l'ambassadeur d'Angleterre. Il accuse son gouvernement de violer la foi sacrée des traités et de vouloir la guerre. Le cabinet britannique met alors en avant des conditions nouvelles susceptibles selon lui de maintenir la paix : retrait de Malte reporté de dix ans, occupation anglaise de l'île de Lampedusa. La France de son côté évacuerait la Hollande et la Suisse. Elle indemniserait le roi de Sardaigne pour la perte de son Piémont. La rupture devient inévitable. Le 16 mai 1803, les deux pays sont de nouveau en état de guerre.

Pensant au sort de Naples, Marie-Caroline qui appréhende cette issue, écrivait quelques semaines plus tôt à Gallo :

> « Je crains un coup de force des Anglais qui pousse le premier consul à tirer l'épée. Tâchez, dans ce cas, de bien faire sentir notre nécessité absolue de rester neutres et de nous éviter des troupes françaises dans nos ports, ce qui serait, contre la foi de tous les traités de justice, une vraie violence, et dont les funestes suites seront incalculables. Ainsi, ils n'ont et n'auront aucun motif, aucun droit que le droit du plus fort pour faire cette violence [373]. »

En cette fin d'avril 1803, Marie-Caroline est sincère dans ce souhait souvent répété de sauvegarder la neutralité du royaume et de rester à l'écart d'un conflit qui semble devoir se limiter à un duel franco-anglais. De surcroît, cette lutte paraît difficile à engager : elle imagine mal sur quel terrain ces deux adversaires séparés par la mer pourraient bien utilement s'affronter. C'est alors que Bonaparte va, cette fois-ci, sérieusement envisager un débarquement en Angleterre et le préparer au départ de Boulogne. Entreprise hasardeuse – les Anglais sont maîtres des mers – dont la mise au point requiert beaucoup de temps. Aussi dans l'intervalle convient-il d'empêcher l'Angleterre et la Russie, qui l'une et l'autre accordent leur soutien à Naples, de développer leur emprise en Méditerranée.

A cette fin, Bonaparte, confirmant les appréhensions de Marie-Caroline, deux semaines après la rupture, informe Ferdinand qu'il a décidé d'occuper les Pouilles aussi longtemps que les Anglais n'auront pas évacué Malte. Sous le commandement de Gouvion Saint-Cyr, les troupes françaises prennent aussitôt possession de Tarente, Lecce, Trani, Bari et Brindisi. C'est faire peu de cas de la paix conclue à Florence. Pour le royaume, qui se débat déjà au milieu de ses difficultés financières, c'est une charge écrasante, d'autant plus qu'Alquier confirme à Acton que « le vœu du premier consul est que le corps d'armée qui vient d'entrer dans les États du roi, y soit nourri, soldé et habillé aux dépens de Sa Majesté. » Certes, Alquier reconnaît que

« le gouvernement français voit avec peine que, dans les circonstances actuelles, Sa Majesté sera forcée à un surcroît de dépenses pour subvenir à la nourriture, à la solde et à l'habillement des troupes françaises. » Mais, à sa façon, il justifie cette mesure en ajoutant : « Sa Majesté ne doit s'en prendre qu'à la mauvaise foi et à l'ambition du gouvernement britannique de la surcharge qu'éprouveront ses États, car les Cabinets savent parfaitement avec quelle patience et quelle sagesse, le Premier Consul s'est efforcé de conjurer l'orage qui menace le repos de l'Europe et qu'on ne pourra en aucun cas lui imputer les malheurs de la guerre [374]. »

Pour Marie-Caroline, tout cela n'est qu'hypocrisie :

« Je ne puis vous dire et jamais assez expliquer la profonde douleur que me cause la malheureuse et malhonnête entrée des Français chez nous, dans un moment où nous avons rempli toutes les onéreuses conditions de la paix. A main armée, on nous force, violente, sans raison en droit que celui du plus fort, à recevoir 15 000 Français, à les pourvoir de tout, c'est-à-dire à remplir notre ruine. Je ne puis voir dans ces mesures que la décidée volonté de nous envahir, de nous perdre, et cette mesure est digne de Robespierre. J'espère que les Anglais ont assez de grandeur d'âme pour ne point prendre les ports de la Sicile. Je le souhaite comme Reine de Naples; mais comme gouvernement anglais, je serais déjà en chemin pour l'exécuter. Voilà notre totale ruine occasionnée par le despote Corse. Je ne puis comprendre comment on défrayera cette troupe, manquant nous-mêmes de vivres et d'argent.

« Le roi est furieux, dans une rage qui me fait peur pour sa santé et pour sa raison et pour les partis que, dans sa colère, il prendra. Abdication, fuite à Palerme, s'enfermer, combattre? L'un succède à l'autre sans admettre la discussion. Ma position est affreuse [...]. *Nous sommes* trop vieux pour nous plier facilement à servir de *marchepied au petit Corse* [375]. »

Après quelques jours de réflexion, Marie-Caroline met un frein à son indignation. Elle se décide à écrire elle-même à Bonaparte :

« Général, Premier Consul,

C'est comme épouse, comme tendre mère de mes enfants et de mes bien-aimés sujets que je vous écris. Je compte sur votre grand caractère pour contenter les demandes que vous fait le Roi, mon époux.

« L'entrée des troupes françaises dans notre royaume, qui se trouve en paix avec la France et qui suit exactement les règles de la plus parfaite neutralité, nous ruine et nous détruit par le poids énorme et inattendu de défrayer les troupes. Notre pays n'a que trop souffert de la guerre, de l'anarchie, de plusieurs années de mauvaise récolte, pour être dans l'impossibilité de soutenir ce nouveau poids. Je laisse à part toute discussion de justice et de droit. J'ai trop d'opinion de votre jugement pour n'être pas convaincue que vous sentez la force des raisons que je pourrais dire [...]. Je vous demande de décharger un pays neutre de l'affreuse charge d'entretenir ces troupes.

« J'espère de vous cette mesure et en aurai une vraie gratitude. Je m'adresse à vous pour la première fois. Vous soulageriez le Roi et ses sujets d'un fardeau horrible en retirant vos troupes. Vous pouvez compter entièrement sur le caractère du Roi pour conserver une neutralité stricte et exacte. Moi et mes enfants vous aurons une véritable reconnaissance pour cette démarche qui augmentera notre haute opinion pour votre personne, la considération et l'estime distinguées avec lesquelles je suis, etc [376]. »

De son côté, Ferdinand a formulé les mêmes requêtes. Bonaparte accepte de prendre directement à sa charge la solde, l'habillement et les frais de remonte de ses troupes. Il est entendu que les dépenses de logement, des vivres et du fourrage supportées par le royaume feront, en principe, l'objet d'un règlement ultérieur.

Dans ses réponses, le premier consul donne pour véritable motif de sa décision la trop grande dépendance dans laquelle le royaume a choisi de se placer vis-à-vis de l'Angleterre. Il met Ferdinand en garde : « Votre Majesté ne saurait trop se méfier de tout ce qui peut tenir à une nation qui ne voit dans le continent qu'un instrument de haine contre la France. » Avec Marie-Caroline, Bonaparte est plus explicite et vise expressément la position éminente, mais insupportable à ses yeux, qu'Acton occupe dans le royaume. Il lui répond le 28 juillet 1803 :

« J'ai lu avec la plus grande attention la lettre de Votre Majesté. Je la prie de rester persuadée qu'après lui avoir fait beaucoup de mal, j'ai aussi besoin de lui être agréable. Dans la conjoncture actuelle, il est de la politique de la France de consolider la tranquillité chez tous ses voisins [...].

« Mais je veux répondre par une confiance sans réserve à celle de Votre Majesté. Comment veut-elle que je considère le royaume de Naples dans ses rapports géographiques et politiques, lorsque je vois à la tête de toutes les administrations un homme étranger à son pays et qui a centralisé en Angleterre ses richesses et ses affections? Le royaume de Naples se gouverne moins par la volonté et les principes du Souverain que par ceux de son Premier ministre.

« J'ai donc été décidé par une sage prévoyance à considérer Naples comme un pays gouverné par un ministre anglais. Il me répugne beaucoup de me mêler des affaires intérieures des autres États; ce n'est que pour être sincère avec Votre Majesté que je lui donne la véritable raison qui justifie toutes les mesures prises envers Naples et dont elle pourrait avoir à se plaindre.

« Je désire que Votre Majesté soit convaincue, du reste, du grand prix que j'attache à tout ce qui peut tranquilliser et ordonner le continent et contribuer à son repos et à son bonheur. »

Tout en se félicitant d'avoir largement obtenu satisfaction, Marie-Caroline n'est pas dupe de la réponse de Bonaparte :

« Je suis fort heureuse de voir que le Premier Consul, impressionné à juste titre par notre triste situation et par l'intérêt que nous porte la Russie, s'est décidé à renoncer à nous faire supporter le poids de l'entretien des troupes qu'il a jugé bon de mettre, malgré notre neutralité absolue, en garnison chez nous. Je vous envoie la lettre que j'ai eu l'honneur de recevoir du Corse. Il m'estime digne de sa confiance sans réserve et me fait la confidence que mon mari ne gouverne ni par sa volonté, ni par ses principes, mais par ceux de son ministre. Au milieu de son faste et de sa gloire, il a tout simplement oublié que le Piémont, la Toscane, les États de Modène ainsi que ceux du Pape, voire aussi l'Allemagne, la Suisse et la Hollande, tous pays n'ayant pas de ministres anglais, ont été exposés à être mangés par lui. Il me permettra donc de douter de l'exactitude de son assertion. Mais suffit! Ce serait folie de vouloir lutter contre le plus fort que soi! Puisque le Bon Dieu a permis que ce Corse, sorti on ne sait d'où, dicte la loi à tous les souverains de l'Europe, nous allons voir si la fameuse descente (en Angleterre) lui réussira! L'entreprise me semble bien difficile; mais il a une telle chance dans tout ce qu'il entreprend qu'il est capable d'y réussir [...]. Le voilà donc en passe de devenir le Maître du monde entier, à moins qu'il ne soit forcé de rentrer dans la catégorie des simples mortels [377]. »

Qu'Acton soit ainsi visé par Bonaparte n'est pas, sur le moment, pour déplaire à Marie-Caroline de plus en plus agacée par l'influence que son ancien protégé exerce sur Ferdinand.

En même temps que Gouvion Saint-Cyr occupe les Pouilles, le nouvel ambassadeur d'Angleterre, Hugh Elliot arrive à Naples. Tiraillée entre Alquier et Elliot, Marie-Caroline va connaître des moments difficiles.

Chapitre XVIII

A la recherche d'une impossible neutralité

Naples choisit d'être neutre. Comportement d'abord acceptable du corps d'occupation de Gouvion Saint-Cyr. Bonaparte prépare son débarquement en Angleterre. Le cabinet de Londres intervient en faveur d'Acton et accorde au royaume son aide financière. Naples discrètement se réarme. Protestations d'Alquier qui demande le renvoi d'Acton. Marie-Caroline fait appel à Damas pour réorganiser l'armée. Saint-Clair, nouveau favori de la reine. L'occupation militaire exaspère Marie-Caroline. Gallo l'incite à la prudence. Le complot de Cadoudal et l'exécution du duc d'Enghien. Alquier refuse tout contact avec Acton. Acton part pour la Sicile. Proclamation de l'Empire. L'Europe et Naples reconnaissent Napoléon.

Cette seconde occupation par les Français d'une partie du royaume de Naples ne constitue pas une surprise pour le gouvernement de Londres. Dès la mi-mai 1803, il avait donné à son ambassadeur, Hugh Elliot, les instructions suivantes :

> « Le Roi (George III) désire sincèrement que Sa Majesté Sicilienne soit en état de garder la plus stricte neutralité dans le différend survenu entre la Grande-Bretagne et la France [...]. Si cependant Elle se trouvait forcée, par les menaces de la France ou par l'arrivée effective d'une armée sur son territoire, à admettre dans les ports du royaume des vaisseaux de guerre de la France et à en exclure ceux de Sa Majesté, (celle-ci) considérera alors comme son devoir [...] de mettre garnison dans les forts de Messine [378] [...]. »

Il est dans ces conditions difficile pour Naples de définir, une fois pour toutes, une immuable et claire ligne de conduite. La présence française dans la partie continentale du royaume risque d'entraîner l'occupation de la Sicile par les Anglais. Qui pourrait dire qu'une fois sur place, tout comme à Malte, ceux-ci l'évacueraient par la suite? Alquier lui-même en convient : cette guerre qui se rallume entre deux puissances redoutables ne laisse en définitive à Naples que « le choix du danger ». Pendant les deux années qui vont suivre, Marie-Caroline estimera, tout bien pesé, que l'intérêt du royaume est de se réfugier derrière la façade d'une neutralité déclarée. Cela ne lui interdira pas de confirmer à Londres et à Saint-Pétersbourg qu'elle reste de leur camp et compte sur leur soutien en cas de crise.

En choisissant la neutralité, Marie-Caroline s'aligne pour une fois sur l'attitude de l'Espagne où deux courants s'opposent. Charles IV et sa femme penchent pour le premier consul qui a eu la bonté de faire de leur fille une reine d'Étrurie [379]. Mais Godoy, le prince de la Paix, paraît tenté par une alliance anglaise. L'Espagne ne peut choisir clairement son camp. En octobre 1803, elle cède aux sollicitations de Bonaparte et accepte de verser à la France un subside mensuel de 4 millions de francs [380]. Elle pense payer ainsi le prix de sa neutralité.

Le corps d'occupation de Gouvion Saint-Cyr est composé de contingents français, italiens, suisses et polonais. Il ne justifie pas au début les inquiétudes que son arrivée pouvait susciter. Saint-Cyr s'est lui-même rendu à Naples au début de juillet pour y régler quelques problèmes d'intendance. Il est reçu, accompagné de sa femme, par Marie-Caroline et le prince royal. La reine consent ce sacrifice dans un esprit d'apaisement; sans doute n'ignore-t-elle pas que les instructions données au général sont de se montrer aussi discret que possible, « de vivre en bonne intelligence avec les habitants » et qu'il lui a même été « expressément recommandé d'assister tous les dimanches à la messe avec sa musique militaire [381] ». Marie-Caroline reconnaît, après trois mois d'occupation, que « Saint-Cyr est heureusement assez modéré ». Mais le coût de cette présence pèse lourdement sur les finances du royaume déjà très à l'étroit :

> « Nous avons toujours les 15 000 hommes chez nous. Heureusement, ils n'abusent point ; mais ils dévorent 180 000 et même 240 000 ducats par mois [382], et les provinces qu'ils occupent ayant le logement et les attelages à fournir ne payent rien à l'État. Notre ruine augmente de jour en jour [383]. »

Saint-Cyr a, comme prévu, limité son occupation au littoral adriatique. Il ne semble pas vouloir déborder sur la Calabre, ce qui menacerait directement la Sicile. Nelson, consulté par Elliot, exprime l'avis que, pour l'instant, l'Angleterre ne doit pas faire stationner de troupes à Messine au risque de voir les Français étendre leur occupation à la capitale. Pour faire face à toute éventualité, Nelson décide de faire croiser en permanence un de ses navires devant Naples de sorte qu'en cas de besoin la famille royale puisse être transportée en lieu sûr.

Toute préoccupée qu'elle soit par les dangers que court le royaume, Marie-Caroline sait que le sort de la guerre ne va pas se jouer sur les rivages de la Méditerranée mais probablement sur ceux de la Manche, là où Bonaparte prépare son débarquement en Angleterre.

> « Je suis convaincue que nous sommes au bord du précipice. Tout dépend de savoir si nous y tomberons ou nous en sauverons [...]. Il faut voir si ces Français asserviront l'Angleterre ; alors, nous serons très humbles esclaves avec toute l'Europe [384]. »

Mais cette formidable entreprise aura-t-elle vraiment lieu ? Marie-Caroline reste à cet égard sceptique :

> « Je crois, moi, qu'on menacera, mais qu'on n'exécutera jamais l'entière descente pour tout risquer [...]. Si elle manque, mais complètement, le règne de Buonaparte est fini, et c'est pourquoi, ne pouvant me figurer qu'il a les moyens de sûre réussite, je ne peux m'imaginer qu'il osera la tenter [384]. »

Cependant, avec un homme tel que le premier consul, le doute reste permis, et Marie-Caroline d'ajouter :

« Je serais portée à croire qu'un tel projet ne se réalisera pas et n'a aucune chance de réussir, si je n'avais eu déjà lieu de constater la fortune extraordinaire et le concours inouï de circonstances qui favorisent toujours le Premier Consul [...]. Si je le vois s'embarquer, risquer son auguste personne, alors seulement je croirai l'Angleterre perdue, parce que, sans parler même de la chance extraordinaire de l'homme, cela me prouvera qu'après avoir tout bien préparé et corrompu, il est sûr de son affaire [384]. »

Puis, se ravisant, elle se laisse aller à caresser l'espoir d'un échec et les heureuses perspectives qu'il ouvrirait :

« Si Dieu, par sa miséricorde, faisait bien battre, ruiner, même peut-être tuer – ce que je préférerais – empoisonner le tyran du monde, alors on pourrait avec un roi, un Moreau ou Sieyès ou autre coquin, mettre la France dans ses justes limites, et l'Italie la remettre afin que nos petits-enfants voient cette belle contrée florissante, et s'unissant, s'entendant entre eux, la rendent impossible à subjuguer [385]. »

Mais cela n'est qu'un rêve. Redescendant sur terre, la reine conclut d'elle-même : « Mais ce sont des idées inutiles et qui ne pourront avoir lieu que quand notre existence sera oubliée ! » Quoi qu'il en soit, une chose est certaine aux yeux de Marie-Caroline :

« Nous sommes dans une très grande crise, celle que dénouera le cher Consul, ce nouveau Charlemagne, avec cette différence que celui-ci avait six pieds de haut, était gros et grand et que celui-là est fluet, maigre, petit, mesquin [386]. »

Marie-Caroline tient pour un mauvais prétexte l'idée avancée par Bonaparte que c'est à cause de la trop grande influence d'Acton – un ministre anglais – que le royaume a dû être en partie envahi. Mais elle y voit l'occasion de mettre à l'écart son ancien protégé dont l'ascendant sur le roi lui porte maintenant ombrage. Il ne s'agit pas, bien entendu, de rompre pour autant avec l'Angleterre. Sa bienveillance reste indispensable. Avec les Français occupant la Pouille et les Anglais l'île de Malte, le royaume de Naples ne peut-il pas faire admettre à chacun qu'il est dans le cas de devoir un peu ménager l'autre ? A ce jeu subtil, Elliot ne se laisse pas prendre. Ayant reçu, de la main même de la reine, communication de la lettre de Bonaparte [387], il fait valoir que le cabinet de Londres tient le général Acton pour le seul ministre du gouvernement napolitain en qui il a confiance. Son départ serait susceptible de nuire aux bonnes relations entre les deux pays. Pour démontrer combien l'alliance a été et peut encore être précieuse au royaume, Elliot demande et obtient qu'une somme de 170 000 livres sterling soit versée au titre d'une contribution exceptionnelle de l'Angleterre au réarmement de la Sicile. Ainsi que lord Hawkesbury le précise en effet dans sa note à Elliot du 11 novembre 1803 : « Si le royaume de Naples est perdu, celui de Sicile peut être défendu ; mais si le royaume de Sicile est perdu, Naples subit infailliblement le même sort. »

Sous l'impulsion d'Elliot, et grâce à l'aide financière anglaise, Naples, aussi discrètement que possible, entreprend son réarmement. Pour l'instant, l'objectif est moins de se préparer à participer à une guerre susceptible de reprendre en Italie, que de se prémunir contre toute nouvelle initiative française, invasion de la Sicile ou attaque contre la capitale. Le contingent napolitain stationné à Malte est ramené à Messine, dont les forts sont rééquipés. Les régiments qui s'y trouvent déjà sont mis sur pied de guerre et reçoivent des renforts. Tant que ces mesures ne concernent que la Sicile, Alquier et Gouvion Saint-Cyr ne s'en émeuvent guère. En revanche, la remise en état des unités de la flotte et surtout l'embrigadement des paysans des Calabres en milices armées sont ressentis comme une menace directe. Aux explications qu'exigent le premier consul et Talleyrand, succèdent bientôt leurs menaces : leurs attaques contre Acton deviennent plus précises. Marie-Caroline demande à Gallo de minimiser l'importance des mesures prises. Il faut expliquer qu'elles n'ont qu'un caractère défensif ; qu'elles sont destinées à contenir les incursions des Barbaresques qui causent au royaume un tort considérable :

> « Tranquillisez le gouvernement français sur nos préparatifs militaires. En Calabre, il n'y a rien, pas même un seul cavalier. J'ai l'hon

neur de dire à Napoléon qu'enlever un fusil de chasse à un paysan calabrais, c'est lui enlever la moitié de sa vie [...]. Il doit lui suffire qu'il n'y ait là ni officiers, ni canons, ni munitions, ni cavalerie, rien. Je le crois trop bien instruit pour prendre des mouches pour des éléphants et bien savoir que, malheureusement, nous n'y avons ni troupes, ni militaires. Par manque d'argent, on a ôté la recrutation *(sic)*, les engagements depuis cinq mois, de façon que bientôt il n'y aura plus de soldats pour faire les sentinelles [388]. »

A Paris, on n'est pas dupe. C'est à Elliot et à Acton, manœuvrés par Londres, qu'on impute la responsabilité de la réorganisation de l'armée. La pression d'Alquier pour obtenir le renvoi d'Acton s'accroît au fil des mois. Il y a peu, Marie-Caroline souhaitait le départ de son ancien favori. Mais devant l'insistance de Paris, elle s'en fait son défenseur :

« Ce chien de Corse? Il se trompe le Corse! Ce n'est pas Acton, mais le Roi, son Fils, moi, c'est nous tous qui le détestons! [...]. Il se trompe lorsqu'il parle toujours d'un ministre anglais! Ce sont les souverains qui, seuls, sont responsables et non pas le ministre, et ce sentiment est la conséquence du bien que nous a fait une nation et du mal que nous a causé une autre, mal qui nous la fait détester et assure nos sympathies et préférence à l'autre [...]. Je vois dans tout cela le parti pris bien arrêté de nous chercher noise [...], pour trouver à nous attaquer. Je crois même qu'ils se trouvent fâchés, embarrassés par notre extrême bonté et condescendance de ne point trouver un motif plausible pour nous chercher querelle. La persécution très injuste contre Acton en sera un [389]. »

Pour coordonner les mesures à prendre sur le plan militaire, Marie-Caroline décide de faire de nouveau appel à Roger de Damas [390]. Elle pressent que ce retour risque d'irriter Paris. Elle juge bon d'en parler à Alquier.

« On m'a demandé si le retour de ce général pouvait déplaire, écrit Alquier à Berthier. J'ai répondu que la France attacherait sans doute fort peu d'importance à l'existence et à l'arrivée de M. de Damas et que je m'en rapportais à la Reine du soin d'examiner s'il n'était pas de sa sagesse d'éviter toutes les mesures qui pourraient le moins du monde faire supposer des projets militaires [391]. »

Il convient de ménager Acton qui d'emblée marque un profond déplaisir à retrouver Damas sur son chemin. Ce dernier est parvenu à Naples au début de janvier 1804. Il se bornera pendant plusieurs mois à s'informer sur les forces réelles du royaume. Il ne jouera un rôle actif qu'à partir d'octobre.

Dans ces moments critiques, Marie-Caroline ressent parfois le besoin d'être sinon secondée, du moins comprise par son mari. C'est en vain qu'elle recherche son soutien. Pour fuir les soucis et les responsabilités du pouvoir, Ferdinand est presque constamment à la chasse :

> « Je suis dans la plus grande inquiétude. Le Roi est à Persano et y est très content. Il oublie tout, et ce ne sera qu'à son retour qu'il s'agitera de nouveau en se désespérant, en désespérant les autres, et nous aussi bien entendu [...]. Le Roi ne pense, parle, rêve que Palerme [392]. »

Par chance, François, le prince royal, la comprend mieux maintenant :

> « Je ne puis que me louer de mon fils, honnête, bon, respectueux, justes principes [...]. Sa pauvre femme sera toute sa vie nulle. Elle ne saurait se réveiller de sa stupidité ; mais ce ne serait que pour tomber dans un désordre total des sens, sans marque de sentimental mais purement machinal [392]. »

Comment s'étonner alors si Marie-Caroline éprouve un certain plaisir à entretenir l'attachement amoureux que lui témoigne le marquis de Saint-Clair, un jeune officier français de vingt-cinq ans, capitaine des gardes du roi et précepteur de Léopold ? Les Mémoires du temps ne permettent pas d'aller sur ce sujet aussi loin qu'Alquier. Celui-ci n'hésite pas à écrire dans sa note à Talleyrand du 9 octobre 1803 : « La Reine est toute entière à sa liaison d'amour ; elle s'y abandonne sans mesure comme sans décence et avec un délire qui compromettrait une étourdie de vingt ans [...]. »

Cette liaison ne conduit pas en tout cas Marie-Caroline à se détourner des affaires. Elle regarde vers la France. Elle s'inquiète du rassemblement à Toulon d'une importante escadre dont la destination reste encore mystérieuse mais qui, après tout, pourrait bien avoir la Sicile pour objectif :

« Je me dis sans cesse que cela ne peut nous avoir pour objet, car il ne faudrait ni tant de forces, ni tant de préparatifs; mais l'exemple du Pape, des autres princes vagabonds d'Italie fait craindre quelque coup. Pour moi, je crois que l'Égypte, le Levant sont les objets de ces préparatifs, mais les voyageurs et les lettres, tous parlent de la Sicile [393]. »

Voilà qui confirme la nécessité de poursuivre le réarmement. A Paris on s'en irrite d'autant plus que l'atmosphère est extrêmement tendue depuis que la conspiration de Cadoudal a été découverte. Ce n'est pas le moment d'exciter la colère du premier consul et Gallo met en garde sa souveraine :

« Je demande à Votre Majesté d'apporter la plus grande réserve dans sa correspondance. On a (ici) la preuve certaine des agissements de V.M. auprès de plusieurs cours d'Europe, la copie de plusieurs de ses lettres et de propositions faites en son nom pour provoquer la coalition et la guerre contre la France. Redoublez donc de prudence, cessez, surtout pendant tout le temps que durera l'inquiétude causée par les perquisitions, conséquence de la découverte de la conspiration, toute relation écrite ou verbale avec les émigrés. »

Il est impossible de calmer Marie-Caroline. L'occupation française l'exaspère :

« Je trouve que les Français nous traitent en vraie province, critiquant, demandant compte de chaque opération [...]. Si le Premier Consul n'a aucune arrière-vue de mauvaise foi, s'il veut nous tranquilliser, qu'il rappelle ses troupes, les mette dans le Milanais et nous laisse dans notre parfaite neutralité [...] qu'avec cette violence et contre tout le droit des gens il a si cruellement violentée. S'il veut nous donner une mesure de ce qu'il ne pense pas à nous jouer un tour de sa façon usitée, qu'il rappelle immédiatement toutes ses troupes qui nous dévorent et rompent cette parfaite neutralité, unique objet de nos vœux. »

(En attendant) « nous devons nous préparer avec toute l'activité possible pour la défense [...]; nous nous armerons, mettrons en état de défense et employerons tous les moyens, hommes, femmes, enfants, et nous périrons, mais avec honneur et en montrant notre caractère [394]. »

*

En attirant l'attention de Marie-Caroline sur l'urgente nécessité de se montrer plus prudente, Gallo a sans doute dans l'esprit l'idée que Bonaparte, exaspéré par les menées royalistes et les complots tramés contre sa personne, devient susceptible de se laisser aller à quelque violence. L'exécution du duc d'Enghien, le 21 mars 1804, soulève l'indignation de la reine mais ne provoque pas sa crainte. Sobrement, elle se borne à constater : « L'affaire d'Enghien est une forte tache à la couronne de gloire du Premier Consul [395]. »

Comme Gallo lui donne parfois l'impression de ne pas partager complètement sa façon d'apprécier la situation, Marie-Caroline, dans une longue lettre, s'en explique le 8 avril 1804 :

« Notre conduite depuis l'onéreuse paix ne s'est jamais démentie. Nous en avons rempli exactement toutes les pénibles conditions [...]. Lorsqu'au renouvellement des hostilités, la France, contre tout le droit des gens et neutralité, par la force, reprit chez nous des positions, elle rompit notre neutralité. Malgré cela, nous obtînmes, quoiqu'avec beaucoup de peine, que les Anglais n'usassent pas de représailles en prenant quelques-uns de nos ports. Depuis une année que nous souffrons cette pesante, injuste, coûteuse vexation, que n'avons-nous point souffert? Avec quelle patience, prudence, modération, ne nous sommes-nous point conduits en contenant nos peuples par tous les moyens en notre pouvoir? La ruine qu'avaient causé la guerre et la révolution, le désordre général et cette station de troupes françaises qui vivent à nos frais et dépens, toute la ruine que cela nous causait ont fait que nous avons dû suspendre, et la recrutation et les engagements des soldats. Mais cela a tellement diminué l'armée que les forces nous manquent à faire les gardes et couvrir les postes. Ainsi, on a cherché et pensé aux moyens de faire une petite recrutation et de mettre l'armée sur le pied de paix [...]. Les Barbaresques ont ruiné notre petit commerce, enlevé des malheureuses familles sur nos côtes. Nous armons à grand-peine les frégates pour défendre les populations de nos nombreuses côtes. Et ces mesures sont expliquées hostiles : 4 frégates et 7 000 hommes ne sont pas des mesures (à inquiéter) une puissance aussi monstrueusement forte comme la France [...].

« *On gardera les postes jusqu'à ce que les Anglais rendent Malte*, c'est une des raisons [...]. Quelle raison veut que l'on vienne prendre plusieurs provinces d'une puissance neutrale (*sic*) qui n'appartient pas aux Anglais? Pour faire à ces derniers rendre Malte, autant valait-il prendre Berlin et Saint-Pétersbourg que nous [...].

« Je défie le Premier Consul et ses nombreux agents, avec toute leur active perspicacité, *de trouver une affaire* où la balance de la justice eût été plus pour les Anglais que pour les Français [...].

« Si le Premier Consul, comme vous me l'avez si souvent assuré, n'a aucune vue hostile contre nous, s'il convenait à ses intérêts présents et futurs, à ses vues commerciales, d'être en bonne harmonie avec le frère du roi d'Espagne, le beau-père de l'empereur d'Allemagne, l'allié de celui de Russie, alors rien de plus facile à nous en convaincre. Qu'il ôte donc cet injuste poids des troupes; qu'il les emploie dans la Cisalpine ou en France. Peut-être lui y seraient-elles plus utiles qu'il ne le pense. Qu'il nous délivre de cet exorbitant poids qui n'a aucun principe de justice et de politique, ni d'excuse que de violence [...]. Si le Premier Consul dans ses plans (dont l'exécution pourtant dépend de l'Être Suprême qui dirige tout) a décidé nous réunir et tenir comme la Cisalpine, Étrurie, Rome, il se trompe. Ferdinand IV, le plus ancien des souverains régnants, qui a 45 ans de règne, ne s'adaptera *jamais*, jamais, JAMAIS, à être ni tributaire, ni préfet du royaume de Naples. Il cherchera par tous les moyens de conciliation à éviter le malheur. Mais une fois irréparablement décidé, il aura le courage de quitter une couronne qui n'est plus que d'épines et fera des vœux avec sa famille pour que son fils plus heureux voie le terme de tant de malheurs.

« Tels sont nos sentiments. Vous qui avez toujours su si parfaitement par vos talents conciliateurs, vous qui m'avez si souvent assuré de la bonne volonté du Premier Consul d'être en paix avec nous, vous vous ferez un grand mérite près de nous et de votre patrie si, en exposant bien ces motifs aux talents du Premier Consul, vous lui prouvez que le départ entier, non partiel, de ses troupes nous met dans notre vraie neutralité, lui acquiert notre confiance et ne fait aucun tort à ses intérêts [...]. J'écrirai en Russie, à Vienne, en Espagne, partout sur le même ton afin que dans toute l'Europe on sache notre façon de penser.

« Je ne réponds pas aux offices, effets d'une injuste humeur que les circonstances internes remuent la bile chez lui. Car parler pour 3 frégates et 7 000 recrues, d'armement, d'hostilité, de menaces, nous ôter les rentes, la direction de nos provinces, parler d'éloigner un ministre, homme d'honneur, enfin écrire des offices dans le ton du Grand Seigneur au bey de Tunis ou de Tripoli, je ne relève point ceci. Je l'attribue aux moments très difficiles où le Premier Consul se trouve [...]. »

Le bruit court qu'elle n'est peut-être pas tout à fait étrangère à la conspiration de Cadoudal. Marie-Caroline s'en indigne :

« Je ne daigne pas m'excuser ou répondre aux accusations dont on me charge. Mais je le dis à vous, et vous en assurerez le Premier Consul, je suis incapable, par caractère et par principes, de tremper dans des complots, dans des infamies du genre de celles qu'on découvre. Je n'ai que trop de raisons de me plaindre et de ne point aimer le Premier Consul. Je le fais vif, sincèrement de voix et par écrit, quand cela vient sous ma plume; et que de fois j'ai été par lui, vexée, tourmentée. Je ne plie point avec une *fausse humilité*, devant l'idole du moment; mais avec la même franchise que j'avoue ici, je suis incapable de tramer, de servir des infamies et j'aime mieux être victime en m'estimant moi-même, que de triompher avec mes remords et mon propre mépris. »

Marie-Caroline rejette de la même façon l'accusation qu'elle inciterait à la guerre :

« Pour le second soupçon, que j'anime à une coalition, j'en donne de même le démenti formel et demanderai raison à Vienne de ce qu'on s'est permis d'écrire. J'ai trop vu, trop souffert, connais trop les Puissances de la passée Coalition, pour animer à une nouvelle. Je dis de plus : on la ferait, que je conseillerais au Roi, mon époux, de ne pas s'en laisser séduire. Car leurs succès seraient les mêmes; les mesures sont trop bien prises, soit dans les *armées, bureaux, cabinets* pour cela. Ainsi certainement je n'ai point animé à une chose en laquelle, si elle se faisait, je ne me fierai point [...].

« Je me résume. Nous voulons être et serons toujours neutral (*sic*). Pour pouvoir l'être, nous désirons que nos royaumes soient libres de troupes étrangères. Nous ne serons jamais ni *tributaires*, ni *Préfet* [...]. Les attaques contre Acton, bon serviteur du Roi, sont des prétextes du despotisme qu'on use dans toute l'Europe et qu'on a la faiblesse de souffrir. Cet honnête homme désire, demande sa démission. Où est l'homme d'honneur qui, dans ces temps, désire responsabilité?

« Les attaques infâmes de tout genre contre moi, je les méprise [...]. Mon caractère est de ne point être au niveau des actuels souverains, élevés pour être subjugués. Je méprise ces attaques et m'estime trop moi-même pour dépendre de l'opinion de tels jugements comme de ceux qui me favorisent [...].

« Mon cœur, mon âme est ulcérée, mais elle acquiert force à mesure qu'on l'opprime. Donnez à lire, lisez-leur, ou dites-leur, au Premier Consul, à Talleyrand, ces sentiments de ma part; ils sont gravés dans mon âme. J'ai une chose sûre en ma faveur et que jamais ils ne pourront m'ôter : je n'ai point de remords et cela console dans tous les malheurs. »

Bien que Gallo ait communiqué à Talleyrand quelques passages de cette lettre, l'attitude de Bonaparte ne s'en modifie pas pour autant. Gouvion Saint-Cyr continue à se plaindre des mesures militaires arrêtées par le royaume. Il prévient Paris que selon lui, « la cour de Naples se jettera dans les bras du premier ennemi puissant qui se déclarera contre la République, car l'influence anglaise pèse sur elle en totalité [396]. » Il abandonne son attitude modérée des premiers mois, et se comporte « comme en pays conquis ». Depuis que le complot de Cadoudal a été déjoué, Alquier est lui-même devenu intraitable. Marie-Caroline croit en deviner la raison :

> « Il a été complaisant jusqu'à la conspiration découverte. Je crois qu'il en savait quelque chose ; et, comme il a été de ceux qui ont voté la mort du roi, il a filé doux pour avoir en cas de réussite notre appui et protection. Il a vu que Bonaparte qu'il n'aime point mais craint [...] a pris le dessus et je crois qu'il veut se faire un mérite, gagner la place de sénateur et nous perdre. Voilà à quoi je peux attribuer le changement de cet homme [397]. »

Quoi qu'il en soit, Alquier ne manque désormais aucune occasion de faire du zèle. Il prétend qu'au mépris de sa neutralité, Naples aurait accepté qu'un agent de l'ambassade britannique recrute pour Malte des soldats napolitains : il somme Acton de le faire arrêter. Cette demande rejetée comme non fondée et de surcroît impossible à satisfaire à cause du statut diplomatique de l'intéressé, Alquier informe Ferdinand qu'il se refuse d'avoir à l'avenir un contact quelconque avec le ministre. De guerre lasse et pour en finir avec ces attaques continuelles dirigées contre Acton dont la seule présence justifierait l'occupation du royaume, Ferdinand accepte le compromis que lui suggère Marie-Caroline :

> « Le Roi ne veut pas commettre la faiblesse de renvoyer Acton ; il a fallu trouver un moyen neutre, c'est de créer un *intérim* directeur, et ce sera Micheroux [397]. »

Acton s'embarque alors pour Palerme le 24 mai 1804 avec les siens.

Après avoir cédé, Marie-Caroline s'estime en droit d'espérer que le moment est venu de prouver « en fait, et non en paroles, qu'on veut être en paix, bonne harmonie, en nous délivrant des troupes qui nous obèrent, en nous traitant en puissance en paix et non pas en province [398]. »

En ce mois de mai 1804, on a à Paris d'autres préoccupations que de donner satisfaction au gouvernement napolitain. Montée de toutes pièces ou non, l'affaire du duc d'Enghien va aider Bonaparte à réaliser son grand dessein. Des « adresses » sont adroitement répandues à travers le pays :

> « Un complot atroce a mis en péril nos jours et la destinée de la patrie [...]. Il manque une barrière entre le pouvoir et les ambitieux, entre vous et les poignards, entre la sûreté de la France et les implacables ennemis de sa force et de sa gloire. Cette barrière, tous les Français la réclament, la voix du peuple nous l'indique. Que l'hérédité du pouvoir suprême soit donc proclamée ! La nation ne rétrograde point vers l'esclavage, elle veut l'hérédité comme le plus sûr moyen de cimenter la liberté qu'elle a conquise. Elle ne se repent point de la Révolution ; elle en déteste les crimes, elle en veut conserver les bienfaits. En fondant une nouvelle dynastie, elle veut ôter tout espoir aux restes méprisables de celle qu'elle a renversée [399]. »

C'est le 30 mai qu'on apprend à Naples la proclamation de l'Empire. En apprenant cette nouvelle, Marie-Caroline laisse libre cours à son ironie cinglante :

> « Le sénatus-consulte n'est qu'une pièce plaisante à lire. Si les Français y mordent [...] cela prouvera leur légèreté, leur superficialité. J'y ai trouvé, sans être versée dans le judiciaire ou la diplomatie, le despotisme, le pouvoir d'un seul. Il ne valait pas la peine de juger, massacrer le meilleur des rois, déshonorer, vilipender une femme, fille de Marie-Thérèse, une sainte Princesse, de se livrer aux massacres, fusillades, noyades et tuer six cents prélats dans une église, commettre les horreurs des temps les plus barbares chez eux et hors de chez eux, écrire des bibliothèques entières de liberté, bonheur, etc., etc., et au bout de quatorze années être les plus reptiles esclaves d'un petit Corse qu'un bonheur inouï a joint de se servir de tous les *moyens* à parvenir, épou-

sant sans honneur, ni délicatesse la rebutée catin dont était rassasié le massacreur Barras, turc et mahométan en Égypte, athée au commencement, traînant et faisant mourir en prison le Pape, catholique religieux après, se servant de tous les moyens, abrégeant la vie et le cours ordinaire des Souverains qui pouvaient se remuer, ne laissant végéter que des êtres nuls, le dernier, atroce et sans ombre de justice, l'assassinat du duc d'Enghien, tramant, lui (et il n'a pas rougi de le dire, tellement la passion l'aveugle), une conspiration pour attirer des chefs qu'il craignait encore et les victimer, et de ce comble d'horreurs la nation l'acclame à être Empereur, lui, sa race de Corse bâtard, à être le chef d'à peu près la moitié de l'Europe, et cela ne doit pas révolter chaque être pensant. Point du tout, l'égoïsme, la faiblesse est telle qu'on étudie comment s'y plier, adorer l'idole et le souffrir.

« J'avoue, tout ceci me révolte; mais il n'y a pas de remède. Ce serait bien le moment où je désirerais avoir 12 à 20 millions de capital et me retirer avec mes enfants en particulier, chose bien préférable à être roi tributaire.

« Mon Fils, qui commence dans ces temps, en souffrira moins. Sa bonne petite femme nullement, car elle ne comprend que les noms et rien d'autre. C'est un être privilégié de la nature. Je crois qu'elle sera toujours heureuse. D'ailleurs elle a la qualité de sa naissance égale à celle de l'Empereur des Gaules [400] qui, dit-on, porte bonheur. Voilà bien des mots inutiles, direz-vous, et vous aurez raison. Mais dans l'état de violence où je me trouve, c'est une consolation. Car ici, je ne parle point.

« Nous verrons comment cela tournera. Je crois que tout le monde reconnaîtra l'usurpateur qui fera bien sentir sa volonté despotique à tous les autres. C'est un châtiment du Ciel. Et du Ciel seul, non d'aucun moyen humain, j'espère la délivrance de cette oppression affreuse.

« On vous envoie vos lettres de créance [...]. (Ne les présentez) que lorsque deux ou trois autres puissances non alliées, neutrales, les auront présentées [...]. Mandez-moi les intentions de l'auguste Empereur sur l'Italie; s'il daignera nous accepter pour ses esclaves ou nous laisser dans notre obscurité [...]. Mandez-moi ce que disent les autres Puissances. Je me figure, un *Gloria in Excelsis Demonio* sera le refrain général. Car il n'y a plus que la vileté, et si le nouvel Empereur exigeait que ses deux confrères empereurs vinssent tenir ses étriers durant que le pauvre Pape le consacrera, ils le feraient. Je suis curieuse de voir si quelque antiquaire retrouvera la Sainte Ampoule ou si quelque hibou descendra du ciel à porter l'huile pour consacrer son confrère. Mais trêve de mauvaises plaisanteries, effet de l'inutile rage qui me dévore, et venons au fait.

« On vous envoie les nouvelles crédentielles pour le nouveau Potentat. Micheroux souhaitait attendre la venue des siennes pour nous. Mais on imprime, on grave Roi d'Italie, ce qui serait pour nous bien cruel à digérer. En remettant ces lettres, nous voulons autant éviter la bassesse d'être les premiers à acclamer un usurpateur de la maison de Bourbon que faire des rodomontades avec un homme puissant, redoutable *qui pourrait nous finir de ruiner, chose que je suis convaincue qu'il finira par faire, mais dont il faut lui ôter les occasions et prétextes...*

« Nos souhaits sont de rester tranquilles et de nous voir ôter le poids de cette armée française qui nous ruine, désole et corrompt nos provinces. Au reste, que ce soit Louis XVIII ou Napoléon Ier qui règne sur la France, cela m'est égal, pourvu que cette France ait des limites qui ne lui donnent pas l'entière prépondérance sur le reste de l'Europe, et que l'Italie ne reste pas sa province. Voilà mes souhaits.

« Brûlez ma lettre. Pensez qu'on est exposé à tout avec un monstre moral, vindicatif, ambitieux, furieux comme le cher Empereur; que le duc d'Enghien n'a pas plus conspiré que moi [...]. Je crois Sa Majesté Impériale capable de tout. Aussi brûlez mes lettres. Je ne désire que paix. Qu'il nous laisse en repos sans nous tourmenter. Je ne cabalerai point contre lui et de même penserai aussi peu à lui que je pense à Tibère, à Néron, à Caligula et autres semblables, mais qu'il me laisse en repos. Jamais je ne serai ni l'amie, ni la vile adoratrice de l'homme qui fait notre malheur [401]. »

A Paris, on reçut une lettre de Ferdinand félicitant d'une politesse toute formelle Napoléon pour son accession à l'Empire. Mais nul ne pouvait ignorer que Marie-Caroline, à Naples, demeurait plus que jamais un adversaire irréductible.

Chapitre XIX

Marie-Caroline et Napoléon correspondent

Marie-Caroline à la tête des affaires. Alexandre Ier confirme son soutien à la cause napolitaine. Préparatifs militaires russes à Corfou. L'Espagne déclare la guerre à l'Angleterre. Talleyrand suggère que Naples s'allie à la France. Indignation de Marie-Caroline. Ultimatum de Gouvion Saint-Cyr. Alliance austro-russe. Paris réclame le renvoi d'Elliot et de Damas. Marie-Caroline écrit à Napoléon. Réponse de ce dernier. Nouvelle lettre de Marie-Caroline. Projet d'une entrevue entre Napoléon et la reine. Nouvel ultimatum de Gouvion Saint-Cyr. Napoléon répond à Marie-Caroline. La reine écrit de nouveau à Napoléon. Elle accepte de renvoyer Damas en Sicile.

Napoléon se méprenait sans doute en pensant que l'exil d'Acton conduirait à affaiblir à Naples l'influence anglaise. A Palerme, Acton conserve non seulement ses titres de conseiller d'État et de capitaine général des armées de terre et de mer, mais il garde aussi en principe la direction des affaires importantes. Sur l'ordre de Ferdinand, les secrétaires d'État doivent lui rendre compte de toutes celles de leurs départements. Cette organisation, qui ne peut que déplaire à Marie-Caroline, fonctionne mal, ne serait-ce qu'à cause de la distance qui sépare Palerme de Naples, et ne dure guère. Moins d'un mois après le départ du ministre, Alquier prévient Paris :

> « L'autorité est passée tout entière dans les mains de la Reine. C'est à elle seule que les secrétaires d'État rendent compte. Le Roi est informé par un travail d'une demi-heure que la Reine est convenue

d'avoir avec lui, le lundi de chaque semaine, et pour lequel elle est obligée de l'aller chercher dans les différentes maisons de plaisance qu'il habite successivement [402]. »

Pour fuir les problèmes qui assaillent le royaume et qui provoquent chez lui plus de violence que d'utiles décisions, Ferdinand s'éloigne le plus possible de Naples.

« Le Roi est toujours dehors, écrit Marie-Caroline, au Belvédère, s'ennuyant, se déplaisant en ville ou à Portici et désirant la solitude. Il ne soupire qu'après la Sicile qu'il aime mieux, n'y ayant jamais été offensé, insulté [...]. Il est dans un état de violence qui me désole [403]. »

Dans ces conditions, le mieux n'est-il pas d'officialiser le rôle éminent que joue la reine? C'est chose faite dès le 9 juin 1804. Alquier en rend compte :

« La Reine vient d'être nommée chef du Conseil. C'est elle qui présidera les séances pendant l'absence presque continuelle du Roi. Cette attribution qui annonce la plénitude de l'autorité a été d'abord refusée avec une modestie très adroite. Mais la Reine s'est rendue aux vives instances du Roi et à ce raisonnement qui est évidemment sans réplique : Vous savez bien que je n'ai pas le temps [404]. »

Depuis mai, Pitt est de nouveau au pouvoir à Londres. Selon lui, le meilleur moyen d'empêcher Napoléon de réaliser son débarquement est de pousser les autres grandes puissances du continent à l'inquiéter sur ses arrières. Pour l'instant, il ne semble pas qu'on puisse beaucoup compter sur la Prusse : elle observe une prudente neutralité. Ni sur l'Autriche encore mal remise de ses récentes défaites, et dont l'attitude est parfois équivoque. Ainsi, lors de l'exécution du duc d'Enghien, le cabinet de Vienne ne s'est-il pas borné à faire savoir à Paris qu'il regrettait l'événement, mais qu'il « comprenait les dures nécessités de la politique? ». L'attitude d'Alexandre de Russie paraît en revanche encourageante. Aussitôt connue la mort du duc d'Enghien, il fait prendre le deuil à Saint-Pétersbourg. Il présente à Paris une protestation officielle. Il va même plus loin : il réclame une indemnisation en faveur du roi de Sardaigne pour la perte du Piémont, la renonciation de la France à toute visée en Orient et, pour que la neutralité de Naples soit enfin respectée, le retrait des troupes françaises d'occupation. Pour marquer la fermeté de ses desseins, il renforce ses garnisons de Corfou et aux Sept-Iles. Le 28 août 1804, la rupture est consommée entre Napoléon et le tsar. Marie-Caroline se désole : si, au moins, les autres puissances pouvaient enfin se manifester de même :

> « Mon souhait, écrit-elle, aurait été que les cours s'unissent à dire : nous te recevons tranquillement comme l'un des nôtres, toi et ta race, pourvu que tu rentres dans les limites du dernier roi massacré [405]. »

Pendant plusieurs semaines, on s'est ému à Londres du renvoi d'Acton. Que Marie-Caroline – dont l'attachement à l'Angleterre et l'hostilité à la France ne peuvent être mis en doute – se soit rapidement imposée à la tête des affaires va bientôt rassurer. Il n'en demeure pas moins que sous la menace et à l'approche du danger, la détermination de Naples a aussitôt faibli. En aurait-il été autrement si le royaume avait pu se fier davantage à ses propres moyens de défense? Aussi convient-il de l'aider à les renforcer. Dès le début de juillet 1804, l'aide financière anglaise devient régulière. Elle est portée à 150 000 livres sterling par mois. En cas de guerre, « le secours serait considérablement augmenté [406]. »

Assurée du soutien de l'Angleterre et de la Russie, Marie-Caroline se plaint de plus en plus du comportement des troupes françaises d'occupation. Gouvion Saint-Cyr ne vient-il pas de faire fusiller « un malheureux milicien, sujet du Roi », accusé à tort d'embaucher « des troupes pour les compagnies de bandits et de voleurs qui infestent le royaume [407] ? » Plus grave encore, des navires autrichiens, espagnols et suédois, transportant des vivres, ont été interceptés par les Français au risque de compromettre gravement l'approvisionnement de Naples et de la Sicile.

« On nous traite en pays conquis, dit Marie-Caroline. Je préfère croire que c'est encore une suite d'avidité déshonorante de ces vautours de généraux. Saint-Cyr, sans pudeur ni rougir, met chaque mois dans sa poche de 17 000 à 18 000 ducats. Les généraux font graduellement de même. Ou c'est par ordre impérial, et alors c'est la plus atroce des faussetés au moment où nous le reconnaissons dans sa nouvelle dignité, ou c'est l'avidité malhonnête des généraux. Si l'Empereur des Français veut être tel, il faut qu'il respecte les droits de souveraineté, il faut qu'il tienne ses armées comme troupes d'un souverain, disciplinées, non bandits, voleurs, ni armée de Robespierre [407]. »

L'entretien des troupes devient une charge excessive [408]. Ferdinand, s'inspirant du précédent espagnol, se résout, en septembre 1804, à proposer à Paris, en échange du retrait total du corps d'occupation, et pour prix de sa neutralité, le versement d'un subside annuel. De son côté, le royaume s'engagerait à repousser par les armes tout débarquement sur son territoire, qu'il soit anglais ou russe. Napoléon ne retient pas cette proposition [409]. Le renforcement des troupes russes à Corfou lui rend nécessaire l'occupation de Tarente. Sa présence dans les Pouilles permet aussi d'entretenir l'idée qu'il conserve encore des visées en Orient. Enfin la formule espagnole n'avait été retenue qu'à titre temporaire : l'intention véritable de Napoléon est de voir l'Espagne se ranger officiellement à ses côtés contre l'Angleterre.

Le cours des événements s'accélère au mois d'octobre 1804. Londres s'avise subitement que l'aide financière fournie par Madrid à Paris constitue une entorse à sa neutralité. Les Anglais font saisir plusieurs galions venant d'Amérique et, sans déclaration de guerre, ils attaquent au Ferrol la flotte espagnole. C'est jeter l'Espagne dans les bras de la France. Le 4 décembre 1804, elle déclare la guerre à l'Angleterre.

A Paris, Talleyrand cherche à convaincre Gallo que l'intérêt bien compris de Naples serait de rompre avec Londres et Saint-Pétersbourg en s'alliant de même avec la France. Gallo croit devoir plaider en ce sens auprès de Marie-Caroline.

« Vous me parlez longuement, fièrement et avec beaucoup de tact et d'esprit, pour me faire, moi, tomber sur l'idée de l'avantage de changer idées, principes, enfin de nous unir strictement au gouvernement français. Mais croyez-vous de bonne foi qu'avec des caractères comme les nôtres, c'est la manière de nous attirer? Cela ne pourrait être qu'à la suite de confiance et jamais par 20 ou 25 000 hommes [410] qui nous président, menacent, peuvent nous perdre [411].

S'allier à la France, cela signifierait pour Marie-Caroline déclarer la guerre à l'Angleterre, perdre la Sicile qu'elle envahirait aussitôt et, par suite du blocus maritime qui s'ensuivrait nécessairement, vouer Naples à la famine.

« Ne croyez *jamais* que nous nous unirons d'alliance avec la France. Nous ne déclarerons *jamais* la guerre aux Anglais, seule et unique ressource contre la violence française [412]. »

La rumeur s'est répandue que la peste a fait son apparition en Toscane et dans les États de l'Église. Roger de Damas, que Marie-Caroline a fait nommer en octobre Inspecteur général des armées [413], en profite pour établir un cordon militaire le long des frontières et de la Pouille. Il pense pouvoir ainsi contenir toute initiative belliqueuse de Gouvion Saint-Cyr. La mesure est prématurée, le royaume encore trop faible. Cédant aux injonctions d'Alquier, Damas doit reculer. Toute mesure militaire que prend Naples entraîne désormais une protestation, bientôt un véritable ultimatum de la France. Le 30 octobre, sur instruction de Berthier, Gouvion Saint-Cyr exige qu'on désarme. Faute de quoi, le 20 novembre, il marchera sur Naples.

Sur l'insistance d'Alexandre, l'Autriche se décide à conclure avec lui ce qui va devenir le premier maillon de la Troisième Coalition. Par un traité secret d'alliance, les deux pays s'engagent, le 6 novembre, à marcher ensemble au cas où les hostilités reprendraient contre la France. La Russie défendra les intérêts autrichiens en Italie. L'Autriche fera en sorte de maintenir contre Napoléon l'intégrité de l'Empire ottoman. Le royaume de Naples sera défendu. La tension monte alors d'un cran entre Paris et Naples. Le 7 novembre, Talleyrand enjoint à

Alquier d'exiger le prompt départ d'Elliot, puis le 16, la destitution de Damas. Demandes irrecevables pour Marie-Caroline :

> « Tâchez de faire sentir que la demande de renvoi de Damas est ridicule, révoltante [...]. Chasser Elliot est tout aussi et encore plus fort. Car on sait qu'on ne peut chasser un ministre accrédité sans demander à sa cour de le rappeler [414]. »

Marie-Caroline se décide alors à écrire elle-même à Napoléon : « Je vais faire le difficile, pénible sacrifice d'écrire à l'Empereur [415]. » A cette lettre non retrouvée, Napoléon répond le 2 janvier 1805 :

> « Madame,
>
> « La lettre de Votre Majesté m'a été remise par le marquis de Gallo. Il m'est difficile de concilier les sentiments qu'elle contient avec les projets hostiles que l'on paraît nourrir à Naples. J'ai dans mes mains plusieurs lettres de V.M. qui ne laissent aucun doute sur ses véritables intentions secrètes. Quelle que soit la haine que V.M. paraît porter à la France, comment, après l'expérience qu'elle a faite, l'amour de son époux, de ses enfants, de sa famille, de ses sujets, ne lui conseille-t-il pas un peu plus de retenue et une direction politique plus conforme à ses intérêts? V.M., qui a un esprit si distingué entre les femmes, n'a-t-elle donc pas pu se détacher des préventions de son sexe, et peut-elle traiter les affaires d'État comme les affaires de cœur? Elle a déjà perdu une fois son royaume; deux fois elle a été la cause d'une guerre qui a failli ruiner de fond en comble sa maison paternelle; veut-elle donc être la cause de la troisième? Déjà, aux sollicitations de son ambassadeur à Saint-Pétersbourg, 10 000 Russes ont été renvoyés à Corfou. Quoi! sa haine est-elle tellement jeune, et son amour pour l'Angleterre tellement exalté, qu'elle veuille, quoique assurée d'en être la première victime, embraser le continent, et opérer cette heureuse diversion pour l'Angleterre? J'avoue que des passions si fortes auraient quelque part à mon estime, si les plus simples idées de raison n'en faisaient sentir la frivolité et l'impuissance. Son neveu, l'empereur d'Autriche, ne partage point ses sentiments et ne veut point recommencer la guerre, qui n'aurait pour son empire que des résultats peu satisfaisants. La Russie elle-même, que les sollicitations du ministre de V.M. ont portée à envoyer 10 000 hommes à Corfou, sent très bien que ce n'est pas par là qu'elle peut faire la guerre à la France, et les dispositions de l'empereur Alexandre Ier ne sont point guerrières. Mais, en supposant que la catastrophe de votre famille et le renversement de

votre trône armassent la Russie et l'Autriche, comment V.M. peut-elle penser, elle qui a si bonne opinion de moi, que je sois resté assez inactif pour être tombé dans la dépendance de mes voisins? Que V.M. écoute cette prophétie, qu'elle l'écoute sans impatience : à la première guerre dont elle serait cause, elle et sa postérité auraient cessé de régner; ses enfants errants mendieraient, dans les différentes contrées de l'Europe, des secours de leurs parents. Par une conduite inexplicable, elle aurait causé la ruine de sa famille, tandis que la Providence et ma modération la lui avaient conservée. Renonce-t-on ainsi à un des plus beaux royaumes de l'univers? Je serais cependant fâché que V.M. prît cette franchise de ma part pour des menaces. Non, s'il était entré dans mes projets de faire la guerre au roi de Naples, je l'aurais faite à l'entrée des premiers Russes à Corfou, ainsi que l'aurait voulu une politique circonspecte; mais je veux la paix avec Naples, avec l'Europe entière, avec l'Angleterre même; et je ne crains la guerre avec personne, je suis en état de la faire à quiconque voudra me provoquer, et de punir la cour de Naples, sans craindre de ressentiment de qui que ce soit. Que V.M. reçoive ce conseil d'un bon frère : qu'elle rappelle les chefs des milices; qu'elle ne provoque aucune espèce d'armement; qu'elle renvoie les Français qui l'excitent contre leur patrie; qu'elle rappelle de Saint-Pétersbourg un ministre dont toutes les démarches ont pour but de gâter les affaires de Naples et de la mettre dans des dangers imminents; qu'elle renvoie M. Elliot, qui ne trame que des complots d'assassinat et excite tous les mouvements de Naples; qu'elle donne sa confiance au chef de sa Maison, et, j'ose le dire, à moi, et qu'elle ne soit pas assez ennemie d'elle-même pour perdre un royaume qu'elle a gardé au milieu d'un si grand bouleversement où tant d'États ont péri. Je ne fais pas ma cour à V.M. par cette lettre; elle sera désagréable pour elle. Cependant qu'elle y voie une preuve de mon estime. Ce n'est qu'à une personne d'un caractère fort et au-dessus du commun que je me donnerais la peine d'écrire avec cette vérité. Sur ce, je prie Dieu, Madame ma Sœur et Cousine, qu'il ait V.M. en sa sainte et digne garde. »

Ce même 2 janvier 1805, Napoléon répond enfin à la lettre que Ferdinand lui avait adressée en septembre :

« Je réponds à la lettre de Votre Majesté. Les troupes françaises sont dans le royaume de Naples en conséquence du traité de Florence. Elles y seront tant que les affaires du Levant ne seront point finies, et je ne pourrai les considérer comme telles que lorsque Malte sera évacuée par l'Angleterre, et Corfou par la Russie. Sans l'arrivée à Corfou des troupes que l'empereur de Russie y a envoyées, à la sollicitation spéciale du ministre de V.M., j'aurais diminué le nombre des troupes françaises et n'aurais laissé à Tarente que les 4 ou 5 000 hommes nécessaires à l'occupation de ce poste. L'arrivée des Russes m'a obligé, au contraire, à en augmenter le nombre. Que V.M. me permette de le lui dire, elle est mal conseillée; elle suit un système passionné et contraire aux intérêts de sa Maison. Paris, Madrid et Vienne, voilà les véritables appuis de V.M. V.M. est intéressée à la paix plus qu'aucun autre prince. Qu'elle repousse ces conseils perfides dont l'entoure l'Angleterre. Elle a conservé son royaume sans aucune perte, au milieu du bouleversement de l'ordre social; qu'elle ne risque point de le perdre lorsque l'ordre social s'est rassis. Un moment de plus peut-être, et le monde pacifié et tranquille reprendra sa politique et son allure de tous les temps. J'ai pourvu moi-même à la solde des troupes françaises, tandis que, par le traité de Florence, V.M. s'y était engagée. J'ai voulu, en cela, lui donner une preuve de mon désir de répondre, autant qu'il est conciliable avec la politique générale, aux sentiments que V.M. veut bien me témoigner. »

*

A la lecture de la lettre que Napoléon lui écrit, Marie-Caroline réagit d'abord fort mal.

« Je l'ai ouverte et ai manqué d'en mourir [...]. Vous ne vous représenterez jamais au vif la rage, le désespoir que m'a causé la très insolente lettre du scélérat, mais trop heureux Corse [...]. Le persiflage, la menace que ce Buonaparte se permet vers moi, fille de Marie-Thérèse, a manqué me tuer. Je voulais dans l'instant tout quitter, me retirer et, étant femme et ne pouvant me venger sur le scélérat, renoncer au monde et au Gouvernement à jamais. Tous mes vieux et bien peu d'amis, mes enfants, tous ont parlé, pleuré, prêché qu'un infâme pareil ne pouvait m'offenser [...]. J'ai longtemps hésité si je lui répondrais. J'ai fait deux ou trois brouillons bien plus à mon goût [...]. Enfin, conseillée, priée, calmée par des personnes honnêtes, (j'ai écrit) cette lettre qui m'a excessivement coûté [...] [416]. »

« Naples, le 25 janvier 1805.

« La lettre de V.M. Impériale m'a été remise par Monsieur l'ambassadeur Alquier. La franchise avec laquelle Elle s'explique sur les griefs qu'Elle me suppose me fait désirer d'y répondre avec cette même franchise. Celle de mon caractère est, je me flatte, assez connue, pour que V.M. ne mette point en doute qu'il me serait impossible de me résoudre à lui exprimer ce que je ne penserais pas.

« V.M. dit avoir entre ses mains des preuves de ma haine contre la France. Je ne me rappelle pas d'avoir rien écrit qui puisse le prouver. Que V.M. confie ces lettres à son ambassadeur, et si elles ne sont point controuvées, et de mon écriture, en en reconnaissant l'évidence, je pourrai expliquer clairement les phrases dont peut-être la tournure pourrait être mal interprétée. Et V.M. ne doit attribuer à un gouvernement monarchique en France, la haine que j'ai pu exprimer et dont je ne me suis jamais cachée pour son gouvernement républicain, dont les atrocités, spoliations, l'instabilité, bases mal assurées, principes dévastateurs, n'étaient qu'un sujet de crainte et de méfiance perpétuelle pour toutes les Puissances à sa portée [...].

« Le Roi mon époux a fait solliciter par notre ministre à Saint-Pétersbourg l'intercession de cette Cour, pour l'engager à nous délivrer du pénible fardeau des troupes françaises dans nos États; étant neutres par tous les traités, et absolument étrangers aux discussions de la France et de l'Angletere, et par conséquent et par toute justice, ne devant point être la victime des différends de ces deux Puissances [...].

« V.M. n'est peut-être pas bien prévenue pour moi; mais je me plais à me persuader qu'elle m'estime, et elle ne m'estimerait pas si mon cœur, dépouillé de toute sensibilité, avait vu avec insouciance et sans ressentiment tous les malheurs d'une révolution, qui m'ont touchée de si près et jusque dans les liens du sang. Cette révolution a navré mon cœur; mais j'ai déjà senti qu'il est de mon devoir comme reine d'étouffer dans mon cœur de trop cruels souvenirs, et s'il m'en reste encore quelques-uns, j'ose le dire à V.M., c'est à elle de faire oublier jusqu'au ressouvenir de cette révolution par sa justice et sa modération.

« Que V.M. ne prenne point pour un attachement exalté mon désir de voir la bonne intelligence se conserver entre nous et l'Angleterre. Cette Puissance ne nous a jamais donné de sujets de plaintes : au contraire, elle a toujours respecté notre neutralité, même lorsque la rentrée des troupes françaises dans nos États eût pu lui donner un prétexte plausible d'y manquer [...].

« V.M. a été mal instruite sur les soi-disant rassemblements de troupes qui ne consistaient qu'en un petit nombre de milices, et n'avaient pour but que de former le cordon, pour éviter la maladie contagieuse qui désolait Livourne [...]. Au reste, les maladies étant presque cessées, les ordres sont déjà donnés pour lever le cordon.

« V.M. me parle des Français qui, dit-elle, m'excitent contre leur patrie. C'est probablement M. de Damas qu'elle veut désigner, et les notes de M. Talleyrand à M. Alquier doivent me le faire croire. Je puis assurer à V.M. qu'elle a de faux rapports sur cet officier, dont la loyauté et modération mériteraient son estime. Ce général a quitté la France longtemps avant les horreurs de la Révolution, et servi en Russie, d'où il est passé à notre service avant la guerre. Le Roi, connaissant son honnêteté et attachement, l'a employé comme inspecteur général, non pour former des troupes, [...] mais pour remettre l'ordre dans le peu d'insuffisantes troupes qui lui restent. J'espère que V.M., d'après cette franche explication, n'insistera plus sur une demande qui nous serait extrêmement désagréable et pénible.

« Pour M. Elliot, c'est avec l'Angleterre que nous devons le traiter, étant sous le droit des gens, comme homme public et accrédité.

« Je crois avoir répondu en détail à tous les articles de la lettre de V.M. Je désire qu'elle se fie aux assurances que je me plais à lui renouveler, que je ne veux ni désire que d'être en parfaite harmonie et tranquillité avec la France, le croyant nécessaire, indispensable au bonheur de mes sujets; que j'y mettrai tous mes soins, le croyant de mon devoir comme mère, épouse et reine.

« Que V.M. soit donc persuadée qu'elle trouvera toujours dans le Roi mon époux, comme dans moi, franchise et loyauté, comme j'espère toujours les trouver en elle; et par cette même raison, je lui propose de correspondre directement avec elle pour toutes les affaires majeures : si cela s'arrange, évitant par là les lenteurs et mésentendus (*sic*) que souvent font naître les erreurs des ministres.

« Je ne parle point à V.M. du séjour continu des troupes dans nos États, de leur augmentation, et me plais à m'en rapporter à son équité et aux assurances d'amitié qu'elle donne au Roi mon époux.

« Je suis avec considération de Votre Majesté Impériale, la très affectionnée sœur et cousine,

Charlotte ».

A en croire Gallo, cette réponse de Marie-Caroline n'a pas dû laisser Napoléon indifférent. Il n'est peut-être pas loin de reconnaître le bien-fondé de quelques-uns des arguments de la reine. Comme il a décidé de se rendre en Italie vers la fin d'avril, Napoléon envisage le principe d'une discussion directe avec Marie-Caroline [417]. Avec prudence, Gallo cherche à la convaincre :

« Je sais que l'Empereur aurait le plus vif plaisir de se rencontrer avec V.M. et de se mettre une fois pour toutes d'accord avec elle [...]. Je n'ai pas voulu me laisser entraîner sur ce terrain; j'ai cru qu'il n'était ni opportun, ni prudent de m'engager sans ordre formel de V.M. et de S.M. le Roi [...]. V.M. en conclura, je l'espère, qu'on ne forme pas ici le projet de renverser son trône et de la dépouiller de son royaume, ainsi que cherchent à lui faire croire des cerveaux brûlés ou des individus que la passion aveugle. Je me permets de demander à V.M. : si on nourrissait de tels desseins, songerait-on à une entrevue avec elle et ferait-on des ouvertures qui toutes laissent supposer qu'on prévoit la durée de l'état de choses existant [418]? »

Cette entrevue n'aura pas lieu, car au moment même où Gallo en évoque la possibilité et l'intérêt, de nouveaux événements viennent raviver l'inquiétude et la colère de Marie-Caroline. On apprend, fin janvier 1805 à Naples, que l'escadre de Toulon commandée par Villeneuve a pris la mer. Va-t-elle attaquer la Sicile, la capitale? Le secret qui entoure sa destination [419] autorise toutes les suppositions. Ordre est donné à Damas de mettre toutes les côtes en état d'alerte. « Nous préparons nos batteries pour soutenir par le fait notre neutralité [420]. »

Vues de Paris, ces précautions apparaissent injustifiées. Instruits par Talleyrand et Berthier, Alquier et Gouvion Saint-Cyr insistent pour que soient satisfaites les exigences de Napoléon. Celles-ci, pour Marie-Caroline, sont « ridicules, insolentes et arbitraires » : désarmer, réduire à 10 000 hommes les forces du royaume [421], exiler Damas [422] et renvoyer Elliot [423].

Dans l'espoir que Napoléon assouplira ses positions après la lettre qu'elle lui a adressée, Marie-Caroline cherche à gagner du temps. Elle délègue le prince de Cardito auprès de Saint-Cyr et assure Alquier qu'elle consulte Londres au sujet d'Elliot. Les instructions de Paris sont cependant très nettes. Le 15 février, Saint-Cyr fait savoir à Naples que si Damas n'est pas chassé dans les trois jours et si Elliot n'est pas éloigné, il donnera l'ordre à ses troupes de marcher sur la capitale. Cet ultimatum est remis à la reine alors qu'elle assiste à un concert donné en l'honneur du fils aîné de l'électeur de Bavière. Il est un invité de choix à l'avenir duquel Marie-Caroline s'intéresse beaucoup :

> « C'est un parti qui me conviendrait extrêmement. Il est de quatre ans plus jeune qu'Amélie, il est tout neuf, innocent, bonne figure, laid de visage, un peu bègue et sourd, mais il est catholique, riche et réellement bon et honnête [...] ».

Toutes affaires cessantes, Marie-Caroline quitte la salle du concert.Le visage décomposé, elle prend Damas à part :

« " Les Français vont marcher sur Naples; préparez secrètement les troupes; donnez les ordres cette nuit-même. [...] En deux jours, toute cette petite et insuffisante armée fut prête à agir ". Mais le Conseil dans sa majorité fut d'avis que le maintien de Damas ne valait pas « une levée de boucliers qui risquait de mettre le royaume à deux doigts de sa perte [...] et l'on commença d'après ce raisonnement à travailler l'esprit du roi et celui de la reine sur la nécessité de céder [424]. »

En quelques jours, c'est chose faite, « le Roi, décidé à faire tous les sacrifices pour le bien de ses peuples, éloignera, quoiqu'en gémissant, ce brave officier [425]. »

C'est au milieu de ces tensions et à la suite de cette décision d'écarter Damas, que parvient à Naples la réponse de Napoléon.

La Malmaison, 21 février 1805

« Madame,

« La lettre de Votre Majesté, datée du 25 janvier, m'a été remise par M. le marquis de Gallo [...].

« Une correspondance directe avec V.M. me serait agréable, même lorsqu'elle ne devrait pas être utile. Vous pardonnerez, Madame, la franchise avec laquelle je serai souvent dans le cas de vous parler. Votre ambassadeur n'a pu qu'être embarrassé quand je lui a fait connaître la nature des pièces qui sont entre mes mains et qui n'ont pu me laisser aucun doute, il y a plusieurs mois, sur vos dispositions les plus secrètes. Mais Dieu me garde de penser qu'elles ne puissent changer! Les affections changent, et la raison et les règles d'une véritable politique sont les seules choses qui ne changent jamais. Toutes les personnes qui viennent de Naples, les Français ou les étrangers, s'accordent en ceci, que V.M. ne dissimule pas la haine qu'elle porte à la France. Et même, quoique votre lettre contienne quelques expressions obligeantes pour moi, elles conservent presque toujours les premières impressions de V.M.; la modération et la justice qu'elle veut bien voir dans mon administration n'ont pas réussi à me concilier entièrement son amitié. Elle me juge sans doute assez bien pour croire que je ne suis pas surpris de ses dispositions, et que la seule chose qui m'étonne, c'est de reconnaître, tous les jours, qu'une reine, qui a souvent régné avec succès, ne sait pas que le malheur attaché à la condition des rois est d'avoir à dissimuler fréquemment des sentiments que, simples particuliers, ils auraient le plus de peine à maîtriser.

« Tout ce que m'a dit M. de Gallo me fait concevoir l'espérance que

V.M. prendra d'autres sentiments à notre égard; et, si je puis un jour me vanter d'avoir obtenu ce changement, ce sera une conquête que je tiendrai à honneur, soit par l'estime particulière que je fais de votre personne, soit par le chemin qu'il aura fallu regagner dans votre cœur, qui ne peut cependant être entièrement fermé à une nation dont vous aimez la langue et la littérature, et dont vous avez souvent prisé l'amabilité.

« V.M. se plaint d'avoir des troupes françaises dans son royaume. Elle peut se plaindre aussi d'avoir des troupes anglaises dans une de ses provinces. Le séjour des Français est une conséquence du traité de Florence [...]. C'est sans doute un malheur pour elle, mais un malheur indispensable, qu'elle doit considérer comme une suite des événements qui l'avaient précipitée de son trône. J'ai, autant qu'il a dépendu de moi, allégé ce fardeau. Sur une simple demande [...], j'ai consenti à faire supporter la solde par mon trésor. Si ce premier acte de condescendance m'avait valu quelque confiance, et si j'avais pu penser que 3 ou 4.000 Français fussent en sûreté à Tarente, il n'y a nul doute que je n'eusse réduit mes troupes à ce nombre, car mon intention n'a été que de tenir ce poste avancé dans le Levant, afin de me garantir l'évacuation de Malte et de Corfou par les puissances qui occupent ces îles. Les sentiments de V.M. m'ayant forcé, au contraire, à me méfier toujours davantage des dispositions auxquelles elle pourrait se porter, j'ai dû maintenir cette division assez en force pour n'avoir rien à redouter; et même, si depuis j'ai été obligé de l'augmenter, l'arrivée des troupes russes à Corfou a nécessité cette mesure [...].

« L'affectation d'appeler au service du roi de Naples des hommes étrangers à ce pays, connus par leur haine forcenée pour leur patrie et portant partout leur portefeuille et leur épée, sans laisser de regrets nulle part; l'inconsidération marquée, il y a peu de jours, lorsqu'on apprit que l'escadre de Toulon était partie : tout cela ne démontre-t-il pas que la modération ne préside point aux conseils de V.M.; qu'elle n'apprécie ni les temps ni les hommes; qu'elle attire les orages, au lieu de les conjurer? Est-il donc si difficile de rester tranquille, de ménager les Puissances, et de ne pas ruiner son peuple pour soulever avec effort un grain de sable à jeter dans la balance du monde? Un secours de 10.000 Napolitains ne serait en effet rien dans la balance des affaires, et cependant il entraînerait le roi dans des guerres, le désignerait aux premiers coups, ruinerait ses finances et troublerait son bonheur [...]. Si la guerre venait à se rallumer, V.M. elle-même, qui fut victime et abandonnée, sentirait que la situation de son royaume, le caractère de son peuple, et en général la position des Puissances du second ordre, lui font un besoin de vivre en repos, de s'occuper de prospérité intérieure, et de se ménager, avec toute l'adresse que les circonstances exigent, le moyen de s'éloigner de toutes les tempêtes, car le moindre orage pourrait causer sa ruine et remplir son existence d'amertume.

« V.M. trouvera sans doute que ma lettre est pleine de sermons; peut-être même y verra-t-elle des choses désagréables pour elle; mais il lui sera impossible de ne pas reconnaître que, dans mon impartialité et dans la position où je suis, je n'ai d'autre but que sa tranquillité personnelle, celle de sa famille et le repos de son peuple.

« Et en effet, quel intérêt puis-je avoir à bouleverser ses États et à renverser son trône? La seule chose qui puisse m'importer, c'est que le cabinet soit dirigé par les vrais intérêts du peuple; que la cour donne l'impulsion, et que le roi et la nation prennent pour la France les sentiments qu'ils avaient il y a vingt ans. Voilà, ma Sœur et Cousine, ce que je demande uniquement et ce qui peut seul assurer la prospérité, la tranquillité, le bonheur des vastes pays qui sont sous votre domination. »

A la lecture de cette lettre, Marie-Caroline est agréablement surprise et même flattée. Elle la communique à Gallo et fait ce bref commentaire :

« Je vous renvoie copie de sa lettre. Elle est honnête et douce et il y a même des cajoleries qui, dans cette plume, sont extraordinaires. Mais le despotisme force par-ci, par-là [...] [426] »

Puisque Napoléon semble vouloir se prêter de bonne grâce à une correspondance directe, Marie-Caroline décide de lui écrire de nouveau. Notamment pour lui confirmer que, cédant à ses instances, Damas a été exilé en Sicile. Un exil adouci par beaucoup d'honneurs. Alquier s'en impatiente :

« Il part comblé de distinctions et de bienfaits, dont la prodigalité vraiment inouïe ne peut être expliquée que par un plaisir de femme que la Reine a trouvé à combler un homme qui déplaît à la France. On accorde donc à M. de Damas un traitement d'environ 60.000 francs et le grand ordre de Saint-Ferdinand qui donne à ceux qui en sont décorés tous les privilèges des Grands d'Espagne de première classe, et notamment celui de se couvrir devant le Roi [427]. »

Avec tact et modération – cela a dû lui coûter! –, Marie-Caroline, le 13 mars 1805, répond point par point aux « cajoleries » et aux « sermons » de Napoléon.

« Monsieur mon Frère et Cousin,

« Puisque Votre Majesté m'assure qu'une correspondance avec moi lui sera agréable, j'en profite avec un vrai plaisir, et répondrai avec une même franchise à celle qu'elle me témoigne.

« Ignorant le contenu et la date des papiers que V.M. dit d'avoir montrés au marquis de Gallo, je ne puis lui répondre clairement à cet article, mais ne puis croire ces papiers officiels; et ils ne sont par conséquent d'aucune valeur, car ce que j'ai pu écrire dans une correspondance particulière, confidentielle, dans un moment de vivacité, de peine (et V.M. conviendra qu'elle m'en a causé quelquefois), ne doit pas être regardé, calculé comme le serait une correspondance réfléchie et politique. Si les personnes qui viennent ou écrivent de Naples veulent dire la vérité, ils conviendront qu'en me plaignant de l'oppression que la France nous fait éprouver par la station d'une armée depuis presque deux ans [..] je rendais toujours justice au grand caractère de V.M., et aux talents qu'elle déploie chaque jour et qui augmentent sa gloire. Mais si V.M. m'a donné quelquefois sujet de me plaindre d'elle, si je lui en ai donné de mon côté, cela a été, et j'en suis persuadée, faute de nous être entendus et connus. La confiance qu'elle me témoigne par sa lettre obligeante, celle que je m'empresse de lui témoigner, m'est un sûr garant qu'à dater de ce moment, il n'existera plus entre nous aucun sujet de plainte, et le marquis de Gallo a rendu justice à mes sentiments, en l'assurant que je prendrai pour elle ceux d'une amitié qu'elle a l'amabilité de paraître désirer lorsque je la verrai agir amicalement avec nous [...].

« Votre Majesté fait l'énumération de quelques plaintes contre nous... Je vais répondre en détail et franchement [...]. Les très petits et insignifiants préparatifs faits lors de la sortie de l'escadre de Toulon étaient pour faire, au moins par mer, respecter notre neutralité, et ne point permettre l'entrée dans nos ports à plus de bâtiments que ceux que la neutralité prescrit. Cela est si vrai, qu'au passage de la flotte anglaise au phare de Messine, la garnison était aux batteries. Si *des plumes impartiales et vraies* informaient de la vérité de nos démarches sans les envenimer du fiel de la méchanceté, combien de mésentendus auraient été épargnés!

« V.M. me parle du peu d'effet que pourraient produire dans la balance de l'Europe dix mille Napolitains [...]. Je puis assurer V.M. que nous sommes tous fermement décidés à ne nous jamais mêler dans les luttes des grandes Puissances; mais aussi de ne point nous laisser écraser sans nous défendre, ne fût-ce que pour finir notre existence avec honneur. V.M. voit que je lui parle avec cette franchise et confiance dignes de son caractère; qu'elle soit aussi persuadée que les assurances qu'elle me donne de n'avoir d'autre but que ma tranquillité, celle de ma famille, et le repos et bonheur de mes peuples, est bien satisfaisant pour mon cœur, faisant l'objet de mes vœux les plus chers, et je me flatte que les effets réaliseront un aussi doux espoir.

« A présent que j'ai répondu aux plaintes de V.M., qu'elle me permette de lui exposer les miennes, et de lui représenter qu'au moment où elle m'écrivait la lettre aimable et flatteuse où elle m'assure désirer que nos intérêts s'entendent, ses agents civils et militaires nous envoient un péremptoire de trois jours, pour menacer de marcher hostilement vers notre capitale et cela pour se faire obéir au plus vite sur des demandes douloureuses à recevoir, lorsque l'on a le droit d'être maître chez soi, et que l'on se fie sur la foi des traités *en s'y conformant toujours avec loyauté* [...].

« Que V.M. me permette de lui dire que ce n'est point par la violence, en causant peines et chagrin, qu'on acquiert l'amitié, la confiance et la bonne intelligence. La force opprime, mais n'attache pas. Je ne parlerai point de cette armée existant si péniblement et chèrement chez nous; mais V.M. cite toujours le traité de Florence : son armée ayant, après les treize mois de station que prescrivait ce traité, évacué le royaume, avions-nous encore à subir ce nouveau poids [...] ne désirant que rester neutres?

« Que V.M. me permette de lui parler encore du général Damas. Il est parti, et son éloignement a été pénible pour nous, surtout par les formes et menaces avec lesquelles il a été exigé [...]. Je le répète à V.M., le général Damas, depuis dix-huit à vingt ans éloigné de sa patrie, est étranger à tout ce qui s'est passé; il est prudent, circonspect et honnête. Tout ce dont il semble que l'on s'est plu à l'accuser sont autant de faussetés, et je réponds de sa façon de penser honnête et modérée.

« M. de Damas était si éloigné de s'attendre à ce qui lui arrive, si confiant dans sa conduite sans reproche, qu'il nous avait annoncé son désir de demander l'automne prochain un congé de six mois pour aller en France voir sa nombreuse famille et y arranger quelques affaires. Ceci prouve bien qu'il se croyait sans reproche. Que V.M. se persuade que le Roi mon époux, ainsi que moi, nous souhaitons la bonne intelligence, harmonie entre nos États respectifs; que nous ne nous mettrons jamais dans aucune guerre [...], que nous désirons, demandons d'être libres et délivrés de l'oppression d'une armée étrangère, qui commande et ne demande point. On peut, entre amis, demander de réciproque condescendance; mais intimer des volontés avec une armée qui menace de les appuyer sans attendre de réponse, ceci peut quelquefois faire céder, mais n'inspire point l'amitié, qui est un sentiment de réciprocité et point de soumission et obéissance, surtout pour des âmes élevées et point nées pour être commandées. Que V.M. compte davantage sur la parole que je lui donne de n'avoir d'autre désir qu'une parfaite neutralité, bonne intelligence et tranquillité, d'autant plus nécessaire que depuis tant d'années nous en sommes privés. Je compte que nous lui devrons ce bonheur que nous ferons tout pour acquérir, et qu'elle soit persuadée des sentiments de considération, avec lesquels j'ai l'honneur d'être, « Monsieur mon Frère et Cousin, de Votre Majesté Impériale, bonne Sœur et Cousine,

Charlotte »

Avec ces échanges d'amabilités et la perspective d'une rencontre, Gallo, de Paris, devait sans doute penser qu'une éclaircie se profilait à l'horizon. Mais le voyage de Napoléon en Italie va, de nouveau, provoquer l'exaspération de Marie-Caroline.

Chapitre XX

Premières imprudences

Napoléon se proclame roi d'Italie. Des officiers anglais et russes viennent vérifier à Naples les moyens de défense du royaume. Marie-Caroline exige qu'on lui explique ce que signifie au juste le titre de roi d'Italie. Elle se refuse à le reconnaître et réclame l'évacuation de son royaume. Couronnement de Napoléon à Milan. Sa scène à l'envoyé de Naples. Ultimatum de Napoléon. Lâché par ses alliés anglais et russes, Naples reconnaît Napoléon roi d'Italie. Il menace de chasser Ferdinand et Marie-Caroline de leur trône. Marie-Caroline est inconsciente des dangers qu'elle court. Napoléon annexe Gênes. La Troisième Coalition. Gallo à Paris plaide en faveur de la neutralité de Naples, réclame la fin de l'occupation militaire française. A Naples, on négocie avec les Russes et les Anglais l'arrivée de leurs troupes. Le traité d'alliance entre Naples et la Russie est signé, alors qu'à Paris Gallo négocie dans un sens opposé.

La Cisalpine peut-elle rester « République italienne » maintenant que l'Empire vient d'être proclamé en France? Dès le début de janvier 1805, Napoléon a informé l'empereur d'Allemagne de son projet d'en faire un royaume pour Joseph, son frère aîné. Mise au courant, Marie-Caroline, au départ, n'y est pas hostile :

> « Le royaume de Lombardie, bien séparé de la France, dans le malheur serait un bien, surtout si cela reste à Joseph qu'on dit le moins mauvais et méchant [428]. »

Elle ne sait pas encore que Joseph va refuser un trône qui entraînerait sa renonciation à sa succession éventuelle sur celui de France. Elle pressent que c'est Napoléon qui va se l'approprier :

> « Je suis convaincue que sa venue avec sa chaste moitié en Italie fera naître quelque difficulté et qu'il se fera lui-même couronner, sauf de promettre après sa mort [...] de séparer le royaume de l'empire français et de le donner à ces petits descendants que la chronique scandaleuse (lui attribue) [428]. »

Le refus de Joseph est acquis. Les choses se précipitent. Melzi d'Éril, le vice-président de la République, venu à Paris à l'occasion du sacre, offre, le 16 janvier, la couronne d'Italie à l'empereur. Le 9 mars, celui-ci l'accepte et, de Paris, le 17, il se proclame roi d'Italie. Il remet à un peu plus tard son couronnement à Milan.

Malgré cette déplaisante nouvelle, les lettres échangées entre Napoléon et Marie-Caroline ont introduit une détente entre Paris et Naples. Marie-Caroline prend un plaisir certain à ces joutes épistolaires.

> « Je sens que peut-être, cultivant Buonaparte, je pourrai en tirer quelque diminution de malheur. Mais le Roi se fâche chaque fois que je le fais [429]. »

Sur la scène européenne, une nouvelle situation diplomatique se met en place. Londres mise sur la crédulité d'Alexandre Ier. Les Britanniques désirent l'attirer dans leur alliance et le laissent pour un temps s'engager dans une impossible médiation : au cas où la France évacuerait le Hanovre, reconnaîtrait l'indépendance de la Hollande et de la Suisse et évacuerait le royaume de Naples, l'Angleterre pourrait alors reconnaître Napoléon et... se résoudre à évacuer Malte. Bien qu'un accord sur ces bases soit conclu entre les deux cours à la mi-avril, l'Angleterre espère bien que Napoléon commettra bientôt quelque imprudence qui justifiera son maintien à Malte et jettera la Russie à ses côtés dans la coalition.

Quelques précautions ne paraissent pas inutiles avec la venue prochaine de Napoléon en Italie. Londres envoie à Naples le lieutenant-colonel Smith afin « d'assurer, après une minutieuse enquête, et de concerter à l'avance les mesures qui peuvent rendre l'occupation sûre (de la Sicile) quand elle deviendra nécessaire [...] [430] ». De son côté, la Russie confie à deux de ses généraux, Lascy et Hoppermann, la mission de se rendre à Naples et en Sicile pour vérifier l'état réel des forces du royaume et de mettre au point avec Damas l'intervention éventuelle des troupes russes stationnées à Corfou. Ces deux missions sont en fait coordonnées : Anglais et Russes sont convenus, au cas où ils devraient intervenir, que leurs troupes seront placées sous le commandement unique du général Lascy. Pour attirer le moins possible l'attention d'Alquier, ces deux officiers voyagent incognito. Damas qui ne les estime guère ne peut s'empêcher de railler : « Ne portant ni uniformes, ni ordres, ils avaient plutôt l'air de négociants ruinés que de généraux d'une grande puissance [431]. »

C'est le 2 avril 1805 que Napoléon quitte Fontainebleau pour son voyage en Italie. Marie-Caroline est alors consciente des dangers que l'ambition de l'empereur représente pour le royaume. Elle alerte Gallo :

> « En réalité, et comme je l'ai toujours cru, Napoléon a gardé (cette couronne) pour lui et s'est attaché le titre grand et spécieux de roi d'Italie [...]. Le Roi, souverain de deux grands royaumes en Italie, ne peut pas reconnaître ce nouveau colosse sans qu'on lui explique ce titre vague qu'il a pris, quelles sont les limites, les bornes de ses possessions, les États qui formeront ce nouveau royaume. Pourquoi ne pas se contenter du titre de roi de Lombardie, de roi de l'Italie supérieure, septentrionale? Bref, d'un titre qui puisse s'expliquer d'une façon quelconque, qu'on puisse reconnaître, sans nous obliger à consacrer nous-mêmes notre spoliation. Donc, le Roi veut que vous rédigiez un office demandant cette explication positive. Vous assaisonnerez cette demande de toutes les phrases mielleuses qui vous sont coutumières [...]. Vous demanderez cette explication à laquelle l'empereur des Français (doit) bien s'attendre s'il ne nous prend pas entièrement pour des taupes [...]. Lorsque vous aurez envoyé ici la réponse donnée à cet office, nous jugerons alors s'il nous est possible ou non de reconnaître ledit titre de roi d'Italie [...] [432]. »

On a l'impression que Marie-Caroline s'ingénie à rendre plus difficile encore la démarche qu'elle exige de Gallo : comme elle sait qu'à Milan il y aura nécessairement entre les souverains remise de leurs décorations respectives, elle précise en effet :

> « Quant aux ordres, cela ne peut avoir lieu. Ni le Roi, ni mes fils ne porteront jamais la plaque qui ne serait que celle de leur déshonneur et le Roi ne peut pas conférer ses ordres à qui est malheureusement plus puissant que lui. Ce serait une bassesse inutile [432]. »

Un peu plus tard, la reine confirmera d'ailleurs ce point à Alquier lui-même :

> « Quant à l'échange des ordres, n'y comptez pas, jamais Saint-Ferdinand et la Légion ne se rencontreront sur le même cœur; ils s'y battraient [433]. »

En s'efforçant depuis plusieurs mois « avec tous les arguments possibles de persuader le roi de Naples de se jeter lui-même avec sa famille et ses États entièrement dans les bras de Bonaparte [434] », Gallo ne commence-t-il pas à montrer qu'il n'approuve plus guère les vues de sa souveraine? Eugène de Beauharnais, qui s'apprête à recevoir la vice-royauté d'Italie, ne serait-il pas un parti acceptable pour l'une des filles de la reine? Pour Marie-Caroline, c'est une idée sacrilège :

> « Peut-être que dans deux cents ans nos familles s'uniront. Pour le moment je ne le ferai jamais. Une alliance avec cette nouvelle famille régnante, sortant des montagnes de la Corse [...] serait le comble de la bassesse et mériterait le mépris général [435]. »

Comme on le lui a demandé, Gallo fait part à Talleyrand en termes très diplomatiques de « la surprise et de l'alarme que cause le titre vague et générique de royaume d'Italie ». Il s'attire cette simple réponse : cette appellation de *royaume d'Italie*, pas plus que celle de *République italienne* ne porte atteinte aux droits des autres souverains de la péninsule. D'ailleurs le roi de Prusse s'est-il jamais senti menacé dans son indépendance par le titre d'empereur d'Allemagne que porte encore François II [436]? Marie-Caroline estime que « cette réponse de Talleyrand n'est nullement consolante [437] ». Elle arrête alors ses instructions :

> « Pour la reconnaissance de ce fatal titre de roi d'Italie, nous sommes décidés à ne le faire qu'à la suite des autres Puissances qui possèdent en Italie [438]. Le Pape et la reine d'Étrurie ne sont pas exemples à citer. Le premier revient de son voyage à Paris, où l'esprit et le génie de Buonaparte auront souvent ri de la bassesse qu'a eue le pauvre Pontife [439], et la reine d'Étrurie doit bien reconnaître qui l'a fabriquée Reine [...].
> « Que Napoléon nous ôte, non pas quelques milliers d'hommes, mais tout jusqu'au dernier soldat, et alors, tout en réservant nos droits et nos légitimes réclamations, peut-être le reconnaîtrons-nous. Mais il ne s'agit pas qu'il promette le départ des troupes, il faut que cela se fasse. Il a promis tant de choses sans jamais tenir sa parole qu'on ne peut plus s'y fier. Combien de fois n'a-t-il pas promis de nous rembourser nos dépenses qui s'élèvent à tout près de 4 millions de ducats [440] et il n'a jamais donné un sou ! [441] »

Pour s'assurer que son point de vue sera nettement présenté à Napoléon, Marie-Caroline prend la peine d'en informer Alquier et Gouvion Saint-Cyr avant qu'ils ne partent pour assister au couronnement de Milan. Elle décide en outre d'y faire seconder Gallo par le prince de Cardito à qui elle accorde plus de confiance. « Comme nous ne voulons reconnaître le roi d'Italie qu'après que nous aurons vu ce que les autres Cours diront et feront », Marie-Caroline enjoint la prudence à ses représentants : « Vous devez soigneusement éviter d'assister à aucun acte public, cérémonie, qui pourrait faire illusion sur notre accession... [442] » La tension va monter d'un cran avec Paris.

Au même moment, la bonne entente qui régnait jusqu'alors entre Naples, Saint-Pétersbourg et Londres subit une éclipse à la suite d'un incident mineur mais qui va prendre pendant des semaines l'allure d'une crise sérieuse. Le chevalier de Saxe, cousin de Ferdinand, qui s'était distingué en 1799 dans les rangs de l'armée napolitaine, s'était fait tuer en duel en 1803 par le prince Sherbatov lors d'un séjour en Russie. Sous un nom d'emprunt, Sherbatov visite Naples au printemps de 1805.

Marie-Caroline lui fait savoir que sa présence dans le royaume est indésirable. Comme Sherbatov n'en tient pas compte, elle le fait arrêter et reconduire à la frontière *manu militari*. Le chevalier de Karpoff, chargé d'affaires de la Russie à Naples, croit bon de protester officiellement dans « un style malhonnête et arrogant ». Il menace, à défaut d'une réponse satisfaisante, de cesser « dès ce moment ses communications ». Elliot, qui sait que pour satisfaire à l'une des exigences de Paris, Marie-Caroline a évoqué avec Londres l'éventualité de son rappel, prend fait et cause pour son collègue russe. Il menace à son tour d'interrompre les relations. Ce n'est que grâce à l'arrivée ultérieure d'un nouvel ambassadeur russe en la personne de Dimitri Tatistcheff que cette querelle s'apaisera. En l'évoquant sur le moment avec Édouard Lefebvre [443], Marie-Caroline lui dira en plaisantant : « Voilà un événement qui ne sera pas cru à Milan, où on nous suppose aux genoux des Anglais et des Russes [444] ! »

Définir une attitude conforme à la fois aux intérêts du royaume et acceptable tant par la France que par l'Autriche, l'Angleterre et la Russie, s'apparente, au printemps de 1805, à une mission impossible. Marie-Caroline amèrement le constate :

> « Je suis intimement convaincue que la guerre et la ruine sortiront de tout cela [...]. La reconnaissance nous vaudra quelques ennemis de plus. Les Anglais tempêtent déjà et nous menacent à cause de nos faiblesses, de notre connivence avec la France, de la condescendance dont nous avons fait preuve, tant lorsque nous avons renvoyé Damas, que lorsque nous avons demandé le renvoi d'Elliot. Ils tempêtent à cause des prestations et des paiements que nous faisons, et nous assimilent à l'Espagne ; ils nous menacent hautement de représailles, de celles du même genre qu'ils exerceront contre ce pays. Nous devrions donc forcément faire des enrôlements afin de pouvoir résister à toute attaque qui se produirait du côté de la mer, attaque qui ne serait due qu'à l'injuste présence dans nos États des troupes françaises contre lesquelles nous avons tant de fois protesté [...]. Les Français me taxent Anglaise, et les Anglais et Russes pour Française, et voilà l'agréable position où je me trouve, en soupçon, défiance de tous et ne le méritant de personne [445] ! »

Marie-Caroline prévoit que la reprise des hostilités ne tardera guère. Forte des expériences passées, elle ne se fait plus d'illusions :

> « La guerre me fait frémir [...]. Je n'espère rien d'heureux [...]. Je suis convaincue que Buonaparte se décidera en attaquant, lui, le premier, la Maison d'Autriche, l'étonnera, l'épouvantera, l'étourdira et lui fera signer les conditions qui lui conviendront. Les Anglais par mer et les Russes trop éloignés de lui seront les seuls qu'il ne subjuguera point. Tout ce qui arrive tient de la féerie [...]. Voilà que nous en sommes déjà au moment de la grande explosion [...]. J'ai lieu de croire que Napoléon, habile en tout, saura bien jouer ses cartes. Si on le contrecarre, il fera la guerre et je parierais un contre mille qu'avec 100 000 hommes il en battra 300 000 [446]. »

Le 9 mai 1805, accompagné de Joséphine, Napoléon fait son entrée à Milan. Le 26, à la cathédrale, il se confirme roi d'Italie en ceignant la couronne de fer des Lombards : *Il Cielo me la diede; guai a chi la tocchera!* [447]Malgré les sollicitations de Gallo, Marie-Caroline maintient ferme son refus de reconnaître la nouvelle royauté, pour aussi longtemps que l'empereur d'Allemagne, son gendre, s'en abstiendra lui-même. Napoléon se fâche. Au cours de l'une des réceptions qui font suite à son couronnement, il apostrophe brutalement en public le prince de Cardito. Celui-ci peu habitué à de pareilles sorties, en reste abasourdi. Par sa note à Talleyrand du 3 juin, Napoléon décide alors que tous les ambassadeurs de France devront dorénavant être informés « des propos indécents que ne cesse de tenir publiquement la reine de Naples contre les Français ». Il déclare qu'il a dû par suite « user de représailles envers son envoyé extraordinaire auquel (il a) déclaré que si la reine, après tant d'années de règne, ne savait pas mettre du calme et de la modération dans sa conduite et ses discours, le vaisseau anglais qu'elle tient dans la rade de Naples ne la sauverait pas ». Enfin, il précise qu'en agissant ainsi, il désire lancer un « avertissement » destiné à « contenir cette furie » qui, dans ses lettres, a déclaré « qu'elle saurait bien renouveler les Vêpres siciliennes pour 17 000 Français » si elle n'avait à craindre « ceux qui viendraient après ».

Marie-Caroline est mise au courant de la colère de Napoléon. Elle ne connaît pas encore par le détail la scène faite à Cardito et elle se plaint de l'incompréhension de l'empereur :

> « Vous me dites qu'il est très irrité contre moi [...]. La non-reconnaissance est ce que toutes les autres Puissances ont fait, y compris le Portugal, la Prusse, l'Autriche [...]. Je suis très fâchée de l'humeur que l'empereur a contre nous. Elle est à tous égards injuste. C'est une grande faiblesse pour un homme comme lui d'être sensible à ce que l'on dit contre lui, souvent empoisonné et exagéré par la méchanceté. Je ne parle pas contre lui, je le crois inutile et dangereux. Je dis aussi, dans toutes les occasions, qu'il est un grand et heureux homme. Je le cite comme notre modèle dans toutes les branches du gouvernement, et je crois que tous les princes le devraient étudier et imiter. Je n'aime pas l'oppression qu'il nous fait éprouver. Je vois avec peine les acquisitions journalières qu'il fait en Italie, et nous ayant fait et faisant actuellement et menaçant encore de faire bien du mal, je ne puis l'aimer. Au reste, ce qu'on peut lui rapporter sera exagéré, faux. Je suis prête à lui dire en face mes sentiments, et s'il a le caractère et l'esprit que je lui suppose, à le faire convenir que j'ai raison, que je ne plie point et ne commets pas les bassesses de tant d'autres [...].
>
> « Tâchez d'empêcher que votre enragé empereur ne fasse point marcher ses troupes. Dans le cas, non de menace, mais que vous le voyez effectivement décidé à faire marcher, prenez sur vous de demander un répit [...].
>
> « Je vous jure sur mon honneur que nous ne sommes dans aucune coalition, dans aucun arrangement, et si le méchant empereur aurait (*sic*) ôté ses troupes et payé les 4 millions de ducats qu'il nous doit [...] il se serait assuré de moi non comme alliée, mais comme indifférente à tout ce qui arrive en Europe. Comme cela, nous ne pouvons l'être sous la férule et le couteau. Nous nous donnerions aux Algériens pour nous sauver de ce despotisme. Ainsi, l'heureux Corse ne fait pas un sage calcul [...]. Je connais trop la supériorité de force de Napoléon pour avoir la démence d'imaginer de me mesurer avec lui [...]. Il peut nous conquérir et nous détruire, mais s'il veut être notre ami, il faut que la forme et la réciprocité y soient [448]. »

Peu habitué à ce qu'on lui résiste de la sorte et excédé des railleries auxquelles Marie-Caroline ne peut s'empêcher de se prêter, Napoléon, le 4 juin 1805, informe Gallo que « le royaume serait en état de guerre si la reconnaissance ne parvenait pas le 16 juin à Bologne ». Devant l'imminence du danger, Marie-Caroline et Ferdinand se rapprochent aussitôt de leurs alliés. Ils veulent savoir si, en cas de résistance, ils peuvent compter sur l'intervention de leurs troupes. A Elliot qui l'interroge, le général Lascy, désigné comme chef des armées combinées, ne laisse aucun espoir. Il lui apparaît « impossible dans les circonstances présentes de prêter aucun secours quelconque ». Il formule sans réserve le conseil qu'il ne convient surtout pas « de risquer un commencement d'hostilités en persistant à ne pas reconnaître le titre de roi d'Italie dans le délai imposé par Buonaparte ». Soulagé, et sans même consulter Londres, Elliot se déclare du même avis.

Abandonnés par leurs amis – qui les avaient incités jusqu'alors à toujours plus de fermeté – les Bourbons de Naples, le 10 juin 1805, autorisent Gallo à présenter ses nouvelles lettres de créance. Ils reconnaissent Napoléon dans sa nouvelle dignité; mais ils n'obtiennent pas ce que Marie-Caroline réclame depuis tant de mois : l'évacuation du royaume par les troupes françaises.

*

Malgré toute l'indulgence qu'il lui témoigne dans ses *Mémoires*, Roger de Damas reconnaît que le comportement de Marie-Caroline avait de quoi provoquer souvent l'irritation de Napoléon :

> « L'on ne peut se dissimuler que les différents sarcasmes, que souvent la reine s'est permis contre Buonaparte, en conférant avec Alquier, ont infiniment contribué à l'aigrir et à le porter à la vengeance. La reine est aimable et séduisante; Alquier se plaisait dans beaucoup de ses entretiens avec elle; elle s'en apercevait, laissait alors son cours à son imagination et se permettait tout sur le compte du nouvel empereur : Alquier la quittait en riant, sans l'idée d'en faire au moment même mauvais usage, mais, à la première scène sérieuse qu'il avait avec elle et où elle n'épargnait pas plus Alquier que son maître, celui-ci sortait en colère et couvrait son amour-propre, en débitant dans

ses dépêches les propos dirigés contre le souverain [...]. Jamais il n'a été possible de faire renoncer la reine à cette consolation pour elle [...]. Lorsqu'il (Alquier) lui parle du vœu prononcé de son maître pour mon départ :

« J'ai en effet décidé le départ du général, dit-elle, et je viens d'écrire à Buonaparte pour qu'il me trouve un *Corse*; cela se trouve partout, n'est-ce pas, Monsieur Alquier? »

Marie-Caroline ne se rend pas compte que cette attitude provoque une telle colère chez Napoléon qu'il en est venu à envisager sérieusement de les détrôner, elle et Ferdinand. Avec beaucoup d'hésitations, Gallo tente de lui faire comprendre que la situation est devenue explosive et qu'une grande prudence est maintenant de mise. Pour en convaincre Marie-Caroline, il pense devoir lui répéter, dans leurs termes exacts, les menaces que Napoléon, au cours de plusieurs entretiens qu'il lui a accordés, n'a pas hésité à proférer :

« Dites à Leurs Majestés Siciliennes, assurez-les de ma part positivement et solennellement que je n'en veux pas à la Couronne des Deux-Siciles; que je ne veux pas la Couronne de Naples, que je n'ai pas l'ambition d'en faire la conquête, ni d'y rien changer, sinon qu'il soit ami de la France autant qu'il en est l'ennemi; que c'est là mon système, et que si malgré moi je me vois forcé, par leur conduite, à leur faire la guerre, je ne la ferai qu'à Elles seules, et une fois maître du Royaume de Naples, je ne le garderai pas pour moi, mais je le remettrai à leur fils, le Prince royal, et, si cela ne se peut ni ne me convient, à un Prince de la Maison d'Espagne qui en sera bien charmé [449]. »

Gallo confirme ainsi ce qu'Alquier, à son retour de Milan, a déclaré lui-même à Marie-Caroline. Avec si peu de ménagement qu'elle en tomba malade. Elle raconte cette scène :

(Lors de) « la dernière infâme entrevue [...], Alquier m'a traitée comme la dernière des êtres, me criant avec hauteur, rage, comme un énergumène, les mêmes gentillesses que Napoléon à vous et à Cardito a débitées [...], que j'étais le malheur du pays [...]. Il m'a menacée de choses incroyables [...] qu'on proclamerait le Prince roi, que tout le peuple le souhaite [...]. Le Roi est furieux et voulait partir pour la Sicile [...]. (Ces gentillesses), le régicide Alquier les a criées dans mon cabinet, à la fille de Marie-Thérèse, et moi, l'ayant promis [...] j'ai soutenu trois heures cette insolente conversation sans lancer un sarcasme [...]. J'ai tout souffert, réprimé, subi et me suis sentie si humiliée qu'en versant des torrents de larmes les deux matinées suivantes, j'ai craché le sang et j'ai eu six jours de fièvre bilieuse [450]. »

Malgré cette scène avec Alquier, Marie-Caroline ne prend pas encore la juste mesure des dangers réels qui la menacent. Mise au courant de l'algarade de Milan faite par Napoléon à Cardito, elle se borne à exprimer son mépris :

« La scène aurait été décente si un vrai souverain l'eût faite. De Buonaparte ce n'est pas à étonner, ni s'en faire de la peine. J'espère que vous, qui me connaissez, ne me croyez pas capable de Vêpres siciliennes [451] ! »

Cardito, pour sa part, n'est pas près d'oublier l'altercation :

« Il est retourné épouvanté [...]. Il a dit net que toute commission aux Français et nommément à Buonaparte, il se met, plutôt que de l'accepter, volontairement au château [451] ! »

Marie-Caroline fait celle qui s'étonne de l'irritation de Napoléon :

« Pour mes sarcasmes et paroles, assurez l'empereur des Gaules que je ne proférerai plus son sacré nom, ni en bien, ni en mal; et, quand les voyageurs étrangers me raconteront une foule d'anecdotes, l'une plus ridicule que l'autre, je me tairai [...]. Assurez l'empereur des rois que je ne désire que la paix, que je n'ai jamais travaillé à la guerre, que je rougirais, si c'était mon ouvrage, d'avoir si mal réussi [...]. Tout ce que je désire, c'est d'avoir dehors l'armée dévastatrice. Mandez-moi quelles sont les gentillesses que je dois faire pour obtenir cet objet, et pourvu qu'elles ne soient pas déshonorantes, je les ferai [...] [452]. »

Et pour que Gallo comprenne bien que les violences ne l'impressionnent pas et qu'elle n'est pas disposée à céder, Marie-Caroline ajoute :

> « Je suis bien fâchée d'être femme; sans cela je lui offrirais un duel en champ clos; ou qu'il me tue, ou qu'il périsse, puisqu'il m'honore tant de sa haine [452] ! »

Les mises en garde de Gallo, sa relation détaillée des menaces de Napoléon, provoquent chez Marie-Caroline un moment de révolte, puis un découragement passager :

> « Je suis décidée, non pas pour complaire à votre Corse, mais à moi pour prolonger ma vie, à quitter ce chien de métier de ministre que je fais, même de commis de bureau. Je me suis de cela déclarée au Roi [...]. Il ne le voudrait point. Moi j'y suis décidée. Ce mois fini, je vais avec mes trois enfants à la campagne et n'écris plus une lettre d'affaires, ni parle à aucun ministre étranger. Le Roi se servira et fera comme il voudra ou pourra et comme si j'étais morte, ce qui, si je ne prends pas ce parti, arriverait bientôt [...]. Je remettrai au Roi, en ordre, toutes les correspondances et chiffres, les systèmes, mes réflexions, mon sentiment. Il le lira ou en fera des papillotes. Cela m'est égal. Voilà ma ferme résolution [...] : que Napoléon nous laisse tranquilles et ne prétende point de nous mettre des chaînes en voulant les faire passer pour des fleurs [...]. Assurez bien à votre empereur de nouvelle fabrique que, moi qui suis de vieille fabrique, j'ai de l'honneur, de l'âme, que le seul désir du bien de l'État me tient au cœur; que je n'ai ni haine, ni rage, mais que si lui, au lieu de nous faire du mal, eût usé d'autres moyens, il m'aurait gagnée, mais que dégoûtée de tout, je lui cède le champ de bataille [453]. »

Résolutions sans lendemain. Trop d'événements importants surviennent pour que Marie-Caroline puisse s'en désintéresser. En Italie du Nord, Napoléon accentue sa pression. Les cours européennes ont accepté en définitive avec résignation la création du royaume d'Italie : ses limites demeurent celles de la République italienne. L'accession d'Élisa Bacciochi (l'aînée des sœurs de Napoléon, née en janvier 1777) à la principauté de Piombino avait déjà, en mars 1805, soulevé quelque surprise. Lorsqu'elle reçoit trois mois plus tard la principauté de Lucques, c'est la stupéfaction dans les cours d'Europe. L'annexion de Gênes [454], décidée fin juin 1805, va mettre « le feu aux poudres ». Ainsi que l'espérait le cabinet de Londres, Alexandre Ier trouve dans cette annexion un prétexte commode pour mettre fin à la médiation dans laquelle il s'était aventuré. De toute façon, elle était vouée à l'échec dès l'instant que l'Angleterre n'avait eu à aucun moment l'intention d'évacuer Malte. La Russie se range aux côtés de l'Angleterre et de l'Autriche : la Troisième Coalition contre la France est alors constituée. Elle rassemble ses trois principaux acteurs.

De tous côtés, on se prépare à la guerre. L'Angleterre renforce ses effectifs à Malte. L'Autriche appelle le général Mack à la tête de ses armées. En Italie, elle accroît les effectifs de ses garnisons vénitiennes. Comme les armées françaises sont, pour l'essentiel, concentrées le long des côtes de la mer du Nord et de la Manche en vue de leur débarquement en Angleterre, l'attitude de l'Autriche constitue pour Napoléon une grave menace. Comment, en effet, « soutenir une guerre active contre l'Angleterre et une guerre tacite contre l'Autriche [455] ? ». Napoléon demande à Talleyrand de faire savoir à l'empereur que si ses troupes ne rejoignent pas immédiatement leurs bases de Hongrie et de Bohême, « il considérera l'Autriche comme voulant la guerre, et dans l'impossibilité de soutenir une guerre maritime, il marchera pour (la) pacifier entièrement [456] ». En apprenant ces nouvelles, Marie-Caroline laisse éclater sa joie. Dans la perspective d'une guerre prochaine, elle fait activer le renforcement des défenses de la capitale. En province, elle encourage la constitution des milices. Si l'attitude de l'Autriche préoccupe sérieusement Napoléon, celle de Naples ne fait que l'agacer : « Faites sentir que ces levées de milices ne doivent pas avoir lieu [...]. Veut-on enfin m'obliger à détrôner le roi de Naples [457] ? »

Nouveau sujet de mécontentement : le poste des Affaires étrangères étant devenu vacant à la suite du décès du chevalier de Micheroux, Naples arrête son choix sur Tomaso di Somma, marquis de Circello. Or ce dernier a été précédemment ambassadeur à Londres et Paris le tient pour une créature à la solde de l'Angleterre.

C'est dans cette atmosphère déjà très tendue, le 26 juillet 1805 vers 10 heures du soir, qu'un véritable cataclysme survient dans une large partie du royaume :

> « A tous les maux dont le Ciel nous accable, je ne calculais point sur un tremblement de terre. Il a été des plus forts et des plus longs, au commencement vertical et puis horizontal [...]. Moi et mes trois enfants, j'ai dû passer deux nuits consécutives, la première en carrosse, la deuxième sous des tentes [...]. Églises, édifices publics, la majeure partie des maisons, tout est lézardé et menace ruine [...]. Le château de Caserta, avec ses énormes murailles, est tout crevassé [458]. »

Dans le courant du mois d'août se dessine ce qui va être la nouvelle guerre. La manœuvre imaginée par Napoléon pour entraîner les escadres anglaises aux Antilles et dégager ainsi les approches des côtes anglaises a échoué. Le vice-amiral de Villeneuve, au retour des Caraïbes, au lieu de se rendre à Brest, se réfugie au Ferrol. Pour rejoindre l'escadre espagnole de Gravina, il se replie sur Cadix où il se trouve aussitôt assiégé par Nelson. La flotte anglaise, de nouveau puissamment présente, interdit désormais le franchissement de la Manche. En l'espace de deux heures, dit-on [459], Napoléon abandonne son immense projet. Il dicte à Daru le plan complet de la campagne qu'il a maintenant décidé d'entreprendre contre l'Autriche. Pour s'assurer la neutralité de la Prusse, il lui fait miroiter le Hanovre.

Il est impossible de déceler, au cours de ce mois d'août 1805, un fil conducteur raisonnable dans le comportement de Marie-Caroline. Comment obtenir le départ des troupes françaises dont la présence dans le royaume véritablement l'exaspère? En négociant avec Paris? C'est ce que régulièrement elle demande à Gallo de faire. Elle confirme que Naples n'a pas d'autre ambition que de voir sa neutralité respectée par tous. Soit parce qu'elle ne croit pas au succès de cette démarche, soit parce qu'elle se laisse entraîner par sa rancœur passionnée, Marie-Caroline se tourne dans le même temps vers les Anglais et vers les Russes pour obtenir leur protection armée. C'est en contradiction avec la neutralité qu'elle réclame.

Comment se fait-il que Napoléon puisse continuer à lui faire violence ?

« Je sens qu'il me déteste, il me doit pourtant estimer, écrit Marie-Caroline. Si je lui parlais, expliquais les sentiments de seul principe de devoir qui me font agir, il devrait m'apprécier. Il voit tant de bassesses qu'il a trop d'esprit pour n'en être point dégoûté et sentir qu'il ne les doit qu'à sa puissance et qu'une louange de ma part (et il en mérite plusieurs) sont un vrai et sincère hommage et non une basse adulation. En un mot, je suis sûre que s'il connaissait le fond de mon cœur et mes principes, son injustice provoquée par les méchants [...], sa haine si fortement prononcée lui passeraient aussitôt [...] [460]. »

Et lorsqu'on lui confirme que les Anglais et les Russes accélèrent leurs préparatifs, Marie-Caroline les minimise pour l'information de Gallo :

« Les fatals cinq mille Anglais avec Craig sont arrivés à Malte et les Russes doivent se renforcer à Corfou. Mais les Anglais seuls ne peuvent rien faire, vu leur petit nombre et parce qu'ils dépendent des Russes sous les ordres desquels Craig est placé [...]. J'ai la parole d'honneur des Russes et des Anglais que si les maudits Français sortent, même en ayant la guerre, ils respecteront notre neutralité et ne mettront pas un homme chez nous [460]. »

Dans ces conditions il n'est pas étonnant que Gallo aille de nouveau plaider la cause de Naples auprès de Talleyrand :

« Les apparences qui menacent la tranquillité du continent ; les renforts de troupes qui se réunissent à Malte et dans les îles Ioniennes et qui doivent nécessairement tenir dans une grande inquiétude les États de S.M. Sicilienne, si la guerre venait à éclater ; enfin les désastres nouveaux dont le Ciel a comblé la mesure sur le Royaume de Naples, par des tremblements de terre qui ont détruit quarante-quatre villes et villages avec une perte prodigieuse de population [...] ont décidé le Roi à s'adresser en toute confiance à S.M. l'Empereur et Roi pour le prier de vouloir le soulager de la permanence de l'armée française, que dans les misères actuelles du royaume, il est impossible d'entretenir et qui dans le cas où la guerre continentale vienne à s'allumer, pourrait attirer tous les malheurs possibles sur les États de S.M. Si S.M. Impériale veut bien se porter à cet acte de modération [...], le Roi garantit à S.M. Impériale et Royale sa parole sacrée qu'Elle fera garder dans ses Royaumes la plus absolue et la plus stricte neutralité, et qu'Elle ne permettra qu'aucune troupe des Puissances belligérantes puisse débarquer dans ses États. S.M. a tout lieu de se flatter que la Russie et l'Angleterre respecteront exactement sa neutralité si les troupes françaises évacuent entièrement le Royaume et la respectent de leur côté [...] [461]. »

Que Ferdinand ait donné des instructions dans un sens et Marie-Caroline dans un autre explique peut-être les démarches contradictoires que Gallo fait à Paris auprès de Talleyrand et Circello à Naples auprès des Russes et des Anglais. Il semble, à en croire Marie-Caroline, que Ferdinand au début du mois d'août – mais pour quelques jours seulement – se soit mêlé de diriger les affaires :

« Je vous écris [...] pour vous parler de mes multiples embarras. Le Roi, après avoir pendant quinze jours fait toutes les scènes, ordonné et fait toutes les affaires à mon insu, tout d'un coup, le 14 ou le 15 de ce mois, cela l'a importuné, ennuyé. Il m'a envoyé le prince, auquel il a dit que sa santé l'obligeait d'aller à Belvédère. Il a fait une lettre circulaire à tous les ministres et est parti. Dans cette lettre, il leur ordonnait de dépendre de moi, du prince, et depuis [...] il s'amuse à Belvédère. C'est une espèce de manie dont nous avons tous éprouvé les effets, mais qui dans ces moments est extrêmement pénible, vu les difficultés, la longueur que cela met à tout, tout devant être communiqué à moi à Castellamare, au prince à Portici, au Roi à Belvédère [...] [462]. »

Sur les instructions de Ferdinand, les pourparlers entamés entre Circello et Tatistcheff, l'ambassadeur de Russie, se développent avec pour objectif le renouvellement de l'alliance de 1798 entre les deux pays et avec celui d' « établir les bases de coopération entre les troupes russes, anglaises et napolitaines [463] ».

Toutes ces tractations n'échappent pas à la vigilance d'Alquier. Le 19 août 1805, il fait état des rumeurs selon lesquelles « plusieurs corps de troupes étrangères » s'apprêteraient à débarquer dans le royaume. Il interroge le prince de Luzzi : « Des troupes étrangères doivent-elles arriver? Viennent-elles du consentement du Roi? » Au cas où ce dernier n'y aurait pas consenti, « est-il résolu à employer la force pour empêcher leur débarquement? [464] ».

Dûment instruit par Ferdinand, et en accord avec Tatistcheff, Luzzi, par note du 26 août, dément les bruits qui circulent sur l'arrivée des troupes. Il confirme que Naples n'aspire qu'à la neutralité « quels que puissent être les événements en Europe ». C'est la présence injustifiée de l'armée française qui, seule, risque de faire obstacle au respect de cette politique. Si, faisant droit aux demandes répétées du royaume, les troupes françaises se trouvent rappelées, le roi « soutiendra sa neutralité par tous les moyens qui sont en son pouvoir ». Le 24 août, Marie-Caroline écrit à Gallo dans le même sens. Ces dénégations ébranlent Talleyrand, mais Alquier les juge mensongères. Le diplomate est sans illusions et il le fait savoir. A ses yeux, Naples s'apprête à s'allier aux Russes et aux Anglais. Le seul moyen de ramener le royaume dans l'amitié française est d'écarter définitivement la famille royale.

> « Le mal est à la source de l'autorité même; le mal est dans les maîtres; et le système de cette Puissance ne variera point tant que l'État n'aura pas un autre chef. Or le roi et la reine vivront longtemps encore. Les calculs fondés sur la supposition de l'avènement du prince royal n'offrent même aucune probabilité d'un changement favorable. Ce prince est formé à nous haïr, et la haine qu'on lui a inspirée contre nous a dans cette âme étroite toute la force d'une superstition. Qu'attendre, d'ailleurs, d'un prince qui, à l'âge de vingt-huit ans, n'a aucune connaissance acquise, aucune occupation relevée, ou même concevable, aucun goût; qui passe sa vie au milieu des soins les plus indignes de son rang, et qui se plaît, on rougit de le dire, à faire couver des poules, à traire des vaches, à faire du beurre, à engraisser des cochons qu'il vend lui-même avec la parcimonie la plus honteuse et l'avidité la plus dégoûtante. Il est donc démontré pour moi [...] qu'on ne peut plus compter sur la cour de Naples [...], que dans la guerre elle se rattachera au parti de nos ennemis et qu'il importe à la tranquillité de l'Italie et à nos relations dans la Méditerranée que le gouvernement du pays passe en d'autres mains [...] [465] ».

On hésite à Paris sur la conduite à tenir. Comme les préparatifs militaires et les renforts parvenus à Malte et à Corfou font maintenant peser une réelle menace sur la sécurité des troupes de Gouvion Saint-Cyr, qui ne comptent que 20 000 hommes dont 9 000 Français, Napoléon fait savoir qu'il est contraint de les renforcer par l'envoi de 6 000 hommes supplémentaires.

Paris pense que pour démontrer la sincérité de son désir de neutralité, la cour de Naples doit se plier aux conditions suivantes [466] : former un nouveau gouvernement d'où serait écartée toute influence anglaise; renvoyer le marquis de Circello; exclure de l'armée tous les émigrés français; limiter ses effectifs à 14 000 hommes; chasser de Sicile Roger de Damas, Acton et Lascy, le général russe; enfin confier le commandement militaire à un général français [467]. Tout en notant le caractère inacceptable de plusieurs des conditions posées – voyez leur caractère « ridicule, insensé et indécent », dira Marie-Caroline – Gallo, conforté par les messages que la reine lui adresse depuis des mois en faveur de la neutralité, y voit enfin une « ouverture » dans laquelle il s'engage aussitôt.

Les événements vont le prendre de vitesse. Début septembre 1805, l'Autriche ouvre les hostilités. Mack attaque et envahit la Bavière, pays ami de la France. La guerre d'Allemagne est commencée. A Naples, Tatistcheff, jouant de la frayeur que ressent la Cour à la nouvelle que les Français vont marcher sur la capitale, obtient le 10 septembre la conclusion d'un traité secret d'alliance. A Paris, Gallo, volontairement laissé dans l'ignorance, poursuit sa négociation dans un sens opposé.

Chapitre XXI

Un double jeu suicidaire

Insuffisances et dangers du traité conclu avec la Russie. L'Angleterre ne le signe pas. Gallo obtient de Talleyrand et de Napoléon l'évacuation du royaume et la reconnaissance de sa neutralité. Surprise et mauvaise foi de Marie-Caroline. Naples ratifie le traité de neutralité avec Paris mais fait savoir à la Russie son intention de ne pas le respecter. Capitulation de Mack à Ulm. Trafalgar, mort de Nelson. Napoléon à Schoenbrünn. Les troupes russes et anglaises arrivent à Naples, alors que les Français ont évacué le royaume. Départ d'Alquier. Damas, commandant général de l'armée napolitaine. Austerlitz. Volte-face de la Prusse. Paix de Presbourg. La dynastie de Naples a cessé de régner.

Probablement parce que les hostilités avaient commencé en Bavière le 8 septembre 1805 et qu'on pouvait craindre une attaque de Gouvion Saint-Cyr sur la capitale, Naples, en toute hâte et sans réfléchir, signe imprudemment avec la Russie le traité du 10 septembre. Aux termes de celui-ci, la Russie s'engage, au cas où les Français attaqueraient le royaume, à envoyer à son secours un corps de troupes « tel que S.M. Impériale l'aura jugé suffisant », et qui débarquera au moment et aux lieux qu'elle-même choisira. Les troupes anglaises, qui viendront de Malte, seront placées sous les ordres de Lascy, le général en chef russe, de même que toute l'armée napolitaine. Pendant tout le temps que les troupes alliées séjourneront dans le royaume, Naples prendra à sa charge tous les frais entraînés par leur présence, y compris la solde d'une « légion de Sulliotes,

Épirotes et Chimariotes » d'environ 2 000 hommes, appelée à renforcer les troupes russes. Une fois le débarquement opéré et les hostilités commencées, Naples s'interdit de traiter avec la France sans le consentement de son allié. Roger de Damas, à qui Marie-Caroline communique le texte du traité, lui fait apparaître ses graves insuffisances :

« Je restai stupéfait en voyant la manière absurde et préjudiciable à tous les intérêts du roi, dont il avait été libellé [...]. Un commis de vingt ans aurait eu à rougir de toutes les bévues dont cette convention fourmillait [468]. »

N'y avoir point fait préciser l'importance des effectifs que la Russie enverrait au secours du royaume en était la lacune majeure, sans compter que les charges financières que Naples acceptait excédaient largement ses moyens déjà fort diminués. Marie-Caroline « convint de tout [468] ». Elle constata une fois de plus qu'elle était bien mal conseillée et servie, « mais que le mal étant fait, elle n'avait plus moyen d'en appeler qu'à la loyauté de l'empereur Alexandre[468] ». Tatischeff sollicite l'Angleterre de signer ce traité. Elliot décide prudemment de s'abstenir. Il estime inutile que l'Angleterre se compromette dans une aventure qui risque de mal tourner. Le cabinet de Londres approuva sa conduite.

A Paris, Gallo fait inlassablement le siège de Talleyrand pour obtenir l'évacuation du royaume par Gouvion Saint-Cyr et la reconnaissance de la neutralité de Naples, tant de fois réclamée par Marie-Caroline. Il sait que le temps presse, que le 2 septembre Berthier a fait passer à Gouvion Saint-Cyr l'ordre de se tenir prêt à marcher sur Naples : un renfort de 6 000 hommes fait marche vers les Pouilles. Alors que le 21 septembre Gallo va réaliser ce qu'il croit être le souhait sincère de Marie-Caroline, celle-ci en est encore à lui commenter de Naples les conditions « insolentes, archi-insensées » posées par Napoléon pour le retrait de ses troupes. Sur ses instructions, Circello écrit à Paris :

« Naples a toujours respecté sa neutralité; c'est la France qui y a porté une grave atteinte en faisant occuper par ses troupes une partie du royaume; c'était une insulte à son indépendance. Comme Naples a toujours été neutre, il est incompréhensible qu'on lui offre une chose qu'elle possède déjà [469] ».

En d'autres termes : obtenez donc l'évacuation sans conditions et sans traité!

Gallo n'est pas près d'oublier cette journée du 21 septembre. Il est parvenu à se mettre d'accord avec Talleyrand sur le texte d'un traité de neutralité qui implique l'évacuation complète du royaume en l'espace d'un mois, « sans aucune condition onéreuse ou humiliante [470] ». Il est seulement entendu que Naples ne confiera le commandement de son armée et de ses places fortes ni à des officiers d'une Puissance ennemie de la France, ni à des émigrés français. C'est une exigence qui – comme Gallo l'explique dans sa première lettre à Marie-Caroline [470] – est bien conforme à la neutralité. Mais Talleyrand ne peut conclure sans l'accord de Napoléon qui se trouve à Saint-Cloud. Le projet revient quelques heures plus tard complété de la main même de l'empereur par trois nouveaux articles : Naples interdira ses ports à toute flotte armée contre la France; Ferdinand ne reconnaîtra jamais aux Anglais leur souveraineté sur Malte, sans l'accord de Paris; enfin, Acton ne pourra jamais revenir à Naples, ni faire partie du Conseil. Gallo argumente point par point contre ces additions. Il fait valoir à Talleyrand que le premier point serait contraire à la neutralité envisagée dès l'instant que l'interdiction des ports ne serait pas également étendue aux escadres françaises. Talleyrand en convient. La question de Malte embarrasse Gallo. Il est sans instructions sur ce point. Il finit par l'accepter sous réserve de l'accord du roi. Par contre, il rejette l'article concernant Acton. Il le considère inutile, puisque l'ancien ministre est depuis longtemps retiré à Palerme et que cette exigence est « mesquine » et même « inconvenante ». Talleyrand veut en finir. Il accepte de soumettre à Napoléon, une seconde fois dans la nuit, un projet remanié tenant compte des observations de Gallo. A trois heures du matin la réponse définitive arrive de Saint-Cloud – « c'est à prendre ou à laisser ». Napoléon accepte l'extension de l'interdiction des ports à toutes les flottes armées sans exception, mais les articles concernant Malte et Acton doivent être maintenus. Ils pourront simplement être secrets.

A cinq heures du matin, le 22 septembre 1805, Gallo et Talleyrand apposent leurs signatures au pied du Traité de neutralité. Le roi promet de rester neutre et de repousser par la force toute atteinte qui serait portée aux droits et aux devoirs de sa neutralité (article premier). Il ne permettra aucun débarquement de troupes appartenant à une puissance belligérante (article II). Il ne confiera le commandement des armées et des places fortes à aucun Russe, Autrichien, Anglais, pas davantage à un émigré (article III). Les ports seront fermés à toute escadre appartenant aux puissances belligérantes (article IV). En conséquence, l'évacuation du royaume par les troupes françaises sera chose faite un mois après l'échange des ratifications (article V). Ainsi qu'exigé par Napoléon, le traité se trouve complété par les deux articles secrets visant le cas de Malte et celui d'Acton.

Gallo a conscience d'avoir sauvé l'essentiel. Dans une seconde lettre écrite aussitôt après la signature du traité, il ne peut s'empêcher de laisser éclater sa joie d'avoir enfin obtenu l'évacuation à des conditions acceptables et même inespérées. Dès le 22, Talleyrand informe Alquier de l'accord intervenu. Il le prévient : « En rentrant dans les avantages de la neutralité, la cour de Naples retrouve un état de tranquillité qu'il dépend de sa loyauté et de sa sagesse de conserver ». Il considère que la solution atteinte est tout à l'avantage de Naples. Il exige que la ratification intervienne dans les quarante-huit heures au plus tard après l'arrivée de son courrier porteur du document. Tout retard équivaudra à un rejet et le royaume aura choisi la guerre. Alquier devra sur-le-champ réclamer ses passeports et se retirer à Rome. De son côté, Berthier, le 23 septembre, confirme à Gouvion Saint-Cyr que, passé le délai imparti, il devra aussitôt passer à l'attaque.

Le courrier destiné à Alquier parvient le 4 octobre. Celui

pour Marie-Caroline le 5. Comme à cette date, les dernières nouvelles de Gallo remontent au 29 août, on conçoit la surprise et l'embarras de la reine :

« Que puis-je vous dire hormis ma profonde et éternelle reconnaissance pour toute la peine que vous avez prise et le service essentiel que vous nous avez rendu. Mais il était trop tard. Nous étions depuis si longtemps en train de parler, prier, supplier qu'on fasse sortir les troupes; mais toujours en vain [...]. Pendant que les Français me vilipendaient, me traitaient d'Anglaise, d'énergumène et de folle, les autres disaient que j'étais menée par les Français, vendue à eux, parce qu'étant uniquement Napolitaine, je m'opposais à toute démarche compromettante. Elliot m'a déchirée, en me gratifiant des dénominations les plus outrageantes. [...] Nous avons continué dans cet état jusqu'au mois dernier; mais vos dépêches jointes aux cinq dernières demandes insolentes qu'on nous adressait, à la marche et à l'augmentation des troupes dans le royaume, tout cela nous a fait comprendre qu'il fallait veiller sur notre sécurité [...]. Tout cela, je vous le dis dans le plus grand secret, non comme reine, mais comme Marie-Caroline à son ancien et fidèle serviteur Gallo, et cela vous explique la froide indifférence avec laquelle on a reçu une nouvelle qui nous aurait comblés de la joie la plus vive autrefois [...].

« Puisque cette armée maudite est entrée chez nous sans traité, qu'elle sorte de même [...]. Je vous en conjure, qu'ils évacuent sans traité et sans exiger l'acceptation d'articles déshonorants et si cruels pour nous [...]. Pourquoi, Grand Dieu! ne nous ont-ils pas posé les mêmes conditions il y a trois mois! Pourquoi ont-ils attendu pour cela de nous avoir poussés à bout par mille vexations [...] [471]. »

Et comme Marie-Caroline ne peut plus davantage cacher à Gallo que, le 10 septembre, un traité d'alliance a été conclu avec la Russie, elle ajoute :

« [...] Après avoir patienté, écrit, prié et promis jusqu'au 9 septembre, les cinq demandes insidieuses, l'augmentation des troupes, les mouvements de l'armée, nous ont contraints à prendre une résolution [...] : chercher les moyens d'assurer notre salut [...] (si bien) que le traité conclu dans ces derniers moments nous a extrêmement déplu [471]. »

Que faire maintenant? Au Conseil, les avis sont partagés. On ne voit pas d'autre solution pour l'instant que de chercher à gagner du temps en demandant sur place à Alquier et à Gallo à Paris des éclaircissements sur plusieurs des dispositions de la convention.

C'est oublier qu'à cause de la lenteur des communications Gallo ne pourra rien tenter avant une semaine au moins. Alquier qui ne montre plus maintenant la moindre complaisance pour les Bourbons de Naples entend bien s'en tenir strictement aux instructions de Talleyrand. La ratification n'étant pas intervenue dans le délai prévu, il réclame ses passeports le 7 octobre et prépare son départ. Devant l'imminence de la rupture, le Conseil affolé décide le lendemain qu'il faut s'incliner :

> « Nous avons le devoir de protéger 6 millions de sujets qui seraient dépouillés, ruinés, massacrés peut-être dans les provinces occupées par ces barbares. Étouffant donc les sentiments de notre honneur, nous nous sommes résolus à obéir et à céder [...] et, ce matin, on échange les ratifications signées par le Roi [...] [472]. »

Alquier pourra, le lendemain, confirmer que c'est chose faite et dans des circonstances d'ailleurs pour le moins pittoresques : « Le Prince (Ferdinand) s'occupait exclusivement du soin de ses vendanges [...]. Ce fut dans une vigne et au milieu des vendangeurs avec lesquels il travaillait qu'il donna sa signature [473]. »

*

Marie-Caroline vient de se mettre dans une situation aussi embarrassante que risquée. Cependant, rien n'était encore vraiment perdu. A les lire simplement, les dispositions des deux traités ne sont pas contradictoires. Bien conseillée, la cour de Naples aurait pu rester maître de son destin. Comme les Russes et les Anglais n'étaient appelés à débarquer qu'au cas où les Français attaqueraient le royaume, le traité d'alliance du 10 septembre devenait sans effet dès l'instant que Napoléon, loin d'ouvrir les hostilités, retirait ses troupes.

Nul ne s'avise, sur le moment, de le faire comprendre à Marie-Caroline et surtout pas ses alliés russes.

> « Nous sommes maintenant dans l'embarras le plus grand, écrit Marie-Caroline. Comment les Anglais, Russes, Autrichiens prendront-ils cette neutralité ? Neutralité déclarée, signée et ratifiée au moment où se tiraient les premiers coups de canon. Les Russes surtout en ont témoigné une très grande humeur [474]. »

Marie-Caroline trompe une fois encore son ami le marquis de Gallo. Ce même 8 octobre, le prince de Luzzi et Circello déclarent à Tatistcheff :

> « L'état actuel de l'armée du Roi et la triste situation du royaume ayant porté S.M. Sicilienne à souscrire à la volonté de son ennemi naturel, elle s'empresse [...] de déclarer à son intime ami et allié S.M. l'Empereur de toutes les Russies qu'Elle regarde la convention de Paris, qu'elle vient de ratifier, comme un acte qui lui a été extorqué par la force et, par conséquent, nullement obligatoire pour Elle [...]. En conséquence, S.M. Sicilienne attend avec impatience l'arrivée dans ses États des troupes russes et anglaises. »

L'engrenage fatal se précise au moment le plus dangereux. Le 25 septembre 1805, la « Grande Armée » (ainsi nommée depuis le 29 août), avec les Murat, Bernadotte, Marmont, Davout, Soult, Lannes, Ney, Augereau, Suchet, Bessières... s'ébranle, franchit le Rhin et marche vers le Danube qu'elle atteint le 6 octobre. L'armée autrichienne de Mack, qui s'était imprudemment avancée vers les débouchés de la Forêt-Noire, fait retraite. Elle cherche en vain à se replier sur Munich, puis elle s'enferme dans Ulm où elle doit capituler le 19 octobre. En Italie du Nord, Masséna, le 18 octobre, a pris l'offensive contre l'archiduc Charles. Il le chasse de Vérone. Les troupes de Gouvion Saint-Cyr qui, conformément au traité de neutralité, ont commencé le 14 octobre à évacuer le royaume de Naples, le rejoignent.

Même si elles arrivent avec retard, ces nouvelles des premiers revers autrichiens auraient dû inciter la cour de Naples à redoubler de prudence. La réputation flatteuse de la puissance des armées russes, qui n'ont pas encore été engagées, la destruction par Nelson des flottes française et espagnole à Trafalgar, la conduisent à espérer la défaite finale de Napoléon. La cour de Naples s'enfonce dans une politique suicidaire. Faut-il ajouter foi à cette affirmation de Marie-Caroline qui, le 30 octobre, confie à Gallo :

> « Nous faisons pour le moment tous nos efforts pour persuader ceux que l'oppression soufferte nous a fait appeler de ne pas venir. »

Ou bien, plus probablement trompe-t-elle Gallo car quinze jours plus tôt elle le prévenait :

> « Je vous porte trop d'intérêt pour ne pas vous dire de prendre et de trouver un prétexte pour vous trouver hors de la frontière française et de leurs griffes pendant tout le mois de novembre [...]. Je vous dis cela en secret. Avant peu, nous serons forcés par les coalisés à nous unir à eux et je crains alors leur vengeance [475]. »

Alexandre Ier, à Berlin, tente d'entraîner la Prusse dans la coalition. La Grande Armée, le 25 octobre, amorce sa marche vers l'Autriche. L'armée russe de Koutousov cherche le contact, mais ne livre que des combats d'arrière-garde. Elle attend, pour vraiment se mesurer avec l'ennemi, de recevoir en renfort le corps d'armée russe de Buxhoewden, les troupes autrichiennes de l'archiduc Jean qui remontent du Tyrol et celles de l'archiduc Charles qui, voyant Vienne menacée, abandonnent l'Italie. Mais, avant que cette jonction ne puisse s'opérer, Murat et Lannes se sont emparés de Vienne le 13 novembre 1805. Le soir même, Napoléon s'installe à Schoenbrünn abandonné en hâte par la famille impériale.

A Naples, il est encore temps d'éviter l'irréparable. A la nouvelle de la chute de sa ville natale, Marie-Caroline aurait pu encore reculer. Pour sa perte, elle laisse les choses suivre leur cours malheureux, tout en se rendant compte des dangers qu'elle court :

« Nous sommes extrêmement affligés des succès inouïs remportéssur le Rhin et en Allemagne. L'Italie a été évacuée par les arméesautrichiennes. Ancône est réoccupée par les Français. Cela nous fait trembler [476.] »

Elle appréhende maintenant l'arrivée d'alliés qu'elle ne souhaite plus.

« Les Russes sont partis de Corfou le 23 octobre. Ils ont été tout le temps à Augusta, puis à Syracuse d'où ils sont repartis le 8 de ce mois. Nous craignons qu'ils ne viennent. Nous n'avons en effet aucune force à leur opposer parce que nous avons été annihilés par la violence française [476] ».

Tatistcheff se rend compte qu'après le départ des Français, l'arrivée des coalisés va automatiquement désigner la cour de Naples à la vengeance de Napoléon. Le diplomate russe propose, début novembre, le texte d'un acte additionnel au traité d'alliance du 10 septembre. Les troupes russes ne débarqueraient plus dans le royaume, mais au-delà de ses frontières du Nord afin d'y seconder l'armée autrichienne de l'archiduc Charles. Naples, n'ayant plus à fournir chevaux et transports, payerait en compensation une somme de 500 000 ducats, plus, tous les deux mois, 276 100 ducats pour les vivres et le fourrage. En revanche, bien que le corps grec ne soit plus alors appelé à stationner dans le royaume, sa solde serait maintenue à sa charge. Cette proposition inespérée, cette planche de salut, un conseil extraordinaire les rejette le 7 novembre, sous le prétexte que les sommes en cause sont trop importantes pour que leur versement puisse échapper à l'attention d'Alquier. Si l'on en croit Damas, c'est cette décision incompréhensible que souhaitait Marie-Caroline. « Sa bouche fit la demande et sa physionomie imposa la réponse [477]. »

Le 19 novembre, le convoi anglo-russe se présente en rade de Naples. Tatistcheff demande à Circello l'autorisation de débarquer : comme les troupes françaises ne sont parties que parce que Napoléon en avait besoin, qui peut dire qu'elles ne vont pas revenir ? Or,

« seuls, nous pouvons les en empêcher. S.M. Impériale se flatte que S.M. Sicilienne voudra recevoir les troupes alliées comme des amis qui n'ont d'autre objet que de défendre la Couronne et ses droits, et de mettre ses États à l'abri d'une nouvelle invasion [478] ».

Aussitôt, Circello autorise le débarquement si bien qu'Alquier n'a plus qu'à redemander ses passeports. Le 21 novembre, comme prévu, il quitte Naples pour Rome.

La voilà faite, l'erreur qu'il ne fallait surtout pas commettre. L'arrivée des troupes, si elle soulève un instant chez Marie-Caroline un sentiment de joie, éveille bientôt sa frayeur et même sa colère lorsqu'elle constate que les effectifs envoyés à son secours sont très insuffisants.

« Le pays voit avec un grand plaisir comme défenseurs les Russes chez nous. Pour moi, je ne le vois point ainsi, étant en nombre trop petit, suffisant pour nous compromettre et non pour assurer la défense et nous sauver [479]. »

Lefebvre, qui quelques jours plus tard s'est retiré à Rome auprès d'Alquier, confirme l'attitude de la reine :

« Sa joie pendant les deux premiers jours qui ont suivi l'arrivée de l'escadre a été excessive [...] mais, les premiers moments d'enivrement passés, lorsqu'elle a pu se livrer à ses réflexions, il paraît qu'elle n'a envisagé qu'avec effroi les suites de sa démarche, et je l'ai vue moi-même fort abattue [...]. Le Roi n'a été consulté en rien dans une si grande affaire et [...] (de mauvaise humeur) a déclaré ne vouloir point rentrer dans sa capitale [480]. »

Marie-Caroline avait, en octobre, rappelé Damas de Messine. Depuis, aussi discrètement que possible pour ne pas provoquer les protestations d'Alquier, il avait tenté, en liaison avec Lascy, d'organiser la défense du royaume. Il peut maintenant sortir de l'ombre. Il est nommé, le 3 décembre 1805, « commandant général de l'armée napolitaine », ce qui le place néanmoins sous les ordres du général russe. Ses critiques du traité d'alliance se confirment entièrement justifiées. Alors qu'on s'attendait à l'arrivée d'au moins

25 000 Russes, 9 000 hommes seulement ont débarqué, plus « un corps de 2 000 paysans albanais, horde de voleurs indisciplinée et dévastatrice [481] ».

Le contingent anglais, venu de Malte, sous les ordres du général Craig, ne comprend lui-même que 6 000 hommes. Quant à l'armée napolitaine, elle ne rassemble péniblement qu'environ 10 000 hommes. Au total, un ensemble hétéroclite, nullement aguerri, manquant de matériel, aux effectifs insuffisants, commandé par Lascy, un général présomptueux que l'âge a de surcroît rendu incapable et poltron.

Marie-Caroline profite d'un instant de répit pour s'occuper du sort de ses enfants qui lui tient tant à cœur. Elle atteint enfin l'un de ses objectifs, Marie-Christine – Mimi, sa fille préférée – épouse Charles-Félix, duc de Genevois, frère du roi de Sardaigne.

La nouvelle de l'éclatante victoire de Napoléon remportée à Austerlitz le 2 décembre 1805 sur les armées russes et autrichiennes des deux empereurs ne parvient à Naples que la veille de Noël :

> « Hier soir, deux infâmes bulletins de Rome m'ont extrêmement affectée; l'un parle en détail de la bataille d'Austerlitz et prouve combien complètement ils ont battu toute l'armée russe. L'autre parle des visites, au bivouac, de l'empereur François à Napoléon, des humbles instances de l'empereur Alexandre pour pouvoir reconduire chez lui les débris de son armée. En un mot, je commence à douter que l'effroi de se voir archibattu et entouré a fait oublier à Alexandre de penser à ses malheureux alliés [482]. »

Napoléon néglige de poursuivre plus avant ce qui reste de l'armée russe qui fait retraite vers ses bases de départ. Le 6 décembre, il accorde à François II l'armistice qu'il est venu lui-même solliciter deux jours plus tôt. Haugwitz, l'envoyé du roi de Prusse qui, avant la bataille, s'était rendu au quartier général français avec mission d'imposer la médiation armée de Berlin faute de quoi Frédéric-Guillaume rejoindrait la coalition, est pris de panique. Il amorce une surprenante volte-face : le 16 décembre, Napoléon lui fait signer le traité de Schoenbrünn : la Prusse devient l'alliée de la France et reçoit en partage le Hanovre.

A Presbourg [483], on examine les conditions du traité à imposer à l'Autriche vaincue. Ce traité ne doit, en aucun cas, concerner le royaume de Naples. Le 9 décembre, une armée de 30 000 hommes sous le commandement de Gouvion Saint-Cyr reçoit l'ordre de marcher aussitôt sur Naples pour en chasser les troupes anglo-russes. Dans son *Bulletin à la Grande Armée* du 26 décembre, Napoléon confirme sa détermination :

> « Le général Saint-Cyr marche à grandes journées sur Naples pour punir la trahison de la reine et précipiter du trône cette femme criminelle qui, avec tant d'impudeur, a violé tout ce qui est sacré parmi les hommes. »

Ainsi que Talleyrand le constatait très justement déjà le 13 décembre : « Les Napolitains sont au désespoir de leur sottise [484] ». Quelle ne sera pas leur détresse quand viendra à leur connaissance la proclamation que de Schoenbrünn, Napoléon lance le 27 décembre [485], à son armée d'Italie !

> « De mon camp impérial de Schoenbrünn,
>
> « Soldats, depuis dix ans, j'ai tout fait pour sauver le roi de Naples : il a tout fait pour se perdre.
>
> « Après les batailles de Dego, de Mondovi, de Lodi, il ne pouvait m'opposer qu'une faible résistance. Je me fiai aux paroles de ce prince, et je fus généreux envers lui.
>
> « Lorsque la seconde coalition fut dissoute à Marengo, le roi de Naples, qui le premier avait commencé cette injuste guerre, abandonné à Lunéville par ses alliés, resta seul et sans défense. Il m'implora ; je lui pardonnai une seconde fois.
>
> « Il y a peu de mois, vous étiez aux portes de Naples. J'avais d'assez légitimes raisons de suspecter la trahison qui se méditait et de venger les outrages qui m'avaient été faits. Je fus encore généreux. Je reconnus la neutralité de Naples ; je vous ordonnai d'évacuer le royaume ; et pour la troisième fois la Maison de Naples fut affermie et sauvée.
>
> « Pardonnerons-nous une quatrième fois ? Nous fierons-nous une quatrième fois à une cour sans foi, sans honneur, sans raison ? Non ! non ! La dynastie de Naples a cessé de régner ; son existence est incompatible avec le repos de l'Europe et l'honneur de ma couronne.

« Soldats, marchez, précipitez dans les flots, si tant est qu'ils vous attendent, ces débiles bataillons des tyrans des mers. Montrez au monde de quelle manière nous punissons les parjures. Ne tardez pas à m'apprendre que l'Italie tout entière est soumise à mes lois ou à celles de mes alliés; que le plus beau pays de la terre est affranchi du joug des hommes les plus perfides; que la sainteté des traités est vengée, et que les mânes de mes braves soldats égorgés dans les ports de Sicile à leur retour d'Égypte [486], après avoir échappé aux périls des naufrages, des déserts et des combats, sont enfin apaisés.

« Soldats, mon frère marchera à votre tête; il connaît mes projets, il est le dépositaire de mon autorité, il a toute ma confiance; environnez-le de toute la vôtre. »

Chapitre XXII

Les Anglo-Russes abandonnent Naples sans combat

Les troupes russes pourraient défendre la Calabre. Recherche d'un accord avec la France. Mission de Ruffo auprès de Fesch à Rome. Concessions envisagées par Marie-Caroline. Dernière lettre de la reine à Napoléon. Intervention de Gallo auprès de Joséphine. Les troupes russes et anglaises rembarquent. Mission de San Teodoro, à Rome, auprès de Joseph Bonaparte. Ferdinand se réfugie en Sicile. Marie-Caroline organise la résistance. Elle part à son tour pour la Sicile. Les Français pénètrent à Naples. Joseph Bonaparte, roi de Naples et de Sicile. Combat sans espoir de Damas en Calabre.

A l'annonce de la nouvelle défaite de l'Autriche, de la retraite précipitée des armées russes après la défaite d'Austerlitz, de la mainmise de Napoléon sur toute l'Italie du Nord et de sa détermination de chasser définitivement les Bourbons de Naples, les généraux russes et anglais se réunissent le 3 janvier en conseil de guerre. Ils n'y convient ni Roger de Damas, ni aucun représentant du cabinet napolitain. Comme ils n'envisagent pas de faire front à l'armée d'Italie qui, sur l'ordre de Napoléon, fait marche vers la frontière, ils tombent aisément d'accord pour trouver un semblant de justification à leur défection. Alors que la raison même de leur présence à Naples était la défense du royaume, ils prétendent maintenant n'être venus que dans l'intention de faire diversion en faveur des opérations militaires dans la haute Italie. Craig est fermement d'avis qu'il convient de rembarquer immédiatement. Pour lui, seule la Sicile mérite d'être défendue. Tatistcheff, conscient qu'il y va de l'honneur des armées impériales, parvient à convaincre Lascy qu'il convient du moins de se défendre en Calabre. A contrecœur, les Anglais se rangent momentanément à l'avis de leur général en chef russe. Conformément à cette décision, Russes et Anglais, refluant de la frontière du Nord, se replient en hâte sur la capitale alors que l'armée française n'a même pas encore atteint les confins de la Romagne. Marie-Caroline est indignée :

> « Les fatales troupes qui, malgré nos prières, ont voulu venir débarquer chez nous et nous délivrer [...], tout d'un coup prennent une terreur panique des rassemblements des Français en Romagne [...]. Vous serez stupéfait de la conduite infâme, incroyable des généraux étrangers. Hier, ils ont tenu un grand conseil de guerre, déclaré vouloir partir et aller en Sicile. Quand j'ai su cela, j'ai dit mon sentiment vivement [...]. J'ai dit à Elliot cent fois plus que je n'en ai jamais dit à Alquier [...]. Sept provinces et la capitale livrées aux Français sans coup férir. Ceci est une infamie qui n'a pas de nom. L'odeur de la poudre fait mal au cœur, aux faibles organes du général Craig et c'est pourquoi il veut éviter jusqu'à la possibilité de la sentir [...]. Je suis entièrement désanglomanisée *(sic)* [487]. »

Livré à ses seules forces, le royaume ne peut être que vaincu. La seule solution qui paraît susceptible de conjurer le péril est de rechercher un accommodement direct avec Napoléon, avant que le départ des troupes alliées ne mette Naples entièrement à sa merci. Gallo, à Paris, est instamment prié de faire le siège de Talleyrand. De son côté, le cardinal Ruffo est dépêché à Rome auprès du cardinal Fesch avec mission de rencontrer Masséna et Gouvion Saint-Cyr. S'il se heurte à une fin de non-recevoir, le cardinal devra se rendre à Paris pour y seconder les efforts de Gallo.

Marie-Caroline admet que le temps des concessions est venu. Le 5 janvier 1806, elle arrête les latitudes qu'elle octroie à son ambassadeur en lui indiquant « les conditions possibles et impossibles » d'un éventuel accord.

> « Les impossibles sont :
> « – céder, par stipulation, le royaume à notre Fils. On le fera de fait à la paix générale; mais ce sera fait par nous et non par traité, chose

qui serait humiliante. S'ils le voulaient absolument, ce ne devrait être énoncé que dans un article très secret;

« – ne mettre tout de suite dans les forteresses et les ports que des troupes françaises;

« – un mariage avec la famille Buonaparte est absolument impossible; toutes les choses humiliantes et les vilenies devant s'éviter. »

On peut envisager en revanche :

« – [...] un traité de commerce avantageux;

« – en cas de dernière et absolue nécessité, laisser (les troupes françaises) reprendre (leurs) positions dans le royaume, dans la Pouille, jusqu'à la paix générale [...];

« – (consentir) à l'exclusion des Anglais de tous les ports, mais je crains, et même je suis sûre, que dans ce cas ils envahiront la Sicile;

« – éviter de devoir chasser les honnêtes gens, Acton, Damas et les autres [...];

« – former un ministère agréé par la France;

« – pour prouver que le Roi ne pense plus aux Anglais, céder le droit de souveraineté sur Malte;

« – [...] à la dernière extrémité, offrir aussi alliance offensive et défensive [...].

« Si Buonaparte voulait être aimé de moi autant que je l'ai haï [...] il n'aurait qu'à se montrer grand et généreux, à devenir notre ami, allié et protecteur [...]. »

Marie-Caroline se nourrit d'illusions. Malgré leur ampleur, ses concessions sont trop tardives : Napoléon est maintenant décidé à mettre l'un des siens sur le trône de Naples. Son choix s'est porté sur son frère Joseph. De Stuttgart, le 19 janvier 1806, il lui écrit :

« Mon intention est que, dans les premiers jours de février, vous entriez dans le royaume de Naples, et que je sois instruit, dans le courant de février, que mes aigles flottent sur cette capitale. Vous ne ferez aucune suspension d'armes, ni capitulation. Mon intention est que les Bourbons aient cessé de régner à Naples; et je veux sur ce trône asseoir un prince de ma Maison, vous d'abord si cela vous convient; un autre si cela ne vous convient pas [...]. »

A Rome, Ruffo ne parvient à aucun résultat dans ses contacts avec Fesch, Alquier [488] et Masséna. Il cherche comme prévu, mais en vain, à gagner Paris.

Faisant taire son amour-propre, Marie-Caroline, le 7 janvier 1806, se décide à écrire une dernière lettre à Napoléon qu'elle confie à Ruffo. Elle en adresse une copie à Gallo en lui disant :

> (Ma lettre) « est bien franche et sincère [...]. Si une personnalité contre moi est le frein, que l'Empereur le dise, qu'il me demande en otage, j'y viendrai avec plaisir et tranquillité, mais qu'il sauve mon pays, le patrimoine de mes enfants, le bien de nos sujets [...].
>
> « Si c'est haine personnelle contre moi, il peut être satisfait entièrement, car je me sens la plus malheureuse des êtres et me donnerais la mort si la religion ne me le défendait. Sacrifiez, s'il le faut, mes intérêts personnels, pourvu que nos États restent à notre Fils [...], que nous soyons les seuls sacrifiés [...] [489]. »

Cette lettre à Napoléon « bien franche et sincère » restera sans effet :

> « Cette lettre doit être remise à Votre Majesté Impériale et Royale par son Éminence le Cardinal Ruffo, notre zélé et fidèle sujet, chargé par le Roi, mon époux, et conjointement au Marquis de Gallo, d'exposer à Votre Majesté Impériale et Royale, sans nul déguisement, des faits qui demandent une explication verbale.
>
> « Victimes de la politique la plus égoïste et perfide, entraînés forcément et abandonnés dans l'abîme par de soi-disant amis et alliés, le bandeau dont ils nous ont si longtemps aveuglés, *moi particulièrement*, vient enfin d'être déchiré et pour toujours.
>
> « V. M. Impériale et Royale vient de mettre la dernière à sa réputation et gloire militaire. Il lui reste encore à se couvrir d'une nouvelle gloire en donnant aux souverains qu'Elle a vaincus si facilement l'exemple de la générosité, surtout après la victoire, par l'oubli de tout ressentiment.
>
> « Revenue de l'aveuglement où j'étais emportée par un zèle et un amour du bien mal calculés et irréfléchis et dont la plus forte inimitié fut la suite, c'est en cessant d'être l'ennemie de V. M. Impériale et Royale que j'en appelle à sa générosité et que j'y compte. C'est comme épouse, doublement comme mère de mes enfants et de mes sujets victimes avec moi de ma confiance aveugle en des alliés et amis égoïstes, et ne cherchant point à déguiser la vérité, mais avouant les fautes que m'a fait commettre cet aveuglement, fautes où je n'ai été entraînée que par l'amour du bien et la persuasion de le faire, mais que je veux répa-

rer; c'est à tant de titres, dis-je, que je ne rougis point et me fait gloire de prier et demander à V. M. Impériale et Royale l'oubli du passé et de poser les bases d'une liaison sincère et durable qui doivent enfin remplacer l'inimitié mutuelle qui a trop longtemps existé entre nous, bases qui seront sacrées pour moi puisqu'elles seront fondées sur la reconnaissance et l'admiration avec laquelle j'ai l'honneur d'être avec la plus profonde considération,

« Monsieur Mon Frère et Cousin
« de Votre Majesté Impériale et Royale
« L'affectionnée Sœur et Cousine,

Charlotte »

A Paris, Gallo n'ajoute plus foi aux explications qu'on lui donne pour justifier la conduite de ses souverains.

« Allez trouver l'empereur de l'Europe entière, lui écrit Marie-Caroline, et (faites) notre paix [...] parce que nous n'avons jamais été en guerre. Ceci est prouvé par le fait que nous ne sommes pas sortis de la frontière, alors que l'Italie était entièrement dégarnie de troupes [...]. Manquant des troupes et forces que les Français nous avaient empêchés de nous procurer, nous nous sommes trouvés hors d'état de nous opposer au débarquement [...]. Faites comprendre tout ceci [...] [490]. »

Gallo n'est pas davantage convaincu par la présentation des événements telle que Circello cherche à l'accréditer :

« [...] La prolongation de l'occupation française a poussé les amis du Roi à venir à son aide pour le cas où la France aurait voulu la ruine de la famille royale. Donc, l'objet de la venue des troupes anglo-russes dans le royaume n'est autre que sa défense et non la guerre avec la France; cela saute aux yeux si l'on réfléchit que, dans le cas où lesdites troupes auraient eu des intentions offensives, elles n'auraient pas débarqué dans la capitale ou en des lieux éloignés du théâtre de la guerre [...] [491]. »

Il est trop tard pour conjurer la tempête. Gallo est décidé à quitter le service de Naples. Il fait cependant parvenir à Napoléon la lettre de Marie-Caroline du 7 janvier, mais par l'intermédiaire de Joséphine à qui il écrit le 27 janvier :

« Dans la situation la plus critique de ma vie, j'ose me jeter aux pieds de Votre Majesté Impériale pour implorer ses bontés [...]. Votre Majesté Impériale connaît les malheureuses circonstances où se trouve la cour de Naples qui ont attiré sur elle le plus vif ressentiment de Sa Majesté l'Empereur et Roi [...]. Je viens de recevoir une lettre de Sa Majesté la Reine pour Sa Majesté l'Empereur [...]. Par cette lettre, Sa Majesté la Reine, entièrement revenue de toutes les préventions qui ont pu lui attirer le ressentiment et l'inimitié de Sa Majesté Impériale, cherche en avouant ses torts à calmer l'esprit de Sa Majesté l'Empereur et réclame en sa faveur et en celle de la famille royale toute sa magnanimité et sa générosité.

« Malgré toutes les preuves que j'ai du caractère noble et généreux de Sa Majesté l'Empereur [...], je connais trop tout ce qui s'est malheureusement passé depuis un an entre les deux cours [...] que je n'ose pas lui présenter cette lettre [...]. »

Aussitôt mis au courant, Napoléon fait savoir à Joseph qu'il a reçu « une lettre de la reine de Naples où elle demande quartier ». Il n'est pas question d'y répondre. Joseph est mis en demeure d'agir de même au cas où Marie-Caroline prendrait contact avec lui.

*

A Naples, c'est en vain qu'on cherche à dissuader les Anglo-Russes de faire défection. Lascy et Craig y sont décidés, malgré les prières de Marie-Caroline et de Damas et l'insistance de Tatistcheff et de Charles-André Pozzo di Borgo [492] qui jugent une telle décision déshonorante pour leur pays. Circello a beau écrire le 17 janvier 1806 au général en chef russe :

« Si les troupes restaient et prenaient des dispositions montrant la détermination de défendre le royaume, elles pourraient nous sauver et nous donner le temps de négocier, attendu que les Français ne sont occupés que du départ et de l'embarquement des Russes et des Anglais et n'attendent que d'en avoir la certitude pour marcher [...]. Quel regret n'auriez-vous pas, Monsieur le Général, d'avoir sacrifié ce pays-ci après avoir été choisi et envoyé par Votre Auguste Maître pour le défendre. »

Lascy constate que les troupes anglaises se sont déjà en partie embarquées à Castellamare à destination de Messine. Il abandonne alors toute idée de se défendre en Calabre. Faisant état d'un message qu'il aurait reçu de la part de son empereur, il rembarque ses troupes à Baia et se replie sur Corfou « emportant avec lui la couronne qu'il était venu pour raffermir [493]. »

A mi-janvier 1806, le royaume de Naples ne peut plus compter que sur lui-même. Indigné par la défection de ses alliés et faisant preuve d'autorité, Ferdinand donne l'ordre d'interdire tout débarquement des Anglais en Sicile. A défaut de son autorisation formelle, toute tentative en ce sens sera repoussée par la force.

Marie-Caroline ignore que Gallo va bientôt l'abandonner. Elle continue de lui écrire : « Les infâmes Anglo-Russes partent. Cela n'a pas de nom. Vous devez me connaître assez pour être sûr que cela me révolte à jamais [494]. » Essayant de tirer un avantage de ce départ, Circello lui écrit, à son tour, le 18 janvier :

> « Faites valoir [...] les efforts qu'on a faits pour faire partir les Russes et les Anglais [...]; que Sa Majesté promet d'accorder les concessions suivantes : le choix d'un ministère bien vu de la France, la fermeture des ports au commerce anglais, un traité de commerce; et, si jamais cela devenait indispensable, le retour même d'une force limitée en troupes françaises [...]. Enfin, en dernier lieu, une alliance offensive et défensive [...]. »

Bien que le conseil des ministres tienne séance sans désemparer, aucune solution miraculeuse ne sort de ses débats. Dans l'espoir d'un compromis avec Joseph qui est à Rome, Marie-Caroline lui envoie le duc de San Teodoro, ancien ambassadeur de Naples à Madrid. Dûment chapitré par son frère, Joseph ne cède sur rien. Pour parler plus avant et accorder une trêve, il exige des garanties qui équivalent à une capitulation : la remise sans combat de Gaète et de Capoue et même la reddition de Naples et de ses forteresses. Excédé par ces réunions qui se succèdent sans résultat, et ne supportant plus les ennuis qui l'accablent, Ferdinand s'embarque pour la Sicile dans la nuit du 23 au 24 janvier, soit quinze jours avant que l'avant-garde française n'atteigne la frontière. Il laisse tous ses pouvoirs à Marie-Caroline et à François, le prince royal, qu'il institue son « Vicaire général et lieutenant du royaume ». Quelques jours plus tard, désabusée mais résignée, Marie-Caroline informe Gallo de cette retraite :

> « Le Roi est en Sicile au désespoir [...]. J'ai été en ceci conséquente à tout le reste de ma vie en me sacrifiant pour le mettre en sûreté et, lui, l'a bien volontiers accepté [495]. »

Pendant les trois semaines qui suivent le départ de Ferdinand, Marie-Caroline, avec l'appui de Damas, essaie d'organiser la résistance. S'il est impossible de vaincre, du moins sera-t-il glorieux de résister. Non pas sur la frontière, qui est maintenant indéfendable, mais tout au moins dans les Abruzzes et en Calabre. Ce sont des provinces dont la population, à l'instigation des chefs de masse – les Fra Diavolo, les Scarpia, les Rodio... – devrait se soulever contre les Français. Damas, avec François et son jeune frère Léopold, dirigeront les opérations.

De Paris, où il est rentré le 26 janvier, Napoléon donne ses instructions à Joseph :

> « On suppose que le Prince royal est resté à Naples; si cela est, faites-le arrêter et conduire en France [...]. Il paraît que la Maison royale est embarquée [...] qu'on ne fera aucune résistance. Dans ce cas, vous formerez un corps de 22 à 23 000 hommes que vous dirigerez sur Reggio pour passer sur-le-champ en Sicile [...]. Je veux que mon sang règne à Naples aussi longtemps qu'en France. Le royaume de Naples m'est nécessaire [496]. »

Et Napoléon informe Joseph – Marie-Caroline ne tardera pas à l'apprendre – que « le marquis de Gallo a quitté le service de Naples; il se rend auprès de vous pour vous servir de tous ses moyens. Il sera le premier Napolitain qui vous prêtera serment [496]. »

Le 8 février 1806, l'armée française d'Italie franchit la frontière napolitaine. Marie-Caroline ne peut faire davantage. Elle cède enfin aux instances de l'empereur François et de sa fille Thérèse : « Ils m'écrivent épouvantés tous les deux, me conjurant de penser à ma sûreté... (Buonaparte) fera-t-il de moi le pendant du duc d'Enghien ? » [497] Elle quitte sa capitale le 11 au soir et s'embarque pour la Sicile avec ses deux filles, Marie-Christine et Marie-Amélie, sa belle-fille Isabelle, ses petits-enfants et une importante suite. La traversée jusqu'à Palerme est presque aussi épouvantable que celle de décembre 1798. Une partie des bâtiments d'accompagnement, drossée par un vent violent, est rejetée à la côte. Leur précieux chargement tombe aux mains des Français.

> « Nous sommes à Palerme depuis le 16 au soir, tard, après une affreuse tempête, écrit-elle à Damas le 20, et éprouvant depuis notre arrivée toutes les peines, contradictions et chagrins, mais tout ceci n'est rien en comparaison de ne rien savoir depuis mon départ de mes fils au milieu des dangers de mer et de terre. »

C'est du 26 janvier 1806 que date sa dernière lettre à Gallo :

> « On usera de tous les moyens pour sauver le royaume de Sicile [...]. Ne croyez pas que je suis dupe. C'est un parti, pris depuis longtemps et volonté d'avoir toute l'Italie. Si les Anglo-Russes n'étaient pas venus, (Buonaparte) aurait pris un autre prétexte [...]. Vous sentez que chassés de chez nous, nous serons leurs ennemis implacables [...]. J'ai la tranquillité de n'avoir rien à me reprocher. Ma haine contre un usurpateur était juste. Je la partage avec bien du monde. La seule différence est que je l'ai imprimée et que d'autres la cachent [...].
>
> « J'aurai peut-être erré dans mes calculs, mais les motifs les plus purs, les plus honnêtes me guidaient. Enfin, je suis victime de mes sentiments et, j'ose le dire, je méritais un meilleur sort. Dieu l'a ordonné. Sa sainte volonté soit faite. Je suis prête à tout. Je ne crains rien. Je vais exposer mes deux fils à tous les dangers. Mon cœur en saigne. Mais c'est un cruel sacrifice au devoir et à l'honneur. »

Écrasée de chagrin, la mort dans l'âme mais la rage au cœur, Marie-Caroline a quitté Naples pour n'y plus jamais revenir.

*

Avec environ 5 000 hommes, Damas abandonne Naples le 10 février 1806. Il s'avance en Calabre où, en provenance des Abruzzes, un renfort de 7 000 hommes doit le rejoindre. Les princes, François et Léopold, sont à ses côtés. A cause de leur inexpérience, leur présence comporte plus d'inconvénients que d'avantages. Damas doit constamment veiller sur leur sécurité. La capitale n'est plus défendue. Les Français y pénètrent le 14 février. Joseph Bonaparte fait son entrée dès le lendemain après avoir, sur l'ordre de son frère, fait afficher, traduite en italien, dans toutes les villes et carrefours du royaume, la proclamation que Napoléon avait dictée de Schoenbrünn le 27 décembre. Pour sa part, Joseph futur roi de Naples [498] se borne à faire savoir :

> « Peuples, vous n'avez rien à craindre; ce n'est pas contre vous que sont dirigées ces armes. Les autels, les ministres de votre culte, vos lois, vos propriétés seront respectés. Les soldats français seront vos frères. »

Comme Napoléon l'a prévu, aucune résistance sérieuse n'est opposée [499]. Les *lazzaroni* ne se soulèvent pas. Quant aux classes aisées qui craignaient le retour des désordres, des pillages et des meurtres, elles acceptent avec soulagement le changement de régime. Roger de Damas le note dans ses *Mémoires* :

> « Il est une grande différence entre la perte actuelle du royaume et celle de 1799 : les faibles, les mécontents, les indifférents et les timides regardent Joseph Bonaparte comme un roi, et le peuple s'accoutume plutôt à un changement de dynastie qu'à une constitution républicaine. Les imbéciles verront une cour, les oisifs orgueilleux y auront des charges; les militaires auront le faux espoir de ne plus faire la guerre [...]; les femmes auront des amants français; le peuple, peut-être, paiera moins d'impôts et Acton ne peut pas revenir : voilà bien des motifs pour accoutumer le pays à sa nouvelle situation. »

A Palerme, Ferdinand, trop heureux de pouvoir se décharger du poids des affaires, a rétabli Acton dans tous ses pouvoirs.

Les troupes anglaises de Craig, sur lesquelles on devait ouvrir le feu, sont aussitôt autorisées à débarquer à Messine pour y tenir garnison. Le combat de retardement que Damas s'apprête à livrer, et dont Marie-Caroline espère le succès de tous ses vœux, ne soulève que l'irritation d'Acton et d'Elliot : « Ils maudissaient le séjour du Prince en Calabre et attendaient un revers qui nous en chassât [500]. » Il n'est pas étonnant dans ces conditions que la flotte anglaise – dont la présence au long des côtes de la mer Ionienne et de la Méditerranée aurait pu retarder, voire même empêcher la progression des Français – soit volontairement absente.

Laissé à ses propres forces, au milieu d'une population qui ne coopère en rien, Damas, qui entend disputer le terrain pied à pied, tente de s'organiser. L'hiver, en ce mois de février 1806, est particulièrement rigoureux en Calabre. C'est avec un mal infini, empruntant des couloirs boueux bordés de montagnes inpénétrables et couvertes de neige, qu'il parvient, à force de bras, à mettre en place quelques pièces d'artillerie sur trois échelons de défense. Une arrière-garde confiée au maréchal de Canosa. Plus au sud, le gros des troupes qu'il commande lui-même. Enfin, à l'arrière, le contingent confié au prince royal. Pour veiller à la sûreté du prince, Damas a promis à Marie-Caroline de se trouver toujours entre l'ennemi et lui. Fin février, sous la conduite du général Reynier, 10 000 Français passent à l'attaque. Le 6 mars, l'arrière-garde de Canosa est bousculée. Elle recule dans la confusion. Le 9, la ligne principale de défense tenue par Damas est attaquée. Un combat inégal se prolonge sur trois jours « par un temps que je ne peux définir, écrit Damas : une neige épaisse et fondue, un brouillard d'autant plus épais que nous étions au sommet des montagnes, une boue où l'on enfonçait jusqu'aux genoux [500] ». Les Napolitains sont tournés et doivent battre en retraite. Ils abandonnent à Crotone les rivages de la mer Ionienne (ignorant les ordres de Damas, une partie des troupes s'embarque à Crotone à destination de la Sicile) pour se replier plus au sud, vers Cosenza, sur la côte méditerranéenne.

Dès cet instant, la population devient franchement hostile : « Le pays, toujours annoncé au prince comme prêt à répandre tout son sang pour ses maîtres, n'avait pas fourni un homme armé pour leur service et, espérant se racheter du pillage des Français en les accueillant, dérobait les vivres à notre recherche [500]. » Bien plus, les habitants de Cosenza préviennent qu'ils se joindront aux Français au cas où Damas envisagerait de se défendre sous leurs murs. Harcelées sans répit par Reynier, les troupes elles-mêmes n'ont plus le cœur à combattre.

> « Soldats et officiers virent qu'il n'était possible de garantir (seulement même quelque temps) les Calabres qu'en se battant tous les jours et que le résultat ne pouvait être que le passage en Sicile. Répugnant à quitter leur patrie et à abandonner leur famille, en trente heures, je perdis par la désertion à peu près 5 bataillons et un régiment de cavalerie, avec les chefs, leur état-major et les trois quarts des officiers [500]. »

Constatant l'impossibilité de résister davantage dans de telles conditions, Damas et les princes s'embarquent pour Messine le 19 mars avec les quelque 8 000 hommes qui leur restent. A Joseph, qui se gaussait de la défaite du protégé de Marie-Caroline, Napoléon écrit le 31 mars : « Le général Damas ne pouvait rien faire de passable avec d'aussi mauvaises troupes que les Napolitains. »

C'est avec appréhension – sachant que Ferdinand est de nouveau entièrement soumis à l'influence d'Acton qu'il méprise – que Damas va retrouver la Sicile.

> « Cette triste Sicile, trophée des intrigues et des menées d'Elliot et malheureux reste de la puissance d'Acton [...] (qui) sans condition, ni mesure a livré l'île aux Anglais [...], qui a fait du Roi un nabab des Indes [...]. La Sicile n'est plus que l'asile du Roi et un poids dans la balance des compensations pour la paix de l'Angleterre [500]. »

Marie-Caroline est désespérée par l'échec de cette résistance. Ferdinand en prend plus aisément son parti :

« Le Roi a pris l'affaire comme il devait, persuadé que les recrues et la défection des chefs, le manque d'envie de se battre était la faute de tout et il a dit : " J'étais si sûr de cela que connaissant mon armée je n'ai pas voulu m'y mettre. " Il est affligé, mais nullement fâché, ni même étonné [501]. »

Quatrième partie

Bannie par l'Angleterre

Chapitre XXIII

A Palerme

Mésentente de Marie-Caroline et d'Acton. L'escadre anglaise fait une démonstration devant Naples. Prise de Capri. Napoléon irrite l'Europe par ses initiatives. Projet de partage du Portugal négocié par Napoléon avec Godoy. Louis Bonaparte, roi de Hollande. La Confédération du Rhin. Fin du Saint Empire romain germanique. Expédition de Stuart en Calabre. Inutile victoire. Damas quitte la Sicile. Acton est définitivement écarté. Ultimatum de la Prusse. La Quatrième Coalition. Iéna et Auerstadt. Napoléon à Berlin. Le grand-duché de Varsovie. Jérôme Bonaparte, roi de Westphalie. Napoléon à Varsovie. La campagne contre les Russes. Eylau, Friedland. L'entrevue et la paix de Tilsit. Mort de Thérèse, l'impératrice d'Autriche. François, l'empereur, se remarie. Alexandre devient l'allié de Napoléon. Le système continental. Les Anglais bombardent Copenhague. La Russie déclare la guerre à l'Angleterre. Napoléon s'empare du Portugal. L'Angleterre contraint Naples à déclarer la guerre à la Russie.

Pour Marie-Caroline, être reléguée en Sicile c'est se trouver à la merci des Anglais et en être d'autant plus dépendante qu'Acton, qui a pour l'instant recouvré toute son autorité d'autrefois, a fait une croix sur le royaume de Naples. Il n'a plus pour ambition que de sauver celui de Sicile. Comme la reconquête de Naples demeure pour Marie-Caroline une constante préoccupation, Acton est un obstacle qu'elle va chercher à écarter.

Le général sir John Stuart a succédé à Craig. Il n'est guère coopératif. Marie-Caroline prévient Damas : « Soyez poli avec le commandant Stuart, (les Anglais) vont devenir nos maîtres [502]. » Par chance, à la tête de l'escadre anglaise qui protège la Sicile, se trouve l'amiral sir Sidney Smith qui, sensible à la séduction de Marie-Caroline, prête une oreille complaisante à ses projets de reconquête. Lorsque le 11 mai 1806, Joseph Bonaparte fait son entrée solennelle à Naples, les acclamations qui l'accueillent, le *Te Deum* et la réception au Palais royal sont troublés désagréablement par la présence inopinée dans la baie de l'escadre de sir Sidney. Cette manœuvre d'intimidation obtient un résultat concret et encourageant : la prise de possession de l'île de Ponza et surtout de celle de Capri, à proximité immédiate de la capitale.

Dans cette Sicile qu'elle n'aime pas et où elle n'a que de mauvais souvenirs, Marie-Caroline, à cause des communications difficiles avec le continent, enrage d'être tenue à l'écart des lieux où se traitent les affaires de l'Europe. Or, depuis la paix de Presbourg, que de changements se profilent à l'horizon! Combien de nouvelles initiatives Napoléon ne prend-il pas! Des rumeurs de paix générale parviennent jusqu'à Palerme. Jusqu'au début de l'été 1806, la France négocie en ce sens, mais séparément, tant avec l'Angleterre qu'avec la Russie. De nombreuses combinaisons sont échafaudées par Talleyrand avec ses interlocuteurs, lord Seymour pour le cabinet anglais, et d'Oubril qui représente le tsar. Devant les ambitions des uns et des autres, un accord paraît improbable. L'Angleterre exige de rester maîtresse de la Méditerranée. George III, son souverain, réclame son Hanovre, alors qu'il y a peu Napoléon en a disposé en faveur de la Prusse. Dans les remaniements qu'on envisage et qui font peu de cas du « droit des peuples à disposer d'eux-mêmes », le sort de Naples n'est pas oublié. Comme Napoléon persiste à réclamer la Sicile pour Joseph, plusieurs formules de compensation pour Ferdinand et Marie-Caroline sont étudiées. Pourquoi ne pas les établir au nord de l'Europe, dans les villes de la Hanse par exemple? Ou bien dans le sud, en Dalmatie, voire même en Albanie? Tout compte fait, Ferdinand ne mérite guère d'être ménagé. Ne pourrait-on pas se borner à lui donner de l'argent, tandis que François, le prince royal, pourrait recevoir les Baléares?

On ne se met d'accord sur aucun de ces projets. Pendant cette phase des négociations, Napoléon ne reste pas inactif : il irrite toutes les cours européennes par ses initiatives. En Italie, il nomme sa sœur Pauline Borghèse duchesse souveraine de Guastalla. Il met fin au contentieux qui depuis des siècles envenimait les relations entre Naples et le Saint-Siège : il arrache à la papauté les principautés de Bénévent et de Ponte-Corvo. Talleyrand et Bernadotte les reçoivent en partage. C'est par la lecture du *Moniteur* que le pape apprendra la nouvelle :

> « Les duchés de Bénévent et de Ponte-Corvo étaient un sujet de litige entre le roi de Naples et la cour de Rome; nous avons jugé convenable de mettre un terme à ces difficultés, en érigeant ces duchés en fiefs immédiats de notre Empire [503]. »

Le maintien du royaume d'Étrurie ne paraît plus justifié aux yeux de Napoléon car l'infante Marie-Louise n'en est plus que la régente. L'empereur négocie sa reprise avec Godoy. Le Portugal, où l'influence anglaise est prédominante, en fera les frais. On le partagera en trois provinces. Celle du nord, la Lusitanie septentrionale, serait donnée à Marie-Louise d'Étrurie. Celle du sud, avec l'appellation prestigieuse de « royaume d'Algarve », reviendrait à Godoy. Celle du centre, dont le sort est réservé, pourrait être, à la paix générale, offerte à Charles IV d'Espagne qui, suzerain du Nord et du Sud, pourrait prendre de surcroît le titre d'empereur des Indes [504].

Napoléon continue à bouleverser la carte de l'Europe. Il nomme son frère Louis, roi de Hollande, son beau-frère Joachim Murat grand-duc de Berg et de Clèves. Des ducs de Bavière et de Wurtemberg il fait des rois. C'est surtout sa politique allemande qui alarme les cours européennes. Le 12 juillet 1806, l'empereur jette les bases d'une Confédération des États du Rhin dont il s'institue le « protecteur ». Cette décision sonne le glas du Saint Empire romain germanique. Le 6 août, François II en tire la conséquence : il abdique en tant qu'empereur d'Allemagne pour n'être plus désormais que François Ier, empereur héréditaire d'Autriche. Entre-temps, l'Angleterre qui ne croit plus à la paix a, le 16 mai, déclaré toutes les côtes françaises depuis Brest jusqu'à l'Elbe en état de blocus et arrêté que tous les navires qui se rendront dans les ports de ce littoral seront de bonne prise.

Marie-Caroline, qui craint de faire les frais d'un nouvel arrangement européen, constate sans déplaisir que la guerre continentale pourrait bien se rallumer. A aucun moment, elle n'a cessé de pousser à la reconquête de Naples. Le 26 mars 1806, elle interroge Damas :

> « Dans le cas où la guerre aurait lieu [...], pourquoi ne pourriez-vous pas venir avec 20 000 Russes en Pouille? Nous, faisant effort de notre côté, soit par la Calabre, les îles de Procida, Ischia ou Salerne (pourrions) concourir à reprendre Naples? »

C'est au début de l'été seulement qu'elle parvient à obtenir l'appui indispensable des Anglais. Le 1er juillet 1806, avec le concours de l'escadre de sir Sidney, le général sir John Stuart, avec 10 000 hommes, débarque en force dans le golfe de Sant'Eufemia. Le général Reynier lui oppose 7 000 hommes. Il cherche, le 4 juillet, à le rejeter à la mer. C'est à Maida qu'a lieu l'affrontement. Pour la première fois, il tourne totalement à l'avantage des Anglo-Napolitains. Reynier est repoussé sur Catanzaro. Il abandonne 3 000 prisonniers et bat en retraite sur Crotone. Devant ce succès, la population qui, jusqu'alors, avait observé une prudente réserve, réagit favorablement à la proclamation qu'on lui adresse : « Nous sommes venus rendre leurs provinces à leur souverain légitime. » Elle prend les armes et se lance dans une redoutable et efficace guérilla. Un second détachement anglo-napolitain, débarqué près de Crotone, parvient à chasser Reynier de cette place. Des bandes armées, à la tête desquelles se distinguent les chefs de masse, dont Fra Diavolo, poursuivent les Français qui, en déroute, se replient vers Cassano. Chose surprenante, ces premiers succès semblent avoir suffi à satisfaire l'amour-propre de John Stuart. Loin de pousser plus avant son avantage, il ramène ses troupes vers Reggio et cesse d'apporter son aide à la population en armes.

> « Stuart persista dans son immobilité, laissa aux Français le temps de cerner les insurgés, de sévir contre tout ce qui s'était déclaré en faveur des Anglais, de brûler et saccager partout. Le général Stuart semblait n'être venu en Calabre que pour y dresser des échafauds et préparer les supplices auxquels les malheureux et trop crédules Calabrais ont été livrés depuis ce fatal instant [505]. »

A la mi-septembre, au désespoir de Marie-Caroline, Stuart abandonne la Calabre et rejoint Messine avec ses troupes. Bien qu'ayant tourné court, cette expédition obtient cependant un résultat appréciable. L'échec subi par les forces françaises détourne définitivement Napoléon et Joseph de l'espoir de parvenir un jour à s'emparer de la Sicile.

Roger de Damas s'aperçoit qu'il ne peut plus être utile à son amie Marie-Caroline. Il quitte donc définitivement la Sicile. Il s'établit à Vienne d'où pendant des années encore, régulièrement, il lui écrira. Au moment de la quitter, il lui aura écrit « qu'elle était une pierre précieuse égarée dans un marais, mais que ses amis sauraient toujours retrouver ». Marie-Caroline lui répondra : « Vous me faites un compliment trop flatteur; je ne suis plus rien; les malheurs et les chagrins m'ont détruite. »

Comme elle se l'est promis, la reine s'emploie à miner le crédit dont dispose encore Acton. Son attachement sans nuance à la cause anglaise, sa répugnance à tenter la reconquête de Naples ont fini par déplaire à Ferdinand lui-même. Alors qu'en mars 1806, Marie-Caroline envisageait avec Damas une expédition sur la Calabre qu'Acton évidemment déconseillait. Marie-Caroline prévenait déjà :

> « Je crois qu'Acton fera des extravagances quand il saura tout cela, mais je lui conseille de ne pas trop extravaguer, car je crois nullement impossible une rupture entière [506]. »

En août, la rupture est consommée. Acton doit démissionner de toutes ses fonctions. Assistée de ses seuls fidèles, Marie-

Caroline règne de nouveau sans partage. De son côté, Ferdinand, déchargé du poids des affaires, peut se consacrer à ses passe-temps favoris : la chasse, la pêche et les fêtes galantes.

*

L'établissement de la Confédération du Rhin dont la Prusse est exclue et qui institue de fait, Napoléon véritable empereur d'Allemagne, va conduire à la reprise de la guerre. « Si la Prusse était l'alliée naturelle de la France lorsque le sceptre dominait à Vienne, elle ne pouvait que devenir son ennemie si le sceptre passait à Paris. » On sait aussi à Berlin que dans ses conversations avec lord Seymour, Talleyrand a sérieusement évoqué la possibilité de reprendre le Hanovre à la Prusse pour le rendre à George III. La Prusse s'indigne d'une telle désinvolture. On s'attend à une rupture : Berlin se rapproche de Pétersbourg. Le 25 août, la condamnation à mort et l'exécution de Palm, un libraire de Nuremberg accusé d'avoir édité et distribué en Allemagne un violent pamphlet antifrançais, met le comble à l'exaspération. Au début d'octobre 1806, Frédéric-Guillaume III, excédé, met Napoléon en demeure d'évacuer l'Allemagne et de dissoudre la Confédération.

Dans cette Quatrième Coalition, à laquelle prennent part l'Angleterre, la Prusse, la Saxe et la Russie, l'Autriche prudemment reste neutre. La guerre qui reprend va donner à Napoléon l'occasion de confirmer son génie militaire. Une « guerre éclair des six jours se déroule » du 8 au 14 octobre 1806. Le 14, la Grande Armée avec Murat, Davout, Bernadotte, Lannes, Soult, Augereau, Ney... écrase à Iéna et à Auerstadt les armées prussiennes commandées par leur roi, le vieux duc de Brunswick – le vaincu de Valmy –, Blücher et le prince de Hohenlohe. Les Russes n'ont pas eu le temps d'intervenir. A peine s'ébranlent-ils vers la Pologne que les troupes françaises ont atteint l'Oder et que Napoléon est installé à Berlin. Fin novembre, accueilli avec enthousiasme, Murat, avec son panache habituel, pénètre dans Varsovie.

En attendant de se mesurer avec les armées russes, Napoléon bouleverse une nouvelle fois la carte politique de l'Europe. Pardonnant à Frédéric-Auguste, l'électeur de Saxe, qui s'était rangé dans le camp prussien, il lui rend ses prisonniers. Il le fait roi. Bientôt il le nommera à la tête du grand-duché de Varsovie [507]. La création de ce duché, sans satisfaire entièrement les vœux des patriotes polonais, leur laisse entrevoir, pour l'avenir et sous la protection de la France, la résurrection de leur antique royaume. Napoléon crée le royaume de Westphalie pour Jérôme [508], son plus jeune frère, à partir des territoires arrachés à la Prusse, au duché de Brunswick, à la principauté de Hesse-Cassel et au Hanovre. Marie-Caroline se lamente en apprenant ces nouvelles :

> « Nous sommes atterrés et empoisonnés de voir l'heureux Corse toujours vainqueur. Tout ce qui arrive est désolant. Cette destruction de la Prusse assure la toute puissance du fatal Corse. Nous tremblons pour les suites, que cela fasse une prompte paix dans laquelle nos intérêts seraient entièrement oubliés [...]. Les insolences qui viennent de Naples, Marseille, Corse sont inconcevables : un roi en Westphalie, un de Pologne, la Saxe royaume [509] ! »

Maintenant que le gros des troupes françaises s'enfonce peu à peu dans l'Europe de l'Est, l'occasion n'est-elle pas propice pour tenter une nouvelle opération sur Naples? Marie-Caroline y a songé :

> « On avait pensé profiter du moment où les forces sont diminuées à Naples pour tomber sur les Français et reprendre le royaume. On a, pour cette raison, fait venir tous les régiments de Syracuse, Augusta et Messine; on les a mis en cantonnement aux environs de Palerme pour tenter un coup, espérant que les Anglais (nous aideraient) [...] mais ils ne veulent rien faire et commandent en maîtres tout le littoral qu'ils occupent. Nous avons 22 à 24 000 Anglais en Sicile; (malgré) leur si grand nombre, ils ne veulent pas entendre parler d'aller à Naples [...]. Le loyal Schmid [510] sert toujours avec honneur, zèle, mais on le comble de désagréments; il est chicané, tracassé, empêché, paralysé [...] (lui, du moins) a le désir d'être actif [511]. »

Marie-Caroline va perdre en janvier 1807, le seul Anglais qui la comprend et cherche à l'aider. Tout l'ancien personnel britannique en poste en Sicile a maintenant été rappelé et remplacé par de nouveaux venus. A Craig et Elliot ont succédé Henry Fox, le neveu du ministre, et sir William Drummond. Marie-Caroline s'accommode de Drummond, le nouveau ministre d'Angleterre. Elle le confirme à Damas le 15 mars 1807 : « Drummond se conduit bien, mais les généraux extrêmement mal. » En juillet, Fox ayant été rappelé, sir John Moore, son second, lui succède.

Napoléon séjourne trois mois à Varsovie. Ses amours avec Marie Walewska lui font déjà entrevoir que pour assurer sa descendance il faudra qu'un jour il se sépare de Joséphine.

En décembre 1806, la Grande Armée passe à l'offensive contre les armées impériales russes. Malgré le sanglant affrontement du 8 février 1807 à Eylau, dans la neige et la boue, l'issue du combat reste incertaine : les Russes, durement bousculés mais non battus, se replient en bon ordre. Chez les coalisés, cette bataille à l'issue indécise est considérée comme une victoire. Marie-Caroline, un temps réconfortée, croit pouvoir saluer les « brillants succès des Russes ». Pour les Anglais n'est-ce pas une nouvelle occasion d'agir ?

> « Ils ne donnent ni leurs troupes, écrit Marie-Caroline, ni paient ce qu'ils nous doivent ! Depuis décembre, pas un sou, ce qui nous embarrasse cruellement. Nos biens chers alliés et maîtres n'ont aucune intention de rien faire. La conduite qu'ils tiennent dans ce royaume me fait souhaiter qu'ils ne mettent pas le pied dans l'autre. Je désirerais le secours de leur marine et les subsides exactement payés et, alors, je serais charmée de ne les point avoir [512]. »

Avec le retour des beaux jours, Napoléon reprend l'offensive et le 14 juin 1807, à Friedland, il remporte une victoire décisive. Deux jours plus tard, Koenisberg tombe. Les Russes se retranchent sur le Niémen et sollicitent un armistice qui est accordé le 25. La nouvelle de cette défaite n'est connue de Marie-Caroline qu'à la mi-juillet. Mais dès le 7, le traité de Tilsitt a déjà mis fin aux hostilités. C'est la consternation à

Palerme. « On ne parle que de l'armistice, même des préliminaires signés. C'est le coup de grâce pour nous. J'attends comme un condamné mon arrêt de mort [513]. »

Ce premier semestre de 1807 n'apporte à Marie-Caroline que déceptions, épreuves et tristesses. Parvenue en mai à convaincre Ferdinand de tenter un débarquement en Calabre, elle en prévient Damas :

> « Comme il n'y a pas eu moyen, malgré prières et tentatives, de faire remuer les Anglais, le Roi a enfin décidé de faire de tout pour tenter le sort et 4 000 hommes sont allés à Reggio, avec le prince de Hesse à la tête, et un régiment de cavalerie [...]. La conduite des Anglais n'est pas seulement étrange mais infâme [514]. »

Cette équipée, menée en juin, se solde par un nouvel échec.

La vie familiale de Marie-Caroline n'est pas davantage épargnée. Mariée au duc de Genevois, Marie-Christine, « Mimi » sa fille préférée, doit maintenant rejoindre la Sardaigne. Elle s'éloigne pour toujours. Sa fille Thérèse, l'impératrice, est morte le 13 avril. Avec cette disparition – malgré la présence à Vienne de huit petits-enfants qu'elle n'a jamais vus pour la plupart – se rompt le lien qui l'attache encore à sa patrie d'origine. Depuis longtemps déjà, elle n'éprouvait guère d'estime pour son gendre et neveu. Elle le méprise maintenant pour avoir reconnu Joseph roi de Naples et, veuf de quelques mois à peine, pour s'être fiancé à sa jeune cousine Marie-Louise de Modène [515]. Roger de Damas n'a pas non plus de sympathie pour l'empereur d'Autriche. Il écrit :

> « Ce qui soutient et anime la personne de l'empereur dans ce moment, c'est le bonheur de se marier dans deux mois à l'archiduchesse de Milan et je trouve qu'il a vu très juste sur le genre de distraction qui convient à sa situation, celui des sens; c'est le seul auquel Buonaparte ne puisse faire aucune objection; coucher avec sa femme est le seul acte d'homme que les circonstances et son caractère lui aient laissé [516]. »

A Tilsit, lors des conférences qui, entamées le 26 juin 1807, aboutissent à la paix du 7 juillet, Napoléon parvient à séduire

Alexandre. Son ennemi de la veille devient son allié [517]. Toutes les conquêtes françaises sans exception sont reconnues et acceptées, y compris la présence française à Naples. En Méditerranée, Alexandre cède à Napoléon les îles Ioniennes. Une concession qui pour l'Angleterre est lourde de menaces. Cette volte-face du tsar scandalise Marie-Caroline :

> « Je ne puis vous dire à quel point je suis frappée, dégoûtée et révoltée, par l'infâme paix conclue par le petit Alexandre. Les imprimés, les gazettes nous annoncent qu'il a reconnu Joseph, roi de Naples et de Sicile! On ne conçoit pas quel sortilège a captivé Alexandre, qui n'a pas perdu un pouce de terrain et a fait des sacrifices et commis des bassesses à peine excusables comme si les Français avaient pris Moscou et Pétersbourg [...]. Il est impossible de croire ce qui nous arrive; comment la Russie qui depuis vingt ans travaille pour avoir un établissement, un commerce dans la Méditerranée, cette même Russie, sans perdre une province, a la bassesse, séduite par les chimériques projets et flagorneries fades et ridicules sur la beauté du méprisable Alexandre, cède en tout et se rend vile, l'esclave de celui qui, il y a peu de mois, l'appelait parricide! Il y a de quoi en perdre la tête [518]! »

Napoléon est alors au faîte de sa puissance. La Prusse a été vaincue [519], la Russie est maintenant une alliée, l'Autriche se tient prudemment sur la réserve. Le seul adversaire, que la mer protège, reste l'Angleterre. Pour l'abattre, Napoléon ne peut recourir à la force : le débarquement est impossible. Il ne peut utiliser que l'arme économique. De Berlin, le 21 novembre 1806, répliquant à la décision anglaise, il a décrété à son tour les îles Britanniques en état de blocus. Il oblige tout le continent, sans excepter les pays neutres, à fermer tous les ports au commerce anglais. Comme l'Angleterre entend profiter de toutes les failles que présentera nécessairement ce « système continental », Napoléon, pour le rendre efficace est peu à peu conduit à conquérir ce qui reste du continent. Pour avoir appliqué le blocus, le Danemark en est la première victime. En représailles, la flotte anglaise, en septembre, bombarde Copenhague. La Russie tout d'abord proteste, puis se brouille avec l'Angleterre pour finalement lui déclarer la guerre en novembre. Le Saint-Siège, fidèle à sa politique de rester à l'écart des conflits temporels, refuse de se plier au système. Aussitôt Napoléon envoie Berthier occuper Ancône et Civita-Vecchia. Au sud, le Portugal maintient ses liens privilégiés avec Londres. Napoléon concrétise par le traité de Fontainebleau du 27 octobre 1807 le plan de partage évoqué l'année précédente dont les dispositions pourraient faire du prince de la Paix un roi des Algarves. Il obtient de celui-ci le libre passage des troupes françaises à travers l'Espagne. En novembre, Junot, à la tête de 40 000 hommes, pénètre dans la péninsule. Lisbonne tombe à la fin du mois; les Bragance se réfugient au Brésil : le Portugal n'est plus.

De tous ces événements, c'est la déclaration de guerre de la Russie à l'Angleterre qui implique pour la Sicile une conséquence inattendue. Sous la pression des Anglais, Ferdinand et Marie-Caroline s'inclinent : le 10 janvier 1808, la Sicile est en état de guerre avec le tsar. Tatistcheff, l'ambassadeur qui depuis des années s'était montré compréhensif pour la cause napolitaine, quitte Palerme et doit s'éloigner à son tour. Le 22 janvier 1808, Marie-Caroline confirme à Damas la malheureuse nouvelle :

> « Nous voilà bien décidément en guerre avec la Russie; nous avons tout fait pour l'éviter, mais vivement menacés par les Anglais, notre position était telle qu'il a fallu obéir [...]. Nous avons pris tous les bâtiments de pavillon russe, entre lesquels une frégate de guerre [...]. Messieurs les Anglais sont des maîtres bien pesants et incommodes, mais nous sommes réduits à devoir tout céder et nous contenter d'être nababs, en nous faisant illusion d'être souverains. »

Marie-Caroline n'a plus d'alliés. Elle a rompu avec Vienne. Elle ne veut plus entendre parler de son ex-gendre, « le petit empereur François qui, tout en priant Dieu et caressant sa femme, dépouillera son beau-père et sa famille en tout bien et honneur [520] ». N'a-t-il pas eu l'outrecuidance, dans la lettre annonçant son remariage, de donner à Ferdinand le seul titre de « roi de Sicile »! Il semble en revanche que, de temps à autre, Marie-Caroline reprenne contact avec Gallo, ministre des Affaires étrangères du roi Joseph à Naples [521].

La reine se laisse aller à rêver. Elle caresse l'idée qu'à la paix générale les Français pourraient lui rendre Naples. Cela lui permettrait, avec enthousiasme, de chasser les Anglais de Sicile. Mais elle revient vite à la dure réalité :

> « Hélas, ce moyen doux n'entrera jamais dans cette tête violente de Buonaparte auquel l'inouïe prospérité qu'il a constamment, l'a fait gonfler comme un crapaud sans, pour notre malheur, le faire crever [522]. »

Chapitre XXIV

L'affaire d'Espagne

Murat en Espagne. Insurrection d'Aranjuez. Abdication de Charles IV. Entrevue de Bayonne. Joseph Bonaparte, roi d'Espagne. Murat, roi de Naples. Il s'empare de Capri. Ferdinand IV songe pour lui-même au trône d'Espagne. Philippe d'Orléans arrive à Palerme. Il accompagne Léopold à Barcelone. Entrevue d'Erfurt. Napoléon en Espagne. Attaque de l'Autriche. Napoléon à Schoenbrünn. Wagram. Paix de Vienne. Expédition anglo-sicilienne sur Naples. Amélie épouse Philippe d'Orléans. Il part pour l'Espagne. Napoléon épouse Marie-Louise. Résistance du parlement de Sicile. Marie-Caroline excédée de l'attitude de ses alliés anglais. Elle est accusée de correspondre avec l'ennemi. Murat cherche à s'emparer de la Sicile. Naissance du roi de Rome. La Russie rompt avec la France.

Sous prétexte d'assurer les arrières de Junot qui occupe le Portugal, Napoléon accroît progressivement ses effectifs en Espagne. Dès l'été de 1807 l'idée lui est venue de chasser les Bourbons et d'installer à leur place l'un des siens sur le trône de Madrid. Après tout, n'y a-t-il pas eu un précédent sous Louis XIV? A Tilsit, ce projet, encore confus, a été évoqué. Alexandre s'est montré compréhensif, dès l'instant que l'empereur n'a pas soulevé d'objection à ce que le tsar arrache la Finlande à son beau-frère le roi de Suède. Napoléon pourra avouer un jour: « J'ai vendu la Finlande pour l'Espagne. » En décembre 1807, le projet a mûri. Napoléon en fait part à son frère Joseph, convoqué à Venise. La mésentente qui sévit au sein de la famille royale d'Espagne va favoriser la réalisation de son plan. Pour diriger les troupes qui occupent déjà Valladolid, Burgos, Pampelune et Barcelone, Murat est nommé en février 1808 lieutenant-général de l'empereur en Espagne. Il y pénètre à son tour à la tête de 80 000 hommes. Charles IV, conscient du danger, quitte Madrid pour Aranjuez. Là dans la nuit du 17 au 18 mars, à la suite d'une mutinerie fomentée par les partisans de Ferdinand, le prince des Asturies, Godoy est arrêté. Charles IV abdique en faveur de son fils. Murat, le 23 mars, prend aussitôt possession de Madrid.

Napoléon va s'entremettre pour régler à sa façon cette affaire de famille. Arrivé à Bayonne, le 15 avril, il y convoque successivement Ferdinand, puis Godoy et enfin Charles IV et Marie-Louise, son épouse. Les événements qui s'y déroulent les 5 et 6 mai s'apparentent à une farce tragi-comique. Ferdinand rend sa couronne et, la retrouvant, Charles IV la cède à Napoléon. Ferdinand accompagné de son frère, l'infant don Carlos et de don Antonio son oncle, part en exil à Valençay chez Talleyrand. Charles IV, Marie-Louise et Godoy sont envoyés à Compiègne. Craignant que la famille royale, à Bayonne, ne tombe dans un guet-apens, le peuple de Madrid est entré en insurrection. Le 2 mai, Murat réprime durement cette révolte. Mais bientôt elle gagne Valence, Cadix, Séville. La guerre d'Espagne a commencé.

Que faire de ce nouveau trône? Napoléon songe d'abord à le donner à son frère Lucien qui devrait alors divorcer de sa seconde épouse, Alexandrine. Lucien s'y refuse. Napoléon l'impose à Joseph. Dès le 2 mai, il écrit à Murat, son beau-frère :

> « Je destine le roi de Naples à régner en Espagne. Je vous donnerai le royaume de Naples ou du Portugal. Répondez-moi sur-le-champ, car il faut que ce soit fait en un jour. Vous me direz que vous préféreriez rester auprès de moi. Cela est impossible [...]. D'ailleurs avec une femme comme la vôtre, vous pouvez vous absenter si la guerre vous rappelait près de moi; elle est fort dans le cas d'être à la tête d'une régence. Naples est au reste plus beau que l'Espagne car la Sicile y sera jointe et vous auriez là six millions d'habitants. »

C'est aller à l'encontre des vœux des deux intéressés. Murat se voyait déjà roi d'Espagne et Joseph n'avait aucune envie de quitter Naples où il se plaisait maintenant infiniment. Comme il n'est pas question de résister au grand homme, Joseph quitte Naples le 23 mai. Proclamé roi le 4 juin, il fait son entrée à Madrid le 20 juillet 1808. Quelques jours plus tôt, Murat a été nommé roi de Naples par le décret impérial du 15 juillet. Comme le ménage n'en est pas satisfait, son arrivée à Naples n'aura lieu qu'en septembre. Murat passe auparavant par Rome mais ne rend pas visite au pape : celui-ci s'est refusé à entériner l'exclusion des Bourbons de Naples et ne reconnaît pas Murat dans sa nouvelle dignité. A Naples, l'accueil est chaleureux [523]. Murat est totalement séduit. Il va aussitôt jouer, avec un plaisir certain, son rôle de roi, à l'agacement de son impérial beau-frère. Pourtant Berthier l'avait prévenu : « Pour vos sujets, soyez roi; pour l'empereur soyez vice-roi. »

Murat est avant tout un bouillant militaire. A quelques milles du rivage, les Anglais le narguent de Capri. Moins d'un mois après son arrivée, il y fait débarquer 2 000 hommes le 2 octobre. Le 18, la garnison anglaise commandée par Hudson Lowe, futur « geôlier » de Napoléon à Sainte-Hélène, doit capituler. Pour maintenir quelques relations avec Naples, Ferdinand et Marie-Caroline ne disposent plus que des îles de Ponza et de Ventotène où commande le prince de Canosa, un ami de Luigi de Medici.

Malgré ce cruel revers, ce sont surtout les événements d'Espagne qui, à Palerme, agitent la famille royale. Comme il est évidemment exclu de reconnaître le coup de main de Bonaparte, Ferdinand IV, frère cadet de Charles IV, décide de faire valoir ses droits au trône de Madrid. Drummond, le ministre d'Angleterre, n'y voit pas, pour sa part, d'inconvénient. Il se dit d'accord pour que le prince Léopold aille en Espagne afin d'y représenter son père. Songeant aux possessions espagnoles d'Amérique, il n'exclut pas de voir un jour le jeune prince devenir roi du Mexique [524].

Alors que s'échafaudent ces projets, un hôte inattendu, Philippe d'Orléans, le fils de Philippe-Égalité qui, en 1793, avait voté la mort de son cousin Louis XVI et qui avait été par la suite lui-même guillotiné, débarque à Palerme, le 20 juin. Aux yeux de Marie-Caroline, ce jeune duc n'est qu'un scélérat. N'a-t-il pas accueilli avec ferveur les idées révolutionnaires, adhéré au club des Jacobins et servi, sous Dumouriez, dans les armées révolutionnaires? Mais, passant outre à sa répugnance, Marie-Caroline le reçoit dès son arrivée. Plus tard, Louis-Philippe devenu roi racontera ce premier contact :

> « Elle me prit par le bras, sans mot dire, pour me conduire dans ses appartements. Alors, dans l'embrasure d'une fenêtre, elle me prit la tête entre les mains et pendant quelques instants me fixa en silence. " Je devrais vous détester, me dit-elle pour finir, car vous avez combattu contre nous; et pourtant j'éprouve de la sympathie à votre égard [...]. Dites-moi franchement quelle part vous avez eue dans la Révolution française. Dès à présent, je vous pardonne tout, à condition que vous ne me cachiez rien " [525]. »

Le duc fut d'autant plus vite pardonné qu'il se prit de beaucoup d'intérêt pour Marie-Amélie qui, à 28 ans, n'était toujours pas établie. Or le duc avait 35 ans et était célibataire. Amélie le trouve « d'une taille ordinaire, plutôt gras, d'un extérieur ni beau, ni laid [...] avec les traits de la Maison de Bourbon [526]. » Mais elle est flattée. Un mois plus tard on évoque un possible mariage. Adroitement, Philippe d'Orléans approuve le projet de voyage de Léopold en Espagne. Il réclame même l'honneur d'y participer : il gagne ainsi en quelques jours l'estime de Ferdinand et de Marie-Caroline. Dans son *Journal*, Marie-Amélie note le 16 juillet :

> « Le plus grand désir du duc serait que papa fît une lettre dans laquelle il dirait que les circonstances ayant amené ici son cousin, il lui confiait le commandement des troupes d'Espagne [...]. Alors, tandis que Léopold passerait à la Régence, lui chercherait à réunir les armées pour cerner les Français [...]. Si Dieu bénit ses projets, il ne désire autre chose que de dire au roi Louis XVIII : « Sire, je vous ai rendu le trône; j'ai ôté la tache de mon nom. »

Alors que Ferdinand envisage favorablement un prochain mariage, Marie-Caroline est réticente. Elle s'en explique à Philippe d'Orléans lui-même : « Maman lui a dit qu'il était nécessaire d'attendre un peu, parce que si Ferdinand VII recherchait ma main, on ne pourrait la lui refuser [527]. »

Amélie qui ne tient pas à succéder à sa sœur, la malheureuse « Toto », dans le lit du prince des Asturies, dont la restauration lui paraît d'ailleurs improbable, déclare « fermement et sincèrement qu'elle préfère mille fois le duc d'Orléans [527] », dont elle est déjà très amoureuse.

Une frégate anglaise, de Malte, est venue à Palerme. Léopold et Philippe d'Orléans s'embarquent pour Gibraltar le 26 juillet 1808. L'accueil des Anglais est des plus froids. Ils ne ressentent nullement la nécessité ni l'intérêt d'une telle expédition d'autant plus que la situation militaire en Espagne est en voie de se rétablir. Les armées régulières espagnoles et des partisans de plus en plus nombreux remportent des succès sur les Français. Le 22 juillet, à Baylen en Andalousie, les troupes du général Dupont sont contraintes de capituler. Au Portugal, les Anglais ont débarqué sous le commandement de sir Arthur Wellesley, futur vicomte de Wellington. A Cintra, ils ont obtenu la reddition de Junot. L'Espagne est en révolte, le Portugal est perdu. « Les rois ont été vaincus, la guerre des peuples commence. » Ces voyageurs arrivés de Sicile sont donc encombrants et même indésirables. En octobre, Léopold et sa suite sont de retour à Palerme. Le duc d'Orléans se rend de son côté à Londres pour tenter de justifier sa démarche et faire approuver son projet de mariage. A défaut, il peut craindre que ses seuls moyens d'existence – la petite rente de 400 guinées que les Anglais lui servent – ne lui soient supprimés [528]. Drummond, qui a autorisé l'expédition d'Espagne, est désavoué. Il est remplacé à Palerme, en février 1809, par lord Amherst.

Pour rétablir le prestige de ses armes, Napoléon a décidé de se rendre en personne en Espagne à la tête de ses 200 000 meilleurs soldats. Mais il souhaite auparavant rencontrer le tsar pour obtenir de lui que, pendant son absence, il intimide l'Autriche qui accélère ses armements et se montre belliqueuse. L'entrevue a lieu en Saxe, à Erfurt, fin septembre. C'est un nouvel Alexandre que Napoléon découvre : il ne tombe plus aussi facilement qu'à Tilsit sous la séduction de l'empereur. Quand Napoléon lui fait part de sa décision de se séparer de Joséphine et évoque une union possible avec l'une des sœurs du tsar, celui-ci élude. Non, l'aînée Catherine épousera bientôt le duc d'Oldenbourg. Non, Anna, la seconde, est trop jeune : elle n'a même pas encore seize ans. Aussi est-ce sans conviction et même à contrecœur [529] qu'à l'issue de l'entrevue, par la convention du 12 octobre, Alexandre promet son concours armé au cas où l'Autriche attaquerait la France.

En novembre, Napoléon est en Espagne. Par plusieurs victoires – souvent difficilement acquises – il parvient à rétablir momentanément la situation. Le 9 décembre 1808 il est dans Madrid. Mais d'inquiétantes nouvelles lui parviennent de Paris : Fouché et Talleyrand complotent avec Murat. L'Autriche se prépare ouvertement à la guerre. Dès le 23 janvier 1809, il est de retour à Paris.

*

Comme les Anglais n'ont pas su conserver Capri, Marie-Caroline les abreuve de ses sarcasmes. En vain son entourage tente de la calmer. Castelcicala lui-même, son ambassadeur à Londres, prend le risque de lui prédire sa ruine, « au cas où elle ne changerait pas de système, c'est-à-dire vouloir heurter l'Angleterre [530] ». Pour la reine, le salut ne peut venir qu'à l'occasion d'un nouveau conflit. Le 7 octobre 1809, elle écrit à Damas :

> « Je désire la guerre pour le bien de l'Europe, pour l'unique chance de nous sauver et je la crains pour le pauvre empereur qui s'y mettra tout, en honnête homme, et qui sera trompé, joué et sacrifié. »

Marie-Caroline ne croyait pas si bien dire ! Par suite de la lenteur des communications – depuis des mois sans nouvelles,

« je parle et j'écris comme l'aveugle des couleurs [531] » – elle ignore encore, au mois d'octobre, que l'Autriche a, en avril, attaqué la France sans que le tsar n'intervienne, et que les trois archiducs Charles, Jean et Ferdinand ont été battus [532]. Vienne a capitulé. Napoléon pour la seconde fois est le maître de Schoenbrünn. Après la victoire décisive de Wagram, l'empereur d'Autriche a dû le 12 juillet 1809 cesser tout combat (armistice de Znaïm). Par la paix de Vienne du 14 octobre, l'Autriche perd Trieste, Fiume et la Croatie, ses seuls débouchés maritimes. Elle doit en outre céder Salzbourg à la Bavière et sa part de Galicie au grand-duché de Varsovie.

Après avoir appris la nouvelle de la victoire de Wagram, Marie-Caroline écrit le 1er novembre à Damas :

> « Je ne puis vous dire la peine que me cause l'infâme déshonorante paix que l'empereur vient de signer. Il a détruit la Maison d'Autriche. Il a voulu faire connaître sa totale nullité [...]. Réellement, il n'y a que les Espagnols qui ont encore de l'âme et de l'honneur. »

Les Anglais, dans cette Cinquième Coalition, connaissent des déboires. En août, ils échouent devant Anvers. Ils perdent plus de 10 000 hommes noyés dans les marais de Walcheren. En novembre, ils doivent rembarquer. De Palerme, Stuart pense que le moment est venu d'agir en profitant de ce que les Autrichiens attaquent dans l'Italie du Nord. Il tente en juin une opération sur Naples. Avec 20 000 hommes, dont un contingent sicilien commandé par Léopold, embarqués sur une flotte de quarante navires, Stuart s'empare des îles de Procida et d'Ischia. Il organise un modeste débarquement en Calabre dans l'espoir d'y provoquer une insurrection. Il s'abstient d'en découdre avec Naples où Murat a mis en place d'importants moyens de défense. En apprenant qu'après Wagram l'Autriche s'est inclinée, il décide – tout comme il l'avait fait lors de son expédition de Calabre au cours de l'été 1806 – de se retirer. Il abandonne même les îles qu'il vient juste de conquérir. Le prince de Canosa, qui tenait les îles de Ponza et de Ventotène, sans y être contraint, les évacue à son tour. Pour Marie-

Caroline, il est évident que l'on ne peut attribuer tous ces désolants et incompréhensibles revers qu'à la « scélératesse » de ses alliés. Elle s'en plaint à Damas :

> « Nous sommes dans la plus pénible de toutes les situations, maîtrisés, avilis, maltraités par les Anglais. Combien est pénible cet esclavage et combien on nous le fait cruellement éprouver [533]. »

A Palerme, Philippe d'Orléans entretient un contact régulier avec lord Amherst. Il en vient peu à peu à partager le point de vue que c'est bien grâce à la présence des troupes anglaises et aux subsides que perçoit le royaume de Sicile [534] que ce dernier a pu être jusqu'à présent sauvegardé. L'irritation croissante de la reine contre l'Angleterre lui apparaît excessive. Ferdinand, qui ne reste pas insensible aux arguments de Marie-Caroline, est dès lors moins favorable au projet de mariage. Il cherche même un moment à l'écarter, prétextant que n'ayant pas d'argent il ne pourra pas doter sa fille. Devant le désespoir d'Amélie, il va fléchir. Le mariage a lieu le 25 novembre 1809. Il est célébré dans la chambre même du roi, transformée en chapelle pour la circonstance. Depuis plusieurs mois en effet, à la suite d'une mauvaise chute dans un escalier, Ferdinand ne peut que se traîner de son lit à une chaise longue. Marie-Caroline, pour qui le bonheur de ses enfants demeure une préoccupation constante, n'a pas cru devoir opposer son veto :

> « Je l'avoue, il m'en a coûté infiniment, mais elle le souhaitait pour être on ne peut pas dire établie, car il n'a rien, mais mariée. Ainsi j'ai cédé [...]. Je dois faire bonne mine à une chose qui me peine, m'humilie à l'excès, mais ma fille le trouve un héros, un dieu. C'est un homme qui gagne à être connu ; il parle de ses erreurs en homme bien converti, ne brûlant que de se distinguer pour ôter l'odieuse tache [...]. Je le crois l'unique des Bourbons à embarrasser Buonaparte [535]. »

Le 16 décembre 1809, Napoléon, décidé à assurer sa descendance, fait annuler son mariage avec Joséphine [536]. Dans la liste des jeunes princesses qu'il pourrait épouser – à défaut d'Anna, la sœur du tsar – il marque sa préférence pour Marie-Louise de

Habsbourg, âgée de dix-huit ans, la fille aînée de l'empereur d'Autriche et la petite-fille de Marie-Caroline. C'est sous l'influence de Metternich (alors chancelier à Vienne), parvenu à convaincre François Ier des avantages à espérer d'une telle union, que ce surprenant mariage va pouvoir se conclure. Le 8 mars 1810, Berthier, prince de Neufchâtel, présente la demande officielle. Le 11, dans la chapelle des Augustins, a lieu la cérémonie religieuse au cours de laquelle l'archiduc Charles, oncle de la mariée, représente Napoléon. Le 13 mars, Marie-Louise quitte Vienne pour la France où l'accueille Caroline Murat. Le 27, elle est à Compiègne aux côtés de Napoléon. Il y a tout lieu de penser que, dès cet instant, elle devient totalement son épouse, avant même que les cérémonies civiles et religieuses n'aient eu lieu à Saint-Cloud et aux Tuileries les 1er et 2 avril.

Nul ne sera surpris que Marie-Caroline trouve ce mariage scandaleux.

> « L'empereur ose donner sa fille en concubine adultérine à un scélérat couvert de tous les crimes de l'humanité [...] [537]. Sa concubine! elle n'est que cela! Je ne vois aucun avantage que honte, avanie dans cette abominable alliance [...] [538]. »

Elle ne veut pas que son ex-gendre ignore ses sentiments. Elle lui écrit le 7 avril :

> « Monsieur, triplement votre tante et depuis vingt ans votre belle-mère, quoiqu'il paraisse que tous ces liens soient oubliés, c'est par la gazette que j'ai appris le mariage de ma petite, d'un enfant à laquelle tant de liens m'attachaient et que, quoique morte pour moi, je ne cesserai de prier Dieu pour elle dans la périlleuse carrière où elle est jetée et où je tremble pour son âme bien plus que pour son corps [539]. »

Ce mariage, qui écœure Marie-Caroline, suscite l'inquiétude du ménage Murat et des Anglais. Comment Metternich qui, il y a peu, était encore à Paris l'amant de Caroline Murat, a-t-il pu favoriser un plan susceptible d'incliner Napoléon à se montrer compréhensif pour les intérêts de la grand-mère de sa nouvelle épouse? Le trône de Naples n'est-il pas dès lors menacé? Cette crainte, les Anglais l'éprouvent eux aussi. Ils vont plus loin. Ils en viennent à suspecter Marie-Caroline. Dans son *Journal*, Amélie note le 23 mars :

« Le bruit court que Buonaparte nous rendrait le royaume de Naples et remettrait les choses sur le point du traité d'Amiens. Cela a donné beaucoup de soupçons aux Anglais qui ont fait savoir à Maman qu'ils se chargeraient de faire doubler et peut-être même tripler nos subsides du moment qu'elle promît solennellement de ne jamais se séparer d'eux. »

Marie-Caroline rejette ces soupçons avec indignation :

« Mes bons amis anglais sont comme des enragés pour un mariage qui me tue de chagrin et qu'eux disent que moi j'ai secrètement fait [...]. Ils me soupçonnent de l'avoir provoqué et de pouvoir ainsi arranger mes affaires [...]. Je ne suis nullement tranquille sur notre sort futur entre un ennemi féroce, actif et qui a tant de moyens et un soi-disant ami, perfide, traître, qui veut nous opprimer et prend l'abominable moyen, pour couvrir sa scélératesse, de vouloir nous faire paraître traîtres [540]. »

Sur le plan de la politique intérieure, la situation n'est guère satisfaisante. Réduite à ses seules ressources – les subsides anglais sont pour la plus grande part absorbés par l'entretien et le réarmement des troupes – la Sicile manque d'argent. Dans l'espoir de s'en procurer, Ferdinand, en février 1810, a réuni le parlement.

« La session parlementaire qui a duré 23 heures a été très tumultueuse, écrit Marie-Caroline, particulièrement dans les chambres ecclésiastique et militaire. Les domaniales ont voté de donner au roi tout ce qu'il demandait, mais les ecclésiastiques et les barons ont accordé une somme de beaucoup inférieure [541]. »

Les barons ont de bonnes raisons de se montrer mécontents. Non seulement l'essentiel de l'aide supplémentaire doit tomber à leur charge, mais ils se sentent injustement écartés du pouvoir. Les principaux postes du gouvernement restent confiés en effet à des Napolitains, ceux-là mêmes qui ont suivi la famille royale dans son exil. Ferdinand et Marie-Caroline se contentent pour l'instant de ce qu'on leur octroie. Mais leur ressentiment est vif. Ils entendent bien avoir le dernier mot. Une autre fois.

Les sentiments anglophiles de Philippe d'Orléans commencent à agacer sérieusement la reine. Philippe ne lui a-t-il pas remis, en mars, un mémoire [542] cherchant à lui démontrer que les intérêts de l'Angleterre coïncident avec ceux de la Sicile et qu'il conviendrait de coopérer sans réserve avec les généraux anglais ? Nouvelle réconfortante toutefois : Philippe va pour un temps s'éloigner et prendre part à la lutte pour la bonne cause.

> « Il vient d'être appelé par la *Giunta* en Espagne de la manière la plus flatteuse et une frégate est venue exprès pour l'appeler. Il doit partir dans la huitaine. Son rôle sera difficile, mais si Dieu le bénissait, il pourrait devenir très brillant et utile. Il serait bizarre, mais beau à voir, si l'un de mes gendres, avec tous les moyens possibles, s'est si avili en sacrifiant sa fille à ce monstre pour sa tranquillité, et qu'un autre gendre, sans aucun moyen que son épée et son cœur détrônisât (*sic*) le même monstre [543]. »

Parti pour Cadix le 26 mai, Philippe d'Orléans est de retour à Palerme cinq mois plus tard. Les Anglais, mécontents de cette seconde initiative, l'ont prié de regagner ses foyers. Il y trouve toutefois une consolation ; en son absence, le 3 septembre, Amélie lui a donné son premier fils [544].

Philippe d'Orléans, depuis son retour, regrette de constater que l'agacement de sa belle-mère contre les Anglais ne fait que grandir. Amélie le lui confirme :

> « Maman nous a fait une colère terrible contre les Anglais, disant qu'elle est sûre qu'ils nous enlèveront la Sicile, qu'ils nous trahissent d'une manière infâme, qu'il faudrait que le roi ou un des princes allât à Messine avec toutes nos troupes pour en prendre le commandement et contrebalancer l'autorité de Stuart ; que dans le cas où ils nous menaceraient de partir et de nous enlever nos subsides, il faudrait les remercier et aller aussitôt traiter avec Buonaparte, car il est mieux d'avoir affaire à un ennemi déclaré qu'à des traîtres cachés [545]. »

Ces déclarations de Marie-Caroline alimentent les soupçons de ses alliés. Ils se persuadent peu à peu que la reine négocie secrètement avec Napoléon à Paris et avec Murat à Naples. Déjà, au début de 1808, une gazette anglaise avait accusé Saint-Clair, le favori de la reine, d'entente secrète avec les Français [546]. La chose maintenant devient plus sérieuse. Il semble bien, en effet, que Marie-Caroline, par l'entremise de divers intermédiaires, entretient des contacts avec l'ennemi. Au printemps de 1810, un certain Giuseppe Casseti, capitaine dans l'armée napolitaine, serait venu à Palerme porteur d'un message de Murat auquel Marie-Caroline aurait répondu tout en maintenant sa revendication sur Naples. Revenant à la charge, Murat, par le même émissaire, lui aurait fait demander qu'elle ne s'oppose pas à son débarquement en Sicile. Une compensation, aux Pays-Bas par exemple, pourrait alors être envisagée. En avril 1810, c'est au tour de Marie-Caroline de s'adresser à Murat. Elle lui fait passer le message suivant :

> « Votre long silence me fait douter. Si vous voulez mes faveurs, il faut les mériter. Ne croyez pas que celui qui a touché au faîte de la fortune peut bien tomber? [547] »

Qu'elle se soit mise en rapport avec Napoléon est moins sûr. Mais animée par sa haine grandissante contre les Anglais, il est fort possible qu'elle l'ait fait. L'un de ses agents secrets, un certain d'Amitia, capitaine dans l'armée sicilienne, se serait rendu à Trieste auprès de Marmont. Puis de là à Paris pour y rechercher l'aide des Français afin de chasser les Anglais de Sicile. A Sainte-Hélène, au cours de l'un de ses entretiens avec O'Meara en avril 1817, Napoléon lui aurait confié :

> « Je n'ai pas voulu qu'un personnage si proche parent pût proposer un acte aussi atroce que celui qui m'a été proposé par Caroline. C'était faire de nouvelles Vêpres siciliennes, massacrer toute l'armée anglaise et les Anglais en Sicile. J'ai jeté en prison l'agent qui me portait ce projet [548]. »

A un autre supposé message de Marie-Caroline, Napoléon, si l'on en croit le *Journal de Commerce de Cadix* du 29 mai 1810, aurait répondu par écrit en lui offrant de coopérer pour chasser les Anglais. On découvrira plus tard que « cette fameuse lettre de Buonaparte à moi [549] » n'était qu'un faux.

Murat ne parvient à signer aucun accord avec Marie-Caroline. Il prépare dès mai 1810 son expédition contre la Sicile. Murat a hâte d'en faire la conquête. N'est-il pas, en titre, roi de Naples et de Sicile? En cette fin de printemps 1810, Napoléon n'est pas hostile au projet. Mais un peu plus tard il se ravise et demande à Murat, non plus de tenter la traversée, mais de simplement maintenir ses troupes le long du détroit. Ainsi intimidés, les Anglais ne pourront pas aller ailleurs faire porter leurs efforts. Ces dernières instructions parviennent trop tard : le 17 septembre, 2 000 hommes, corses et napolitains, sous la conduite du général Cavaignac, prennent pied en Sicile, sans rencontrer beaucoup d'opposition. Selon le plan prévu, c'est au tour du général Grenier de venir renforcer la tête de pont. Celui-ci, prétextant n'avoir pas reçu d'ordres de Napoléon, refuse d'embarquer et il enjoint au troisième échelon commandé par le général Lamarque de faire de même. Laissé à ses seules forces, Cavaignac ne peut longtemps résister aux 5 000 hommes que Stuart lui oppose. Comme la population, loin de coopérer, l'a accueilli aux cris de « A bas les Français, vive les Anglais », il n'a plus qu'à regagner sa base de départ.

Pour masquer son échec, Murat peut bien proclamer par son ordre du jour du 26 septembre : « Vous avez résolu un grand problème, vous avez prouvé que les flottilles ennemies ne peuvent empêcher le passage du détroit à de simples parancelles et que la Sicile sera conquise quand on voudra sérieusement la conquérir », Napoléon, ulcéré de voir que Murat n'a pas respecté ses instructions, n'hésite pas une fois de plus à l'humilier :

> « Toutes les troupes que les Anglais avaient destinées à la Sicile viennent d'être envoyées au Portugal aussitôt qu'on a connu l'ordre du jour que vous venez de faire paraître. Si vous vouliez revenir à Naples,

qui vous obligeait de déclarer que vous mettiez fin à l'expédition? Je vous avais fait connaître que mon intention était que mes troupes restassent en position de menacer la Sicile jusqu'au 1er janvier. Mais vous agissez sans aucune espèce de prudence. »

Murat constatait à ses dépens, comme Berthier l'en avait prévenu, que dans ses rapports avec son beau-frère il ne serait jamais qu'un vice-roi.

De Paris, Marie-Louise donne parfois de ses nouvelles à Palerme. Amélie, le 3 septembre 1810, note dans son *Journal* : « Louiselle (c'est ainsi que lors de son séjour à Vienne en 1790 elle appelait affectueusement sa nièce) a écrit qu'elle était heureuse et on dit communément qu'elle est enceinte. » Dans sa fureur Marie-Caroline s'est un jour écriée : « Peut-être que l'on me notifiera la naissance du premier Napoleoncini, fruit de quelque Mamelouk qui aura aidé Sa Majesté Impériale ! », mais nul n'a jamais douté que Napoléon est bien le père du fils que Marie-Louise lui donne le 20 mars 1811 et qui reçoit le titre de roi de Rome [550].

A ce moment, Napoléon et Alexandre ont pratiquement déjà rompu. L'empereur ne pardonne pas au tsar d'être demeuré l'arme au pied lorsque l'Autriche attaquait, alors qu'à Erfurt il s'était engagé à intervenir. Quant à Alexandre, il estime maintenant que les bornes acceptables ont été franchies. Napoléon n'a-t-il pas, en juillet 1810, après avoir déchu son frère Louis, annexé la Hollande à son empire? Et, injure personnelle, ne s'est-il pas, quelques mois plus tard, en décembre, emparé du duché d'Oldenbourg dont le souverain, pour avoir épousé Catherine, n'est autre que son beau-frère? En juin 1812, ce sera la guerre.

On ne peut douter que Marie-Caroline ait suivi ces événements avec sa passion habituelle. Sa correspondance fait défaut tout au long de 1811, année à partir de laquelle elle va se consacrer presque entièrement aux problèmes internes de la Sicile. C'est-à-dire à la lutte qu'elle entame alors tout à la fois contre les barons siciliens et ses alliés anglais.

Chapitre XXV

Un combat inégal *

Marie-Caroline impose de nouvelles mesures fiscales. Mise en garde d'Amherst. William Bentinck arrive à Palerme. Cinq barons siciliens sont emprisonnés. Bentinck proteste. Il part pour Londres se faire confirmer ses pouvoirs. Bentinck réclame des réformes, puis l'abdication du roi. Ferdinand institue François son vicaire général. Bentinck accuse Marie-Caroline de connivence avec l'ennemi. Il fait voter une nouvelle constitution. Ferdinand tente de défendre sa femme. Bentinck demande l'éloignement de la reine. Ferdinand reprend momentanément le pouvoir, puis cède. Marie-Caroline accepte de partir, se plaint à Bentink des procédés indignes de l'Angleterre à son égard. Elle quitte la Sicile.

Puisque le parlement n'a pas jugé bon d'accorder toutes les ressources nouvelles qu'elle réclamait, Marie-Caroline en février 1811 utilise la manière forte. Par deux édits, elle institue une taxe de 1 % sur toutes les transactions. Elle met en loterie divers biens appartenant à la couronne. Ces deux mesures fis-

* Ce chapitre emprunte largement à un document fort curieux conservé dans le département des Archives de la Bibliothèque nationale de Naples et intitulé *De la Révolution du Royaume de Sicile par un Témoin oculaire*. R.M. Johnston, de l'Université de Cambridge et professeur à Harvard University l'a publié et commenté en 1912 sous le titre de *Mémoire de Marie-Caroline, Reine de Naples*. Johnston l'attribue à Marie-Caroline elle-même. Il contient la copie de très nombreux documents officiels, dont certains sont de la main même de la reine, et qui couvrent la période d'août 1811 à avril 1813 au cours de laquelle prend place le « duel » que Marie-Caroline entame contre William Bentinck, le nouveau représentant de l'Angleterre auprès de la Sicile. On pense que la reine, en rassemblant ces documents, avait l'intention de démontrer ainsi combien l'Angleterre, son alliée, se conduisait en fait en ennemie et l'avait injustement maltraitée.

cales, que Philippe d'Orléans avait déconseillées – « Ce matin, ont paru les édits fatals [551] » – ne vont pas être efficaces. Elles suscitent d'emblée un mécontentement quasi général dont de nombreux barons prennent la tête. Lord Amherst, l'ambassadeur d'Angleterre, réprouve lui aussi cette initiative. Prise en dehors du parlement, elle crée dans le royaume un dangereux climat qui pousse Siciliens et Napolitains à s'affronter. Le diplomate anglais prédit que le désordre dans lequel va s'enfoncer le royaume obligera, tôt ou tard, l'Angleterre soit à s'en rendre maître, soit à l'abandonner. Au contraire, « si le roi voulait s'entendre avec les Siciliens et établir un gouvernement ferme et sage, il est sûr que l'Angleterre augmenterait ses subsides [552] ». Ayant demandé son rappel, Amherst quitte Palerme au début de mai 1811. Il y est remplacé par lord William Bentinck, un militaire fort peu diplomate. Il est nommé commandant en chef des troupes britanniques en Sicile, ministre plénipotentiaire et envoyé extraordinaire auprès de la cour de Palerme [553].

Le cabinet de Londres, dans ses instructions, ne va pas l'inciter à se montrer particulièrement conciliant. Le mécontentement règne en Sicile. On n'y aime pas les Napolitains. L'influence qu'y ont les Siciliens y est notoirement insuffisante. On devrait prendre davantage en considération les avis et les souhaits du parlement. Aussi Bentinck est-il prié de signifier à la cour de Palerme que « si ces mauvaises mesures entraînent des événements graves, il ne faut pas compter sur les troupes anglaises pour assister cette cour dans sa politique d'imposer un système de gouvernement contre la résistance du peuple [554] ».

Lorsque Bentinck arrive en juillet 1811, l'agitation est montée d'un cran. Cinq barons siciliens, que Marie-Caroline tient pour les meneurs, – les princes de Belmonte-Ventimiglia, de Castelnuovo-Villaermosa, de Jaci, d'Angio et de Villafranca – viennent d'être jetés en prison. Dès ce jour, Philippe d'Orléans prend parti contre la reine dont la politique lui apparaît aventureuse et trop brutale.

Le 2 août 1811, Bentinck adresse un long office au marquis

de Circello, le ministre des Affaires étrangères. Bien qu'il n'entende pas s'immiscer dans les affaires intérieures du royaume, il a constaté que l'état des affaires y est tel que ses moyens de défense en souffrent. Aussi écrit-il :

> « Après quatre ans, une île qui, par une bonne organisation de ses ressources, pourrait défier toutes les attaques externes, devenir de nouveau le grenier de l'Europe et lutter glorieusement contre les oppressions du genre humain, languit dans la pauvreté, comme dans la faiblesse politique et militaire [...]. On ne peut s'attendre à ce que le mécontentement qui prévaut actuellement puisse se réduire à moins qu'il ne s'établisse une confiance générale, à moins qu'on ne prête l'attention due aux avis et aux conseils du parlement et qu'on prenne les mesures nécessaires pour soulager les maux qui pèsent sur le peuple, soit en raison des malheureux actes de la couronne, soit par les défauts de la constitution de la Sicile [...]. Les mesures actuelles tendent à porter le peuple à des actes de violence contre le gouvernement [...]. Si la continuation de ces mesures mal avisées produit les conséquences qu'on a lieu d'en redouter, alors ni les termes, ni l'esprit de l'alliance ne portent que les armes britanniques doivent soutenir un tel système de gouvernement et s'opposer à la résistance du peuple de Sicile [554]. »

Marie-Caroline n'est pas de celles qui acceptent ce genre de remontrances. Elle fait répondre par Circello que, selon la constitution de la Sicile, le parlement n'a de pouvoirs que par le roi : son rôle consiste à présenter des suppliques, mais certainement pas à formuler des conseils. Elle rejette en bloc ces accusations qui, selon elle, ne peuvent être que celles d'un mauvais « meuble » qui interprète par excès les instructions de son gouvernement. Elle n'a pas l'intention de s'incliner devant de telles demandes impertinentes :

> « Maman finit par dire qu'elle ne cédera jamais et préférera demander asile à l'empereur d'Autriche ou même implorer la grâce de Bonaparte et se jeter dans les bras de Murat, plutôt que se plier sous le joug des Anglais [555]. »

Bentinck est décontenancé par une résistance dont la fermeté le surprend. En septembre 1811, il repart pour Londres afin de s'y faire clairement confirmer l'attitude qu'il doit adopter à l'égard de la reine. Cet incident a tellement exaspéré Marie-Caroline qu'elle est, le 16 septembre, prise de convulsions. Elle reste près d'une journée sans connaissance. Son entourage croit qu'elle se meurt. On lui administre les derniers sacrements. Elle se remet peu à peu, mais sa santé en reste ébranlée et elle recourt de plus en plus à des remèdes opiacés qui lui procurent l'impression illusoire d'être rétablie.

Le gouvernement anglais considère que, dans sa lutte contre la France, la Sicile constitue un point d'ancrage indispensable. Il renvoie Bentinck sur Palerme au début d'octobre avec pratiquement tous les pouvoirs. Comme moyen de pression, Bentinck commence par interrompre le versement des subsides. Il fait connaître à Circello les mesures urgentes qu'il réclame : la mise sous son commandement de toutes les troupes, l'abolition de l'impôt de 1 %, le retour des barons prisonniers, un remaniement ministériel faisant une large place à des Siciliens et, formule encore vague, « un nouveau système de gouvernement ». A Marie-Caroline qui le reçoit le 13 décembre 1811 il confirme ces différents points. Lorsqu'il insiste pour que l'on donne davantage de pouvoirs à des Siciliens en éloignant plusieurs Napolitains du Conseil,

> « she began by enumerating the present members. Circello, qui est une bête. Medici, who was an able man. Arriolo, minister of War, pour celui-là c'est aussi une bête, vous pouvez le faire bouillir, cuire et rôtir si vous le voulez [...]. Who then would you propose for this Council? Cassaro, a very honest man, adding ironically, un grand esprit, il a une sublime idée de la géographie, il le trouverait fort naturel si vous lui disiez que l'escadre anglaise avait mouillé dans le port de Vienne [556] ! »

Dans son compte rendu à Wellesley, Bentinck conclut : « *The impression created by the conversation I have had with Her Majesty is that with exceeding good abilities, she probably never had any common sense* [557]. » Voyant Philippe d'Orléans, Bentinck rectifiera quelque peu : « *She is an uncommonly clever woman* [558] ».

Ferdinand ne désire pas prendre position. Il quitte Palerme et va s'installer à la Ficuzza, l'une de ses résidences de chasse à une quarantaine de kilomètres. Bentinck ne parvient pas à se faire recevoir. Il se heurte aux refus obstinés de la reine. Mais il est maintenant décidé à employer les grands moyens. Le 6 janvier 1812, il lance un véritable ultimatum : Ferdinand doit abdiquer. Le remaniement ministériel doit être effectif dans la semaine. A défaut, il se rendra à Messine pour revenir à Palerme à la tête des troupes anglaises... Le 10, il dévoile plus largement ses intentions devant François, le prince royal. Celui-ci pourrait recueillir le pouvoir si son père abdiquait. Quant à la reine, elle devra être écartée. Enfin, la Sicile doit se doter d'une nouvelle Constitution.

Lorsque Marie-Caroline apprend les projets de Bentinck, elle prend feu :

> « Ceci passe toutes les bornes de l'audace. Le Prince n'avait pas d'autre manière digne de répondre à lord William qu'en le faisant arrêter à l'instant et en lui déclarant que sa tête, celle de Monsieur le duc d'Orléans et des cinq barons ses complices lui répondraient du moindre mouvement que pourraient faire les Anglais [559]. »

Quant à l'idée saugrenue d'une Constitution nouvelle, Marie-Caroline conseille à Bentinck d'attirer Sieyès au service de l'Angleterre, « puisque tout le monde sait que ce factieux Français a toujours ses poches remplies de constitutions de toutes les espèces [...] [559] ». Mais la reine n'a pas les moyens de ses menaces. Ses railleries ne font qu'agacer davantage son adversaire. Ferdinand, le 16 janvier 1812, capitule. Il n'abdique pas. Mais prétextant que sa santé l'oblige à vivre à la campagne, il institue, contre l'avis de sa femme, François son vicaire général pour le temps où il restera indisposé. François n'est pas de taille à se mesurer à Bentinck. Celui-ci se nomme capitaine général et commandant en chef de l'armée du roi. Il fait venir à Palerme 5 à 6 000 Anglais sous prétexte d'y maintenir l'ordre [560]. Il chasse les ministres qui étaient dévoués aux souverains – Medici, Ascoli et Castrone. Il abroge l'édit de 1 %. Il fait libérer les cinq barons emprisonnés. Suprême provocation que

Marie-Caroline ne pardonne pas, Bentinck nomme ministres trois d'entre eux : Belmonte aux Affaires étrangères, Castelnuovo aux Finances et Jaci à la Guerre et à la Marine [561]. Malgré le soutien que lui apporte Philippe d'Orléans, François n'a pas une personnalité assez affirmée pour naviguer à son avantage entre son père, Bentinck et Marie-Caroline. Il ne peut que déplaire aux uns et aux autres. Marie-Caroline fuit son palais pour se replier à Santa-Croce avec Léopold. Mais elle ne cesse d'intervenir. Bentinck ne le supporte pas. Le 16 mars 1812, il écrit à la reine :

> « L'administration de son auguste fils ne pourra jamais obtenir ce degré de confiance nécessaire dans la présente période où l'opinion fondée (est) que l'influence de V.M. prévaut dans les Conseils [...]. C'est avec beaucoup de déplaisir que je suis contraint de soumettre à V.M. que sa conduite depuis la nomination (de son fils) n'a pas été dirigée à diminuer les préjugés du public [...]. Si à ces causes de dégoût, on devait ajouter une correspondance directe avec notre ennemi, je laisse à V.M. à décider s'il ne serait pas prudent de se retirer à temps de Palerme avant que les circonstances puissent exciter des discussions et de l'irritation. »

Cette accusation de prendre contact avec l'ennemi, Bentinck en fait l'un de ses chevaux de bataille contre Marie-Caroline. Cela justifie à ses yeux sa demande de voir la reine s'éloigner et même de quitter la Sicile. Bentinck pense que le système de gouvernement du royaume ne répond plus aux exigences du moment. Il pousse François à convoquer le parlement en session extraordinaire pour modifier la Constitution. Cette insistance à réclamer le départ de la reine (Bentinck est même intervenu en ce sens auprès du père Caccamo, le confesseur du roi) déplaît à Ferdinand. Le 26 avril 1812, il s'adresse à son fils François :

> « Je ne veux pas croire (à l'insistance) qu'on met, à l'éloignement de ma femme, non plus qu'aux menaces d'user de la force et de la violence pour l'y contraindre dans le cas où elle ne voudrait pas y consentir. Je veux que mon fils sache qu'il me répondra du moindre outrage qu'on pourrait lui faire. C'est Dieu qui nous a unis et nul autre que lui ne pourra nous séparer. Elle est mère et souveraine ; que chacun la révère

et la défende en quelque événement que ce soit. J'entends dire qu'on va convoquer incessamment le parlement, chose qu'on ne peut faire sans mon ordre positif. Je ne crois pas le temps opportun pour le faire [...]. (Dites à) Bentinck de se dispenser d'écrire de semblables impertinences et plus encore de paraître chez moi. Ma femme est incapable d'être ce qu'il croit et il la dépeint très malhonnêtement. »

Bentinck néglige les remarques du roi. Il poursuit son offensive. Le 1er mai 1812, il obtient de François l'ordre de convocation du parlement. Marie-Caroline s'en plaint à Damas :

« Nous marchons à grands pas à l'imitation de la Révolution française et durant que l'Europe se remue, s'arme contre l'oppresseur de l'Europe entière [...] [562], au lieu de profiter de ces heureux moments, nous travaillons avec beaucoup de zèle à former une nouvelle constitution, de nouvelles lois [...]. C'est sous l'ombre et par les conseils, public appui et soutien du ministre anglais que la révolution se trame [...]. J'ai appris à mes dépens et à force de larmes à connaître les Anglais et leur abominable égoïsme. Je suis au point que je ferais *tout, tout et tout* pour en sortir [563]. »

La session du parlement s'ouvre le 18 juin 1812. Les bases de la Constitution voulue par Bentinck sont arrêtées le 20 juillet. Elle prévoit deux chambres, celle des Communes qui propose les recettes, celle des Pairs qui les approuve ou les rejette sans pouvoir les modifier. Le pouvoir exécutif reste confié au roi. Les fiefs et les droits féodaux sont supprimés. Ferdinand est hostile à plusieurs des dispositions envisagées. Il n'est pas satisfait de sa liste civile. Il exige de conserver la haute main sur la politique extérieure du royaume et de rester le seul maître de son régiment des gardes. Mais il finit par autoriser son fils à accepter la Constitution, le 19 août 1812. Comme moyen de pression, Bentinck a pendant quatre mois interrompu le versement des subsides : on ne pouvait imposer un délai de plus à tous ceux qui attendaient d'être payés. Fort de ce succès, Bentinck renouvelle sa demande de voir Marie-Caroline s'éloigner. Il sait que son ex-gendre l'empereur d'Autriche, informé des difficultés que rencontre la reine et passant outre aux objections de Metternich, lui a écrit au début d'août qu'elle pourrait au besoin trouver un asile à Vienne. Pour l'instant, Ferdinand se sent personnellement outragé. Il prend le parti de sa femme. Quittant Santa-Croce, Marie-Caroline vient à plusieurs reprises le retrouver à la Ficuzza. Quelques jours en septembre, ils habitent ensemble leur palais de Palerme.

La santé de Marie-Caroline supporte de moins en moins bien la tension que Bentinck lui impose. Le 14 septembre 1812 (alors que Napoléon fait son entrée dans Moscou), prise d'un malaise, elle tombe de son fauteuil. Elle reste sans connaissance pendant près d'une heure. François, le prince, est quelques jours plus tard pris de vomissements. On pense à un empoisonnement. Bentinck laisse penser que la reine n'y serait pas étrangère. Marie-Amélie note le 25 septembre dans son *Journal* :

> « Maman était ce matin dans un grand désespoir, déclarant que Bentinck était une bête féroce, qu'il voulait son départ et n'avait pas voulu montrer à Cassaro [564] les preuves qu'il dit avoir contre elle et qu'il ne les montrerait qu'au roi [565]. »

Devant l'attitude du diplomate anglais, Ferdinand réagit :

> « Vouloir prétendre d'un souverain et d'un mari qu'il chasse sa femme comme il chasserait une coquine et cela parce qu'elle est attachée aux intérêts, à l'honneur, comme à la personne de son mari, ce n'est pas tolérable. Vous savez si j'ai aimé ma femme ; actuellement je l'aime et je l'estime plus que jamais parce qu'elle est injustement persécutée. Je la soutiendrai à tout prix [...]. (Qu'on prévienne Bentinck) que s'il persiste à vouloir tout renverser et à révolutionner la Sicile pour soutenir quelques factieux et me faire descendre du trône après cinquante-trois ans de règne, je céderai à la violence de l'oppression, mais que je publierai un manifeste avec toutes les pièces justificatives et que j'appellerai de ses procédés à toute l'Europe [566]. »

En octobre 1812, Bentinck revient à la charge : « *I am determined to require either this, or the abdication, or the removal of the Queen by force* [567] ». Il se rend à la Ficuzza pour le notifier à Ferdinand. Celui-ci refuse de le recevoir. De guerre lasse, il lui fait dire que son intention est d'aller passer l'hiver dans sa résidence de chasse de Santa-Margarita, où Marie-Caroline le rejoindra « en attendant le printemps, époque à laquelle Sa Majesté compte se mettre en voyage pour Vienne, où elle est décidée à se transporter pour tout le temps que l'état de sa santé détériorée l'exigera [568]. »

Ce séjour à Santa-Margarita subit des interruptions. En novembre 1812, Marie-Caroline fait une courte apparition dans Palerme, puis rejoint Ferdinand à la Ficuzza où, entre-temps, il s'est réinstallé. Bentinck proteste aussitôt :

> « Sa Majesté s'est engagée à ne pas permettre à la Reine de s'approcher de Palerme à une moindre distance que celle de Santa-Margarita [...]. Personne ne s'oppose au retour de S.M. le Roi à Palerme, soit pour y faire simplement sa demeure, soit pour y reprendre l'exercice de son autorité [...]. Si cependant il jugeait à propos de renoncer à tout exercice ultérieur de son autorité en abdiquant en faveur de S.A.R. le prince héréditaire, alors il n'y aurait point de difficulté au retour à Palerme de S.M. la Reine [...] [569]. »

Loin d'envisager son abdication, Ferdinand, en février 1813, songe sérieusement à reprendre le pouvoir. Il fait savoir qu'il va revenir à Palerme. Bentinck est embarrassé. Il écrit le 3 mars à Belmonte : « L'honneur et les intérêts de l'Angleterre exigent qu'elle s'oppose à la reprise de l'autorité par le Roi, jusqu'à ce que S.M. ait donné sa parole pour l'exacte observation » de cette condition : la reine doit se maintenir éloignée de Palerme et donc quitter la Ficuzza.

*

Ferdinand ne tient pas compte de ces menaces. Le 9 mars 1813, il rejoint son palais dans la capitale. Il déclare à son fils François et aux ministres qu'il a convoqués, que sa santé est maintenant rétablie. Il reprend le pouvoir et met fin au vicariat. Cette annonce provoque l'enthousiasme de la population. Elle se presse sous le balcon où apparaît Ferdinand. Elle pousse des « Vive le Roi, les Anglais dehors », puis se dirige vers la cathédrale où on célèbre un *Te Deum*. Ce revirement de Ferdinand n'est pas du goût de Bentinck. Il note aussitôt dans son journal :

« *The King was determined not to give way. He would not be at my feet as had been Francesco* [570]. » Il devine sans peine que le roi est de nouveau retombé sous l'influence de sa femme. Il en fait part à Castelreagh :

> « Your Lordship must consider (the King) as the complete puppet of the Queen. Her Majesty solely has access to him. She has constantly impressed his mind with two diametrically opposed to each other... that I have no instructions and that all my measures proceeded from myself... the other, that the British Government have had no other view than the destruction of the royal family and the possession of Sicily for themselves [571]. »

La meilleure contre-attaque n'est-elle pas de s'en prendre de nouveau à Marie-Caroline? Le printemps est arrivé. N'est-ce pas l'époque où elle devait se rendre à Vienne, ainsi que Ferdinand l'avait lui-même annoncé en octobre dernier? Bentinck se plaint de ne voir se faire aucun préparatif en vue de ce voyage. Dans une note à Belmonte du 13 mars 1813, il accuse une nouvelle fois la reine d'avoir entretenu des contacts avec l'ennemi. Le gouvernement britannique en détiendrait les preuves et elles auraient été présentées à Ferdinand lui-même. Le roi n'y croit évidemment pas :

> « Je suis sûr que la prétendue correspondance de la Reine avec l'ennemi n'a jamais existé. Je ne me rappelle pas que lord Bentinck m'eût proposé de m'en faire voir les preuves. [...] S'il les a, qu'il les produise [572]. »

Devant cette nouvelle offensive, Marie-Caroline réagit à son tour :

> « Les griefs de Bentinck se réduisent à ce que je suis opposée aux intérêts de l'Angleterre. D'après cela, donc, toute souveraine qui ne sera pas dévouée au gouvernement britannique devra s'attendre à être chassée de ses États; une pareille maxime, en droit public, paraîtra au moins nouvelle! [...]. Quel intérêt avait la reine de livrer la Sicile à l'ennemi? Pouvait-elle espérer qu'en échange Murat lui céderait le royaume de Naples? Aurait-elle compté obtenir un équivalent? Mais

où, surtout avec un despote dont les vues de domination sont telles que pour les satisfaire le monde entier lui paraît encore trop petit. On se prévaut du mariage qu'il a contracté avec une Autrichienne et voilà la base des raisonnements des sots et des méchants, comme s'il était permis d'ignorer que la politique connaît rarement la parenté et que l'ambition démesurée n'y a jamais égard [573]. »

Dans ce combat, Ferdinand et Marie-Caroline restent isolés. François n'ose prendre parti. Philippe d'Orléans soutient Bentinck. Les ministres, dont les opinions sont incertaines, démissionnent tour à tour. En quelques jours, la Sicile n'a plus de gouvernement. Bentinck renforce sa pression : il donne huit jours à Ferdinand pour se démettre, pour investir de nouveau François son vicaire général mais avec tous les pouvoirs. Pour contraindre Marie-Caroline au départ, il menace de prendre le gouvernement du royaume s'il n'a pas satisfaction. Pour empêcher Ferdinand d'aller retrouver Marie-Caroline à la Ficuzza, il met en place un cordon militaire. Par lassitude, Ferdinand va céder. Il rétablit le vicariat. Il s'engage à ne pas reprendre le pouvoir sans l'accord de l'Angleterre. Il adresse ces quelques mots à sa femme pour la décider au départ : « Comme ami, je vous le conseille; comme mari, je vous le demande; comme roi, je vous l'ordonne [574]. »

Nul ne soutient plus désormais Marie-Caroline. Elle ne peut que se draper dans une hautaine dignité et préparer son dernier voyage. Ira-t-elle à Vienne comme prévu? Ou bien à Cagliari qui est tout proche retrouver Marie-Christine, sa chère Mimi? De Londres, Castelcicala le lui conseille. Mais le cabinet anglais s'y oppose :

« La Reine n'a aucune raison d'aller en Sardaigne. Si elle prenait ce parti, on croirait que nous l'avons chassée de son royaume, ce qu'il convient d'éviter soigneusement. Mais Sa Majesté ayant témoigné l'année dernière le désir d'aller à Vienne tant pour y voir sa famille que pour y rétablir sa santé, ce prétexte est décent et il ne prêtera pas à de fâcheuses interprétations [575]. »

Marie-Caroline s'est décidée pour Vienne. Une dernière fois, elle s'adresse à Bentinck dans cette lettre des premiers jours d'avril 1813 :

« Mylord,

« Malgré les procédés aussi extraordinaires qu'irréguliers de votre cour qui veut me forcer, moi reine des Deux-Siciles, archiduchesse d'Autriche par ma naissance, d'abandonner, après une union de quarante-cinq ans le roi mon époux et ma famille, pour me retirer dans ma patrie sous le spécieux et faux prétexte, tantôt de ma correspondance avec l'ennemi commun – ce que je défie qui que ce soit de le prouver validement –, tantôt sous celui du penchant violent qu'on m'accuse d'avoir manifesté à opposer des obstacles aux projets de l'Angleterre, de changer la Constitution sous laquelle la Sicile avait existé pendant tant de siècles; nonobstant tout cela, quoique je sois loin de reconnaître l'autorité de ce gouvernement, je ne vois pas moins la nécessité de me soumettre à sa volonté, puisque cette soumission paraît présenter le seul moyen de conserver les intérêts de ma famille, auxquels m'étant dévouée pendant toute ma pénible carrière, je n'hésite pas à faire encore le dernier sacrifice qui me coûtera peut-être la vie. Je vous déclare donc, Mylord, et par vous à votre cour, que c'est à cette seule considération et à aucune autre que je cède, et que je suis prête de me mettre en route vers la fin du mois courant, pour retourner dans les États de l'empereur d'Autriche, mon auguste gendre et neveu.

« Je demande qu'on prenne des arrangements pour mon voyage, qui puissent rendre la traversée aussi courte et aussi peu fatigante que possible. En me soumettant à cet acte de violence, comme je ne puis ni ne dois oublier ce qui est dû à ma naissance et à mon rang, je réclame :

« 1 – qu'il soit pris un arrangement pour assurer à mes créanciers le remboursement de ce qu'ils ont à réclamer. Je demande aussi qu'il soit pris des arrangements pour que mes diamants me soient restitués;

« 2 – qu'il me soit délivré une somme suffisante pour subvenir aux frais d'un voyage aussi long que l'est celui que je vais être forcée de faire, avec une suite convenable au rang où la Providence m'a placée;

« 3 – qu'il m'en soit assurée une, également convenable, pour soutenir ce rang dans le pays où je me retirerai, et qu'elle soit payée tous les six mois par avance;

« 4 – qu'une permission soit accordée à toutes les personnes que je voudrais attacher à mon service ou à celui de mon fils Léopold et que ceux qui reçoivent des gages de moi ou des pensions du gouvernement sicilien obtiennent une assurance que ces gages et pensions leur seront transmis en quelque lieu qu'ils résident;

« 5 – qu'il soit mis à ma disposition une frégate du Roi, une corvette et les transports nécessaires sur lesquels ma suite et mes équipages puissent s'embarquer, et que le capitaine de cette frégate soit à mon choix, attendu que je crains beaucoup les voyages de mer.

« Je me flatte que vous ferez usage de toute votre influence pour que soient pris les arrangements convenables et nécessaires, et puisque vous avez montré jusqu'à présent tant de fermeté et de persévérance à m'obliger de faire le sacrifice de mon existence, je dois croire que vous conserverez le même caractère pour assurer au moins ce qui en reste à une Princesse, victime de toutes sortes de malheurs, à laquelle votre gouvernement et la nation anglaise rendront tôt ou tard la justice qu'elle mérite.

Charlotte ».

Bien que tout d'abord fixé aux environs du 15 avril 1813, le départ est retardé par une nouvelle indisposition de la reine, dont elle met plusieurs semaines à se remettre. C'est le 14 juin seulement que, de Mazzara, Marie-Caroline, Léopold et leur suite, quittent la Sicile et s'embarquent pour leur long et éprouvant voyage.

*

A cette date de juin 1813, Napoléon, après son échec de Russie, est confronté à une dernière, mais formidable coalition. Toute l'Europe, cette fois-ci, s'apprête à s'unir contre lui. Pour lui aussi, la fin approche.

Chapitre XXVI

Revoir Vienne... et mourir

Un long et pénible voyage. En quarantaine à Zante. Constantinople. Tempête en mer Noire. Accueil d'Armand de Richelieu à Odessa. Alexis de Saint-Priest accompagne Marie-Caroline en Pologne. Halte brève chez Sophie Potocka. Incidents de parcours. Enfin, des nouvelles arrivent. La bataille des Nations. Début de la campagne de France. Marie-Caroline interdite de séjour à Vienne; elle passe outre. A Hetzendorff. Murat allié de l'Autriche. Son invasion sans lendemain de l'Italie du Nord. Abdication de Napoléon et son exil à l'île d'Elbe. Marie-Louise à Vienne avec le roi de Rome. Marie-Caroline engage sa petite-fille à rejoindre Napoléon. Les Bourbons de France et d'Espagne plaident pour l'exclusion de Murat. Marie-Caroline compte sur Talleyrand. Elle meurt d'une attaque le 8 septembre 1814. Personnalité de la reine. Le témoignage de l'archevêque de Tarente.

Ayant quitté la Sicile le 14 juin 1813, « là où les maîtres de cette malheureuse île ne voulaient plus souffrir ma présence [576] », Marie-Caroline aborde quelques jours plus tard à Zante [577]. Elle ne pensait y faire qu'une courte escale. Elle y séjourne près de deux mois : la peste s'est déclarée à Malte et les Anglais lui imposent à Zante une longue quarantaine. L'intention première avait été de remonter l'Adriatique jusqu'à Trieste pour se rendre de là à Vienne. Mais la guerre qui se déroule en Allemagne et à laquelle l'Autriche va prendre part, rend cet itinéraire dangereux. C'est par les Détroits, la mer Noire, la Russie puis la Pologne que le voyage va se poursuivre. Le départ de Zante a lieu le 3 août. Trois semaines plus tard, Marie-Caroline se trouve encore en mer, « sollicitant la permission de passer les Dardanelles [578]. » En septembre, Constantinople est enfin atteint. Le sultan Mahmoud II accueille les voyageurs. Après quelques semaines de repos on repart. La suite de Marie-Caroline est maintenant réduite : plusieurs de ses compagnons ont choisi de rejoindre Vienne par la voie de terre en passant par la Hongrie. La reine aborde la mer Noire sur un navire marchand de location. Une violente tempête éclate, c'est ce qu'elle appréhende le plus. Enfin, près de cinq mois après son départ de Sicile, elle parvient le 2 novembre à Odessa.

Armand de Richelieu, gouverneur de la province, la reçoit. Malgré la demande qu'il présente à Pétersbourg, il n'est pas autorisé à dispenser la reine d'une nouvelle quarantaine. Richelieu lui rend visite tous les jours, la couvre d'attentions. Puis il organise bientôt bals et fêtes en l'honneur de la comtesse de Castellamare, nom sous lequel Marie-Caroline a entrepris son voyage et qu'elle entend conserver dès l'instant que le « protocole » n'accepte de lui donner que le seul titre de reine de Sicile. En effet, il convient de ménager Murat qui, dans l'espoir de sauver son trône, est alors sur le point de s'allier aux coalisés.

Accompagnée de Richelieu, Marie-Caroline quitte Odessa à la mi-décembre 1813. Par un hiver rigoureux, empruntant de mauvais chemins boueux et souvent enneigés, blottie sur la banquette d'un carrosse où l'on gèle, la reine atteint la frontière polonaise où l'attend Alexis de Saint-Priest, gouverneur de Podolie. Grâce au récit que celui-ci en a laissé, on peut suivre les quelques étapes suivantes. Le premier arrêt en Pologne a lieu au château de Tulczin appartenant aux Potocki.

> « Par une froide nuit de décembre, la reine de Naples, mettant pied à terre devant la grande colonnade à l'italienne du palais, y fut reçue par la comtesse Sophie, entourée d'une espèce de cour, de femmes magnifiquement vêtues, de gentilhommes à ses couleurs, d'une nombreuse livrée, dans une attitude respectueuse, rangée au pied d'un immense escalier orné d'une profusion de fleurs les plus rares, écloses en pleine neige dans une température des tropiques. Lorsque conduite par la brillante châtelaine, elle eut traversé une longue enfilade d'appartements, remplis de meubles précieux, éclairés par des candélabres de bronze

doré d'une dimension colossale et d'un travail admirable, Marie-Carolinc, oubliant le désert, se souvint de Portici, de Caserta, retrouvés comme par un coup de baguette dans les plaines à perte de vue et presque inhabitées qu'elle venait de parcourir.

" En vérité, dit-elle à Sophie Potocka : Je serais tentée de me récrier d'admiration; mais je craindrais de passer pour une parvenue. " Certes, dans une fille des Césars, dépossédée par Napoléon Bonaparte, ce mot de parvenue avait bien de la grâce [579]! »

Marie-Caroline va passer quelques jours dans ce havre de paix où elle reprend des forces. Mais sa fatigue est grande. Saint-Priest a d'ailleurs été un peu surpris en l'apercevant :

« Rien, hormis la fierté du regard, ne rappelait alors Marie-Caroline, la sœur de Marie-Antoinette. La reine de Naples était petite, affaissée sur elle-même, vieillie par le malheur avant l'âge [579]. »

Et le long voyage reprend. Saint-Priest s'ingénie à le rendre le moins pénible possible. Avec Léopold et une vieille dame d'honneur, il partage le carrosse royal. Des commissaires à cheval accompagnent le cortège :

« De distance en distance, d'énormes bûchers de bois résineux éclairent les chemins à travers les bois et percent l'obscurité des nuits d'hiver. A chaque poste, se trouve pour la reine un attelage de six beaux chevaux enharnachés comme pour un jour de gala [579]. »

Saint-Priest met son point d'honneur à ce que « le voyage de la reine de Naples soit le dernier soupir de la magnificence polonaise. » Dans le carrosse, Marie-Caroline converse volontiers :

« Les heures s'envolaient rapidement, ajoute Saint-Priest. La reine avait tant vu, tant souffert! Elle se prêtait avec tant de grâce à la conversation! Cette reine était aimable et son entretien très animé; elle s'exprimait avec élévation et avec simplicité, quelquefois avec enjouement, surtout avec force et énergie... Elle parlait beaucoup de la haine que lui avait vouée Napoléon; il avait réussi à rendre ce sentiment réciproque [...]. " Et, ajoutait Marie-Caroline avec un regard de feu, n'ai-je pas été abreuvée par la calomnie ardente, incessante, infatigable? On m'a fait passer pour ambitieuse. Ah! oui, je le suis, si c'est être ambitieuse que de défendre la couronne qu'on a reçue de Dieu. La réaction de 1799 est, dit-on, mon ouvrage. Je repousse cette accusation, je désavoue ce qui s'est passé alors; je n'étais même pas à Naples, j'étais à Vienne avec mes filles. Au reste, si nous étions tombés aux mains de ces gens-là, comment nous auraient-ils traités? " [579] »

Un incident pittoresque interrompt un instant le trajet.

« Tout à coup, au milieu de l'une des narrations les plus émouvantes de la reine, un craquement se fait entendre, l'essieu crie et se rompt; le lourd carrosse est sur le côté. »

Le prince Léopold, qui est déjà très gros, tombe sur sa mère et Saint-Priest sur la dame d'honneur.

« La bonne marquise se croit écrasée et pousse des cris de détresse. La reine seule conserve son sang-froid; elle se met à crier : " Rassurez-vous, nous ne sommes pas morts! Je suis revenue de plus loin! " Tout à coup, un géant paraît à la portière. C'est un Polonais de l'escorte, d'une taille et d'une force démesurées. Il enfonce d'un coup de poing un panneau de la voiture, il en tire la reine, l'assoit sur sa main large et velue, puis, sans un mot, va reporter dans une des voitures de suite la petite et fluette majesté qu'il tient toujours sur la paume de sa main [...] [579]. »

Un peu plus tard, un ouragan de neige assaille le convoi. Les hommes et les chevaux sont aveuglés. La neige efface toute trace de route. On risque de se perdre. Il faut trouver un gîte. Enfin, une ferme apparaît dans la tourmente. C'est plutôt une cabane qui dépend du domaine des Czartorisky. Elle ne comporte qu'une seule pièce qui sert tout à la fois de salle, de cuisine et même de poulailler. Saint-Priest y installe Marie-Caroline « qui ne se montre ni étonnée, ni contrariée ». Par contre, il constate que la dame d'honneur est « entièrement démoralisée » et semble « anéantie ». Et il note :

« Pour peu qu'on ait l'habitude des cours, on sait que les princes sont faciles à contenter, mais qu'il n'en est pas ainsi de leur entourage [...], les prétentions augmentent à mesure qu'on descend [579]. »

A quelques jours de là, arrivent « deux lanciers à figure basanée, chargés de portemanteaux et de sacs de nuit remplis de papiers adressés à la reine. Ils venaient tout droit de Sicile et avaient traversé la Hongrie. C'étaient les premières, les seules nouvelles directes que Marie-Caroline eût reçues depuis son départ. »

Et quelles nouvelles! A Leipzig, à la suite d'un affrontement de trois jours (16-19 octobre 1813), Napoléon a enfin été vraiment battu : il a dû se replier sur le Rhin. Les coalisés l'ont franchi à leur tour. C'est en France que la guerre se déroule maintenant! Après Leipzig, Murat est retourné précipitamment à Naples. Pour prix de son maintien sur le trône, il y négocie, avec l'ambassadeur d'Autriche le comte de Mier, son alliance armée aux côtés des coalisés.

Marie-Caroline passe la nuit à prendre connaissance de son abondant courrier. Elle repart le lendemain. Dans le carrosse, elle reste songeuse. Rompant le silence, Saint-Priest remarque :

> « Votre Majesté, de retour dans ses États, retrouvera bientôt tout ce qui lui est dû à tant de titres. » Alors, avec un amer sourire, Marie-Caroline lui confie : « Ah! vous le croyez, Monsieur. Eh bien! vous allez en juger. Savez-vous ce que j'ai trouvé parmi les dépêches que j'ai reçues hier? La défense d'entrer dans Vienne et l'ordre de me tenir à distance de six milles au moins [580] du lieu où résidera la cour! »

Dans un sursaut de colère et de fierté, Marie-Caroline ajoute :

> « J'irai, oui; j'irai; et je verrai si on chassera de Schoenbrünn la dernière fille de Marie-Thérèse [581]! »

François Ier n'osa pas interdire l'accès de Vienne à son ex-belle-mère. Arrivée le 2 février 1814, elle s'installe au château de Hetzendorff, une résidence annexe dans le parc de Schoenbrünn.

Les coalisés, au cours de la campagne de France, continuent à progresser vers Paris. L'Autriche contribue cette fois-ci à ces succès. Marie-Caroline s'en réjouit; mais son problème n'en demeure pas moins : comment en effet régler la question du maintien de Murat à Naples. Peu avant l'arrivée de Marie-Caroline à Vienne, l'Autriche n'a-t-elle pas conclu en janvier 1814 une alliance avec l'usurpateur? Certes, il a renoncé à la Sicile : mais n'envisage-t-on pas de lui laisser Naples s'il accepte de mettre 30 000 hommes au service des coalisés? Ferdinand et Marie-Caroline devraient alors se contenter de percevoir une indemnité.

Bentinck lui-même, sans prendre d'engagements formels, a conclu un armistice avec Murat. Celui-ci ne craint plus d'être pris à revers par les Anglais et il amorce alors une folle marche sur l'Italie du nord. Le 19 janvier 1814, il s'empare de Rome. A son tour, il franchit le Rubicon et proclame :

> « Soldats! Tant que j'ai pu croire que l'Empereur Napoléon combattait pour la gloire et le bonheur de la France, j'ai combattu à ses côtés; mais aujourd'hui, il ne reste aucune illusion : l'Empereur ne veut que la guerre [...]. »

Tombent alors Florence, Livourne, Pise, Lucques... C'était aller trop loin. Ni l'Autriche, ni l'Angleterre n'envisagent un instant de le laisser maître des États du pape et de la Toscane. D'ailleurs Bentinck, dès le 9 mars, a déjà débarqué à Livourne avec les troupes anglaises. Le 2 mai, abandonnant ses conquêtes, Murat se réfugie à Naples. La campagne de France est alors achevée. Les coalisés occupent Paris. Napoléon a abdiqué (6 avril). Il débarque le 3 mai 1814 à Porto-Ferraio et commence son premier exil à l'île d'Elbe.

Marie-Louise, qui, par le traité de Fontainebleau du 11 avril 1804, s'est vu attribuer les duchés de Parme et de Plaisance, n'accompagne pas l'empereur dans son exil. Celui-ci s'y est opposé. Sans doute préfère-t-il qu'elle aille plaider leur sort auprès de son père. L'ayant rejointe à Rambouillet, François Ier, décidé à la faire rompre avec Napoléon, engage sa fille, dont la santé a été quelque peu ébranlée par la succession extraordinaire des événements des derniers mois, à rejoindre pour l'instant sa famille en Autriche. C'est ainsi que le 21 mai 1814, Marie-Caroline voit arriver à Schoenbrünn l'aînée de ses petites-filles, accompagnée de son arrière petit-fils, le « petit Bonaparte [582] ».

Marie-Caroline pense aux jours ingrats que Napoléon connaît maintenant. Elle ressent pour lui de la compassion et même, pourrait-on dire, un peu d'amitié. Elle apprend qu'un ancien secrétaire de l'empereur se trouve à Vienne. Marie-Caroline le recherche pour lui parler et il raconte :

> « Cette reine qui, dans les temps de prospérité de Napoléon avait été son ennemie déclarée, et dont l'opinion, en conséquence, ne pouvait être entachée de partialité, professait une haute estime pour ses qualités [...]. Elle disait qu'elle avait eu autrefois à s'en plaindre; qu'il l'avait persécutée et blessée dans son amour-propre (« car j'avais alors quinze ans de moins », ajoutait-elle), mais aujourd'hui qu'il était malheureux, elle oubliait tout. Elle ne pouvait retenir son indignation en voyant les manœuvres employées pour arracher sa petite-fille Marie-Louise à des liens qui faisaient sa gloire, et pour priver l'empereur de la plus douce consolation qu'il pût recevoir après les immenses et cruels sacrifices arrachés à son orgueil. Elle ajoutait que, si l'on s'opposait à leur réunion, il fallait que Marie-Louise attachât les draps de son lit à sa fenêtre, et s'échappât sous un déguisement. " Voilà, répétait-elle, ce que je ferais à sa place, car lorsqu'on est mariée, c'est pour la vie ! " Un tel acte de hardiesse n'était pas dans la mesure du caractère de Marie-Louise, ni dans ses idées de décorum. Elle se berçait d'ailleurs de l'espoir d'occuper prochainement Parme, où elle serait maîtresse de ses actions. Marie-Louise rendait de fréquentes visites à sa grand-mère [...]. Elle donnait à sa petite-fille des conseils dont la fermeté n'était pas du goût de l'impératrice d'Autriche, ni du cabinet autrichien. La reine ayant trouvé dans l'écrin de l'impératrice un portrait enrichi de diamants de Napoléon, elle engagea Marie-Louise à s'en parer; elle dit même un jour qu'il ne suffirait pas de porter cette image sur sa poitrine, qu'il le fallait aussi dans le cœur [...]. Enfin, l'excellente princesse montrait beaucoup d'affection pour le fils de Napoléon et le couvrait de caresses [583]. »

Napoléon écarté, les anciens souverains retrouvent peu à peu leurs trônes. Louis XVIII règne à Paris, Ferdinand VII à Madrid, Pie VII est de nouveau dans Rome, Charles-Emmanuel quitte la Sardaigne et est de retour à Turin, le grand-duc Ferdinand a rejoint la Toscane. Quant à l'Autriche, elle a annexé le Milanais en juin et lorgne déjà vers Venise. Pour les Bourbons de France et d'Espagne, maintenant rétablis, il n'est pas concevable que Ferdinand IV, l'un des leurs, puisse ne pas retrouver son trône de Naples. Tel est maintenant le sentiment de Talleyrand. Une opinion partagée par Castelreagh et Capo d'Istria, le conseiller du tsar. De Vienne, Marie-Caroline déploie son activité coutumière. Elle met Talleyrand dans son jeu. Elle lui écrit le 27 juin :

> « Prince de Bénévent,
> « Les droits que vous venez d'acquérir à la reconnaissance de tous les individus appartenant à la Maison de Bourbon, m'engagent à profiter du moyen de mon ancienne et constante amie la baronne de Talleyrand, votre parente, pour vous faire parvenir les assurances de la haute estime et considération que m'ont inspirée les signalés services que vous venez de rendre à cette famille à laquelle j'appartiens par tous les liens possibles [...]. Les événements qui viennent de rendre à la branche aînée des Bourbons et à celle de l'Espagne le rang et le trône de leurs ancêtres, n'ont pas eu encore d'influence sur celle des Deux-Siciles [...] mais l'influence que la France va reprendre à juste titre en Europe nous est un sûr garant que, par son intérêt pour nous, elle soutiendra nos droits légitimes [...]. »

Au cours de l'été 1814 le sort de Murat paraît de plus en plus précaire. L'Autriche se sent liée par ses récents traités d'alliance. Elle seule hésite encore. Mais Marie-Caroline est maintenant confiante. Son trône de terre ferme ne tardera pas à lui être rendu. Le grand congrès qui va se tenir à Vienne, et qu'on annonce pour le début d'octobre, en décidera sûrement ainsi. Il est temps. La fatigue maintenant lui pèse. Elle confie à Saint-Priest qui lui rend visite et qui la trouve très changée :

> « Vous ne me reconnaissez plus. Je suis découragée, accablée; on me comble d'attentions ici, mais je me trouve à charge à tout le monde; je le suis encore plus à moi-même; j'ai trop vécu [584]. »

Le 8 septembre 1814 au matin, on découvrit qu'ayant subi une dernière attaque, Marie-Caroline n'était plus.

*

Faut-il que l'histoire d'une vie appelle nécessairement une conclusion? Comme tout au long de cet ouvrage nous avons aussi souvent que possible donné la parole à Marie-Caroline, à chacun maintenant de se faire d'elle une opinion. Ceux qui, depuis bientôt deux siècles, se sont intéressés à elle ont eu recours pour cerner sa personnalité, à une longue suite de qualificatifs. Elle aurait été altière, dominatrice, coléreuse, arrogante, vindicative, frivole, insouciante du scandale, ardente, passionnée, exaltée. On s'accorde généralement à la reconnaître intelligente, cultivée, spirituelle, séduisante. On salue volontiers son courage, sa fierté sauvage, son caractère indomptable. On convient qu'elle a de la dignité et du cœur, qu'elle sait se montrer le plus souvent bonne et généreuse. Nul ne conteste qu'elle est pour ses nombreux enfants une mère attentive et aimante. Sa vie privée? Elle ne peut être qu'à son image : passablement agitée. Mais il est certain qu'aucun de ses amants ne l'a détournée de ses devoirs de reine et de mère. S'agissant de ses écarts amoureux, on est en droit de penser qu'elle ne se sera jamais sentie bien coupable vis-à-vis de Ferdinand. Dès son arrivée à Naples, elle a aussitôt découvert, malgré ses seize ans, que l'homme auprès de qui elle était appelée à vivre était un être vulgaire, débauché, brutal, parfois féroce, et surtout orgueilleux d'une autorité qu'il était incapable d'exercer le plus souvent.

Capece-Latro, archevêque de Tarente, avait été en 1799 incarcéré au Castel Nuovo lors de la répression qui avait suivi la reconquête. On ne peut guère le suspecter d'une complaisance de commande. Il parlait ainsi de Marie-Caroline :

> « Jamais reine ne fut plus accessible, jamais princesse n'eut, comme elle, pour tout homme distingué, de quelque pays, de quelque rang, de quelque profession qu'il fût, l'affabilité de la vraie grandeur, et même l'intérêt de la curiosité. La voit-on, on n'oublie plus ce visage à la fois noble et doux, ce regard plein de feu et de grâce, cette physionomie si prodigieusement mobile qu'à chaque instant, suivant la situation, les

personnes, la conversation, les pensées, elle change d'expression et de nuance; cette majesté qui ne consiste ni dans une attitude d'apprêt, ni dans l'habitude d'un grand rôle, ni dans un extérieur de magnificence, mais qui, avec le maintien le plus simple, malgré un costume quelquefois négligé, vient de toute son âme, de son caractère, et sans doute aussi de ce prestige de beauté, qui, comme une vapeur divine, est répandue sur sa personne et l'environne tout entière. Sa conversation est souvent en questions; telle est inévitablement celle de tous les rois, puisque le respect qu'on a pour eux les condamne toujours à l'embarras de parler les premiers ou à l'ennui du silence. Mais ses questions ne sont jamais ni vides, ni oiseuses; et quand elle entre dans un sujet, elle donne au dialogue ce mouvement et cette liberté qui sont les ressorts de la discussion et les moyens de l'analyse. Jamais elle ne cherche à mettre mal à l'aise par l'ascendant du trône; mais peut-être abuse-t-elle quelquefois de celui de son esprit... Peut-être, se plaît-elle quelquefois à tendre des pièges à la prétention et à écraser la médiocrité.

« Jamais aucune princesse n'a essuyé plus de libelles, et jamais elle n'en a puni aucun; elle sait bien que la vengeance les accrédite et qu'elle en fait naître de nouveaux, parce que les méchants redoublent leurs coups dès qu'ils voient qu'ils ont frappé leur victime à l'endroit sensible.

« Elle ne cessera de régner... qu'en cessant de vivre. On a cherché dans sa vie quelques dérèglements, dans son administration quelques fautes, dans son caractère quelques taches. Mais ces détails se perdent dans la masse, et ce n'est qu'en grand qu'il faut juger les grands.

« Que font aujourd'hui à la renommée de César les anecdotes de Suétone? C'est à l'ensemble, c'est à l'effet total qu'il faut s'attacher. La seule chose qui fasse haïr ou mépriser la mémoire des rois, c'est quand ils ont des vices et qu'ils font des fautes sans y opposer rien qui en dédommage.

« Voilà le portrait de la reine des Deux-Siciles dicté par la vérité. Je sais bien qu'il y a des gens qui ne peuvent supporter le poids de l'admiration, qui cherchent à tout atténuer et à tout obscurcir, qui appellent cela aimer la vérité et se dégager de l'aveuglement de l'enthousiasme; mais je sais bien aussi que ces messieurs-là ne se proposent, dans le fond, que le but criminel de dégrader la gloire [...] [585] »

Attribuons à la générosité et à la pratique chrétienne du pardon des offenses ce que le témoignage de ce bon archevêque peut avoir d'un peu excessif. Mais, pour s'en tenir à l'essentiel, avouons-le, Marie-Caroline n'est-elle pas une captivante, une étonnante créature?

*

On ne refait pas l'Histoire. Mais en cette époque du bicentenaire de la Révolution, ne sommes-nous pas tentés de nous demander ce que l'on pourrait bien célébrer, au cas où Marie-Thérèse d'Autriche, au lieu de proposer à Louis XV pour le petit-fils qui allait devenir Louis XVI une Marie-Antoinette, lui avait adressé une Marie-Caroline?

Paris, Positano, Forges-les-Bains,
1987-1989

Tableaux généalogiques

I. HABSBOURG-LORRAINE

LÉOPOLD
1679 - 1729
Duc de Lorraine et de Bar
ép. 1698, Élisabeth (Mlle de Chartres)
Fille de PHILIPPE Ier, duc d'Orléans

CHARLES VI
1685 - 1740
Empereur d'Allemagne
ép. 1708, Élisabeth de Brunswick

FRANÇOIS — épouse en 1736 — MARIE-THÉRÈSE

FRANÇOIS
1708 - 1765
Duc de Lorraine et de Bar, 1729
Grand-duc de Toscane, 1737
Empereur d'Allemagne, 1745

MARIE-THÉRÈSE
1717 - 1780
Reine de Bohême
et de Hongrie

De cette union, naissent notamment :

1 MARIE-ANNE
1738 - 1789
Abbesse

2 JOSEPH II
1741 - 1790
Empereur
d'Allemagne, 1765
ép. 1° 1760, Isabelle
de Parme, déc. 1763
2° 1765, Joséphine
de Bavière
Thérèse-Élisabeth
1762 - 1770

3 MARIE-CHRISTINE
1742 - 1798
ép. 1766
ALBERT
de Saxe
Teschen

4 ÉLISABETH
1743 - 1808
Abbesse

5 MARIE-AMÉLIE
1746 - 1804
ép. 1769
FERDINAND
duc de Parme

6 LÉOPOLD II
1747 - 1792
Empereur
d'Allemagne
(voir Tableau II)

7 JEANNE
1750 - 1762

8 JOSÉPHA
1751 - 1767

9 MARIE-CAROLINE
1752 - 1814
ép. 1758
FERDINAND IV
Roi de Naples
(Voir Tableau IV)

10 FERDINAND
1754 - 1806
ép. 1771
Marie-Béatrice
de Modène,
duchesse d'Este

11 MARIE-ANTOINETTE
1755 - 1793
ép. 1770
LOUIS XVI

II. HABSBOURG-LORRAINE

DESCENDANCE DE LÉOPOLD II ET DE FRANÇOIS II

FRANÇOIS de Lorraine
Empereur d'Allemagne

MARIE-THÉRÈSE
Reine de Bohême et de Hongrie

JOSEPH II
1741 - 1790
Empereur d'Allemagne

LÉOPOLD II
1747 - 1792
Empereur d'Allemagne, 1790
ép. 1765 l'Infante Marie-Louise
Fille de Charles III, roi d'Espagne

MARIE-CAROLINE
1752 - 1814
Reine de Naples

De cette union, naissent notamment :

FRANÇOIS II
1768 - 1835
Empereur d'Allemagne, 1792
ép. 1° 1785,
Élisabeth de Wurtemberg, déc. 1790
2° 1790, MARIE-THÉRÈSE de Bourbon-Sicile,
Fille de MARIE-CAROLINE, déc. 1807
3° 1808, Marie-Louise de Modène

FERDINAND III
1769 - 1824
Grand-duc de Toscane
ép. 1790, MARIE-LOUISE
Fille de MARIE-CAROLINE

CHARLES
1771 - 1847
L'adversaire de Napoléon

MARIE-CLÉMENTINE
1777 - 1801
ép. 1797, FRANÇOIS de Bourbon-Sicile
Fils de MARIE-CAROLINE

de 2

MARIE-LOUISE
1791 - 1847
ép. 1810, NAPOLÉON

ROI DE ROME

FERDINAND Ier
Empereur d'Autriche, 1835
Abdique, 1848

MARIE-CLÉMENTINE
ép. 1816, LÉOPOLD,
prince de Salerne
Fils de MARIE-CAROLINE

FRANÇOIS-CHARLES
ép. 1824, Sophie de Bavière

FRANÇOIS-JOSEPH
Empereur d'Autriche, 1848

III. BOURBONS D'ESPAGNE

- **LOUIS XIV**, *1636 - 1715*, ép. 1660, MARIE-THÉRÈSE, fille de PHILIPPE IV, roi d'Espagne
  - **LOUIS, le grand dauphin**, *1661 - 1711*, ép. 1680, Marie-Anne de Bavière
    - **LOUIS**, duc de Bourgogne, *1682 - 1712*, ép. 1697, Marie-Adelaïde de Savoie
      - **LOUIS XV**, *1710 - 1774*, Roi de France, 1715, ép. 1725, Marie Leczinska
        - **ÉLISABETH**, Madame Infante, *1727 - 1759*, ép. 1739, don PHILIPPE duc de Parme
        - **LOUIS, dauphin**, *1729 - 1765*, ép. 1747 Josèphe de Saxe
          - **LOUIS XVI**, *1754 - 1793*, Roi de France, 1774, ép. 1770 Marie-Antoinette archiduchesse d'Autriche
    - **[PHILIPPE]**, duc d'Anjou, *1683 - 1746*, Roi d'Espagne, 1700 - Philippe V, ép. 1° 1701, Marie-Louise de Savoie, déc. 1714; 2° 1714, Élisabeth Farnèse, déc. 1766
      - de 1 : **LOUIS Ier**, *1707 - 1724*, Roi d'Espagne, 1724, s.p.
      - **FERDINAND VI**, *1713 - 1759*, Roi d'Espagne, 1746, s.p.
      - de 2 : **[DON CARLOS]**, *1716 - 1788*, Roi de Naples : CHARLES VII, 1734, Roi d'Espagne : CHARLES III, 1759, ép. 1738, Marie-Amélie de Saxe
        - **PHILIPPE**, *1746 - 1777*
        - **CHARLES IV**, *1747 - 1819*, ép. 1765, Marie-Louise de Parme, Roi d'Espagne, 1788, Abdique, 1808
          - **FERDINAND VII**, ép. 1802, Marie-Antoinette, déc. 1806, Fille de Marie-Caroline
        - **FERDINAND IV**, *1751 - 1825*, Roi de Naples, 1759, ép. 1768, [MARIE-CAROLINE] (voir Tableau IV)
        - **MARIE-LOUISE**, ép. 1765, Léopold, grand-duc de Toscane, Empereur d'Allemagne en 1790 (voir Tableau II)
      - **DON PHILIPPE**, *1720 - 1765*, Duc de Parme, ép. 1759, Élisabeth, fille de Louis XV

IV. BOURBONS-SICILE

DESCENDANCE DE FERDINAND IV ET DE MARIE-CAROLINE

1 MARIE-THÉRÈSE
1772 - 1807
ép. 1790, FRANÇOIS II
Empereur d'Allemagne, 1792

- MARIE-LOUISE
  1791 - 1847
  ép. 1810,
  NAPOLÉON
  - Roi de Rome
- Autres enfants
  (Tableau II)

2 MARIE-LOUISE
1773 - 1802
ép. 1790, FERDINAND
Grand-duc de Toscane

3 UN ENFANT
1776 - 1776

4 CARLO-TITO
1776 - 1779

5 FRANÇOIS
1777 - 1830
Roi des Deux-Siciles 1825
ép. 1° 1797
MARIE-CLÉMENTINE, déc. 1801 first cousin
Fille de LÉOPOLD II
2° 1802, MARIE-ISABELLE first cousin
Fille de CHARLES IV d'Espagne

- de 1: MARIE-CAROLINE
  1798 - 1870
  ép. 1816, CHARLES,
  duc de Berry, fils de Charles X
  - HENRI
    1820 - 1883
    Duc de Bordeaux
    Comte de Chambord, 1821
  - Charles III
    Louise - ~~Robert~~ of Bourbon-Parma
    Robert - Maria-Pia of Naples
    Zita
- de 2: FERDINAND
  1810 - 1859
  Roi des Deux-Siciles, 1830

6 MARIE-HENRIETTE
1779 - 1782

7 MARIE-CHRISTINE
1779 - 1849
ép. 1803, CHARLES—FELIX
Roi de Sardaigne, 1821
s.p.

8 GENNARO
1780 - 1789

9 MARIE-ANNE
1780 - 1780

10 MARIE-AMÉLIE
1782 - 1850
ép. 1809, LOUIS-PHILIPPE
Roi des Français, 1830

11 MARIE-ANTOINETTE
1784 - 1806
ép. 1802, FERDINAND VII
Roi d'Espagne, 1814

12 MARIE-CLOTILDE
1786 - 1792

13 MARIE-CARMELA
1787 - 1787

14 CARLO
1788 - 1789

15 LÉOPOLD
1790 - 1851
ép. 1816,
MARIE-CLÉMENTINE
Fille de FRANÇOIS II,
Empereur d'Allemagne

16 ALBERT
1792 - 1798

17 MARIE-ISABELLE
1793 - 1793

Notes

1. Elle épousera Louis, duc de Berry, futur Louis XVI, en avril 1770.
2. Louis, dauphin, fils de Louis XV, et Marie-Josèphe ont déjà à cette date, trois fils qui seront : Louis XVI, Louis XVIII et Charles X.
3. Il était né le 12 janvier 1751.
4. Don Carlos, Charles III à Madrid, était Charles VII à Naples.
5. Le théâtre San Carlo, le plus grand de l'Europe à l'époque, construit par Charles VII en 1737.
6. Celui de Ferdinand.
7. Cité par Harold Acton, *Les Bourbons de Naples.*
8. Ce sera fait en 1737.
9. On compte alors 650 000 habitants à Paris, 135 000 à Lyon.
10. C'est le nom que l'on donne au petit peuple de Naples. En italien, il signifie « canailles ». Peut-être faut-il plutôt rattacher l'origine de ce terme à « lépreux » dont le patron était saint Lazare. Le Président de Brosses, frappé par le spectacle de ces hommes, femmes et enfants à peine vêtus, paraissant avoir fait de la rue leur domicile, n'ayant aucune occupation connue et régulière, vivant au jour le jour sans souci du lendemain, pourra dire avec quelque excès dans ses relations de voyage « c'est la populace la plus abominable, la canaille la plus méprisable qui ait jamais rampé sur la surface de la terre ». Mme Vigée-Lebrun, qui en 1790 visitera Naples, confirmera cette impression en des termes plus nuancés : « La partie de la population la plus curieuse à observer ce sont les *lazzaroni.* Ces gens ont simplifié la vie, au point de se passer de logement et presque de nourriture, car ils n'ont d'autre habitation que les marches des églises et leur frugalité égale leur paresse, ce qui n'est pas peu dire. On les trouve étendus à l'ombre des murs ou sur le bord de la mer. A peine sont-ils vêtus, et leurs enfants sont tous nus jusqu'à l'âge de douze ans... »
11. Son épouse Marie-Amélie de Saxe, avait pour son ancien royaume le même attachement. Naples était pour elle « la pupille de ses yeux, la ville qu'elle porte dans son cœur ».
12. La Constitution civile du clergé de juillet 1790 votée par la Constituante semble, de ce fait, moins « révolutionnaire ».
13. Prince de Ligne, *Mémoires.*
14. En 1769, son frère Joseph II signale ses « belles mains blanches », mais trouve sa sœur un peu « grassouillette »!
15. *Letters from Italy in 1770 and 1771.* Cité par Harold Acton, *Les Bourbons de Naples.*
16. Ferrer del Rio, *Histoire de Carlos III.*
17. Louis XV est le grand-père de Ferdinand. Charles III est son oncle.
18. Lettre du 1er juin 1772.
19. Lettre du 31 décembre 1772 à Mercy-Argenteau.
20. Lettre du 1er mars 1772.
21. Lettre du 2 juin 1773 à Mercy-Argenteau.
22. Lettre du 21 avril 1770 à Marie-Antoinette.
23. Lettre du 1er août 1775.
24. Ferrer del Rio, *Histoire de Carlos III.*
25. Lettre du 16 juillet 1774 à Mercy-Argenteau.
26. Don Louis, cité dans cette lettre, est un frère cadet de Charles III, né en 1727. Archevêque de Tolède, il se démettra de ses fonctions pour se marier en 1776. L'une de ses filles, Caroline de Bourbon, épousera par la suite Manuel Godoy, l'amant de Marie-Louise de Parme. Celle-ci, à la

mort de Charles III son beau-père, en 1788, deviendra reine d'Espagne. Don Gabriel est un frère cadet de Ferdinand IV. Alors qu'il est prieur de l'ordre de Saint-Jean-de-Jérusalem, Charles III, afin de mieux assurer sa descendance, lui fera épouser Doña-Mariana, fille de la reine du Portugal. A l'époque de cette lettre, Marie-Louise, princesse des Asturies, épouse de Charles, le frère aîné de Ferdinand IV, fait déjà montre d'un caractère particulièrement difficile. Quand elle quitte Parme pour aller se marier à Madrid, alors qu'elle n'a que quatorze ans, elle exige par exemple qu'on lui rende les honneurs dus à son futur rang. Elle dit à son frère Ferdinand, le jeune duc : « Je vous enseignerai à me respecter, car un jour je serai reine d'Espagne, tandis qu'il vous faudra vous contenter de votre duché de Parme. » Son frère lui répondit : « En tout cas, j'aurai eu l'honneur de donner un soufflet à la reine d'Espagne. » Ce qu'il fit. (Luis Coloma, *Retrados de antaño.*)

27. Lettre du 4 février 1775 à Mercy-Argenteau.
28. Lettre du 12 novembre 1776.
29. Sir Harold Acton, *Les Bourbons de Naples.*
30. Joseph II en parle d'ailleurs à Marie-Antoinette : « Quand le Roi de Naples a manqué à la Reine, elle le réduit au petit ordinaire et à la soupe maigre jusqu'à ce qu'il ait expié ses torts en les confessant humblement. Alors, mais seulement alors, elle lui pardonne et l'admet de nouveau au partage du lit conjugal. »
31. Casanova, *Mémoires.*
32. « Notre chère reine s'est bien conduite; voilà un second gros garçon et qui porte le nom de François : attention charmante pour moi... » Lettre du 30 août 1777 de Marie-Thérèse à Marie-Antoinette.
33. Par suite de l'opposition de la Sorbonne, l'inoculation n'est autorisée en France qu'à partir de 1764.
34. Lettre du 3 octobre 1777 de Marie-Thérèse à Marie-Antoinette.
35. Lettre du 1er septembre 1779 de Marie-Thérèse à Marie-Antoinette.
36. Sa mère était française. Ses deux frères servaient dans l'armée royale de France.
37. Cité par Harold Acton, *Les Bourbons de Naples.*
38. Lettre du 20 juillet 1784, dans Danvilla y Collado, *Reinado de Carlos III.*
39. Cité par F. Rousseau, *Règne de Charles III d'Espagne.*
40. Lettre de Ferdinand à Las Casas du 4 octobre 1785.
41. Lettre du 25 octobre 1785.
42. M. de Raffadale s'était compromis dans la cabale visant à écarter Acton et avait répandu les indiscrétions de Sambuca sur la liaison de la reine.
43. Ferrer del Rio-Note de Charles III (juin 1786).
44. Lettre de janvier 1786.
45. Depuis 1533, aucun pape n'avait jamais quitté Rome.
46. Il avait succédé à son père Charles-Emmanuel III, mort en 1773.
47. Louis, né en 1781, mort en 1789. Son frère, le futur Louis XVII, nait en 1785. Il mourra au Temple en 1795.
48. On a prétendu que Gallo aurait été, à un moment, plus qu'un ami. Ce n'est qu'une supposition.
49. Des officiers français servent alors dans l'armée russe, dont Armand de Richelieu et Roger de Damas. On retrouvera plus tard ce dernier à Naples.
50. Lettre du 14 juin 1791 à Gallo.
51. Au printemps de 1790, la Prusse garantit à la Pologne son soutien pour le cas où elle serait envahie.
52. Cité par A. Sorel, *L'Europe et la Révolution française.*
53. La nuit du 4 août 1789. Il est probable que les adversaires de la Révolution, Marie-Caroline en tête, approuvèrent ce qu'en écrivit Rivarol, dans le *Journal Politique National* : « Ce fut dans la nuit du 4 août que les démagogues de la noblesse [...] brûlant de signaler leur zèle, se levèrent tous à la fois, et demandèrent à grands cris les derniers soupirs du régime féodal [...]. Le feu avait pris à toutes les têtes. Les cadets de bonne maison, qui n'ont rien, furent ravis d'immoler leurs trop heureux aînés sur l'autel de la patrie [...]; mais ce que la postérité aura peine à croire, c'est que le même enthousiasme gagna toute la noblesse [...]. On fit sacrifices sur sacrifices, et comme le point d'honneur chez les Japonais est de s'égorger en présence les uns des autres, les députés de la noblesse frappèrent à l'envi sur eux-mêmes [...]. Le peuple, qui assistait à ce noble combat, augmentait par ses cris l'ivresse de ses nouveaux alliés [...]. Les députés des communes [...] ont nommé cette nuit la nuit des dupes; les nobles [...] la nuit des sacrifices [...]. »
54. Avignon s'était soulevé contre le pape en juin 1790. La Constituante hésita plus d'un an à franchir le pas. L'annexion ne fut décrétée par la Législative que le 14 septembre 1791.
55. Lettre du 27 septembre 1791 à Gallo.
56. Ces intrigues n'échappent pas à Acton qui poursuivra toujours Medici d'une haine tenace dans les divers postes importants que la faveur dont il va jouir auprès de Marie-Caroline lui vaudra

par la suite. En 1789, Medici est chambellan et gentilhomme d'honneur du roi. Il sera régent de la Vicaria en 1791 (direction de la Police).

57. Harold Acton, *Les Bourbons de Naples.*

58. Thérèse, née en juin 1772, approche de ses dix-huit ans; Marie-Louise, née en août 1773, de ses dix-sept ans.

59. Il avait épousé en 1785 Élisabeth de Wurtemberg.

60. Dons faits aux princesses à l'occasion de leur mariage.

61. L'épouse de Léopold est l'infante Marie-Louise, sœur de Ferdinand IV. Les futurs mariés sont ainsi doublement cousins germains.

62. Lettre du 25 juin 1790 à Gallo.

63. Lettre des 25 juin et 26 juillet 1790 à Gallo.

64. Lettre du 25 juin 1790 à Gallo.

65. Rentré dans les ordres en 1800, il sera l'aumônier de Caroline de Bourbon-Sicile, fille de François le prince royal qui, en 1816, épousera le jeune fils du comte d'Artois, futur Charles X.

66. Cité par Robert Lacour-Gayet, *Calonne.*

67. Une conférence se tiendra à Castellone-Volturno en juillet 1792 entre le cardinal Campanelli et Acton sur le même sujet sans un meilleur résultat. « Sa Sainteté, par sa hauteur d'exiger la haquenée avec un ton impérieux, a tout gâté. » (Lettre du 4 août 1792 à Gallo).

68. Marie-Caroline approche de ses quarante ans.

69. Madame Vigée-Lebrun en donne pour exemple son attitude à l'égard du marquis de Bombelles.

70. Une fille naîtra qui sera élevée par la grand-mère d'Emily.

71. Il semble qu'elle le soit restée.

72. Le comte d'Artois et Calonne parviennent à se faire admettre à ce congrès.

73. Clément-Wenceslas de Saxe, frère de Marie, elle-même mère de Louis XVI, Provence et Artois.

74. Il s'agit de l'archiduchesse Marie-Louise que Napoléon épousera en 1810.

75. Lettre de fin décembre 1791 à Gallo.

76. Le prince Albert naîtra en avril 1792. Le dernier enfant sera une fille, Marie-Isabelle, qui naîtra le 2 décembre 1793.

77. Il meurt le 1er mars à l'âge de 45 ans.

78. Décret du 22 mai 1790.

79. Lettre du 7 juillet 1792 à Gallo.

80. Sans doute Marie-Caroline savait-elle, à cette date, qu'à l'annonce de ces défaites, la population, débordant la Commune et se précipitant aux Carmes et vers d'autres prisons, y avait massacré prêtres réfractaires et nobles emprisonnés.

81. Lettre du 18 octobre 1792 à Gallo.

82. P. Ilario Rinieri, *Della Rovina di una Monarchia.*

83. Naillac avait été nommé à Gênes, pour remplacer Sémonville que Paris voulait envoyer, ainsi qu'on le verra, à Constantinople.

84. Information fournie le 14 novembre 1792, par le prince de Marsiconuovo, ministre de Naples à Gênes.

85. Lettres des 8 et 23 décembre 1792 à Gallo.

86. Lettres des 18 novembre 1792 et 2 mars 1793 à Gallo.

87. Lettre du 20 novembre 1792 à Gallo.

88. Lettre du 24 décembre 1792 à Gallo.

89. Lettre du 8 décembre 1792 à Gallo.

90. Lettre du 24 décembre 1792 à Gallo.

91. *Id.*

92. *Id.*

93. Cité par Harold Acton, *Les Bourbons de Naples.*

94. Lettre du 25 décembre 1792 à Gallo.

95. Lettre du 12 janvier 1793 à Gallo.

96. Lettre du 2 février 1793 à Gallo.

97. Lettre du 9 février 1793 à Gallo.

98. Lettre du 26 février 1793 à Gallo.

99. Lettre du 9 février 1793 à Gallo.

100. Fils de Philippe-Égalité, futur Louis-Philippe, roi des Français en 1830, qui en 1809 épousera Marie-Amélie, fille de Marie-Caroline.

101. Lettre du 8 avril 1793 à Gallo.

102. Zeissberg, *Quellen zur Geschichte der Politik Oesterreichs.*

103. Dépêche de Gallo à Marie-Caroline du 22 mai 1793.

104. Il avait été ambassadeur en France sous la royauté. Il sera nommé à Londres en septembre 1793.
105. Lettre du 28 avril 1793 à Gallo.
106. Lettre de mi-juillet 1793 à Gallo.
107. Lettre du 3 septembre 1793 à Gallo.
108. Lettre du 31 août 1793 à Gallo.
109. Lettre du 21 mai 1793 à Gallo.
110. Lamartine, *Nelson*.
111. Proclamation du 23 août 1793.
112. Proclamation du 28 août 1793.
113. Lettre du 31 décembre 1793 à Gallo.
114. *Id.*
115. Lettre du 11 janvier 1794 à Gallo.
116. Lettres des 5 et 12 octobre 1793 à Gallo.
117. Lettres des 10 et 13 août 1793 à Gallo.
118. Lettre du 7 septembre 1793 à Gallo.
119. Cité par R. Lacour-Gayet, *Calonne*.
120. *Id.*
121. Joseph de Maistre, *Considérations sur la France*.
122. Lettre du 11 janvier 1794 à Gallo.
123. Lettre du 11 septembre 1794 à Gallo.
124. Lettre du 27 janvier 1794 à Gallo.
125. Lettres des 1er mars et 18 avril 1794 à Gallo. Les Anglais seront maîtres de la Corse au cours de l'été. George III se proclamera « roi de Corse » et y nommera gouverneur Gilbert Elliot, qui, en 1797, sera ministre d'Angleterre à Naples.
126. Lettre du 8 avril 1794 à Gallo. Hébert fut exécuté le 24 mars et Danton le 5 avril.
127. Bruxelles tombe le 8 juillet.
128. Lettre du 26 juillet 1794 à Gallo.
129. Lettre du 15 janvier 1793 à Gallo.
130. Lettre du 13 avril 1793 à Gallo.
131. Lettre du 3 mai 1794 à Gallo.
132. Lettre du 16 avril 1794 à Gallo.
133. Lettre de fin avril 1794 à Gallo.
134. Lettre du 13 mai 1794 à Gallo.
135. Lettres des 14, 17 et 21 juin 1794 à Gallo.
136. Lettre du 18 octobre 1794 à Gallo.
137. Lettre du 21 février 1795 à Gallo.
138. Par la suite, Medici parvint à se disculper et retrouva la faveur royale. Château = citadelle = prison.
139. Lettre du 26 février 1795 à Gallo.
140. Naples l'avait désigné comme ambassadeur à Paris lors de la reconnaissance de la République française, mais il ne s'y rendit pas.
141. Cité par Colin Simpson, *Emma, the Life of Lady Hamilton*.
142. Lettres des 24 mars et 2 juin 1795 à Gallo.
143. Lettre du 17 février 1795 à Gallo.
144. Il prit part à la guerre d'Indépendance des États-Unis et la Législative, en 1792, l'a fait citoyen français.
145. Lettre du 12 juillet 1794 à Gallo.
146. L'un des futurs Directeurs qui sera, en même temps que Carnot, écarté en septembre 1797, suite au coup d'État du 18 Fructidor an V.
147. Lettre du 30 juillet 1795 à Gallo.
148. Lettre de février 1795 à Gallo.
149. Lettres du 4 mars et du 28 avril 1795 à Gallo.
150. Lettre du 24 mars 1795 à Gallo.
151. Marie-Caroline voit juste, mais anticipe. Comment peut-elle imaginer que quatorze ans plus tard sa fille Marie-Amélie épousera justement Louis-Philippe d'Orléans, roi des Français en 1830?
152. Lettre du 27 juin 1795 à Gallo.
153. Lettre du 17 octobre 1795 à Gallo.
154. Le comte d'Artois fait partie d'un troisième convoi qui, par suite de l'échec, le conduit pour un temps à l'île d'Yeu.
155. Hyde de Neuville, *Mémoires*.

156. Lettre du 20 octobre 1795 à Gallo.
157. Lettre du 10 octobre 1795 à Gallo.
158. Lettre du 15 août 1795 à Gallo.
159. Lettre du 10 janvier 1796 à Gallo.
160. Lettre du 5 février à Gallo.
161. Dès ce jour, 27 mars 1796, « Buonaparte » ne signera plus que « Bonaparte ».
162. Lettre du 16 février 1796 à Gallo.
163. Lettre du 29 mars 1796 à Gallo.
164. Lettre du 16 février 1796 à Gallo. Marie-Caroline voit juste ; en juin, l'Espagne fait alliance avec la France et déclarera la guerre à l'Angleterre en octobre.
165. Lettre du 28 mai 1796 à Gallo.
166. Miot de Melito, *Mémoires*. Miot sera fait comte de Melito par Joseph Bonaparte lorsqu'en 1808, quittant son royaume de Naples, il devra partir pour s'asseoir sur le trône de Madrid.
167. Les ordres du Directoire à ce sujet étaient tout autres : « Emparez-vous de leurs chevaux harnachés et renvoyez-les à pied. »
168. Lettre du 5 juillet 1796.
169. Lettre du 5 juillet 1796 à Gallo. Le chevalier d'Azara, profondément haï par Marie-Caroline, est ambassadeur d'Espagne à Rome.
170. En avril 1797, alors que Bonaparte s'apprête à conclure les Préliminaires de Leoben avec l'Autriche vaincue, une révolte contre les Français gagne Vérone le 17 avril, jour de Pâques. Soldats malades et blessés sont achevés. En souvenir du massacre, en 1282, des compagnons de Charles d'Anjou (les Vêpres siciliennes) cet épisode contre-révolutionnaire reste connu sous le nom des « Pâques véronaises ».
171. Lettre du 5 août 1796 à Gallo.
172. Lettre du 12 juillet 1796 à Gallo.
173. A Pavie, vers la fin de mai, la population se rend maître de la garnison française. Bonaparte s'empare de la ville et la livre au pillage. A Lugo, plusieurs Français sont tués, d'où même répression en juillet.
174. Masséna, « l'enfant chéri de la victoire ». Plus tard, en 1807, Napoléon le fera duc de Rivoli.
175. Lettre du 5 août 1796 à Gallo.
176. En 1806, Napoléon le fera roi. Sa fille Catherine épousera Jérôme Bonaparte.
177. Dix-neuf ou dix-sept enfants? Marie-Caroline tient peut-être compte de certaines fausses-couches.
178. Lettre du 28 août 1796 à Gallo.
179. Correspondance de Napoléon.
180. Lettre du 24 octobre 1796 à Gallo.
181. Lettre du 8 novembre 1796 à Gallo.
182. L'île d'Elbe est rattachée aux Présides de Toscane, dépendance du royaume le long de la côte allant de l'embouchure de l'Ombrone à la frontière romaine. La principauté de Piombino en faisait partie.
183. Cette tentative échoue, car l'Angleterre exige que la France renonce à toutes ses conquêtes.
184. Lettre du 24 octobre 1796 à Gallo.
185. Lettre du 15 décembre 1796 à Gallo.
186. Lettre du 12 février 1797 à Gallo.
187. Lettre du 28 février 1797 à Gallo. Mesdames Adélaïde et Victoire se réfugieront ensuite à Trieste.
188. Lettre du 27 octobre 1797 à Gallo.
189. Lettres des 16 et 27 octobre 1797 à Gallo.
190. Lettre du 31 octobre 1797 à Gallo. Le discours de Treilhard – « C'est en présence de tous les peuples, c'est dans le sein de l'humanité, que je jure haine à la royauté » – prononcé le 21 janvier 1796 à l'occasion de l'anniversaire de l'exécution de Louis XVI, ne le désignait pas particulièrement pour le poste de Naples.
191. Au sujet des représentants de la République, Miot de Melito, dans ses *Mémoires*, constate : « Ils étaient des précepteurs de rois et non des ambassadeurs, ils étaient décidés à ne respecter ni les mœurs publiques, ni les mœurs privées, à ne se prêter à aucun des usages et surtout à braver l'étiquette des cours... Ils apportaient l'intolérance philosophique. »
192. Lettre du 31 août 1797 à Gallo.
193. Les îles Ioniennes qui appartenaient à Venise sont prises par la France. Le général Gentili, nommé gouverneur des Sept-Iles, s'établit à Corfou.
194. Conférence de Lille entre lord Malmesbury et Talleyrand. Les exigences françaises étaient inacceptables pour l'Angleterre.

195. Lettre du 15 octobre 1797 à Gallo.
196. Lettre du 27 octobre 1797 à Gallo. « L'Europe, en aucun temps, n'avait demandé aux héros de quel sang ils sortaient. Les préjugés qui cédaient devant la simple fortune pouvaient s'effacer devant le talent et, à ceux qui ne s'étaient point épargné la gloire, on ne marchandait pas l'admiration. » (A. Sorel, *L'Europe et la Révolution française*).
197. Lettre du 10 janvier 1796 à Gallo.
198. Lettre du 5 février 1796 à Gallo. Marie-Thérèse – Madame Royale – épousera bien, trois ans plus tard, Louis d'Artois, duc d'Angoulême.
199. Lettre du 30 juillet 1795 à Gallo.
200. Lettre du 10 janvier 1796 à Gallo.
201. Lettre du 5 août 1796 à Gallo.
202. Marie-Caroline n'est guère enthousiaste à l'égard de la duchesse de Carigliano : « Elle est bonne pour les compliments, mais peut à peine se remuer. »
203. Lettre du 25 juin 1797 à Gallo.
204. Lettre du 31 août 1797 à Gallo.
205. Lettres des 7 juillet, 21, 31 août et 16 octobre 1797 à Gallo.
206. Lettre du 11 septembre 1794 à Gallo.
207. Maximilien-Joseph succédera en 1799 à Charles-Théodore, électeur de Bavière. Napoléon le fera roi et le décidera à marier sa fille Augusta à Eugène de Beauharnais.
208. Lettre du 10 janvier 1796 à Gallo. « Mimi » ne se mariera qu'en 1803, à vingt-quatre ans. Elle épousera Charles-Félix, futur roi de Sardaigne.
209. Lettre du 11 septembre 1794 à Gallo.
210. Lettre du 20 octobre 1795. Marie-Amélie ne se mariera qu'en 1809, à vingt-sept ans. Elle épousera Louis-Philippe d'Orléans, futur roi des Français.
211. Effectivement, Antoinette épousera, en 1806, son cousin germain, Ferdinand, prince des Asturies, fils de Charles IV, roi d'Espagne.
212. Lettre du 5 mars 1793 à Gallo.
213. Ses sœurs ont épousé le comte de Provence (Louis XVIII) et le comte d'Artois (Charles X). Son épouse, Adélaïde, est la sœur des précédents et donc sœur de Louis XVI. Sa mère, fille de Philippe V, roi d'Espagne, est ainsi la tante de Ferdinand IV et de Marie-Caroline. Son frère, Charles-Félix, duc de Genevois, épousera en 1807 « Mimi » (Marie-Christine, fille de Marie-Caroline) et sera roi de Sardaigne en 1821.
214. Lettre du 20 décembre 1796 à Gallo.
215. En son honneur, le département de la Seine débaptise la rue Chantereine, où il habitait avec Joséphine, pour l'appeler « rue de la Victoire » (décision du 29 décembre).
216. Instructions du 10 octobre 1797.
217. Joseph Bonaparte a épousé Julie. Sa sœur, Désirée, à qui Bonaparte avait songé avant d'épouser Joséphine, épousera Bernadotte et sera reine de Suède en 1810.
218. Note de janvier 1798 à Gallo.
219. Chassé de ville en ville lorsque la guerre reprendra avec l'Autriche en mars 1799, Pie VI, après Florence, Parme, Plaisance, Turin, ira à Valence où il s'éteindra en août 1799.
220. Notes de mars et avril à Gallo. Talleyrand réclamait alors deux millions pour lui-même et ses principaux collaborateurs.
221. Choix discutable aux yeux de la reine, car Garat n'est autre que celui que Danton avait chargé d'annoncer à Louis XVI sa condamnation à mort.
222. Note d'avril 1798 à Gallo.
223. Sa mission d'annoncer à Louis XVI sa condamnation.
224. Note de juin 1798 à Gallo.
225. Rappelant l'éminent service rendu à cette occasion à la cause anglaise par Emma Hamilton, Nelson, dans son testament fait le 21 octobre 1805 « à la vue et à environ dix miles des flottes combinées de France et d'Espagne », demandait à son souverain « au moment où il allait entrer dans la bataille » (Trafalgar), de veiller à ce qu'après sa mort l'Angleterre prît soin de sa compagne d'alors.
226. L'Ordre possédait de grands biens dans la partie de la Pologne devenue russe en 1795. En accord avec le grand-maître, le prince de Rohan, Paul Ier, en 1797, a érigé ces biens en grand-prieuré de Russie. Lui-même et le tsarévitch Alexandre ont été armés Chevaliers. De là, l'intérêt de Paul Ier qui accepte volontiers la dignité qu'on lui offre.
227. A lord Saint-Vincent. Cité par sir Harold Acton, *Les Bourbons de Naples.*
228. Message du 5 octobre 1798 à Ferdinand IV.
229. Note d'octobre 1798 à Gallo.
230. La future duchesse de Berry, belle-fille de Charles X.
231. Colonne commandée par le prince de Naselli.

232. Le comte Roger de Damas, officier sous l'Ancien Régime, s'était en 1787 rendu en Russie pour combattre les Turcs sous les ordres de Potemkine. En 1792, on le retrouve aide de camp du comte d'Artois. Il sert ensuite en Champagne sous Brunswick, puis dans l'armée de Condé. En 1798, alors qu'il s'apprête à retourner en Russie, il est engagé sous Mack dans l'armée napolitaine, avec le grade de maréchal de camp. Il sera gravement blessé au visage lors de la retraite sur Naples au combat d'Orbitello. Il sera plus tard un ami cher au cœur de Marie-Caroline.
233. Lettre du 21 décembre 1798 à Gallo.
234. Message de Nelson à John Jervis, amiral en chef de l'escadre anglaise de la Méditerranée, nommé lord Saint-Vincent à la suite de sa victoire du 15 février 1797 remportée sur la flotte espagnole au Cap Saint-Vincent.
235. Le ducat de l'époque vaudrait 57 francs de 1988.
236. Lettre du 27 décembre 1798 à Gallo.
237. Le 8 janvier 1799, Nizza, en accord avec le capitaine anglais Campbell, incendiera tous les vaisseaux, frégates et corvettes ne pouvant mettre à la voile.
238. Prétextant que ses biens seront confisqués s'il demeure à Palerme, Caracciolo sera exceptionnellement autorisé par Ferdinand à rentrer à Naples. Il se rangera alors du côté des républicains comme responsable de la marine.
239. Lettres du 27 décembre 1798 et du 27 janvier 1799.
240. Lettre du 27 décembre 1798 à Gallo.
241. Lettre du 12 janvier 1799 à Gallo.
242. Lettre du 27 décembre 1798 et du 8 janvier 1799 à Gallo.
243. Lettre du 27 décembre 1798 à Gallo.
244. « Pignatelli, en date du 7, conclut à la nécessité de demander un armistice. Il faut avoir perdu la raison ou que la peur l'ait complètement troublé pour me dire cela avec 5 millions d'habitants, un pays riche et une armée de 12 à 16 000 hommes à opposer tout au plus à 20 000 assassins. » Lettre de Marie-Caroline à Gallo du 12 janvier 1799.
245. Lettre du 8 janvier 1799 à Gallo.
246. Lettre du 20 février 1799 à Gallo.
247. Cité par Harold Acton, *Les Bourbons de Naples*.
248. Lettre du 4 mars 1799 à Gallo. Vienne hésitera un temps avant de confier à Mack un nouveau commandement. Lors de sa campagne d'Allemagne en 1805, Napoléon le fera capituler dans Ulm, le 25 octobre, avec ses 25 000 hommes. Il sera alors arrêté, enfermé dans la forteresse de Theresienstadt. Condamné à mort, sa peine sera ensuite commuée en détention.
249. Ce n'est qu'en France qu'on la nomme « parthénopéenne »; souvenir de la fondation par les Grecs au ve siècle avant J.-C. de la ville de Parthénope en Campanie à proximité de Naples. Marie-Caroline, pour sa part, n'y verra qu'une calamité de plus et l'appellera la « République vésuvienne ».
250. Pagano, Caputo et Fasulo seront exécutés lors de la reconquête.
251. Baron Thiébault, *Mémoires*. Les « bonnes fortunes » des officiers français furent effectivement fort nombreuses. Dans ses *Mémoires*, Thiébault s'étend avec complaisance sur ses amours avec Pauline, baronne de Ricciuli.
252. Lettre du 22 avril 1799 à Gallo.
253. Lettre du 22 février 1799 à Gallo.
254. Championnet quitte Naples le 27 février 1799.
255. Lettre du 17 février 1799 à Gallo.
256. Le prince de Kaunitz étant mort, Thugut, depuis juillet 1794, est le ministre des Affaires étrangères de François II.
257. Lettre du 11 mars 1799 à Gallo.
258. La Prusse restera à l'écart de la Deuxième Coalition.
259. Le traité d'alliance avec la Turquie porte la date du 21 janvier 1799.
260. Lettre du 11 mars 1799 à Gallo.
261. Lettre du 10 janvier 1799 à Gallo.
262. Lettre du 27 janvier 1799 à Gallo.
263. Lettres des 19 mars et 1er mai 1799 à Gallo.
264. Lettres des 10 janvier et 19 mars 1799 à Gallo.
265. Lettres des 13 et 17 février 1799 à Gallo.
266. Ambassadeur de Naples à Constantinople.
267. Lettres des 17, 22 février et 19 mars 1799 à Gallo.
268. Lettre du 11 mars 1799 à Gallo.
269. Baron Thiébault, *Mémoires*.
270. Lettres du 22 avril et des 1er et 9 mai à Gallo, à qui Marie-Caroline continue d'écrire régulièrement bien que celui-ci se trouve à l'époque à Saint-Pétersbourg.
271. Combat livré par Ruffo le 13 juin.

272. Lettre du 20 juin 1799 à Gallo. D'horribles scènes, en effet, s'y déroulent. Des victimes sont torturées, écartelées, rôties, pendues; puis leur tête tranchée est promenée par les rues au bout d'une pique.
273. En annexe à sa lettre datée 22 avril-1er mai 1799 à Gallo.
274. Après le départ de Bonaparte pour l'Égypte, le 19 juin 1798, les escadres anglaise et napolitaine en font le blocus. Le siège de La Valette va durer près de deux ans. Vaubois y capitulera le 5 septembre 1800. La question de Malte divisera Anglais et Russes qui, les uns et les autres, y ont des ambitions.
275. Treilhard, Merlin de Douai et La Revellière-Lépeaux sont remplacés par Gohier, le général Moulins et Roger Ducos qui rejoignent ainsi Barras et Sieyès. Ce dernier avait lui-même remplacé Reubell le mois précédent.
276. Lettres des 17 et 18 mai 1799 à Gallo.
277. Lettre du 17 juin 1799 à Gallo.
278. Nelson n'envisage plus désormais de se séparer d'Emma. Enceinte de ses œuvres, elle s'était fait avorter peu de temps auparavant.
279. Lettre du 25 juin 1799 à Emma Hamilton.
280. Lamartine, *Nelson.*
281. Lettre du 2 juillet 1799.
282. Roger de Damas, *Mémoires.*
283. Les nobles étaient décapités; les autres pendus.
284. A cette date, Marie-Caroline, qui a quitté Palerme le 8 juin 1800, est à Vienne.
285. Charles III, roi d'Espagne, l'avait lui-même donnée à son fils Ferdinand.
286. « Il eût été naturel, constate Roger de Damas dans ses *Mémoires*, que le cardinal Ruffo fût mis à la tête du rétablissement général; mais il s'était fait un nom : Acton devait donc le craindre et le perdre; il suggéra au roi de la méfiance contre ses premières mesures, le fit entrevoir comme un sujet dangereux et le fit disgracier. Naples languit ainsi pendant quatre mois dans les angoisses d'une inquisition vénale. » Acton voyait en Damas un rival et les deux hommes se haïssaient.
287. Lettre du 13 novembre 1799 à Gallo.
288. Par un heureux concours de circonstances, Luigi de Medici, l'ancien régent de la Vicaria, échappe à toute poursuite. Par opportunisme, il avait cru bon de se ranger aux côtés des républicains, mais ceux-ci, trouvant suspect son ralliement, l'avaient vite écarté. Ainsi dédouané malgré lui, Medici pourra refaire surface et retrouver un peu plus tard la faveur du roi.
289. Voir note 235.
290. Lettres des 10 et 15 septembre et du 13 novembre 1799; des 20 février, 3 mars et 20 avril 1800.
291. A l'annonce de cette victoire, Souvorov est promu « prince Italinsky » par le tsar.
292. Lettre du 8 septembre 1799 à Gallo.
293. Naples nomme Diego Naselli, prince d'Aragona, son gouverneur à Rome.
294. Ce conclave s'est ouvert le 30 novembre. C'est le 14 mars 1800 seulement que le cardinal Chiaramonti sera élu sous le nom de Pie VII.
295. Lettres des 8 et 10 septembre 1799 à Gallo.
296. On sait que Ferdinand, le grand-duc, son neveu et gendre, s'est déconsidéré aux yeux de Marie-Caroline depuis son attitude complaisante à l'égard des Français.
297. Lettre du 12 septembre 1799 à Gallo.
298. « Nous avons besoin d'une force étrangère pour en imposer à Naples aux différents partis et au peuple qui a connu sa force et ne désire que sac et pillage. » Lettre du 10 septembre 1799 à Gallo.
299. Lettre du 15 septembre 1799 à Gallo.
300. Lettre du 10 septembre 1799 à Gallo.
301. Le duc d'Angoulême qui, le 10 juin 1799 à Mittau, a épousé Madame Royale, n'aura pas de postérité.
302. Lettres des 30 mai et 8 septembre 1799 à Gallo.
303. Bonaparte en a laissé le commandement à Kléber. Ce dernier sera assassiné au Caire le 14 juin 1800, jour de Marengo.
304. Lettre du 15 janvier 1800 à Gallo.
305. Acton, jusqu'alors célibataire et âgé de 64 ans, épouse l'une de ses nièces, âgée de 13 ans.
306. Lettre du 20 février 1800 à Gallo.
307. Plus tard, lors de l'Empire, Napoléon parlant des nobles dira : « Leurs noms appartiennent à la France, à l'histoire; je suis le tuteur de leur gloire, je ne les laisserai pas périr. » *Mémorial de Sainte-Hélène.*
308. Lettre du tsar, reproduite dans la lettre du 4 avril 1800 à Gallo.
309. Le général Vaubois capitulera le 25 septembre 1800 après 26 mois de siège.

310. Lettre du 20 avril 1800 à Gallo.
311. Lettres des 3 mars et 4 avril 1800 à Gallo.
312. Lettre du 3 mars 1800 à Gallo.
313. Lettre du 4 avril 1800 à Gallo.
314. Roger de Damas, *Mémoires*.
315. Lettres des 23 et 28 juin et du 7 juillet 1800 à Gallo.
316. Lettre du 2 juillet 1800 à Gallo.
317. Lettres des 6 et 7 juillet 1800 à Gallo.
318. C'est ici que nous abandonnons les Hamilton. Au printemps de 1800, Nelson avait été mis en congé sur sa demande. Il choisit d'accompagner ses amis jusqu'en Angleterre. Après Vienne, Prague, Dresde et Hambourg, ce surprenant « ménage à trois » est à Londres au début de novembre. Hamilton étant mort en mars 1803 et Nelson s'étant séparé de sa femme, Emma vit désormais avec lui dans une propriété de campagne qu'ils ont achetée à Morton, dans le Surrey. Emma lui donnera deux enfants dont seule une fille, Horatia, survivra. Lorsque Nelson sera tué à Trafalgar, le 21 octobre 1805, le gouvernement anglais restera sourd aux demandes de soutien financier que, dans son testament, il avait sollicité pour sa compagne. Ruinée, à deux reprises mise en prison pour dettes, Emma émigrera en France en juillet 1814 et c'est presque dans une totale misère qu'elle mourra à Calais le 15 janvier 1815.
319. Lettre du 17 octobre 1800 à Emma Hamilton.
320. Lettre du 15 février 1801 à Gallo. *In impregno* : « dans la danse ».
321. Lettres des 6 et 11 mars 1801 à Gallo.
322. Lettres des 28 mars et 21 avril 1801 à Gallo.
323. Lettre du 3 mars 1801 à Gallo.
324. Lettre du 21 avril 1801 à Gallo.
325. Lettre du 15 mai 1801 à Gallo.
326. Lettres des 19 décembre 1801 et 8 janvier 1802 à Gallo.
327. Lettre du 8 janvier 1802 à Gallo.
328. Lettre du 6 mars 1802 à Gallo.
329. Lettres des 29 mai et 18 juillet 1802 à Gallo.
330. Lettre du 25 novembre 1801 à Gallo.
331. A la Convention, Alquier s'était tenu sur une prudente réserve. On disait de lui qu'il « n'applaudissait jamais que du pied ».
332. Lettre du 3 juin 1801 à Gallo.
333. Lettre du 18 juillet 1802 à Gallo.
334. Lettre du 26 février 1802 à Gallo. La duchesse Giovane est alors gouvernante de Marie-Louise, la fille de Thérèse.
335. Lettre du 30 décembre 1800 au comte d'Antraigues.
336. Lettres de décembre 1800 à Gallo.
337. Lettre du 6 janvier 1802 à Gallo.
338. Lettre du 24 avril 1801 à Gallo.
339. Lettre du roi, reproduite par Marie-Caroline dans sa lettre du 21 avril 1801 à Gallo.
340. Lettre du 26 février 1802 à Gallo.
341. Lettres des 8 avril et 29 mai 1802 à Gallo.
342. Lettre du 29 mai 1802 à Gallo.
343. Dépêche d'Alquier du 27 mars 1804, relatant un entretien avec Marie-Caroline, au cours duquel elle a évoqué ce souvenir.
344. Lettres des 17 janvier et 25 février 1802 à Gallo.
345. Lettre du 23 décembre 1801 à Gallo.
346. Lettre du 20 mars 1801 à Gallo.
347. Lettre du 25 novembre 1801 à Gallo.
348. Lettres des 25 et 30 novembre 1801 à Gallo.
349. Lettre du 18 juillet 1802 à Gallo.
350. Lettres des 29 mai et 22 juin 1802 à Gallo.
351. Lettre du 2 janvier 1803 à Gallo.
352. Lettre du 9 septembre 1802 à Gallo.
353. Lettres des 27 août et 17 octobre 1802 à Gallo.
354. Lettre du 27 août 1802 à Gallo.
355. En 1802, Acton précise lui-même : « Depuis le 5 avril 1795, je me suis démis de tous les départements qui m'avaient été confiés; je suis resté simple conseiller d'État, quoiqu'avec des prérogatives honorables. La confiance dont S.M. n'a cessé de m'honorer, ainsi que celle de la Reine, ne m'ont point engagé à reprendre aucune direction, ni à redemander des places que ma santé et les circonstances m'avaient fait abandonner. »

356. Lettres des 23 août, 9 septembre 1802 et 2 janvier 1803 à Gallo.
357. Lettre du 10 septembre 1802 à Gallo.
358. Lettre du 9 septembre 1802 à Gallo.
359. Lettre du 14 septembre 1802 à Gallo.
360. Lettre du 27 août 1802 à Gallo.
361. Lettres des 17 et 28 octobre 1802 à Gallo. Antoinette ne sera pas heureuse en Espagne. Elle y mourra en mai 1806, à l'âge de 23 ans, accusée d'adultère par Godoy et, aux dires de certains, probablement empoisonnée.
362. Lettre du 17 octobre 1802 à Gallo.
363. Lettres des 28 octobre et 10 novembre 1802 à Gallo.
364. Lettre du 27 avril 1803 à Gallo.
365. Louis, le jeune roi d'Étrurie, est le fils de Ferdinand et de Marie-Amélie, sœur de Marie-Caroline. Le duché de Parme sera annexé par la France en mai 1808.
366. Lettres des 9 septembre et 23 novembre 1802 à Gallo.
367. Lettre du 10 septembre 1802 à Gallo.
368. Lettre du 23 novembre 1802 à Gallo.
369. Lettre du 15 décembre 1802 à Gallo.
370. Alquier à Talleyrand. Dépêche du 24 mai 1803.
371. Acte de médiation du 19 février 1803.
372. Recès de 1803, ratifié par l'empereur le 27 avril. Réorganisation prévue au traité de Lunéville.
373. Lettre du 27 avril 1803 à Gallo.
374. Note du 18 juin 1803.
375. Lettre du 13 juin 1803 à Gallo.
376. Lettre de juin 1803, remise à Bonaparte le 5 juillet.
377. Lettre du 14 août 1803 à Gallo.
378. Instructions données à Elliot, 18 mai 1803.
379. Louis, roi d'Étrurie, est mort le 27 mai 1803. Son épouse Marie-Louise, infante d'Espagne, est régente.
380. Le franc de Germinal an II (28 mars 1803) valait 322,58 milligrammes d'or à 900 millièmes. En décembre 1958, à la veille de la création du « nouveau franc », il ne valait plus que 1,8 milligrammes soit près de 180 fois moins.
381. Instructions de Berthier, ministre de la guerre, 23 mai 1803.
382. Voir note 235.
383. Lettre du 29 septembre 1803 à Gallo. Les dépenses de logement, chauffage, vivres et fourrages supportées par le royaume étaient appelées à faire ultérieurement l'objet d'un compte définitif et en principe être remboursées.
384. Lettres des 13 août et 29 septembre 1803 à Gallo.
385. *Id.*
386. Lettre du 2 novembre 1803 à Gallo.
387. Lettre du 28 juillet 1803 à Marie-Caroline, voir *supra.*
388. Lettres des 28 novembre, 19 décembre 1803 et 20 février 1804 à Gallo. C'est le 19 décembre que pour la première fois dans ses lettres à Gallo elle appelle le premier consul Napoléon.
389. Lettres des 30 novembre et 19 décembre 1803 à Gallo.
390. Il avait démissionné de ses fonctions dans l'armée napolitaine en juin 1802. Depuis, il avait séjourné à Rome, Venise et Vienne. Dans cette dernière ville, il avait retrouvé Marie-Caroline et était devenu l'un de ses intimes.
391. Alquier à Berthier, ministre de la Guerre, 31 décembre 1803.
392. Lettres des 29 décembre 1803 et 30 janvier 1804 à Gallo.
393. Lettre du 20 février 1804 à Gallo. En fait cette escadre, tout comme celles de Brest et de Rochefort, est appelée à se rendre aux Antilles pour y entraîner à sa suite la flotte britannique de façon à dégarnir la Manche en vue de l'invasion.
394. Lettres des 20 et 29 février 1804 à Gallo.
395. Lettre du 8 avril 1804 à Gallo.
396. Gouvion Saint-Cyr à Berthier, ministre de la Guerre, 15 mars 1804.
397. Lettre du 27 avril 1804 à Gallo.
398. Lettre du 27 mai 1804 à Gallo.
399. Cité dans le *Dictionnaire Napoléon*, publié sous la direction de Jean Tulard.
400. Pour Marie-Caroline, le père d'Isabelle ne peut être que Godoy, le prince de la Paix.
401. Lettres des 6 et 7 juin 1804 à Gallo.
402. Alquier à Talleyrand, 13 juin 1804.

403. Lettres des 6 et 7 juin 1804 à Gallo.
404. Alquier à Talleyrand, 9 juin 1804.
405. Lettre du 30 juin 1804 à Gallo.
406. Instructions données à Elliot, 3 juillet 1804. « Si un traité pouvait être conclu, les secours actuels pourraient être doublés » (message à Elliot des 28-31 août 1804).
407. Lettre du 12 août 1804 à Gallo.
408. Alquier, dans sa note à Talleyrand du 21 septembre 1804, l'estime lui-même à plus d'un million de francs par mois.
409. Voir sa lettre à Ferdinand du 2 janvier 1805, p. 58.
410. La Russie ayant augmenté ses effectifs à Corfou, 8 000 hommes sont venus renforcer en septembre les troupes de Gouvion Saint-Cyr.
411. Lettre du 11 octobre 1804 à Gallo.
412. Lettre du 15 novembre 1804 à Gallo.
413. Damas avait hésité à accepter ce poste. Dans ses *Mémoires*, il s'en explique : « J'allai chez la Reine. Je lui dis que j'avais pris la liberté de faire suspendre ma nomination pour ne la devoir qu'à ses réflexions et non à ses bontés; que je voulais l'avertir que je savais que Buonaparte avait de la haine pour moi... ; qu'en conséquence, il était possible que l'occupation d'une place aussi marquante entraînât des représentations de l'ambassadeur, dont elle serait importunée, et que je regretterais de lui causer une peine dont je n'étais pas sûr de la dédommager par mes talents. »
414. Lettre du 28 décembre 1804 à Gallo.
415. Lettre du 17 décembre 1804 à Gallo.
416. Lettres des 25 et 26 janvier 1805 à Gallo.
417. François II, l'empereur et Thérèse, son épouse, doivent se rendre à Venise en avril. Ils pourraient également être rencontrés.
418. Lettre de Gallo à Marie-Caroline, 13 février 1805.
419. Comme indiqué (v. note 393), son objectif est de faire diversion en cinglant vers les Antilles, d'y entraîner la flotte britannique à sa suite, puis de revenir rapidement sur Brest.
420. Lettre du 30 janvier 1805 à Gallo.
421. C'est-à-dire à un niveau égal à la moitié des troupes d'occupation. « J'admire ce juste calcul pour se faciliter l'entrée et, sans aucune peine, nous dévorer. » Lettre du 30 janvier 1805 à Gallo.
422. « Je suis décidée à ne point le faire, car si on obéissait à tout, ce serait involontairement se détrôniser *(sic)* soi-même! » Lettre du 25 janvier 1805 à Gallo.
423. « Chasser, envoyer Elliot à Palerme, c'est réellement le comble de la démence ». Lettre du 25 janvier 1805 à Gallo.
424. Roger de Damas, *Mémoires.*
425. Lettre du 26 février 1805 à Gallo.
426. Lettre du 13 mars 1805 à Gallo.
427. Alquier à Talleyrand, 14 mars 1805.
428. Lettre du 25 janvier 1805 à Gallo.
429. Lettre du 8 avril 1805 à Gallo.
430. Note de Downing Street à Elliot, 20 mars 1805.
431. Roger de Damas, *Mémoires.*
432. Lettre du 8 avril 1805 à Gallo.
433. Roger de Damas, *Mémoires.*
434. Elliot à lord Mulgrave, 2 avril 1805.
435. Lettre du 5 mai 1805 à Gallo. Comment imaginer que cinq ans plus tard, Napoléon épousera Marie-Louise, l'aînée des petites-filles de Marie-Caroline?
436. Échange des notes des 6 et 9 mai 1805.
437. Lettre du 16 mai 1805 à Gallo.
438. Marie-Caroline vise essentiellement ici l'Autriche qui possède encore la Vénétie.
439. Pour le sacre du 2 décembre 1804.
440. Ferdinand était persuadé que jamais la France ne procéderait à ce règlement. Aussi a-t-il fait don à l'avance à Marie-Caroline des sommes susceptibles d'être obtenues de Paris. Raison de plus pour celle-ci de régulièrement les réclamer.
441. Lettre du 16 mai 1805 à Gallo.
442. Lettre du 5 mai 1805 à Gallo.
443. A la légation de France à Naples, il remplace Alquier parti pour le couronnement.
444. Note de Lefebvre à Talleyrand, 15 mai 1805.
445. Lettres des 6 et 15 mai 1805 à Gallo.
446. Lettres des 5 et 6 mai et du 14 juin 1805 à Gallo.
447. « Le Ciel me l'a donnée; malheur à qui la touchera! »
448. Lettres des 4 et 10 juin 1805 à Gallo.

449. Lettre de Gallo à Marie-Caroline, 13 juillet 1805.
450. Lettre du 23 juillet 1805 à Gallo.
451. Lettre du 13 juillet 1805 à Gallo.
452. Lettre du 5 juillet 1805 à Gallo.
453. Lettre du 23 juillet 1805 à Gallo.
454. « Durant que Son Altesse Sérénissime le Doge faisait des courbettes à Milan, Sa Majesté Buonapartienne a organisé la soumission de Gênes et la voilà incorporée ». Lettre du 4 juin 1805 à Gallo.
455. Napoléon à Talleyrand, 3 août 1805.
456. Napoléon à Talleyrand, 26 juillet 1805.
457. Napoléon à Talleyrand, *id.*
458. Lettre du 30 juillet 1805 à Gallo.
459. Il semblerait que ce ne soit qu'une légende. Il n'en reste pas moins qu'en l'espace d'un mois 200 000 hommes stationnés dans le Hanovre, en Hollande et dans les camps de la Manche sont à pied d'œuvre le long du Rhin. Le camp de Boulogne est levé le 27 août. Napoléon est de retour à Saint-Cloud le 3 septembre.
460. Lettre du 7 août 1805 à Gallo.
461. Gallo à Talleyrand, 20 août 1805.
462. Lettre du 24 août 1805 à Gallo.
463. Tatistcheff à Circello, 15 août 1805.
464. Alquier au prince de Luzzi, conseiller d'État, 19 août 1805. Luzzi est l'un des plénipotentiaires habilité à négocier le renouvellement de l'alliance avec la Russie.
465. Alquier à Talleyrand, 31 août 1805.
466. Message contenu dans la note du 28 août 1805 de Talleyrand à Alquier. A Paris, sa teneur est aussitôt communiquée à Gallo.
467. Le nom du général Grouchy avait été avancé.
468. Roger de Damas, *Mémoires*.
469. Circello à Gallo, 21 septembre 1805.
470. Lettre du 21 septembre 1805.
471. Lettre du 6 octobre 1805 à Gallo.
472. Lettre du 8 octobre 1805 à Gallo.
473. Alquier à Talleyrand, 9 octobre 1805.
474. Lettre du 8 octobre 1805 à Gallo.
475. Lettre du 15 octobre 1805 à Gallo.
476. Lettre du 15 novembre 1805 à Gallo.
477. Roger de Damas, *Mémoires*.
478. Tatistcheff à Circello, 20 novembre 1805.
479. Lettre du 23 novembre 1805 à Gallo.
480. Lefebvre à Talleyrand, 29 novembre 1805.
481. Roger de Damas, *Mémoires*.
482. Lettre du 25 décembre 1805 à Gallo.
483. La paix y sera conclue le 26 décembre. La Vénétie, l'Istrie et la Dalmatie que l'Autriche avait obtenues à Campo-Formio lui sont reprises. François II reconnaît Napoléon roi d'Italie.
484. Talleyrand à Napoléon.
485. Écrite ce jour-là, elle ne sera publiée dans le *Moniteur* que le 1er février 1806.
486. Les Siciliens avaient, effectivement, procédé, à l'époque, à des exécutions sommaires.
487. Lettres des 4 et 5 janvier 1806 à Gallo.
488. Marie-Caroline persiste à voir dans Alquier l'un de ses adversaires les plus résolus : « C'est un scélérat. L'empereur a trop d'esprit pour qu'une année qu'Alquier passe à Paris, il ne le reconnaisse et ne le mette à sa place à Cayenne. » Marie-Caroline à Gallo, 26 janvier 1806.
489. Lettres des 8 et 18 janvier 1806 à Gallo.
490. Lettre du 30 décembre 1805 à Gallo.
491. Circello à Gallo, 5 janvier 1806.
492. Attaché au département des Affaires étrangères, Pozzo di Borgo est à Naples dans le cadre de sa première mission au service de la Russie.
493. Roger de Damas, *Mémoires*.
494. Lettre du 18 janvier 1806 à Gallo.
495. Lettre du 26 janvier 1806 à Gallo.
496. Napoléon à Joseph, 31 janvier 1806. Gallo deviendra le ministre des Affaires étrangères de Joseph, roi de Naples. Le duc de San Teodoro ralliera à son tour et sera nommé Grand Maître des Cérémonies.
497. Lettre du 26 janvier 1806 à Gallo.

498. Le décret impérial proclamant Joseph roi de Naples *et* de Sicile est du 30 mars 1806.
499. Seule Gaëte, défendue par le prince de Hesse-Philippstahl, résistera pendant plusieurs mois. La place, assiégée par Masséna, ne se rendra que le 18 juillet. Malgré l'hostilité d'Elliot et d'Acton, Marie-Caroline achetait de ses propres deniers armes et munitions et les faisait parvenir à Gaëte pour en prolonger la résistance.
500. Roger de Damas, *Mémoires*.
501. Lettres des 17 et 18 mars 1806 à Damas.
502. Lettre du 19 mars 1806 à Damas.
503. Message de l'empereur au Sénat.
504. Ce plan de partage négocié en 1806 sera confirmé en octobre 1807 par le traité de Fontainebleau.
505. Roger de Damas, *Mémoires*.
506. Lettre du 26 mars 1806 à Damas.
507. Dans un premier temps, il comprend les territoires dont la Prusse s'était emparée à l'occasion des partages.
508. Contraint par son frère de se séparer de son épouse américaine, Elizabeth Patterson, Jérôme épousera en août 1807, Catherine, fille du duc de Wurtemberg que Napoléon venait de faire roi.
509. Lettres des 26 novembre et 22 décembre 1806 à Damas.
510. Il s'agit de l'amiral sir Sidney Smith, dont Marie-Caroline orthographie ainsi le nom.
511. Lettres des 26 novembre et 22 décembre 1806 à Damas.
512. Lettre du 15 mars 1807 à Damas.
513. Lettre du 31 juillet 1807 à Damas.
514. Lettre du 10 mai 1807 à Damas.
515. Fille de Marie-Béatrice de Modène, duchesse d'Este, et fille de l'archiduc Ferdinand, ancien gouverneur du Milanais, frère de Marie-Caroline.
516. Lettre du 17 septembre 1807 à Marie-Caroline.
517. Alliance défensive et offensive : la Russie offre sa médiation entre la France et l'Angleterre, la France joue le même rôle entre la Russie et la Turquie.
518. Lettres des 31 août et 6-8 septembre 1807 à Damas.
519. Le charme de la reine Louise, qui avait séduit Alexandre, reste sans effet sur Napoléon. A la question de l'empereur : « Comment avez-vous osé me faire la guerre, Madame, avec d'aussi faibles moyens que ceux que vous aviez ? », elle aurait répondu avec modestie : « Sire, je dois le dire à Votre Majesté, la gloire de Frédéric II nous avait égarés sur notre propre puissance. »
520. Lettre du 22 janvier 1808 à Damas.
521. « Je sais à n'en pouvoir douter par les lettres du ministre buonapartien Gallo... », écrit-elle à Damas le 10 décembre 1807.
522. Lettre du 18 février 1808 à Damas.
523. Pour avoir fait ses dévotions au saint patron de Naples, Napoléon le raillera : « J'ai appris que vous avez fait des singeries à saint Janvier. »
524. Marie-Amélie de Bourbon, *Journal*, 24 juin 1808.
525. Louis-Philippe à M. de Bacourt. Cité par Harold Acton, *Les Bourbons de Naples*.
526. Marie-Amélie, *Journal*, 22 juin 1808.
527. Marie-Amélie, *Journal*, 19 juillet 1808.
528. Satisfaction obtenue, Philippe d'Orléans est de retour à Naples en fin d'année.
529. A Erfurt, Talleyrand commence délibérément à mener son double jeu. Il fait discrètement savoir « Le Rhin, les Alpes, les Pyrénées sont la conquête de la France; le reste est la conquête de l'empereur; la France n'y tient pas ». Metternich pourra dire « Pour l'argent qu'il nous coûte, il n'est vraiment pas cher ! »
530. Marie-Amélie, *Journal*, 28 octobre 1808.
531. Lettre du 29 octobre 1809 à Damas.
532. Eckmühl le 22 avril, Essling les 21 et 22 mai, Wagram le 6 juillet.
533. Lettre du 24 octobre 1809.
534. Par traité du 30 mars 1808, l'Angleterre s'est engagée à entretenir en Sicile une force de 10 000 hommes et à subvenir aux besoins du royaume à hauteur de 300 000 livres. Un nouveau traité du 13 mai 1809 a porté la somme à 400 000 livres.
535. Lettres des 29 octobre et 26 décembre 1809 à Damas.
536. Un sénatus-consulte approuve la dissolution du mariage civil. L'officialité diocésaine de Paris – à défaut de la Cour de Rome – prononce la nullité du mariage religieux.
537. Lettre à Ruffo, son ambassadeur à Vienne.
538. Lettres des 8 et 10 mai 1810 à Damas.
539. Cité par Jean Tulard, *Murat*.

540. Lettres des 8 et 10 mai 1810 à Damas.
541. Marie-Amélie, *Journal*, 12 février 1810.
542. Marie-Amélie, *Journal*, 24 mars 1810.
543. Lettre du 10 mai 1810 à Damas.
544. Ferdinand, duc de Valois, mort d'un accident à Neuilly en 1842, Amélie aura dix enfants.
545. Marie-Amélie, *Journal*, 28 juillet 1810.
546. Marie-Amélie, *Journal*, 31 janvier 1808.
547. *Mémoire de Marie-Caroline*, publié par R.M. Johnston. Sur ce *Mémoire*, voir chapitre XXV, p. 341.
548. Cité par Jean Tulard, *Le Grand Empire*.
549. Lettre de Marie-Caroline à Damas, 9 septembre 1810.
550. Naissance saluée par cent coups de canon, alors que pour une fille il n'y en aurait eu que vingt. Aussi le baron de Frenilly pourra-t-il dire : « Le vingt et unième nous fut un coup de massue; il nous semblait tuer la race des Bourbons. »
551. Marie-Amélie, *Journal*, 22 février 1811.
552. Marie-Amélie, *Journal*, 20 février 1811.
553. William Bentinck-Cavendish (1774-1839). Entré dans l'armée en 1791, il sert en Italie sous Souvorov en 1799 et combat notamment à Marengo. On le retrouve en 1803 aux Indes, en qualité de gouverneur de Madras. En 1808, il participe sous les ordres de Wellesley aux campagnes du Portugal et de l'Espagne.
554. *Mémoire de Marie-Caroline.*
555. Marie-Amélie, *Journal*, 8 septembre 1811.
556. « Elle se prit à énumérer les membres actuels du Conseil. " Circello... Medici qui est très capable. Arriolo... Qui proposeriez-vous pour le Conseil? Cassaro, un très honnête homme... " Puis avec ironie elle ajouta... »
557. Bentinck à Wellesley, 26 décembre 1811. « L'impression que je retiens de ma conversation avec S.M. est que malgré de remarquables dispositions, elle n'a probablement jamais eu de sens commun. »
558. Marie-Amélie, *Journal*, 3 janvier 1812. « C'est une femme d'une intelligence peu commune. »
559. *Mémoire de Marie-Caroline.*
560. « Ils arrêtent, patrouillent, châtient; tout est désordre. » Lettre de Marie-Caroline à Damas, 17 avril 1812.
561. « Ainsi des rebelles aux Segraitairies, de moi ni vus, ni reconnus. » Lettre de Marie-Caroline à Damas, 17 avril 1812.
562. En avril-mai 1812, la guerre franco-russe paraît inévitable. Les propositions de paix faites par Napoléon à l'Angleterre ont échoué. La Russie, victime du Blocus continental s'est, le 3 mai, alliée à l'Angleterre et, le 28, a fait sa paix avec les Turcs. Après avoir rassemblé à Dresde tout un parterre de rois, Napoléon, le 21 juin, déclare la guerre à la Russie et, le 22 juin, la Grande Armée, forte de près de 600 000 hommes, franchit le Niémen.
563. Lettres des 17 avril et 25 mai 1812 à Damas.
564. L'un des ministres qui, progressivement, rejoint le parti de la reine.
565. Ces preuves semblent ne pas exister.
566. Ferdinand à Circello, 14 octobre 1812.
567. « Je suis résolu à exiger soit l'abdication, soit le départ de la reine, au besoin par la force. »
568. Message à Bentinck du 26 octobre 1812.
569. Bentinck au père Caccamo, 10 janvier 1813.
570. « Le roi était résolu à ne pas céder. Il ne serait pas à ma botte comme François l'avait été. »
571. 4 avril 1813. « Il faut que Votre Seigneurie comprenne que le roi n'est qu'une simple marionnette entre les mains de la reine. Seule, elle a accès auprès de lui. Elle lui a constamment mis en tête deux idées cependant contradictoires, l'une que j'agis sans instructions si bien que c'est moi seul qui serais à l'origine des mesures que je prends... l'autre que le gouvernement britannique n'a pas d'autre objectif que l'exclusion de la famille royale et la prise de possession de la Sicile pour lui-même. »
572. Réponse de Ferdinand à Bentinck, dictée à Belmonte, 15 mars 1813.
573. *Mémoire de Marie-Caroline.*
574. Marie-Amélie, *Journal*, 20 mars 1813.
575. Note de Castelreagh qui, depuis mars 1812, est ministre des Affaires étrangères.
576. Lettre du 2 août 1813 à Damas.
577. Dès 1810, les Anglais s'étaient emparés dans les îles Ioniennes de Zante, Céphalonie et Ithaque. Corfou, par contre, résistera jusqu'en 1814.
578. Lettre du 24 août 1813 à Damas.

579. Alexis de Saint-Priest, *Études diplomatiques et littéraires. La Nouvelle Russie et le duc de Richelieu.*
580. Formule ordinaire de l'exil en Autriche.
581. Alexis de Saint-Priest, *op. cit.*
582. Appellation familière que retient le petit peuple de Vienne.
583. Cité par Auriol, *La France, l'Angleterre et Naples de 1803 à 1806.*
584. Alexis de Saint-Priest, *op. cit.*
585. Valéry, *Curiosités et anecdotes italiennes.*

Index onomastique

Bibliographie

I. Sources imprimées

ANNESTY (lord George, vicomte de Valencia), *Private Journal of the Affairs of Sicily*. Biblio. British Museum, s.d.

ARNETH (Alfred Ritter von), Correspondance secrète entre Marie-Thérèse et le comte de Mercy-Argenteau. Paris, 1874, 3 vol.

AURIOL (Charles), *La France, l'Angleterre et Naples de 1803 à 1806*, Paris, 1905, 2 vol.

BOULAY DE LA MEURTHE, *Quelques lettres de Marie-Caroline, Reine des Deux-Siciles*, Angers, 1888.

CALDORA (Umberto), *Diaries of Ferdinand IV, 1796-1799*, Naples, 1965.

CROCE (Benedetto), *La Reconquista del Regno di Napoli. Lettere del Cardinal Ruffo, del Re, della Regina e del Ministro Acton*, Bari, 1943.

GALLO (Marzio Mastrilli, duc de), *Memorie*, Archives napolitaines.

HAMILTON (lady), *Correspondance avec Nelson*, Londres, 1816.

JOHNSTON (R.M.), *Mémoire de Marie-Caroline, Reine de Naples*, intitulé « De la Révolution du Royaume de Sicile par un témoin oculaire », Université de Cambridge, Harvard, Londres, 1912.

LOLIÉE (F.), « La Correspondance d'une Reine », *La Revue Hebdomadaire*, (t. II), s.d.

NAPOLÉON, *Correspondance*, publiée par ordre de l'empereur Napoléon III, Paris, 1858-1869, 32 vol.

NICOLA (Carlo de), *Diaro napoletano, 1798-1825*, Naples, 1906.

NICOLAS (sir Harris), *Despatches and Letters of Nelson*, Londres, 1844, 7 vol.

PALUMBO (Raffaele), *Maria-Carolina, Regina delle due Sicilie, suo Carteggio con Lady Hamilton*, Naples, 1877.

VILLARI (Antonio), *Il Medico Antonio Villari. Tre lettere inedite di Maria-Carolina*, Trani, 1899.

VIVIANI DELLA ROBBIA (E.), *Bernardo Tanucci e il suo più importante Carteggio*, Florence, 1942.

WEIL (commandant M.H.) et DI SOMMA (marquis de CIRCELLO), *Correspondance inédite de Marie-Caroline, Reine de Naples et de Sicile avec le Marquis de Gallo*, Paris, 1911, 2 vol.

WEIL (commandant M.H.), « Correspondance inédite de Marie-Caroline, Reine de Naples avec le marquis de Gallo », *Revue Historique de la Révolution Française*, Paris, 1911-1915.

II. Ouvrages généraux

GODECHOT (Jacques), *La Contre-Révolution, 1789-1804*, Paris, 1984.
- *La Grande Nation*, Paris, 1983.
LAS CASES (E. de), *Le Mémorial de Sainte-Hélène*, Paris, 1983, 8 vol.
LAVISSE (Ernest) et RAMBAUD (Jacques), *Histoire générale du IVe siècle à nos jours*, Paris, 1893-1901.
SOREL (Albert), *L'Europe et la Révolution française*, Paris, 1865-1885, 4 vol.
TULARD (Jean), *Le Grand Empire*, Paris, 1982.
- *Les Révolutions*, Paris, 1985.
- *Dictionnaire Napoléon*, Paris, 1987.

III. Souvenirs et Mémoires

BONGIOANNI (F.), *Mémoires d'un Jacobin, 1799*, Turin, 1958.
CASANOVA DE SAINTGALT, *Mémoires*, Paris, 1926.
DAMAS (Roger de), *Mémoires*, publiés par Jacques Rambaud, Paris, 1912.
ESPINCHAL (Guillaume d'), *Journal d'émigration*, Paris, 1912.
FAURE (Maurice), *Souvenirs du Général Championnet, 1792-1800*, Paris, 1905.
GORANI (Giuseppe), *Mémoires secrets et critiques des Cours, des Gouvernements et des Mœurs des principaux États d'Italie*, Paris, 1793.
GOUVION SAINT-CYR, *Mémoires*, Paris, s.d., 4 vol.
MACDONALD (maréchal, duc de TARENTE), *Souvenirs*. Introduction de Camille Rousset, Paris, 1852.
MARIE-AMÉLIE DE BOURBON, reine des Français, *Journal*, publié par Suzanne d'Huart, Paris, 1980.
MIOT DE MELITO (comte), *Mémoires*, Paris, 1858, 2 vol.
ORLOFF (comte Grégoire), *Mémoires historiques, politiques et littéraires sur le Royaume de Naples*, Paris, 1819-1821, 5 vol.
SAINT-PRIEST (Alexis de), *Études diplomatiques et littéraires. La nouvelle Russie et le duc de Richelieu, 1803-1814*, Paris, 1850.
TALLEYRAND-PÉRIGORD (Charles-Maurice, duc de, prince de Bénévent), *Mémoires*, publiés par le duc de Broglie, Paris, 1891-1892, 5 vol.
THIÉBAULT (général, baron), *Mémoires*, Paris, 1894.
VIGÉE-LEBRUN (Élisabeth) : *Souvenirs*, Paris, 1984.

IV. Ouvrages divers

ACTON (sir Harold), *The Bourbons of Naples, 1734-1825*, Londres, 1956.
ASFELD (vicomte L.T. d'), *Voyages et Souvenirs du Duc de Richelieu*, Paris, 1827.
BADHAM (F.P.), *Nelson at Naples*, Londres, 1900.
BEARNE (Mrs.), *A Sister of Marie-Antoinette. The Life-story of Maria-Carolina, Queen of Naples*, Londres, 1907.
BECCATINI, *Storia del Regno di Carlo III di Borbone*, Venise, 1790.
BIANCHINI, *Della Storia economico-civile della Sicilia*, Palerme, 1841, 2 vol.
BIANCO (Giuseppe), *La Sicilia durante l'Occupazione inglese (1806-1815)*, Palerme, 1902.
BLASI et GAMBACORTA, *Storia civile del Regno di Sicilia*, Palerme, 1811-1821, 17 vol.
BOGLIETTI, *Maria-Carolina, Nelson e Lady Hamilton*, Rassegna nazionale, LIV.

BOGLIETTI, *Nelson alla Corte di Maria-Carolina di Napoli*, Nuova Antologia, 1886, III.
BONNEFONS (A.), *Marie-Caroline, Reine de Naples*, Paris, 1904.
BOTTA (Carlo), *Storia d'Italia dal 1789 al 1814*, Paris, 1824, 4 vol.
BOURGIN (G.) et GODECHOT (J.), *L'Italie et Napoléon*, Paris, 1936.
BOUVIER (R.) et LAFFARGUE (A.), *La Vie napolitaine au XVIIIe siècle*, Paris, 1956.
CALDORA (Umberto), *Calabria napoleonica 1806-1815*, 1960.
CANDELORO (G.), *Storia dell'Italia moderna*, Milan, 1959.
CANTÙ, *Storia di cento anni (1750-1850)*, Florence, 1851, 3 vol.
CAPRA (C.), *L'Era rivoluzionaria e napoleonica in Italia*, 1978.
CHAVANON (Jules) et SAINT-YVES (Georges), *Joachim Murat (1767-1815)*, Paris, 1905.
CHIERICI (Gino), *La Reggia di Caserta*, Rome, 1937.
CINGARI (G.), *Brigantaggio, Proprietari e Contadini nel Sud (1799-1900)*, Reggio Calabria, 1976.
– *Giacobini e Sanfedisti in Calabria nel 1799*, Messine, 1957.
COLIN SIMPSON, *Emma. The Life of Lady Hamilton*, Londres 1983.
COLLETTA (Pietro), *Histoire du Royaume de Naples depuis Charles VII jusqu'à Ferdinand IV (1734 à 1825)*, trad. par Ch. Lefèvre et L.B., Paris, 1835, 4 vol.
CONFORTI (Luigi), *Napoli dal 1789 al 1796*, Naples, 1887.
COPPI (Antonio), *Annali d'Italia dal mille settecento cinquanto*, Rome, 1824-1827, 4 vol.
CORTI (Egon), *Ich, eine Tochter Maria-Theresias. Ein Lebenbild der Königin Maria-Karolina von Naepel*, Munich, 1950.
CROCE (Benedetto), *La Rivoluzione napoletana del 1799*, Bari, 1931.
– *Storia del Regno di Napoli*, Bari, 1944.
CUOCO (Vincenzo), *Saggio storico sulla Rivoluzione napoletana del 1799*, Milan, 1806.
CUTTERIDGE (H.C.), *Nelson and the Napolitan Jacobins*, Londres, 1903.
DRIAULT (E.), *Napoléon en Italie*, Paris, 1906.
DUMAS (Alexandre), *Les Bourbons de Naples*, Naples, 1863.
– *Mes mémoires*, Paris, 1854.
DUPATY, *Lettres sur l'Italie*, Rome, 1789, 2 vol.
DUTEIL (Joseph), *Rome, Naples et le Directoire*, Paris, 1902.
ENCYCLOPÉDIE DES GENS DU MONDE, Paris, 1833-1844, 22 vol.
ESPITALIER (A.), *Napoléon et le Roi Murat*, 1910.
FELICE (R. de), *Italia giacobina*, Naples, 1965.
FERRARA, *Storia generale della Sicilia*, Palerme, 1830-1838, 3 vol.
FERRER DEL RIO, *Historia de Carlos III*, Madrid, 1856, 4 vol.
FILIPPIS (F. de), *La Reggia di Napoli*, Naples, 1942.
FOTHEGILL (Brian), *Sir William Hamilton*, Londres, 1969.
FUGIER (A.), *Napoléon et l'Italie*, Paris, 1947.
GAGNIÈRE (Albert), *La Reine Marie-Caroline de Naples*, Paris, 1886.
GARNIER (J.P.), *Murat, Roi de Naples*, Paris, 1959.
GHISALBERTI (Carlo), *Le Constituzioni giacobine, 1796-1799*, Milan, 1957.
GIGLIONI (C.), *Naples in 1799*, Londres, 1903.
GODECHOT (Jacques), *Histoire de l'Italie moderne*, Paris, 1972.
– *Histoire de Malte*, Paris, 1952.
– Le Comte d'Antraigues, Paris, 1986.
GOETZ (Helmut), *I Membri francesi del Governo provisario della Republica napoletana del 1799*.
GROSJEAN (G.), *Les Relations diplomatiques de la France avec les Deux-Siciles de 1789 à 1793*, Paris, 1888.
GRUNWALD (G. de), *Alexandre Ier*, Paris, 1955.
GUYOT (R.), *Le Directoire et la Paix*, Paris, 1911.
HELFERT (Freiherr von), *Fabrizzio Ruffo, Rivoluzione e Contro-rivoluzione di Napoli*, Florence, 1885.

HELFERT (Freiherr von), *Königin Karolina von Naepel und Sicilien im Kampfe gegen die Französische Welterschaft 1790-1814*, Vienne, 1878.
HUGO (Abel), *Précis historique des événements qui ont conduit Joseph Bonaparte sur le trône d'Espagne*, Paris, 1823.
HUGO (Joseph, général), *Mémoires*, Paris, 1825, 2 vol.
IMBERT DE SAINT-AMAND, *Marie-Amélie et la Cour de Palerme 1806-1814*, Paris, 1891.
JEAFFRESON, *Lady Hamilton and Lord Nelson*, Londres 1887.
– *The Queen of Naples and Lord Nelson*, Londres, 1889, 2 vol.
JOHNSTON, *The napoleonic Empire in southern Italy*, 1904.
JONARD (Norbert), *Le Siècle des Lumières en Italie*, Paris, 1979.
LACOUR-GAYET (Georges), *Napoléon. Sa vie, son œuvre, son temps*, Paris, 1921.
– *Talleyrand 1754-1838*, Paris, 1928-1934, 4 vol.
LACOUR-GAYET (Robert), *Calonne*, Paris, 1963.
LAMARTINE (A. de), *Nelson*, Paris, 1853.
LEONI (Francesco), *Storia della Contro-rivoluzione in Italia 1789-1815*, Naples, 1975.
MAHAN (A.), *Marie-Thérèse d'Autriche*, Paris, 1933.
MARESCA (Benedetto), *La Pace del 1796 tra le Due Sicilie e la Francia*, Naples, 1887.
MARMOTTAN (P.), *Le Royaume d'Étrurie 1801-1807*, Paris, 1895.
MILES (Jeaffreson), *Vindication of Lord Nelson's Proceedings in the Bay of Naples*, Londres, 1843.
NAPOLÉON, *Die Militärischen Proklamationen und Ansprachen Napoleons I*, Oppeln, 1890.
NICOLINI (Nicola), *Le Spedizione punitiva di Latouche-Tréville*, Florence, 1937.
– « Le Origine del Giacobinismo napoletano », *Rivista storica italiana*, mars 1939.
– *Luigi de Medici e il Giacobinismo napoletano*, Florence, 1935.
OMAN (Carola), *Nelson*, Londres, 1947.
PALMIERI DI MICCICHE, (Michele) *Mœurs de la Cour et des Peuples des Deux-Siciles*, Paris, 1837.
PALMIERI DI MICCICHE, (Michele) *I Borboni di Napoli*, Naples, 1964.
PALMIERI (Niccolo), *Saggio storico e politico sulla Costituzione del Regno di Sicilia fino al 1816*, Lausanne, 1847.
PECCHIA (Carlo), *Storia civile e politico del Regno di Napoli*, Naples, 1783, 2 vol.
PIERI (P.), *Il Regno di Napoli dal Luglio 1799 al Marzo 1806*, Naples, 1926-1927.
PINGAUD (A.), *Bonaparte, Président de la République italienne*, Paris, 1914, 2 vol.
POZZO (L. del), *Cronica civile e militare delle Due Sicilie sotto la Dinastia Borbonica del 1734 in poi*, Naples, 1857.
PROCACCI (Giuliano), *Histoire des Italiens*, Paris, 1970.
RAO (Anna-Maria), *Sociologia e Politica del Giacobinismo : il Caso napoletano, Prospettiva settanta*, II, 1979.
RAMBAUD (Jacques), « Fra Diavolo et le Commandant Hugo », *Revue de Paris*, 15 août 1913.
– « Le Général Reynier à Naples », *Revue Historique*, T. XCIX, 1908.
– *Naples sous Joseph Bonaparte 1806-1808*, Paris, 1911.
RODOCANACHI (E.), *Bonaparte et les Iles Ioniennes*, Paris, 1899.
ROSSELLI (J.), *Lord W. Bentinck and the British Occupation of Sicily*, Cambridge, 1956.
ROUSSEAU (François), *Règne de Charles III d'Espagne*, Paris, 1907, 2 vol.
ROUSSELIN de SAINT-ALBIN, *Championnet, Général des Armées de la République française, ou les Campagnes de Hollande, de Rome et de Naples*, Paris, 1861.
RUSSEL (Jack), *Nelson and the Hamilton*, Londres, 1969.
SCHIPA (Michelangelo), *Il Regno di Napoli al Tempo di Carlo di Borbone*, Naples, 1923.

SCHUERMANS (Albert), *Itinéraire général de Napoléon Ier*, Paris.
SIMIONI (Attilio), *Nell'Intimita d'una Reggia*, Aquila, 1924.
SOMMA (Carlo di, marquis de CIRCELLO), *Une mission diplomatique à Saint-Pétersbourg en 1795*, Naples, 1810.
SOREL (Albert), *L'Europe et la Révolution française*, Paris, 1865-1885, 4 vol.
STENDHAL, *Rome, Naples et Florence*, Paris, 1854.
TAPIÉ (Victor), *L'Europe de Marie-Thérèse*, Paris, 1973.
TRESOLDI (Lucia), *La Biblioteca privata di Maria-Carolina d'Austria, Regina di Napoli*, Rome, s.d.
TRITONE (V.), *La Costituzione del 1812 e l'Occupazione inglese della Sicilia*, Bologne, 1936.
TUCKER, *Memoirs of the Life of Lord Nelson*, Londres, 1849, 2 vol.
TULARD (Jean), *Murat*, Paris, 1983.
ULLOA (Pietro), *Marie-Caroline d'Autriche et la Conquête du Royaume de Naples en 1806*, Paris, 1872.
VALERY (Antoine-Claude PASQUIN), *Curiosités et Anecdotes italiennes*, Paris, 1842.
VILLANI (P.), *Italia napoleonica*, Naples, 1978.
– *La Vendita dei Beni dello Stato nel Regno di Napoli, 1806-1815*, Milan, 1964.
WALIZEWSKI (K.), *Paul Ier*, Paris, 1910.
WARNER (Oliver), *Emma Hamilton and Sir William*, Londres, 1960.
ZAGHI (C.), *La Rivoluzione Francese e l'Italia*, Naples, 1966.
ZELLER (Jules), *Histoire résumée de l'Italie*, Paris, 1876.

Table des matières

Deuxième partie

En lutte contre la France révolutionnaire

Troisième partie

« La dynastie de Naples a cessé de régner »

Quatrième partie

Bannie par l'Angleterre

Cet ouvrage a été réalisé sur
Système Cameron
par la SOCIÉTÉ NOUVELLE FIRMIN-DIDOT
Mesnil-sur-l'Estrée
pour le compte des Éditions Tallandier
le 12 mars 1990

Imprimé en France
Dépôt légal : mars 1990.
N° d'édition : 2708 – N° d'impression : 13705
ISBN : 2-235-01925-0